教育部哲学社会科学系列发展报告

MOE Serial Reports on Developments in Humanities and Social Sciences

2018 中国旅游业发展报告

China's Tourism Development Report

张祥　胡静等　编著

中国旅游出版社

2018 中国旅游业发展报告

一、编撰单位

华中师范大学　中国旅游研究院武汉分院

华中师范大学　湖北经济与社会发展研究院

二、编撰小组

顾　　问：蒋大国　中国旅游研究院武汉分院理事长，湖北经济与社会发展研究院院长、博士导师

组　　长：胡　静　中国旅游研究院武汉分院院长、教授、博士导师

副 组 长：张　祥　中国旅游研究院武汉分院发展部主任、讲师、博士

编撰人员：谢双玉　龚　箭　郑文升　冯国豪　卢　雯

冯　娟　程绍文　王晓芳　李　艳　乔花芳

李亚娟　吕　丽　朱　磊　王　娟　贾垚焱

吴本清　吴理财　江立华　叶　桦

前　言

一年又一年，桂子山复又桂香氤氲，在这个收获的季节，《2018中国旅游业发展报告》（以下称《报告》）如期与大家见面了。这是中国旅游研究院武汉分院自2012年以来每年定期编制、出版的系列年度研究成果之一。

《报告》仍然由总报告和专题报告两大部分组成。总报告坚持分别从全国、省域、副省级城市三个不同空间尺度分析和评价我国旅游业发展的现状和变化趋势，用大量翔实的数据和可视化的表现形式对旅游业发展的支撑环境、核心产业和旅游需求进行全面盘点和综合评价，力求把握我国不同空间尺度旅游业整体及其要素发展的总体状况、区域格局、发展趋势，以排行榜的形式反映中国31个省（市、区）以及15个副省级城市旅游业各个方面及整体发展的相对水平（香港特别行政区、澳门特别行政区和台湾省数据暂缺），并从宏观调控、部门管理、行业经营三个角度梳理和总结促进旅游业发展的策略和措施。“专题报告”力图紧跟现实发展需要和时代特征，进行了三个专题研究：专题一继续运用大数据挖掘技术，挖掘、利用在线旅游评论数据，从旅游需求的视角对热点景区、城市和省域进行评价、分析和思考；专题二分析了已经上升为国家区域发展战略的长江经济带的旅游合作现状和问题，探讨对策；专题三分析了台湾旅游市场的现状、台湾旅游环境，以及两岸关系变化对台湾旅游市场的影响。

《报告》力求立足国际视野，评价综合效益，全面刻画旅游发展新常态；融合权威数据，评析区域差异，客观解读旅游发展新格局；强化动态监控，跟踪年际变化，积极把握旅游发展新趋势；聚焦重大问题，评估政策绩效，深度探析旅游发展新思路。希望能为人们提供理解中国旅游业发展的综合、区域、动态、比较的视角，也希望能为各级政府、旅游企业的相关决策提供参考依据。

《报告》研究显示，我国三大旅游市场同步增长，但入境旅游增速放缓；旅游业综合贡献较大，但贡献率有待提升；核心产业规模继续“一减两增”，利润、效率均全面提高；省际旅游发展差异较大，但发展差异呈现缩小趋势；旅游正逐步成为文化教育、生态文明建设、城乡文明建设的重要途径，旅游的事业属性正不断增强；全域旅游正成为指导我国旅游发展，建设世界旅游强国的重要模式。

《报告》测算发现，旅游综合竞争力第一梯队省域包括广东、山东、北京、江苏、上海、浙江、四川、湖南、辽宁和河北；现实竞争力第一梯队省域包括广东、山东、江苏、北京、浙江、四川、湖南、上海、辽宁和河南；潜在竞争力第一梯队省域包括上海、北京、辽宁、天津、四川、贵州、重庆、黑龙江、福建和江苏；发展环境竞争力第一梯队省域包括海南、湖南、山东、广东、北京、浙江、湖北、四川、广西和贵州。旅游综合竞争力第一梯队副省级城市包括广州、深圳、杭州、青岛、厦门；现实竞争力第一梯队副省级城市包括广州、深圳、杭州、武汉和成都；潜在竞争力第一梯队副省级城市包括青岛、厦门、大连、哈尔滨和广州；发展环境竞争力第一梯队副省级城市包括深圳、济南、广州、杭州和青岛。

基于大量的研究，《报告》认为，在宏观调控方面，应通过“旅游+”等途径推动产业融合，促进全域旅游发展，加大旅游创新与开放力度，增强旅游业发展新动能。在行业经营方面，住宿接待业应积极发展新型业态，拥抱数字技术，构建现代化产业体系；旅游目的地应大力发展全域旅游，提供优质旅游产品；旅行社应走进社区和农村，增加旅游新产品供给，拓展自驾游服务范围，加大力度发展线上市场。

《报告》采取开放合作模式，广泛凝聚各方研究力量，由多名长期从事旅游教学和研究的专家、学者、中青年学术骨干共同完成，历时近一年。《报告》由张祥统筹负责并统稿，各部分的撰写人员分别为：张祥、万令轩撰写全国旅游业发展盘点，张祥撰写专题二，谢双玉撰写总论，卢雯撰写省域、重点城市支撑环境盘点，吕丽撰写省域核心产业评价，朱磊撰写重点城市核心产业评价，贾垚焱撰写省域、重点城市旅游需求分析，王娟撰写省域、重点城市旅游业发展综合评价，郑文升撰写中国旅游业发展对策，龚箭、潘园园撰写专题一，冯国豪撰写专题三；同时，《报告》得到胡静的全面指导以及冯娟、程绍文、王晓芳、乔花芳、李艳、李亚娟在部分章节研究方面的指导。此外，韩磊负责《报告》中专题地图的绘制，周家安、陈园园、许可、周梦、于海潮、洪佳琛、刘佳慧、闻炜、匡爱平、杜南乔、叶青参与部分章节初稿的撰写，黄朋涛、周家安、万令轩、刘粉、王安琦参与数据收集。同往年一样，本报告的完成也得益于相关机构、多位领导和专家学者的重视、关心、指导和帮助，感谢大家一直给予我们的热心关怀和悉心指导，使我们的研究报告更具前瞻性和引领性，特别感谢湖北经济与社会发展研究院院长、原湖北省副省长蒋大国女士的指导与大力支持；特别感谢中国旅游出版社谯洁主任、李冉冉编辑一如既往的大力支持与帮助；特别感谢湖南地图出版社银波科长和金俊杰编辑在本报告地图送审中给予的指导和帮助；特别感谢台湾昆山科技大学冯国豪副教授撰写的特色专题；向他们表示最诚挚的谢意。

《报告》即将付梓，虽已尽心尽力，但难免有不成熟和疏漏之处，敬请大家斧正；也衷心地希望在来年的《报告》撰写中，能继续得到大家的不吝赐教！

张　祥

2018 年秋于武昌桂子山

目录

CONTENTS

第一篇　总报告

附 录

图表目录

CONTENTS

第一篇　总报告

总 论

2017 年是我国全面实施“十三五”旅游发展规划的开局之年。在全球经济复苏，旅游经济强劲增长，中国经济稳中向好，经济增长的质量和效益得到提升的背景下，我国旅游业的发展也进入转型升级、提质增效的阶段。根据文化和旅游部副部长李金早所做的《2018 全国旅游工作报告》，2017 年，中国旅游产业对国民经济综合贡献和社会就业综合贡献均超过 10%，战略性支柱产业地位更加巩固；全国人均出游已达 3.7 次，旅游已经成为人民幸福生活的刚需，旅游产业社会综合效益更加凸显；三大旅游市场持续健康增长，旅游产业经济效益大幅提升；旅游产品丰富多样，接待服务设施日渐完善，旅游产业体系日臻完善；一系列推动旅游快速、良好发展的政策文件、规章、规范出台，25 个省（区、市）（简称省域）成立了旅游发展委员会，截至 2017 年年底，全国共成立旅游警察 205 家、旅游巡回法庭 280 家、工商旅游分局 132 家，“1+3+N”旅游综合改革效果显著，旅游现代治理体系初步建立；出境旅游人数和旅游消费保持世界第一，对全球旅游业贡献不断提升，发起成立世界旅游联盟，中国旅游国际地位和影响力大幅提升[①]。同时，中国与多国互办旅游年，助力大国外交；在出境旅游保持增长的同时，中国入境旅游全面恢复增长；旅游厕所革命成为补齐民生短板的引领；丝绸之路旅游推进沿线国家跨境合作；旅游成为绿色发展引擎，生态旅游助力美丽中国；红色旅游成为凝聚民心强中华，汲取力量再出发的精神动力[②]。我国旅游业正在经历从粗放型向比较集约型、从小众旅游向大众旅游、从景点旅游向全域旅游、从观光旅游向观光休闲旅游并重、从浅层次旅游向深层次旅游、从事业方向向产业方向、从被动跟从国际规则向积极主动的旅游国际合作和旅游外交、从旅游大国向旅游强国等前所未有的历史性转变。

但同时，2017 年旅游发展也并不是一帆风顺的。华住遭加盟商联合抵制[③]，如家、七天、速 8 等在内的 35 家快捷酒店因卫生不合格被北京市卫生和计划生育监督所约谈、通报，反映出经济型酒店供给过剩，盈利空间缩窄；丽江客栈刷单炒信，自己写好评，随

① 李金早 . 以习近平新时代中国特色社会主义思想为指导 奋力迈向我国优质旅游发展新时代——2018 年全国旅游工作报告 . 搜狐网，2018 年 1 月 8 日（https：//www.sohu.com/a/215451714_785796，2018-8-15）.

② 赵珊（记者）. 2017 年中国旅游十大亮点 . 人民日报海外版海外网，2017 年 12 月 29 日（http：//mil.news.sina.com.cn/2017-12-29/doc-ifypyuve2190548.shtml，2018-8-15）.

③ 舒志娟 . 华住遭加盟商联合抵制 . 北京娱乐信报，2017 年 1 月 20 日（http：//news.hexun.com/2017-01-20/187809632.html，2018-8-17）.

意删差评[①]，并称“蚊子是宠物，熏死赔钱”；携程搭售风波[②]，表明通过灰色手段谋利的经营空间正在被快速压缩；海涛旅游涉嫌违约，暴露“先存款后旅游”预付款模式的风险和问题[③]；蚂蚁短租婚房遭洗劫，暴露共享短租在信誉、安全等自身问题以及在工商、税务、消防等监管层面的漏洞[④]。这都表明，旅游市场在整体向好的同时，也还存在不合理低价游、虚假宣传、服务不到位、不完全履行合同等违法违规行为；也表明，中国从粗放型旅游大国发展成为比较集约型旅游大国还任重道远。

一、中国旅游业的发展特征

（一）系列政策出台，促进旅游业转型提质增效

2017 年原国家旅游局出台了一系列行业规范和标准，涉及全域旅游、旅游投诉、文化主题旅游饭店、旅游民宿、精品旅游饭店、旅行社经营、景区风险控制、温泉旅游、特色小镇等领域[⑤]，为促进旅游业转型升级、提质增效提供了保障。

2017 年 6 月 12 日，原国家旅游局发布《全域旅游示范区创建工作导则》（以下简称《导则》），为全域旅游示范区创建工作提供行动指南。《导则》指出，创建工作要实现“五个目标”，并起到相应的示范引领作用：一是实现旅游治理规范化；二是实现旅游发展全域化；三是实现旅游供给品质化；四是实现旅游参与全民化；五是实现旅游效应最大化，成为旅游业惠民生、稳增长、调结构、促协调、扩开放的典范。并坚持“注重实效、突出示范”“宽进严选、统一认定”“有进有出、动态管理”三大方针，建立相应的管理和退出机制。

8 月 15 日，原国家旅游局批准并公布了《旅游经营者处理投诉规范》《文化主题旅游饭店基本要求与评价》《旅游民宿基本要求与评价》和《精品旅游饭店》4 项行业标准。标准规定了旅游民宿的定义、评价原则、基本要求、管理规范和等级划分条件。作为首个涉及民宿的国家行业标准已于 10 月 1 日正式生效。该项标准的发布让民宿行业在个性化发展的同时，有了规范和依据，有助于中国民宿产业的健康可持续发展。

9 月 6 日，原国家旅游局印发了《关于规范旅行社经营行为维护游客合法权益的通知》（以下称《通知》），对各地旅游主管部门履职、旅行社规范经营提出了要求，倡导游客理性消费，共同抵制不法经营行为、防范市场风险。《通知》要求，各地旅游主管部门

---

① 段思琦（责任编辑）. 美团旅行下线丽江违规客栈：对刷单炒信零容忍 . 中国网财经，2017 年 11 月 13 日（http://finance.ifeng.com/a/20171113/15787062_0.shtml，2018-8-17）.

② 吴晋娜 . 携程风波背后，互联网旅游“花式搭售”套路深 . 光明网，2017 年 10 月 12 日（http://politics.gmw.cn/2017-10/12/content_26492524.htm，2018-8-17）.

③ 孟刚 . 事件篇：先交钱再旅游受追捧 新模式高风险须警惕 . 中国消费者报·中国消费网，2018 年 3 月 15 日（http://www.ccn.com.cn/html/news/xiaofeiyaowen/2018/0315/343575.html，2018-8-17）.

④ 赵亚萍（责任编辑）. 硕士夫妻短租婚房遭遇洗劫 平台对房客身份无验证 . 新京报，2017 年 10 月 9 日（http://news.163.com/17/1009/22/D0BBPAJP0001875P.html#f=post1603_tab_news，2018-8-17）.

⑤ 唐茗熙 . 2017 中国旅游业十大政策盘点 . 新旅界，2017 年 12 月 28 日（http://www.lvjie.com.cn/research/2017/1228/5137.html，2018-8-16）.

规范旅行社经营，严控经营旅游套餐产品带来的市场风险；严查收取出境游保证金中的违规行为；严厉打击预付卡违规经营行为。全面排查旅行社单用途预付卡发行及履约情况，严禁擅自将单用途预付卡转为多用途预付卡。

11月21日，原国家旅游局发布《景区游客高峰时段应对规范》《旅行社在线经营与服务规范》《温泉旅游企业星级划分与评定》《温泉旅游泉质等级划分》4项行业标准，计划于2018年5月1日起实施。四项行业标准分别对景区游客高峰时段的基本要求及应对等级、互联网在线经营和服务的旅行社的功能分类、信息在线、旅游产品在线交易、温泉旅游企业的星级划分条件、服务质量和运营规范的要求等方面进行了规范。

12月1日，原国家旅游局批准公布了《国家工业旅游示范基地规范与评价》行业标准，该标准规定了国家工业旅游示范基地的术语和定义、基本条件、基础设施及服务、配套设施及服务、旅游安全、旅游信息化、综合管理等内容。

12月4日，国家发改委、国土资源部、环保部、住建部联合发布《关于规范推进特色小镇和特色小城镇建设的若干意见》（以下称《意见》），提出各地要把特色小镇和小城镇建设作为供给侧结构性改革的重要平台，促进新型城镇化建设和紧急转型升级。同时要从实际出发，遵循客观规律，防止盲目发展、一哄而上，更要严控房地产化倾向。《意见》明确了特色小镇在投资、土地、建设、运营方面需要有专业性和持续性，这与中央经济工作会议推进中国经济有质量的发展理念不谋而合，以点带面，精品小镇的科学发展也将促进中国旅游业从高速发展转向高质发展，从盲目跟风转向回归本原。

（二）三大旅游市场仍同步增长，但入境旅游增速放缓

2017年，中国国内、出境、入境游客量同比分别增加了12.61%、7.03%、0.75%，国内旅游收入、出境旅游花费、入境旅游收入同比分别增加了15.92%、5%、2.83%，仍呈现同步增长态势。但是，与2016年相比，国内旅游、出境旅游人数和消费的增幅都有所增加，而入境旅游人数和收入的增幅却都有所降低。

（三）旅游业综合贡献大且增加，但贡献率有很大提升空间

根据世界旅游及旅行理事会的数据，2017年，中国旅游业对就业的直接贡献量（2825万）、综合贡献量（7990万）都排世界第一，对GDP的直接贡献额（4245亿美元）和综合贡献额（13493亿美元）都排世界第二，对投资的贡献额（1547亿美元）也排世界第二，而且都呈大幅增长态势；旅游业的综合贡献大。

但是，中国旅游业对就业的直接贡献率（3.64%）、综合贡献率（10.29%）在世界的排名分别为91、80，对GDP的直接贡献率（3.29%）、综合贡献率（11.03%）排名分别为102、75，投资贡献率（3.0%）在世界仅排144位，都还很落后，还有很大的提升空间。

（四）核心产业规模继续“一减两增”，利润、效率均全面提高

从全国尺度来看，全国星级饭店数量持续减少，但降幅减小，且表现为东、西部地区减

少，中部地区增加的区域差异；A 级旅游景区数量持续增加，但增幅大幅降低，且表现为东部减少，中、西部大幅增加的区域差异；旅行社数量持续小幅增加，但增速下降，且表现为东部地区减少，中、西部地区增加的区域差异；可见，三大核心产业的数量规模继续表现为“一减两增”的态势，东部地区三大核心产业数量规模全面萎缩，中部地区则全面扩大，西部地区则与全国一样表现为“一减两增”。全国星级饭店扭亏为盈，但主要得益于东部地区持续盈利且增幅较大，而中、西部地区则持续亏损；全国旅游景区持续盈利，且增幅大幅提高，表现为东、中部地区大幅增加，西部地区大幅减少的区域差异；全国旅行社持续盈利，且反降为增，表现为东、西部地区增加、中部地区降低的区域差异；可见，三大核心产业的盈利能力都增强，东部地区全面盈利且能力增强，中、西部地区则“一亏两盈”。全国星级饭店的全员劳动生产率提高，且表现为东、中部提高，西部降低的区域差异；旅游景区的全域劳动生产率反降为升，且增幅较大，表现为东、中部地区增幅较大，西部地区增幅较小的区域差异；旅行社的全员劳动生产率大幅提高，在三大行业中最高，且三大区域都呈大幅提高的态势；可见三大核心产业的劳动效率全部提升，并呈现东、中、西部地区全面提高的特征。

（五）较多指标东中西、省际差异较大，但多数指标差异缩小

在对全国尺度进行分析的 20 个指标中，只有空气质量优良天数、旅游景区数量、旅游景区劳动生产率和入境旅游人均花费 4 个指标的东部与中部或者西部的差距不大，而其他 16 个指标（占 80%）都存在明显的东部与中、西部的差异，且都表现为东部优于中、西部，而且，万人专利授权数、政府工作报告提及旅游的次数、星级饭店利润、星级饭店全员劳动生产率、旅游景区利润、旅行社利润、旅行社全员劳动生产率的东中西差异呈进一步扩大趋势，但同时也要看到，有 11 个指标的三大区域差异呈缩小的趋势。

在以省域为单元进行分析的 36 个评价指标中，30 个指标（83.33%）的变异系数绝对值都大于 0.50，表明这些指标的省际差异都较大；而且，从与前一年比较来看，其中有 10 个指标（33.33%）的变异系数呈现出增加的趋势，6 个指标的变异系数变化很小，这表明这些指标的省际差异不仅大而且稳定存在或呈扩大趋势。而且，与 2015 年相比，这些数据没有什么变化，表明中国旅游业省级发展不平衡的状态没有改变。但同时也要看到，政府工作报告提及旅游的次数、住宿接待设施总数和增长率等 17 个指标的变异系数较前一年有所缩小，表明这些指标的省际差异呈现出缩小态势。

二、中国旅游业的世界地位

（一）世界第一大出境旅游国：游客量、消费总量继续领跑世界，且增速回升

1. 出境游客数量：持续增长，且增速回升，保持世界第一

2017 年 1 月 17 日，国家主席习近平同瑞士联邦主席洛伊特哈德在达沃斯共同启动中

瑞旅游年。6 月 2 日，国务院总理李克强与欧盟委员会主席容克在比利时布鲁塞尔共同为“中国—欧盟旅游年”标识揭牌，先后还举办了中澳、中丹、中哈、中国—东盟等旅游年，举办次数之频密，规格之高大，均创造了中国旅游外交史上的许多首次。2017 年 9 月 13 日，联合国世界旅游组织第 22 届全体大会在成都开幕，习近平主席向大会致贺词，李克强总理向世界旅游联盟成立发贺词。世界旅游组织大会期间，成功举办了“一带一路”旅游部长会议；9 月 19~21 日，在美国佐治亚州首府亚特兰大市举办了第 11 届“2017 中美旅游高层对话”，第 2 届中俄蒙旅游部长会议于 6 月 21 日在俄布里亚特共和国首府乌兰乌德召开。这些高层旅游交流活动为中国出境旅游创造了良好的环境。

截至 2018 年初，持普通护照中国公民可以享受入境便利待遇的国家和地区增加到 66 个，其中包括 12 个可互免普通护照签证国家，15 个单方面允许中国公民免签入境，39 个单方面允许中国公民办理落地签证；近五年来，我国国际航线由 381 条增至 784 条，国际定期航班通航国家由 52 个增至 61 个，通航城市由 121 个增至 167 个；2017 年人民币持续升值，对菲律宾比索、斯里兰卡卢比、港元分别以 12.5%、11.4%、9.6% 的幅度升值，对越南、美国、日本、中国澳门、加拿大、俄罗斯、中国台湾货币的升值幅度也较大①。这些利好的软硬件条件都推动中国出境旅游的发展。根据《2017 中国出境旅游大数据报告》，2017 年全年中国公民出境旅游 13051 万人次，比上年同期增长 7.0%；保持世界第一大出境旅游客源国地位。

2. 出境旅游消费：仍居世界第一，增速保持

根据《2017 中国出境旅游大数据报告》，2017 年我国国际旅游支出达 1152.9 亿美元，相比 2016 年（1098 亿美元）增长 5%。

如表 0–1 所示，根据世界旅游组织的数据，2017 年我国出境旅游消费约 2577 亿美元，同比增长了 4.7%，仍以较大优势持续保持世界第一的地位，而且年增幅较 2016 年略有提高。

表 0–1　2017 年出境旅游消费排名前 10 的国家（或地区）

排名		出境旅游消费（亿美元）	出境旅游消费增长率（%）	
		2017年	2017/2016年	2016/2015年
1	中国	2577	4.7	4.5
2	美国	1350	9.3	7.8
3	德国	891	9.4	3.0
4	英国	714	2.4	0.5
5	法国	414	0.8	3.1
6	澳大利亚	342	7.7	4.6
7	加拿大	318	8.5	–3.3
8	俄罗斯	311	29.7	–
9	韩国	306	12.3	5.1
10	意大利	277	8.9	2.5

（数据来源：UNWTO Tourism Highlights，2018 Edition.）

① 无名 . 中国旅游研究院、携程发布《2017 出境旅游大数据报告》. 中国日报网，2018 年 3 月 1 日（https：//baijiahao.baidu.com/s?id=1593705862773203628&wfr=spider&for=pc，2018–8–16）.

3. 出境游目的地：洲际分布不均衡，泰日港前三甲

根据《全国旅行社调查统计情况的公报》，2017 年前三季度全国旅行社共组织出境旅游 4043.53 万人次。从这些出境旅游的目的地洲来看，如图 0–1 所示，分布极不均衡，亚洲占比高达 78.41%，其次欧洲占比较大，但也只有 14.49%，而非洲的占比仅 1.48%。

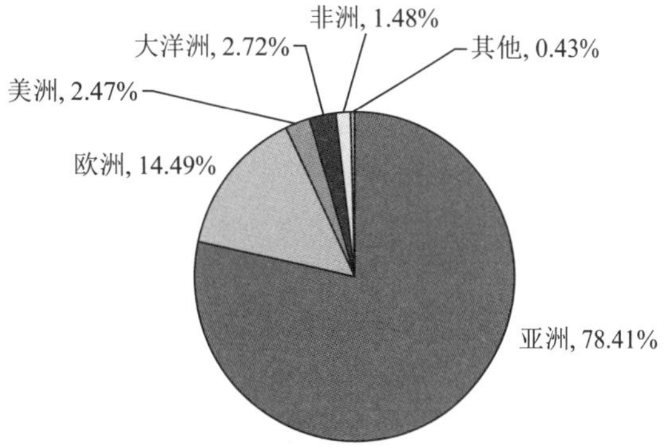

图 0–1　2017 年前三季度全国旅行社组织出境旅游人数的洲际分布

（数据来源：2017 年度第 3 季度全国旅行社统计调查情况的公报）

从出境旅游的目的地国家或地区来看，如图 0–2 所示，2017 年前三季度旅行社组织出境旅游人数排名前 10 的国家和地区分别是泰国、日本、中国香港、中国澳门、越南、新加坡、中国台湾、马来西亚、韩国和印度尼西亚，主要为东南亚国家和中国的港澳台地区。与 2016 年全年数据比较，排名前 10 的国家和地区没有变化，只是韩国、中国台湾、新加坡少数国家和地区的名次有所改变。其中，泰国继续保持第一出境旅游目的地的地位，所占市场份额达到 18.35%，较 2016 年增加了 2.25 个百分点；日本跃居为第二大出境旅游目的地，市场份额为 11.82%，但较 2016 年降低了 0.354 个百分点；中国香港回归到前三甲，分割了 8.76% 的市场份额；而在 2016 年一度热门的第二大出境旅游目的地韩国，排名陡降至第 9 名，市场份额只有 3.39%，较 2016 年减少了近 10 个百分点，这是受到美国在韩国部署“萨德”反导系统的影响所致。

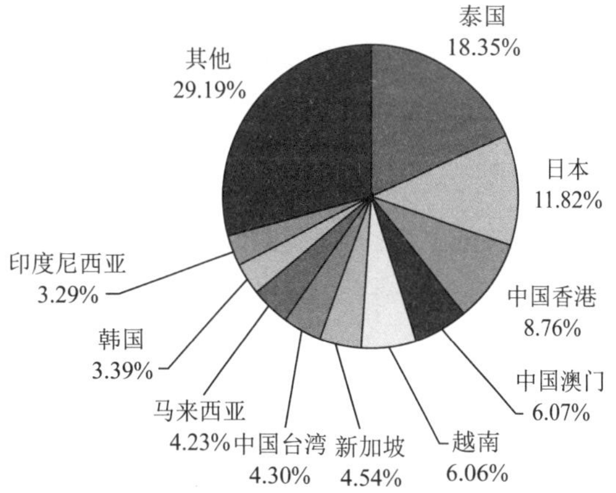

图 0–2　2017 年前三季度全国旅行社组织出境旅游人数排名前 10 的国家和地区

（数据来源：2017 年度第 3 季度全国旅行社统计调查情况的公报）

根据《2017 中国出境大数据报告》，2017 年到访香港的内地游客为 4444.53 万人次，同比增长 3.9% ；到访澳门的内地旅客超过 2219.6 万人次，上升了 8.5%；大陆游客赴台人数为 273.25 万人次，下降了 22.2%；中国已经成为泰国（980 万人次）、日本（735.6 万人次）、韩国（417 万人次）、越南（400 万人次）、印尼（205.9 万人次）、俄罗斯（150 万人次）、柬埔寨（120 万人次）、马尔代夫（前 9 个月 24 万人次）、朝鲜、南非 10 个国家的第一大入境旅游客源地，在这些国家国际游客中的占比最高达 30%。中国也是美国、阿联酋、英国、新西兰、菲律宾、斯里兰卡、加拿大等国家的重要客源国。

（二）世界第四大入境旅游国：游客量、收入持续增长，但增速放缓，游客量排名仍第四，收入排名下降

1. 入境游客规模：持续增长，但增速降低

如表 0–2 所示，2017 年中国入境旅游人数 1.39 亿人次，同比增长 0.75%，增速较 2016 年降低了 2.70 个百分点。其中：外国游客 2917 万人次，同比增长 3.62%，增速降低了 4.71 个百分点，但占入境旅游人数的比例为 20.91%，较 2016 年提高了 0.58 个百分点；香港、澳门和台湾游客分别为 7980 万人次、2465 万人次和 587 万人次，同比分别增长 –1.55%、4.89% 和 2.44%，占入境旅游人数的比例分别为 57.21%、16.67% 和 4.21%，与 2016 年相比较，香港和澳门的占比都略有下降，而台湾的占比略有增加。

2017 年入境过夜旅游人数 6074 万人次，同比增长 2.48%，增速降低了 1.71 个百分点；世界排名保持第四（表 0–3）。其中：外国人 2248 万人次，增长 3.83%，增速降低了 2.89 个百分点；香港同胞 2775 万人次，增长 0.11%，增速降低了 2.22 个百分点；澳门同胞 522 万人次，增长 8.52%，增速提高了 5.16 个百分点；台湾同胞 529 万人次，增长 3.93%，增速降低了 1.15 个百分点。

表 0–2　2017 年中国入境旅游人数及其来源组成

入境游客来源地	入境旅游人数（万人次）	同比增长（%）	占入境旅游人数的比例（%）
合计（万人次）	13948	0.75	100
香港同胞	7980	–1.55	57.21
澳门同胞	2465	4.89	16.67
台湾同胞	587	2.44	4.21
外国人	2917	3.62	20.91

（数据来源：文化和旅游部信息中心 . 2017 年全年旅游市场及综合贡献数据报告 . 中国旅游研究院，2018 年 2 月 2 日（http：//www.ctaweb.org/html/2018–2/2018–2–2–16–21–05573.html，2018–6–6））。

表 0–3　2017 年主要入境旅游接待国 / 地区外汇收入及排名

国家	入境旅游人数		旅游外汇收入（亿美元）			旅游外汇收入增长率（%）		占所在洲的份额（%）
	排名	人数（万人次）	排名	2017年	2016年	2017/2016年	2016/2015年	
美国	—		1	2107.47	2069.02	1.86	0.72	64.6
西班牙	2	8178.6	2	679.64	605.03	12.33	7.15	13.1
法国	1	8691.8	3	606.81	545.31	11.28	21.56	11.7
泰国	10	3538.1	4	574.77	487.92	17.80	8.61	14.8
英国	7	3765.1	5	512.11	479.06	6.90	5.38	9.9
意大利	5	5825.3	6	442.33	402.46	9.91	2.02	8.5
澳大利亚	—	881.5	7	417.32	370.40	12.67	28.29	10.7
德国	9	3745.2	8	398.23	374.55	6.32	1.48	7.7
中国澳门	—	1725.5	9	355.75	303.73	17.13	–1.92	9.1
日本	—	2869.1	10	340.54	306.79	11.00	22.80	8.7

续表

国家	入境旅游人数		旅游外汇收入（亿美元）			旅游外汇收入增长率（%）		占所在洲的份额（%）
	排名	人数（万人次）	排名	2017年	2016年	2017/2016年	2016/2015年	
中国香港	—	2788.5	11	333.04	328.46	1.39	–9.14	8.5
中国	4	6074.0	12	326.17	444.32	–26.59	–1.19	8.4

（数据来源：UNWTO Tourism Highlights，2018 Edition；注：由于 WTO 每一年的报告都会对上一年的数据进行修正，因此，会出现该表中部分 2016 年的数据与《2017 中国旅游业发展报告》中的数据不一致。）

2. 旅游外汇收入：持续增长，但增速继续降低；世界排名降至第十二

原国家旅游局数据中心统计显示，2017 年中国国际旅游收入 1234 亿美元，同比增长 2.83%，增速降低了 2.75 个百分点。其中：外国人在华花费 695 亿美元，同比增长 4.04%，增速降低了 6.26 个百分点；香港同胞在内地花费 301 亿美元，同比增长 –1.31%，增速降低了 3.61 个百分点；澳门同胞在内地花费 83 亿美元，同比增长 9.21%，增速提高了 6.11 个百分点；台湾同胞在大陆花费 160 亿美元，同比增长 2.56%，增速降低了 2.44 个百分点[①]。

根据联合国世界旅游组织（UNWTO）收集的数据，如表 0–3 所示：2017 年中国入境旅游收入 326.17 亿美元，同比下降 26.59%，世界排名第 12[②]，退出前 10。中国澳门、中国香港入境旅游收入分别为 355.75 亿美元、333.04 亿美元，同比分别增加 17.13%、1.39%，世界排名分别为第 9、第 11 位；中国香港退出前 10 位。从在亚太地区（Asia and the Pacific）的市场份额来看，中国大陆占 8.4%，不敌泰国、中国澳门、中国香港，屈居第四，但是加上香港特别行政区、澳门特别行政区和台湾省，则占 29.2%，稳居第一，且遥遥领先。

3. 入境游客源地：亚洲主导，韩美继续领衔，俄罗斯超越日本跃居第三

2017 年前三季度全国旅行社外联接待入境外国游客 1846.69 万人次，占入境外国游客总数的 63.31%。从这些入境外国游客的来源洲来看：694.09 万人次（39.78%）来自亚洲，324.13 万人次（18.57%）、172.59 万人次（9.89%）、54.40 万人次（3.12%）分别来自欧洲、美洲和大洋洲，而来自非洲的只有 16.17 万人，占比仅 0.93%（图 0–3）。从这些入境外国

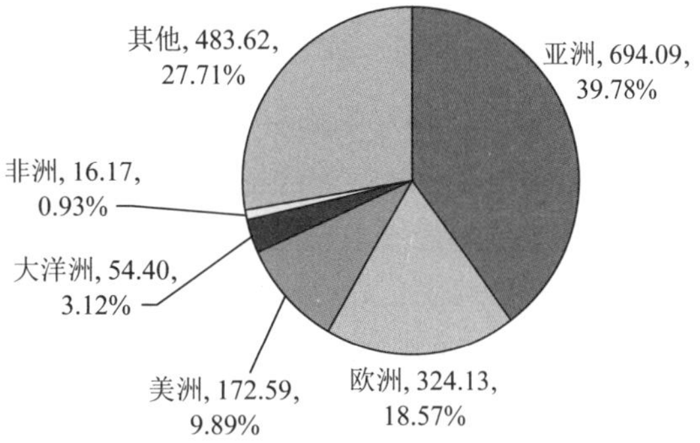

图 0–3　2017 年前三季度全国旅行社外联接待入境外国游客的来源洲

（数据来源：2017 年度第 3 季度全国旅行社统计调查情况的公报）

① 数据来源：文化和旅游部信息中心 . 2017 年全年旅游市场及综合贡献报告 . 中国旅游研究院，2018 年 2 月 2 日（http：//www.ctaweb.org/html/2018-2/2018-2-2-16-21-05573.html，2018-6-6）.

② 数据来源：UNWTO Tourism Highlights，2018 Edition.

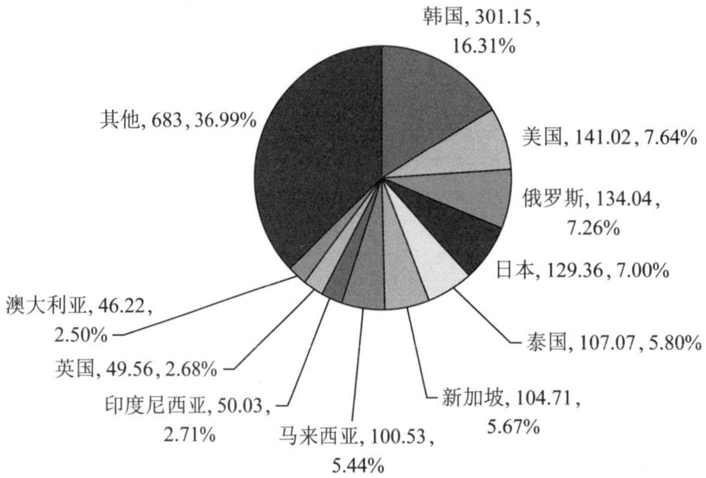

图 0–4　2017 年前三季度全国旅行社外联接待入境外国游客的来源国

（数据来源：2017 年度第 3 季度全国旅行社统计调查情况的公报）

游客的来源国来看：旅行社外联接待入境游客人数排名前 10 的国家是韩国、美国、俄罗斯、日本、泰国、新加坡、马来西亚、印度尼西亚、英国、澳大利亚（图 0–4），合计人数为 1163.73 万人次，占比达到 63.02%，其中：韩国、美国和俄罗斯为前三甲，旅行社外联接待入境游客人数分别为 301.15 万人次、141.02 万人次和 134.04 万人次，占比分别为 16.30%、7.63% 和 7.26%。

根据原国家旅游局数据中心统计，包含相邻国家边民旅华人数的话，2017 年中国的入境外国游客人数为 4294 万人次。从这些入境外国游客的来源洲来看：亚洲占 74.60%，美洲占 8.20%，欧洲占 13.70%，大洋洲占 2.10%，非洲占 1.50%，较 2016 年分别提高了 7.10 个、–2.50 个、–3.60 个、–0.50 个、–0.40 个百分点。从这些入境外国游客的来源国来看，排名前 10 的是缅甸、越南、韩国、日本、俄罗斯、美国、蒙古、马来西亚、菲律宾、新加坡，与 2016 年基本一致，只是缅甸从第四跃居第一，而韩国则从第一退至第三。

4. 入境游客特征：女性占比增加，年轻化、观光休闲化趋势明显

根据原国家旅游局数据中心统计，从 2017 年入境游客的性别构成来看：男性占 60.70%，女性占 39.30%，男性占比持续降低，较 2016 年降低了 2.30 个百分点。从这些入境游客的年龄组成来看：仍是 25~44 岁的游客最多，占 49.09%，较 2016 年也提高了 2.29 个百分点；其次，45~64 岁的游客较多，占 29.20%，但较 2016 年降低了 5.10 个百分点；再次，15~24 岁的游客虽然只占 13.2%，但较 2016 年提高了 3.60 个百分点。可见，入境游客呈现出年轻化的趋势。

从这些入境游客的旅游目的来看：仍以观光休闲为主，占 37.10%，较 2016 年提高了 3.70 个百分点；其次，服务员工、会议 / 商务的占比较高，分别为 14.80%、13.30%，但较 2016 年分别降低了 0.20 个、5.10 个百分点；再次，探亲访友的占比为 2.60%，较 2016 年降低了 0.50 个百分点；其他目的游客占 32.30%，较 2016 年提高了 2.20 个百分点。

（三）世界第一大国内旅游市场：规模持续攀升，收入增长更快

1. 国内旅游规模：数量、收入持续攀升，且增速略有提高

2017 年，我国旅游经济总体呈现强劲增长态势（图 0–5），全年接待国内游客 50 亿人次，旅游总收入 4.57 万亿元，同比分别增长 12.61% 和 15.92%，增速较 2016 年分别提高了 1.61 个和 0.73 个百分点。如图 0–5 所示，2001~2017 年，国内旅游人数持续攀升，由 7.8 亿人次增加到了 50 亿人次，增长了 5 倍多；国内旅游收入除 2003 年略有降低外，也保持持续增加，由 3522.4 亿元增加到 45661 亿元，增加了近 12 倍。可见，中国国内旅游人次和收入都保持两位数的增长速度加快增长，而且旅游收入的增速更快。

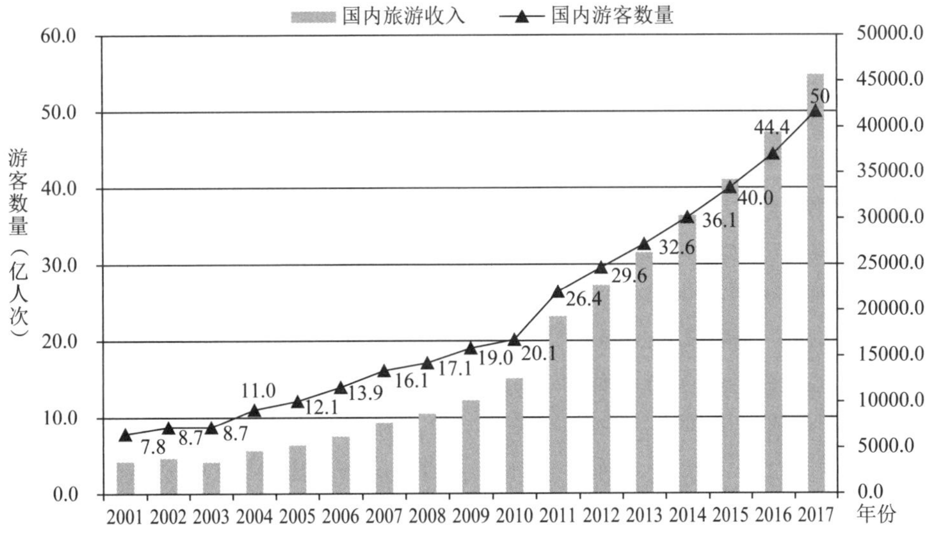

图 0–5　2001~2017 年中国国内游客数量和旅游收入

（数据来源：2001~2017 年国民经济和社会发展统计公报）

2. 国内旅游目的地：仍以东部为主，但西部份额有所增加；省际差异大

如图 0–6 所示，2017 年，东、中、西部的国内旅游人数分别为 21.21 亿人次、13.71 亿人次、14.99 亿人次，分别占全国国内旅游人数的 42.49%、27.48%、30.03%；国内旅游收入分别约为 2.26 万亿元、1.06 万亿元、1.24 万亿元，分别占全国国内旅游收入的 49.42%、23.31%、27.27%。东、中、西三大区域的国内旅游人数和旅游收入仍呈现出明显的东部高、中西部低的格局，而且中西部之间差异略有扩大。与 2016 年相比较，东部、中部的国内旅游人数所占比例分别降低了 0.65 和 0.23 个百分点，而西部国内旅游人数所占比例则增加了 0.88 个百分点；东部国内旅游收入所占比例降低了 1.10 个百分点，而中、西部国内旅游收入所占比例分别增加了 0.18、0.92 个百分点，这表明东部与中、西部之间的差距进一步缩小。

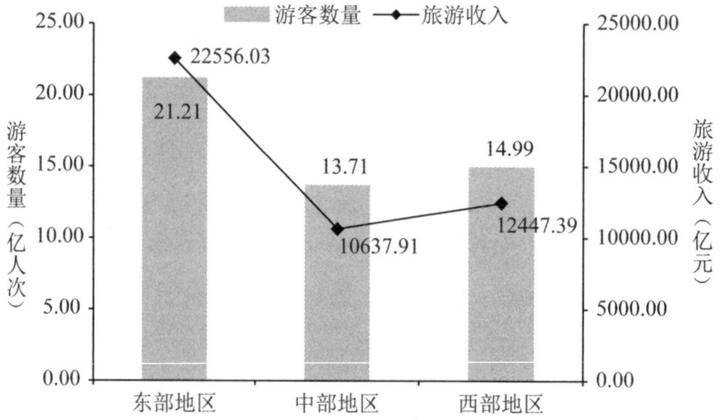

图 0–6　2017 年三大区域接待国内游客数量和国内旅游收入

（数据来源：2017 年各省市区国民经济和社会发展统计公报；注：由于统计口径不同，31 个省域的国内旅游接待人数之和、国内旅游收入之和分别是全国国内旅游接待人数、全国国内旅游收入的倍数，因此，分别将各省域国内旅游接待人数、国内旅游收入除以相应的倍数后，分别加总求出不同区域的国内旅游接待人数和收入）

如表 0–4 所示，从 2017 年各省（直辖市、自治区）（以下简称省域）接待的国内旅游人数来看，山东、贵州、天津、江苏最多，分别达到 7.8 亿人次、7.44 亿人次、7.4 亿人次、7.4 亿人次；湖南、四川、河南、湖北、浙江、安徽紧随其后，年接待国内游客量都超过 6.00 亿人次，而宁夏、西藏、青海、海南的国内游客接待量都不足 1 亿人次，相差很大；另外，2017 年 31 个省域国内旅游人数的变异系数为 0.57，较 2016 年提高了 0.04。从 2017 年各省域的国内旅游收入来看，江苏和广东最高，国内旅游收入分别达到 11307.5 亿元、10667.02 亿元，山东、四川、浙江、天津紧随其后，国内旅游收入都超过 8000 亿元，而宁夏、西藏、青海和海南的国内旅游收入最少，分别只有 149.53 亿元、367.37 亿元、378.94 亿元、768.2 亿元，都不足 1000 亿元；最多的和最少的之间相差了 75 倍多；另外，2017 年 31 个省域国内旅游收入的变异系数为 0.59，较 2016 年增加了 0.01。可见，2017 年国内旅游人数和旅游收入的省际差异仍较大。

表 0–4　2017 年中国 31 个省域的国内旅游人数和国内旅游收入

地区	旅游人数（亿人次）	旅游收入（亿元）	地区	旅游人数（亿人次）	旅游收入（亿元）
北京	2.9	5122.4	湖北[j]	6.36	5514
天津[a]	7.4	8252.3	湖南	6.7	7085.2
河北	5.7	6089.6	广东	4.07	10667.02
山西	5.6	5338.6	广西	5.18	5418.61
内蒙古	1.1	3358.6	海南[f]	0.6	768.2
辽宁	5.0	4620.7	重庆[g]	5.39	3183
吉林	1.9	3456.5	四川	6.7	8825.4
黑龙江	1.6	1876.6	贵州	7.44	7116.81
上海	3.1	4025.13	云南[h]	5.67	6682.58
江苏	7.4	11307.5	西藏[i]	0.2	367.37

续表

地区	旅游人数（亿人次）	旅游收入（亿元）	地区	旅游人数（亿人次）	旅游收入（亿元）
浙江[b]	6.3	8763.89	陕西	5.19	4630.26
安徽	6.2	6002.4	甘肃	2.3	1578.7
福建	3.7	4570.7	宁夏	0.1	149.53
江西	5.7	6435.1	青海	0.3	378.94
山东[c]	7.8	9200	新疆	1.04	1751.6
河南[d]	6.6	6751[e]			

［数据来源：2017 年各省市区的国民经济和社会发展统计公报。a 由 2016 数据与 2017 年的增长率计算得出。b 数据来源：中商产业研究院 . 2017 年浙江省旅游业数据统计分析 . 中商情报网，2018 年 2 月 26 日（http：//www.askci.com/news/chanye/20180226/140204118600.shtml，2018–6–6）。c 为国内外游客总人数和旅游总收入，数据来源：中国报告大厅，2017 中国各省旅游收入数据 . 中国报告大厅，2018 年 3 月 2 日（http：//www.chinabgao.com/k/lvyou/31977.html，2018–6–6）。d 为旅游国内外人数减去入境游客（307.32 万人次）。e 为旅游总收入，数据来源：中商产业研究院 . 2017 年河南省旅游业数据统计 . 中商情报网，2018 年 2 月 28 日（http：//www.askci.com/news/chanye/20180228/152545118781.shtml，2018–6–6）。f 为国内外游客总人数减去入境游客数量（111.94 万人次）以及旅游总收入减去旅游外汇收入（6.81 亿美元，折合人民币 43.7 亿元），数据来源：中商产业研究院 . 2017 年海南省旅游业发展数据分析 . 中商情报网，2018 年 1 月 25 日（http：//www.askci.com/news/chanye/20180125/115245116855.shtml，2018–6–6）。g 为国内游客总人数减去入境游客数量（358.35 万人次）以及旅游总收入减去旅游外汇收入（19.48 亿美元，折合人民币 125 亿元），数据来源：中商产业研究院 . 2017 年重庆市旅游业发展数据分析 . 中商情报网，2018 年 2 月 12 日（http：//www.askci.com/news/chanye/20180212/092410118119.shtml，2018–6–6）。h 数据来源：中商产业研究院 . 2017 年云南省旅游业数据统计 . 中商情报网，2018 年 4 月 3 日（http：//www.askci.com/news/chanye/20180403/152227120955.shtml，2018–6–6）。i 为旅游总收入减去旅游外汇收入（1.98 亿美元，折合人民币 12 亿元），数据来源：2017 年西藏自治区国民经济和社会发展统计公报。j 为国内外游客总人数减去入境游客数量（353 万人次）以及旅游总收入］

3. 国内旅游发展速度：东部提高，中西部降低，但中西部仍高于东部；表现突出的多为中西部省域

如前所述，2017 年中国国内旅游人数和旅游收入都呈现快速增长态势。从三大区域的发展态势来看，如图 0–7 所示，2017 年东、中、西部的旅游人数增长率分别为 10.91%、11.63%、16.01%，与 2016 年相比，东部的增速提高了 11.73 个百分点，中、西部的增速则分别降低了 8.53 个、7.47 个百分点；2017 年东、中、西部的旅游收入增长率分别为 13.29%、16.74%、19.89%，与 2016 年相比，东部的增速提高了 7.05 个百分点，

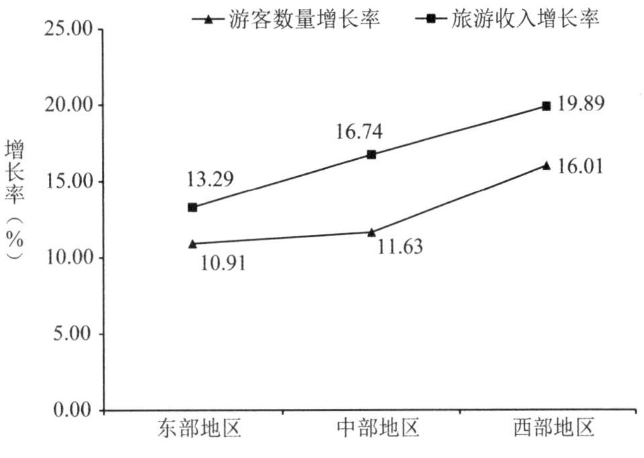

图 0–7　2017 年三大区域国内旅游人数和旅游收入的增长率

（数据来源：同表 0–4）

中、西部的增速则分别降低了 5.60 个、9.39 个百分点。但是，中、西部尤其是西部的国内旅游人数和旅游收入的增长幅度仍然都高于东部，这会促进中、西部与东部差距的缩小。

从各省域的发展态势来看，2017 年国内旅游人数增长最快的省域是山东、贵州、云南、新疆，增幅都超过 30%，尤其山东，不仅新晋到增速最快的行列，而且增幅高达 77.27%，表现十分突出，而后三者则是保持高速增长；其次是广西、山西、江西、河北、甘肃、重庆，增幅都超过 20%，其中，广西、重庆是新晋入此行列的省域，而青海则退出了快速增长行列。2017 年国内旅游收入增长最快的省域是山东、湖南、云南和贵州，增幅都超过 40%，尤其山东，不仅新晋到增速最快的行列，而且增幅高达 117.60%，表现抢眼；其次是广西、河北、福建、新疆，增幅都超过 30%，其中，广西、福建是新晋入此行列的省域，而江西则退出了快速增长行列。从这些国内旅游人数和旅游收入高速、快速增长的省域所在区域来看，除了山东、河北和福建外，都是中西部省域。

（四）世界第一大总就业贡献国，第二大 GDP 和投资贡献国

1. 对 GDP 的贡献：持续高速增长，绝对水平稳居世界第二，但贡献率还不高

根据世界旅游及旅行理事会的数据，2017 年，中国内地旅游业对 GDP 的直接贡献是 4023 亿美元，同比增长了 48.75%，而且，自 2009 年以来一直保持增加的态势，占全国 GDP（82.71 万亿元[①]）的比例为 3.29%，较 2016 年提高了 0.83 个百分点，而且，自 2011 年以来持续提高；综合贡献达 9.1197 万亿元（13493 亿美元），同比增长了 37.22%，占全国 GDP 的比例为 11.03%，较 2016 年提高了 2.09 个百分点。

表 0-5　2017 年旅游业对 GDP 的贡献部分国家 / 地区及排名

国家/地区	对GDP的直接贡献（亿美元）	排名	对GDP的综合贡献（亿美元）	排名
美国	5094	1	15019	1
中国内地	4023	2	13493	2
日本	1074	4	3312	4
印度	913	8	2340	7
泰国	422	12	950	15
印度尼西亚	194	22	589	23
中国香港	152	26	567	24
马来西亚	152	27	419	28
中国澳门	143	31	299	36
越南	130	33	206	47
世界平均水平	215		629	

［数据来源：World Travel & Tourism Council. Travel & Tourism，Global Economic Impact & Issues 2018. World Travel & Tourism Council（https：//www.wttc.org/–/media/files/reports/economic–impact–research/countries–2018/china2018）］

① 数据来源：国家统计局 . 中华人民共和国 2017 年国民经济和社会发展统计公报 . 国家统计局，（http：//www.stats.gov.cn/tjsj/zxfb/201802/t20180228_1585631.html）.

从中国旅游业的经济贡献在世界的地位来看，中国内地旅游业对 GDP 的直接贡献和综合贡献的绝对值都仅次于经济实力强劲和旅游业高度发达的美国，稳居世界第二（表 0–5）。但还应该看到，虽然中国旅游业对 GDP 的直接贡献率、综合贡献率都已超过美国（分别为 2.6%、7.7%）、日本（分别为 2.2%、6.8%）、英国（3.7%、10.5%）等发达国家[①]，但其直接、综合贡献率排名分别为 102、75，还相当落后，与泰国（分别为 9.4%、21.2%）等旅游发达国家还有很大差距。

2. 对就业的贡献：高速增加，总数世界第一，但贡献率还不高

旅游业是带动其他产业发展的重要推动力。根据世界旅行旅游理事会的数据，2017 年，中国旅游业创造的直接就业岗位为 2825 万个，同比增加了 19.30%，而且自 2010 年以来一直保持小幅增加，占年末全国就业人数（77640 万人[②]）的 3.64%，较 2016 年提高了 0.59 个百分点；旅游业创造的总就业岗位为 7990 万个，同比增加了 14.92%，占年末全国就业人数的比例为 10.29%，较 2016 年提高了 1.33 个百分点。

从中国旅游业的就业贡献在世界的地位来看，中国旅游业创造的直接就业岗位和总就业岗位遥遥领先于第二的印度，稳居世界第一（表 0–6），对中国及世界旅游业的发展具有重要影响。但同样应该看到，如前所述，虽然中国旅游业对就业的直接贡献率、综合贡献率在不断提高，但在世界的排名分别为 91、80，都还很落后，与泰国（分别为 6.2%、15.5%）等旅游发达国家还有较大差距。

表 0–6　2017 年部分国家 / 地区旅游业创造的就业岗位数及世界排名

国家/地区	创造的直接就业岗位（万个）	排名	创造的总就业岗位（万个）	排名
中国内地	2825	1	7990	1
印度	2614.81	2	4162.25	2
美国	528.57	3	1366.8	3
印度尼西亚	458.51	4	1224.16	4
越南	246.76	7	409.09	11
泰国	233.66	10	583.4	9
日本	109.85	19	417.16	19
马来西亚	66.98	25	170.45	25
中国香港	18.71	64	55.67	60
中国澳门	10.96	91	21.32	104
东南亚地区平均水平	435.59		1242.36	
世界平均水平	93.75		234.1	

［数据来源：World Travel & Tourism Council. Travel & Tourism Economic Impact 2018 CHINA. World Travel & Tourism Council（https：//www.wttc.org/–/media/files/reports/economic–impact–research/countries–2018/china2018）］

① 数据来源：World Travel & Tourism Council. Travel & Tourism Economic Impact 2017 CHINA. World Travel & Tourism Council（https：//www.wttc.org/–/media/files/reports/economic–impact–research/countries–2018/unitedkingdom2018.pdf）.

② 数据来源：国家统计局 . 中华人民共和国 2017 年国民经济和社会发展统计公报 . 国家统计局，（http：//www.stats.gov.cn/tjsj/zxfb/201802/t20180228_1585631.html）.

3. 对投资的贡献：持续稳定增长，稳居世界第二

2017年，全国旅游投资依然以民营资本为主，以政府投资和国有企业为辅。民营企业主要投资大型综合类文化旅游项目，政府和国有企业的投资则相对集中于旅游基础设施、公共服务设施以及旅游村镇类项目，而且较集中于西部地区。

根据世界旅行旅游理事会的数据，2017年，中国的旅游投资额为10454亿元（1547亿美元），同比增加了14.39%[①]，保持稳定增长态势，且增幅较2016年提高了4.61个百分点；占全国总投资的比例为3.0%，较2016年提高了0.1个百分点。从中国旅游投资在世界的地位来看，2017年中国旅游投资额占世界旅游投资额（8824亿美元）的17.53%，较2016年提高了0.47个百分点；从在世界的排名来看，仅次于以1763亿美元位居世界第一的美国，但差距不大，而且较2016年差距缩小了2.18个百分点，而远远领先于以416亿美元位居世界第三的印度，稳居世界第二（表0–7）；但是，中国旅游投资贡献率（3.0%）在世界仅排144位，较越南（8.5%，排58名）、泰国（7.3%，排73名）等落后很多。

表0–7 2017年部分国家/地区旅游投资额及其世界排名

国家/地区	旅游投资额（亿美元）		排名		年增长率（%）
	2016年	2017年	2016	2017	
美国	1608	1763	1	1	9.64
中国内地	1376	1547	2	2	12.43
印度尼西亚	340	416	5	3	22.35
日本	344	359	4	5	4.36
印尼	136	120	14	16	−11.76
泰国	70	77	20	20	10.00
中国香港	59	65	23	24	10.17
马来西亚	50	53	27	29	6.00
越南	55	51	26	30	−7.27
中国澳门	22	27	50	47	22.73
东南亚地区平均水平	280	311	—	—	—
世界平均水平	44	48	—	—	9.09

［数据来源：World Travel & Tourism Council. Travel & Tourism Economic Impact 2018CHINA. World Travel & Tourism Council（https：//www.wttc.org/–/media/files/reports/economic–impact–research/countries–2018/china2018）］

三、中国旅游业的热点事件

（一）十九大报告确定旅游发展的新方向和新要求

2017年10月18日，习近平总书记代表第十八届中央委员会在中国共产党第十九次

① 为按人民币计算所得。

全国代表大会上向大会作了党的十九大报告。党的十九大报告围绕中国特色社会主义新时代提出了一系列新思想、新主张。报告中特别指出，“中国特色社会主义进入新时代，我国社会主要矛盾已经转化为人民日益增长的美好生活需要和不平衡不充分的发展之间的矛盾。”关于未来的发展战略，党中央提出如下主张：贯彻新发展理念，建设现代化经济体系；深化供给侧改革；加快建设创新型国家；实施乡村振兴战略；实施区域协调发展战略；加快完善社会主义市场经济体制；推动形成全面开放新格局等。党的十九大是一次举世瞩目的盛会，具有重大意义。党的十九大总结了党的十八大以来取得的历史性成就，揭示了历史新变革，确定了历史新方位和新使命，为旅游发展指明了新方向，提出了新要求，也带来了新机遇。

据悉，10 月 24 日，党的十九大胜利闭幕当天，原国家旅游局即召开党组扩大会议，学习贯彻党的十九大精神，并结合实际，对进一步学习贯彻工作进行部署安排。10 月 26 日，原国家旅游局召开全局党员干部大会，集中传达学习贯彻党的十九大精神，对全局学习宣传贯彻进一步作出部署。党的十九大代表、原国家旅游局党组书记、局长李金早主持会议并讲话。会议传达了党的十九大报告的主要精神、中央纪委工作报告的主要精神和党章修改的主要情况，结合旅游工作提出贯彻落实要求①。会议要求，要把学习宣传贯彻十九大精神与推动旅游业改革发展结合起来，以习近平新时代中国特色社会主义思想为指导，按照新理念新思想新战略要求，牢固树立“四个意识”，坚定“四个自信”，始终在思想上政治上行动上与以习近平同志为核心的党中央保持高度一致，不忘初心，牢记使命，砥砺前行，紧紧围绕解决人民日益增长的旅游需要与不平衡不充分的旅游发展之间的矛盾为根本，以推动全域旅游发展为主线，以推进旅游治理规范化、旅游发展全域化、旅游供给品质化、旅游参与全民化、旅游效应最大化为原则，加快推进旅游供给侧结构性改革、全域旅游、旅游 +、厕所革命、旅游投资、旅游消费、乡村旅游、旅游扶贫、旅游安全、诚信旅游、文明旅游、红色旅游、旅游外交等各项重点工作，按照全面建设社会主义现代化国家的新目标要求，加快建设世界旅游强国，努力为实现中华民族伟大复兴中国梦做出积极贡献！

（二）世界旅游联盟成立，凸显中国的主导者地位

2017 年 9 月 11 日，世界旅游联盟第一届会员全体大会在四川省成都市召开。这一会议的召开，标志着由中国旅游协会发起的世界旅游联盟正式成立。该联盟是第一个全球性、综合性、非政府、非营利国际旅游组织。据相关统计，共有出席联合国世界旅游组织第 22 届全体大会的 137 个国家的旅游部长、代表及 41 个国际组织负责人共同见证了世界旅游联盟的诞生。世界旅游联盟的核心发展理念是“旅游让世界更美好”，旨在以旅游促发展，以旅游促减贫，以旅游促和平，以加强全球旅游业界的国际交流为目标，为

① 沈仲亮. 不忘初心，牢记使命——国家旅游局传达学习党的十九大精神. 旅游局网站，2017 年 10 月 27 日（http://www.gov.cn/xinwen/2017-10/27/content_5234916.htm，2018-06-13）.

全球旅游业界搭建一个共商、共建、共享的平台，推动全球旅游业可持续发展和包容性增长。到目前为止，世界旅游联盟共有 89 个会员，主要来自中国、美国、法国、德国、日本、澳大利亚、马来西亚、巴西等 29 个国家和地区。其中包括中国香港和中国澳门企业成员单位在内的境外会员单位占比超过 60%。

中国发起成立“世界旅游联盟”，是一件值得载入史册的大事。既是中国在国际旅游业中的地位不断上升、中国旅游业已成为全球“领跑者”、世界旅游业界看重中国经验、中国市场和中国作用并希望与中国加强旅游交流合作带来的必然，也是中国在世界旅游舞台的地位正在由参与者变为主导者的表现，也是中国拓宽国际合作渠道、拓展国际发展空间、参与国际规则制定、推动中国标准走出去、提升在世界旅游业的话语权和影响力的重要举措[①]。原国家旅游局局长李金早在全员全体大会提出，“可持续发展应当是未来旅游发展的主旋律，要充分发挥旅游促进发展及扶贫的重要作用。同时要坚持‘旅游 +’原则，促进旅游与相关产业的融合发展，并借助一带一路大平台，努力将世界旅游联盟打造成为国际旅游标准制订发布平台、国际旅游投资合作平台、国际旅游产品拓展推广平台、国际旅游产业发展研究平台、国际旅游交流与会员服务平台，全方位、多角度、深层次地促进世界旅游发展”。世界旅游联盟将致力于为会员提供专业服务，搭建会员之间对话、交流与合作平台，促进会员间业务合作与经验分享；与重要国际组织沟通协作，促进国际旅游合作；组建高层次旅游研究和咨询机构，研究全球旅游发展趋势；收集、分析、发布旅游数据；提供规划制定服务、行业咨询及业务培训；为政府及企业发展旅游业提供咨询；建立会员间旅游市场互惠机制，开展旅游市场宣传推介，促进资源共享，跨界跨业合作；召开联盟年会、峰会、博览会等旅游宣传推广活动[②]。因此，我们相信，世界旅游联盟不仅能为中国的旅游事业推波助澜，对于世界旅游的发展，也将成为一股不可忽视的重要力量。

（三）文化和旅游部成立，开启文旅合作的新局面

2018 年 3 月 13 日，国务院机构改革方案提请十三届全国人大一次会议审议。根据方案，改革后国家旅游局和文化部合并，成立文化和旅游部。原来的文化部、国家旅游局不再保留。作为国务院组成部门，新成立的文化和旅游部的主要职责是，贯彻落实党的宣传文化工作方针政策，研究拟订文化和旅游工作政策措施，统筹规划文化事业、文化产业、旅游业发展，深入实施文化惠民工程，组织实施文化资源普查、挖掘和保护工作，维护各类文化市场包括旅游市场秩序，加强对外文化交流，推动中华文化走出去等。国务委员王勇表示，组建文化和旅游部，是“为增强和彰显文化自信，统筹文化事业，文化产业发展和旅游资源开发，提高国家文化软实力和中华文化影响力，推动文化事业、

① 王硕 . 中国发起成立“世界旅游联盟” 将引领世界旅游业 . 人民日报海外版，2017 年 09 月 12 日（http：//finance.chinanews.com/sh/2017/09-12/8328374.shtml，2018-8-6）.

② 吕静 . 世界旅游联盟在中国成立，改变世界旅游的中国力量 . 世界旅游智库，2017 年 9 月 11 日（http：//www.sohu.com/a/191261083_186475，2018-8-6）.

文化产业和旅游业融合发展”。

正如张玲和刘金祥所总结的，文化和旅游密不可分，文化是旅游发展的灵魂，旅游是文化发展的平台，旅游业态和产品的竞争力最终体现为文化的竞争，而文化软实力在很大程度上要凭借旅游这一路径推介和传播出去。因此，只有把旅游与文化紧密结合起来，旅游业才能不断加快发展步伐，才会富有强大生命力；只有把旅游与文化有机统一起来，民族文化资源才能得到充分挖掘和有效利用，文化产业发展才会保持可持续性和强劲态势。因此，此次国务院组建文化和旅游部，是在深刻理解文化和旅游的内在有机统一属性之上所做出的科学决策，这一机构改革方案一公布，就引起广泛关注和很多专家学者的支持，甚至被世界旅游城市联合会首席专家、中国旅游协会休闲度假分会会长、全国休闲标准化技术委员会副主任魏小安称为“伟大的转折”。

组建文化和旅游部是统筹文化产业与旅游产业协调有序发展的客观需要，既有利于将文化产品变为旅游产品，从而有效地提升我国文化软实力，极大地推动民族文化的繁荣兴盛，更好地建设新时代中国特色社会主义文化强国，也有利于推动我国旅游业快速健康发展，更有利于进一步刺激消费需求，更好地拉动内需；组建文化和旅游部也是全面深化改革和深入实施大部制的具体体现，能够最大限度地减少和避免职能交叉、政出多门、多头管理、推诿扯皮的不良现象，从而提高行政效率效能，降低行政成本；组建文化和旅游部是对西方发达国家管理机制模式的积极借鉴①。组建文化与旅游部，是从制度设计层面，为文化旅游产业发展扫除机制障碍，从而促进文化与旅游的合作。文化与旅游的结合，有利于解决文化事业内生动力不足的问题，既能利用旅游促进文化古迹的保护，壮大文化产业，又能更好地推动中国文化走出去，提升中国的文化软实力。文化与旅游的结合，也能促进旅游发展的文化导向和文化深入，强化旅游中的文化体验和产业属性，增强旅游产品的生命力，符合转型升级的需求变化，促进旅游可持续发展②，同时，这一改革提升了旅游业管理在国家机构中的地位，提升了旅游业在国民经济和社会发展中的地位，提高了旅游业在五个文明建设中的使命，能够更好地发挥旅游在文化自信、文化传承、文化走出去方面的作用。

可见，文化和旅游部的成立，势必会带来一系列变化。如何在体制层面理顺文化和旅游的关系，如何在功能层面协调文化部门注重意识形态、旅游部门注重市场的矛盾，如何在工作层面适应部门调整后的影响，如何充分发挥部门合并的合力取得双赢，都是需要面临的挑战。

---

① 张玲和刘金祥．组建文化和旅游部：顺势而动、应时而为的改革举措．文化产业评论，2018 年 3 月 14 日（http://www.av010.com/zixun/news_info_20999.html，2018-8-7）．

② 郭全中．组建文化和旅游部 打通保护与开发的“任督二脉”．每日旅游新闻，百家号，2018 年 3 月 16 日（https://baijiahao.baidu.com/s?id=1595103644211099218&wfr=spider&for=pc，2018-8-7）．

（四）2018全域旅游年，见证全域旅游发展的升级

2018年1月13日，原国家旅游局办公室印发通知，确定2018年为“美丽中国——2018全域旅游年”，宣传口号为“新时代，新旅游，新获得”“全域旅游，全新追求”[①]。这是为了贯彻落实党的十九大精神，不断加强“美丽中国”建设，持续推进旅游市场平衡、充分、可持续发展，更好满足旅游者对美好生活追求。通知要求各地围绕“美丽中国——2018全域旅游年”这一主题，重点做好四方面工作：第一，提高认识，做好活动设计，即做好各类旅游市场活动设计，强化品牌建设，注重实际效果，共同推动旅游市场平衡、充分、可持续发展；第二，针对市场需求，丰富旅游产品线路，即立足本地资源条件和客源市场结构，做好特色旅游产品供给，持续优化旅游服务接待品质，不断满足国内外旅游者多样化消费需求；第三，整合力量，提高宣传推广成效，即继续用好专业机构、媒体力量，统筹各类宣传平台，充分发挥各推广联盟作用，不断提升旅游宣传推广工作实效；第四，重点突出，大力提振入境旅游，即认真总结近年旅游宣传推广工作经验，用好“美丽中国”整体旅游形象，持续提升中国旅游目的地的国际影响力和吸引力。这是对全域旅游工作的充分肯定和大力支持，对于旅游业转型升级、提质增效具有十分重要的意义。

2018年3月9日，《国务院办公厅关于促进全域旅游发展的指导意见》（以下称《意见》）印发。《意见》明确了全域旅游发展的目标，即实现旅游发展全域化、旅游供给品质化、旅游治理规范化、旅游效益最大化；明确了全旅游发展的方向，即加快旅游供给侧结构性改革，着力推动旅游业从门票经济向产业经济转变，从粗放低效方式向精细高效方式转变，从封闭的旅游自循环向开放的“旅游+”转变，从企业单打独享向社会共建共享转变，从景区内部管理向全面依法治理转变，从部门行为向政府统筹推进转变，从单一景点景区建设向综合目的地服务转变；提出了全域旅游发展的原则，即统筹协调、融合发展，因地制宜、绿色发展，改革创新、示范引导；布置了全域旅游发展的重点任务，包括推进融合发展，创新产品供给；加强旅游服务，提升满意指数；加强基础配套，提升公共服务；加强环境保护，推进共建共享；实施系统营销，塑造品牌形象；加强规划工作，实施科学发展；创新体制机制，完善治理体系；强化政策支持，认真组织实施[②]。

这是继2017年、2018年连续两年政府工作报告提及全域旅游之后，首次在国家层面专门针对全域旅游进行的顶层设计，“标志着全域旅游正式上升为国家战略，是大众旅游时代我国旅游业发展战略的一次新提升。以全域旅游为载体，推动旅游体制机制创新、旅游产业融合发展、旅游公共服务优化、发展成果共建共享，有利于提升区域旅游

① 姜晨．国家旅游局宣布2018年为“美丽中国——全域旅游年”．中国政府网，2018年1月14日（http：//www.gov.cn/xinwen/2018-01/14/content_5256502.htm，2018-06-11）．

② 国务院办公厅．国务院办公厅印发关于促进全域旅游发展的指导意见（国办发〔2018〕15号），中国政府网，2018年3月9日（http：//www.gov.cn/zhengce/content/2018-03/22/content_5276447.htm，2018-8-9）．

业的整体实力和综合竞争力，是旅游业更好地服务国家经济社会发展大局的必然要求”①。近年来，各地因地制宜、不断创新，全域旅游发展已经取得显著成效。伴随着各地的努力，我国的全域旅游向着纵深发展。全国已有500多家全域旅游示范区创建千米，有海南、宁夏、陕西、贵州、山东、河北、浙江7个省级全域旅游示范区创建单位②。《2017全域旅游发展报告》③显示，全域旅游示范区创建单位的总面积为180万平方千米，占全国国土面积的19%，总人口2.56亿，占全国总人口的20%。全域旅游发展的亮点不断，成效显著。首先，在体制机制创新方面，“1+3+N”综合体制改革效果显著，到2017年5月，全国有23个省域、155个地（市）成立了旅游发展委员会，已设立旅游警察机构131家、旅游工商分局机构77家、旅游巡回法庭机构221家；“多规合一”有突破，包括把旅游局作为规委会的副主任单位或成员单位，把旅游纳入国民经济社会规划和其他产业规划之中，建立“多规合一”的大数据库，各部门之间信息共享、业务协同以及审批流程优化，规范或完善旅游主管部门参与项目会审制度等；89%的创建单位对旅游统计制度进行了改革创新；区域统筹发展机制正在形成；形成了全域旅游政策体系。其次，在产业融合发展方面，创建单位中旅游优势产业开始形成，“旅游+”深入推进，全域旅游产品和业态不断创新升级，投资活力十足，全域旅游成为社会投资热点，全域旅游成为脱贫致富的生力军。最后，在基础设施配套方面，厕所革命由景区向乡村延伸，基础设施不断升级；全面改善和提升区域内公共服务水平，建成了4000个停车场、2500个游客集散中心以及数千个旅游咨询服务点；全域旅游营销全面推进，82%的创建单位成立了营销专项基金或切块基金，形成了多主体营销机制，营销方式不断多元化，注重全时、整体营销等。

2018年将是中国全域旅游发展的新纪年，也是中国旅游发展转型的关键之年，全域旅游不仅将引领未来数年的中国旅游发展，更是正在成为促进经济新常态下“稳增长、调结构、增就业、惠民生”的新引擎。

（五）厕所革命再度起航，引领公共服务体系建设

2017年11月27日，中共中央总书记、国家主席、中央军委主席习近平就旅游系统推进“厕所革命”工作取得的成效做出重要指示。他强调，两年多来，旅游系统坚持不懈推进“厕所革命”，体现了真抓实干、努力解决实际问题的工作态度和作风。旅游业是新兴产业，方兴未艾，要像抓“厕所革命”一样，不断加强各类软硬件建设，推动旅游业大发展。这是总书记三年来第二次对“厕所革命”做出重要指示。

2017年是厕所革命3年计划的收官之年。截至2017年10月底，全国共新改建旅游

① 齐中熙和叶昊鸣（记者）. 推动全域旅游进一步发展——《关于促进全域旅游发展的指导意见》解读 . 中国政府网，2018年3月22日（http：//www.gov.cn/zhengce/2018-03/22/content_5276628.htm，2018-8-9）.

② 张雪（记者）. 让全域旅游丰富美好生活 . 中国政府网，2018月5月19日（http：//www.gov.cn/xinwen/2018-05/19/content_5292000.htm，2018-8-9）.

③ 原国家旅游局规划财务司 . 全国旅游发展报告（2017）. 凤凰咨询，2017年8月23日（http：//news.ifeng.com/a/20170823/51732928_0.shtml，2018-8-9）.

厕所6.8万座，超额完成目标任务5.7万座。厕所革命全面融入全域旅游，覆盖全国3000多家4A级以上旅游景区，并逐步扩展到全国370多个重点旅游城市。"厕所革命"逐步从景区扩展到全域、从城市扩展到农村、从数量增加到质量提升，受到广大群众和游客的普遍欢迎。但厕所革命也还存在着发展不平衡不充分问题，与快速增长的旅游发展和人民需求相比，厕所数量质量、管理服务、科技应用、如厕文明等仍有差距，迫切需要再实施一轮三年行动计划[①]。为此，2017年11月19日，原国家旅游局发布《全国旅游厕所建设管理新三年行动计划（2018~2020）》，明确提出2018~2020年再建旅游厕所6.4万座，实现厕所革命"数量充足、分布合理，管理有效、服务到位，环保卫生、如厕文明"的新三年目标。新三年行动计划将按照"全域发展、质量提升、深化改革、创新突破"的基本思路，用全域旅游发展理念指导推进厕所革命向纵深发展，坚持景区内外共同推进厕所革命、城乡一体化推进厕所革命，东中西部地区均衡推进厕所革命。

厕所革命在超额提前完成前三年行动计划后，2018年又重新起航，并将引领公共服务体系的建设和完善。这一方面是因为旅游厕所已经不仅仅是一项旅游设施，它更是旅游品质化发展的切入点，是提高旅游体验的关键，更是促进全域旅游发展的助推器，也将是决定旅游转型升级成败的关键因素之一。另一方面则是因为厕所问题不仅关系到旅游环境的改善，也关系到广大人民群众工作生活环境的改善，关系到国民素质提升、社会文明进步[②]，还是涉及百姓生活和国家建设的大事，不仅事关人民健康和生态环境的改善，还关乎国家良好形象的树立；厕所革命是对传统观念、生活方式和环境保护的深刻革命[③]。正因为此，习近平指出，厕所问题不是小事情，是城乡文明建设的重要方面，不但景区、城市要抓，农村也要抓，要把这项工作作为乡村振兴战略的一项具体工作来推进，努力补齐这块影响群众生活品质的短板。

可见，厕所革命并非仅仅限于旅游方面，已经成为生态文明、美丽乡村建设的着眼点和突破口，已经由城市逐步扩大到农村，已经被纳入乡村振兴范围之列，并正在带动农村地区生活污水治理体系的完善。通过实施厕改工作，将会有效带动农村的水、电、路等公共基础设施的改善，并且拉动乡村建设投资和乡村旅游以及改善农村的人居环境，提高人民生活水平。同时，厕所革命不仅让广大游客有了实实在在的"获得感"，也成为旅游公共服务建设的示范工程，成为带动旅游公共服务整体提升的切入口。厕所革命所探索的新经验、新路径，不但改变了旅游厕所"脏、乱、差、少、偏"的情况，而且能以厕所为先导，带动国家旅游风景道、城市游客中心、自驾车房车营地、旅游交通标示标牌等旅游公共服务体系发展，从而推进整个旅游公共服务设施的建设，使得旅游更温

① 薛枫（记者）. 国家旅游局持续发力厕所革命 新三年计划再建6.4万座 . 新华网，2017年11月19日（http://www.xinhuanet.com/travel/2017-11/19/c_1121978379.htm，2018-8-9）.

② 张樵苏（责任编辑）. 坚持不懈推进"厕所革命" 努力补齐影响群众生活品质短板 . 新华网，2017年11月27日（http://www.xinhuanet.com/politics/2017-11/27/c_1122016619.htm，2018-8-9）.

③ 杨柳（记者）. 将"厕所革命"进行到底 . 新华网，2017年11月27日（http://www.xinhuanet.com/politics/2017-11/27/c_1122018982.htm，2018-8-9）.

馨、更便利、更安全，带动旅游产业发展质量和服务质量提升[①]。

（六）建立国家公园体制，促进大众观光旅游转型

国家公园概念源自于美国，由乔治·卡特林首先提出，意指“文明、野生动物和荒野可以被保护起来，只要政府通过一些保护政策设立一个国家公园，其中有人也有野兽，所有的一切都处于原生状态，体现着自然之美”。之后国家公园概念被全世界许多国家所使用并实践，其基本意思都是指自然保护区的一种形式。

2017年9月26日，中共中央办公厅、国务院办公厅印发了《建立国家公园体制总体方案》(以下称《方案》)，并发出通知，要求各地区各部门结合实际认真贯彻落实[②]。《方案》在党的十八届三中全会提出建立国家公园体制，并在总结三江源、东北虎豹、大熊猫、神农架、武夷山、钱江源、湖南南山、北京长城以及香格里拉普达措九个国家公园试点的基础上制定的。

《方案》指出，国家公园是指由国家批准设立并主导管理，边界清晰，以保护具有国家代表性的大面积自然生态系统为主要目的，实现自然资源科学保护和合理利用的特定陆地或海洋区域。建立国家公园体制是党的十八届三中全会提出的重点改革任务，是我国生态文明制度建设的重要内容，对于推进自然资源科学保护和合理利用，促进人与自然和谐共生，推进美丽中国建设，具有极其重要的意义。《方案》明确了建立国家公园的目标，即建成统一规范高效的中国特色国家公园体制，交叉重叠、多头管理的碎片化问题得到有效解决，国家重要自然生态系统原真性、完整性得到有效保护，形成自然生态系统保护的新体制新模式，促进生态环境治理体系和治理能力现代化，保障国家生态安全，实现人与自然和谐共生。到2020年，中国建立国家公园体制试点将基本完成，整合设立一批国家公园，分级统一的管理体制基本建立，国家公园总体布局初步形成。到2030年，国家公园体制将更加健全，分级统一的管理体制更加完善，保护管理效能明显提高。《方案》提出了“科学定位、整体保护，合理布局、稳步推进，国家主导、共同参与”的基本原则。同时提出了要科学界定国家公园内涵，建立统一事权、分级管理体制，建立资金保障制度，完善自然生态系统保护制度，构建社区协调发展制度等任务。

《方案》的出台，标志着我国国家公园体制的顶层设计初步完成，国家公园建设进入实质性阶段。这是我国自然保护事业的一个新的里程碑，也是中国国家公园发展的极大机遇。根据国家发展和改革委员会，建立国家公园的主要目的是保护自然生态系统的原真性、完整性，始终突出自然生态系统的严格保护、整体保护、系统保护，把最应该保护的地方保护起来。是为了解决自然保护区、风景名胜区等已有自然保护地建设管理

---

① 徐宁（责任编辑）. 厕所革命：补齐旅游公共服务短板 带动旅游质量整体跃升 . 新华网，2017年12月4日（http://www.xinhuanet.com/travel/2017-12/04/c_1122052039.htm，2018-8-9）.

② 雷丽娜（责任编辑）. 中共中央办公厅、国务院办公厅印发《建立国家公园体制总体方案》. 新华社，2017年9月26日（http://www.gov.cn/zhengce/2017-09/26/content_5227713.htm，2018-06-12）.

中存在的问题，如缺乏科学完整的技术规范体系，没有关于保护对象、目标和要求的科学区分标准，普遍存在部门割裂、多头管理、碎片化现象，社会公益属性和公共管理职责不够明确，土地及相关资源产权不清晰，保护管理效能不高，盲目建设和过度开发现象时有发生等，从而理顺管理体制，创新运营机制，健全法治保障，强化监督管理，构建统一规范高效的中国特色国家公园体制，建立分类科学、保护有力的自然保护地体系，以实现国家所有、全民共享、世代传承为目标[①]。

因此，国家公园是我国自然保护地的最重要类型之一，属于全国主体功能区规划中的禁止开发区域，纳入全国生态保护红线区域管控范围，实行最严格的保护。除不损害生态系统的原住民生活生产设施改造和自然观光、科研、教育、旅游外，禁止其他开发建设活动。与一般的自然保护地相比，国家公园的自然生态系统和自然遗产更具有国家代表性和典型性，面积更大，生态系统更完整，保护更严格，管理层级更高。同时，国家公园强调坚持全民公益性，坚持全民共享，着眼于提升生态系统服务功能，开展自然环境教育，为公众提供亲近自然、体验自然、了解自然以及作为国民福利的游憩机会。鼓励公众参与，调动全民积极性，激发自然保护意识，增强民族自豪感。这也符合世界自然保护联盟对国家公园的定义，即大面积自然或近自然区域，用以保护大尺度生态过程以及这一区域的物种和生态系统特征，同时提供与其环境和文化相容的精神的、科学的、教育的、休闲的和游憩的机会。

可见，国家公园可能成为新兴的、响亮的旅游品牌，将在旅游目的地的塑造中发挥标杆性作用，将逐渐成为国内外游客出游选择的重要吸引物。国家公园的建立有利于整合空间范围较大、类型多样的核心景区，有助于全域旅游的发展。同时，我们也要看到，建国家公园不是搞大旅游。“以保护为核心”的要求对涉及国家公园的旅游资源利用方式、旅游者游览方式将带来直接的影响。在国家公园内，有限的旅游设施必须严格服从生态保护的各项要求，对游客也会实施严格限定游览范围和方式的生态旅游模式。公益性、共享性的国家公园价值取向所带来的低门票准入和最终走向免票制度，将使现有的许多“潜在国家公园”景区门票面临着降低票价乃至取消门票的挑战，这将有力促进旅游发展摆脱对门票经济甚至高票价支撑的长期依赖，从而促进旅游业的转型发展[②]。

（七）研学旅行纳入中小学必修课程，促进旅教融合

2017年9月25日，教育部印发了《中小学综合实践活动课程指导纲要》（以下称《纲要》）。《纲要》规定，综合实践活动是从学生的真实生活和发展需要出发，从生活情境中发现问题，转化为活动主题，通过探究、服务、制作、体验等方式，培养学生综合素质

① 国家发展改革委就建立国家公园体制总体方案答问．发展改革委网站，2017年9月27日（http：//www.gov.cn/zhengce/2017-09/27/content_5227895.htm，2018-8-9）．

② 窦群．国家公园将成为旅游发展新标杆．社科院旅游研究中心，2017年9月9（http：//www.sohu.com/a/190888183_126204，2018-8-9）．

的跨学科实践性课程；综合实践活动是国家义务教育和普通高中课程方案规定的必修课程，与学科课程并列设置，是基础教育课程体系的重要组成部分，自小学一年级至高中三年级全面实施[①]。其中，小学阶段的“参观爱国主义教育基地”、初中阶段的“红色之旅”以及高中阶段的“研学旅行”都是与研学旅行相关的综合实践活动。

研学旅行首先是由于 2013 年 2 月 2 日发布的《国民休闲旅游纲要（2013~2020 年）》提出的，“逐步推行中小学生研学旅行”。而后，2014 年 8 月 21 日出台的《关于促进旅游业改革发展的若干意见》首次明确了将“研学旅行”纳入中小学生日常教育范畴，“按照全面实施素质教育的要求，将研学旅行、夏令营、冬令营等作为青少年爱国主义和革命传统教育、国情教育的重要载体，纳入中小学生日常德育、美育、体育教育范畴，增进学生对自然和社会的认识，培养其社会责任感和实践能力”。2016 年 12 月 19 日，《教育部等 11 部门关于推进中小学生研学旅行的意见》[②]明确了中小学生研学旅行是由教育部门和学校有计划地组织安排，通过集体旅行、集中食宿方式开展的研究性学习和旅行体验相结合的校外教育活动，是学校教育和校外教育衔接的创新形式，是教育教学的重要内容，是综合实践育人的有效途径。并提出了工作目标，即开发一批育人效果突出的研学旅行活动课程，建设一批具有良好示范带动作用的研学旅行基地，打造一批具有影响力的研学旅行精品线路，建立一套规范管理、责任清晰、多元筹资、保障安全的研学旅行工作机制，探索形成中小学生广泛参与、活动品质持续提升、组织管理规范有序、基础条件保障有力、安全责任落实到位、文化氛围健康向上的研学旅行发展体系。

根据《意见》，开展研学旅行，有利于促进学生培育和践行社会主义核心价值观，激发学生对党、对国家、对人民的热爱之情；有利于推动全面实施素质教育，创新人才培养模式，引导学生主动适应社会，促进书本知识和生活经验的深度融合；有利于加快提高人民生活质量，满足学生日益增长的旅游需求，从小培养学生文明旅游意识，养成文明旅游行为习惯。根据教育部基教一司司长王定华于 2014 年 12 月 16 日在全国研学旅行试点工作推进会上的讲话，研学旅行是贯彻《国家中长期教育改革规划和发展纲要》和十八大及党的十八届四中全会精神的重要举措；研学旅行是培育和践行社会主义核心价值观的重要载体；研学旅行是全面推进中小学素质教育的重要途径；研学旅行是学校教育与校外教育相结合的重要组成部分。

一系列研学旅行相关文件的发布和政策的出台以及研学旅行被纳入中小学必修课程，也为旅游发展带来了巨大的机遇和挑战。首先，研学旅行的开展将彰显旅游的教育功能，体现“旅游 +”的发展理念。其次，体验式教育理念和旅游业的跨界融合，将使研学旅行成为市场热点，尤其是当各地各校将研学旅行真正纳入必修课后，其学校渗透率会迅

① 吕浩铭（责任编辑）. 教育部印发《中小学综合实践活动课程指导纲要》. 教育部网站，2017 年 10 月 30 日（http://www.gov.cn/xinwen/2017-10/30/content_5235316.htm，2018-8-9）.

② 周楠（责任编辑）. 教育部等 11 部门关于推进中小学生研学旅行的意见 . 教育部网站，2016-12-19（http：//www.gov.cn/xinwen/2016-12/19/content_5149947.htm，2018-8-9）.

速提升，市场规模有望达到千亿[①]；实际上，近几年我国从事研学旅行服务的机构如雨后春笋般地产生，还有很多旅行社和教育机构纷纷想增加此业务，形成了世纪明德、中凯国际、行动者等知名品牌。最后，研学旅行的开展将势必催生更为细化专业的新型职业，扩大旅游人才教育和培训需求，也扩大旅游行业的就业容量。

但同时，正如教育部基础教育司司长吕玉刚表示的，“研学旅行不是一般的旅游，要有课程的开发，特别是到了富有教育意义的革命传统基地和文化基地，要把革命的精神、文化的内涵讲出来，让学生受到教育”。研学旅行必须更加注重旅行的教育功能，具有明确的教学目的，需要将博物馆、红色遗迹遗址、国防教育基地等一般旅游较少关注的资源视为珍贵难得的“教材”，并要将其内涵和意义更为生动地展示和表达出来。同时，研学旅行的开展还需要解决安全、经费、协调等问题。同时，由于还缺乏相关的产品标准、价格标准、资质标准、准入条件、管理规则等，致使当前的研学旅游产品良莠不齐，不仅影响产品质量，扰乱了市场秩序，而且存在巨大的安全隐患。可见，研学旅行本身没有太多的规律可循，可控性、连续性较差，要想形成规模，而且良性可持续发展，还有很长的路要走。

（八）旅游监管服务平台启用，市场监管智能化加速

2018 年 5 月 29 日，文化和旅游部召开全国旅游监管服务平台推进暨旅游市场秩序整治部署会，从会上了解到，历时两年打造的全国旅游监管服务平台，将于 7 月 1 日在全国全面启用[②]。这一平台的全面启用预示着，我国旅游市场监管将加快向信息化和智能化方向转变。

全国旅游监管服务平台已经于 2017 年 6 月开始，在北京、上海、江苏、浙江、湖北、云南 6 省市开展试点使用。近一年来，其使用范围已逐步扩大到 23 个省域。经过两年的优化与改善，平台在初步使用过程中发挥了良好的作用。可以预见，当平台在全国范围内正式投入使用后，将会对我国旅游市场监管体系和监管能力现代化产生深远的影响。

全国旅游监管服务平台是以大数据监管为基础，以开放式服务为主旨的政务平台。平台的建设目标在于投诉审批顺畅高效化、事中事后监管智能化、信息互联互通化。平台自 2016 年 6 月启动建设，现在已具备旅行社资质、导游管理、团队管理、电子合同、投诉举报、案件管理、权限管理 7 大模块，下一步预计将建成统计模块和信息管理模块。随着功能的不断完善，平台的使用范围也会越来越广，从而给旅游业带来不一样的改变。

平台的不同模块在诸多方面对旅游均起到了促进的作用。如旅行社在线审批管理系统可以使旅行社的备案、审批一键受理，信息共享、全程可视，带来了极大的便利；投

① 许林艳 . 研学旅行千亿体量，未来又有哪些发展趋势？蓝鲸教育，2018 年 6 月 20 日（https：//www.iyiou.com/p/75055，2018-8-10）.

② 杨倩（责任编辑）. 全国旅游监管服务平台 7 月 1 日全面启用 . 文化和旅游部门户网站，2018 年 6 月 1 日（http://www.mct.gov.cn/whzx/whyw/201806/t20180601_833095.htm，2018-08-01）.

诉案件管理系统则使游客的投诉举报形成及时受理—快速处理—限时反馈—准时跟踪的闭环，使群众足不出户就可以了解到更多的相关信息并维护自己的正当权利；电子导游证和导游 APP 则便利游客了解和评价导游执业，使执法部门实时掌握旅游团活动轨迹，减少导游擅自变更行程的可能性；电子合同提供 CA 认证及验真功能，其签订、保管、查询和价格比对比纸质合同更便捷智能，通过合同价格监测预防“不合理低价游”。该平台通过对行政审批和事中事后监管产生的大数据进行归纳，使数据集成共享，从而实现市场监管常态分析和科学研判，实时掌握旅游经济运行状况，为新时代旅游业高质量发展提供有力支撑①。

旅游监管平台的使用意味着旅游市场整治到达了新阶段，信息化与智能化技术的使用，不仅使得旅游者的旅游体验得到提升，也在一定程度上改变了旅游者对于旅游市场乱象的无力，便利的信息获取及投诉渠道将会是旅游者维护自身权益的最佳方式。旅游监管平台的全面使用，也意味着我国旅游业发展达到了一个新高度，并且通过监管平台的大数据分析归纳能力，有望通过技术手段对旅游经济发展状况有一个全面的剖析，并且为旅游发展做出科学合理的指导和建议。

（九）“利剑行动”全面启动，重拳治理旅游市场乱象

2018 年 1 月 25 日，原国家旅游局下发了《关于开展旅游市场秩序专项整治“利剑行动”规范导游执业严厉打击强迫消费等突出违法行为的通知》（以下称《通知》），主要聚焦行业顽疾，重点整治侵害游客合法利益的突出问题，如强迫或变相强迫游客购物等严重侵害游客合法权益的行为，推动优质旅游发展，提升广大游客的旅游获得感和幸福感。《通知》要求，对发现的违法违规行为要采取“零容忍”的态度，坚决依法予以严惩；要调动力量，周密组织，务求查处一批典型案件，处罚一批违法企业和个人，及时向行业通报查处结果，向社会发布典型案例，形成高压态势，从而起到震慑作用。2018 年 2 月 6 日，原国家旅游局副局长王晓峰在国新办举行的新闻发布会上介绍，2 月 1 日至 3 月 15 日期间，国家旅游局部署各地开展市场整治“利剑行动”，针对春节前后的旅游市场秩序重点规范导游执业行为，严厉打击黑导非法执业和强迫消费等各种严重侵害游客合法权益的违法违规行为。这是继 2017 年开展的“春季行动”“暑期整顿”和“秋冬会战”四季行动之后，旅游市场掀起的又一轮整治行动。2017 年的“四季行动”立案 2911 件，罚款及没收违法所得 3563.46 万元，整治成果前所未有②。

2018 年将分阶段开展六次“利剑行动”，春节期间开展的是“利剑行动一”。其间，文化和旅游部先后派出 5 个督查组，分赴湖南、重庆、安徽、江西、陕西，指导当地旅游主管部门扎实开展专项整治。截至 2018 年 3 月底，各地共检查旅游企业 11253 家，检

① 一手抓服务、一手抓管理，旅游市场展新气象新作为．光明网，2018 年 6 月 5 日（http://baijiahao.baidu.com/s?id=1602399764847589236&wfr=spider&for=pc，2018-8-1）.

② 辛闻．国家旅游局部署“利剑行动” 剑指黑导非法执业和强迫消费．中国网，2018 年 2 月 6 日（http://news.china.com.cn/2018-02/06/content_50428958.htm，2018-8-11）.

查旅游团队 2942 个，检查旅游客运车辆 800 台次，检查导游 8596 人次，立案 172 起，处罚导游及非法从业人员 70 人，罚款及没收违法所得 326.05 万元①。此次专项整治行动有两个重点：一是开展了导游（领队）执业大检查，严查“黑导”；二是严肃查处了导游违法案件的涉事旅行社和严惩“黑店”“黑社”“黑车”。一方面，在旅游景区、旅游集散地等对带团导游通过拉网式排查依法查处发现的违法违规问题；另一方面，在查处违法导游的同时，对委派未取得导游证的人员提供导游服务或安排不具备领队条件的人员提供领队服务的旅行社依法予以严惩，并对严重影响旅游者体验以及损害旅游者利益的一系列黑手进行了打击。5 月底，为持续保持旅游市场秩序整治高压态势，结合当前旅游市场秩序存在的突出问题，为切实保障暑期旅游旺季市场秩序平稳有序，文化和旅游部在全国部署开展暑期旅游市场秩序专项整治，即“利剑行动二”。主要针对暑期旅游旺季特点，重点整治出境游和国内游重点旅游市场。目前，各地正按照暑期游旅游市场秩序专项整治方案有序地推进②。

国家连出重拳整治旅游市场乱象，表明国家对于旅游发展的高度重视。下一步，文化和旅游部将坚持以人民为中心的发展思想，以维护广大游客合法权益为根本出发点，持续开展旅游市场秩序整治行动，继续锁定市场顽疾，针对“不合理低价游”、强迫或者变相强迫游客购物消费、“一日游”乱象等突出问题，加大整治力度，如实施“鹰眼计划”，精准锁定市场秩序中的重点问题和目标，继续开展“利剑行动”，重点开展“不合理低价游”、在线旅游企业违法经营等 10 项专项整治行动，不断净化旅游消费环境，彰显旅游业的民生价值。但同时，需要按法律程序协调修改《旅游法》《旅行社条例》等法律法规、规章和规范性文件，用法律武器来保障旅游者的合理权利，变合理为合法，才能从根本上遏制旅游市场乱象。整治只能管理一时，只有法律才能保护一世。还应该提高旅游市场相关从业人员的门槛，对于已经在旅游市场相关岗位工作的人员，则要进行一定的筛选和培训，保证相关从业人员的综合素质。此外，旅游市场整治，还需要政府与各相关部门通力协作，才能彻底解决，使得中国旅游业发展更上一层楼。

（十）用地新政出台，为乡村旅游大力发展保驾护航

2017 年 12 月 7 日，国土资源部和国家发展改革委联合下发了《关于深入推进农业供给侧结构性改革做好农村产业融合发展用地保障工作的通知》（以下称《通知》）③。《通知》明确要求，“各地区在编制和实施土地利用总体规划中，要适应现代农业和农村产业融合

① 叶飞．文化和旅游部启动 2018 年旅游市场秩序整治行动．中国日报网，2018 年 4 月 20 日（http：//baijiahao.baidu.com/s?id=1598233197350524266&wfr=spider&for=pc，2018-8-11）．

② 关子辰（记者）．文旅部剑指“不合理低价游”顽疾．北京商报，2018 年 7 月 27 日（https：//baijiahao.baidu.com/s?id=1607105928598739037&wfr=spider&for=pc，2018-8-11）．

③ 国土资源部 国家发展改革委关于深入推进农业供给侧结构性改革做好农村产业融合发展用地保障的通知（国土资规［2017］12 号）．自然资源部，2017 年 12 月 7 日（http：//www.mlr.gov.cn/zwgk/zytz/201712/t20171221_1710420.htm，2018-8-12）．

发展需要，优先安排农村基础设施和公共服务用地，乡（镇）土地利用总体规划可以预留少量（不超过 5%）规划建设用地指标，用于零星分散的单独选址农业设施、乡村旅游设施等建设”，提出要“安排一定比例年度土地利用计划，专项支持农村新产业新业态和产业融合发展。对利用存量建设用地进行农产品加工、农产品冷链、物流仓储、产地批发市场等项目建设或用于小微创业园、休闲农业、乡村旅游、农村电商等农村二、三产业的市、县，可给予新增建设用地计划指标奖励”。同时，“鼓励农业生产和村庄建设等用地复合利用，发展休闲农业、乡村旅游、农业教育、农业科普、农事体验等产业，拓展土地使用功能，提高土地节约集约利用水平”。

这是对 2015 年国土资源部、住房和城乡建设部、原国家旅游局联合发布的《关于支持旅游业发展用地政策的意见》提出的相关支持政策的巩固和突破，表明休闲农业、乡村旅游等农村新产业新业态用地获得了政策支持，对于调节土地供给结构、促进农村产业升级，推动乡村旅游发展有着重要的价值和意义。一方面，有利于改善乡村旅游用地难的问题，为乡村旅游发展提供了必要的空间载体，为乡村旅游大发展提供了宽广坚实的政策支撑，有利于吸引资本进入乡村旅游业，推动旅游成为乡村振兴的主流产业[①]。另一方面，在明确农村土地承包权长期稳定的基本政策前提下，允许土地经营权有序流转，从而引导农户以土地经营权入股乡村旅游发展，可以促进乡村旅游规模化发展的同时，仍然保障农民的权益，并构建利益共享的机制，能促进乡村旅游规模化发展中外来投资商与普通农户之间建立良性、稳定的利益关系[②]。

同时，此次《通知》与以往不同，明确提出了几项“防止”，包括“严防变相搞房地产开发”“在充分保障农民宅基地用益物权、防止外部资本侵占控制的前提下，探索农村集体经济组织以出租、合作等方式盘活利用空闲农房及宅基地，按照规划要求和用地标准，改造建设民宿民俗、创意办公、休闲农业、乡村旅游等农业农村体验活动场所”。正如北京第二外国语学院旅游管理学院院长厉新建所指出的，土地（包括宅基地）是乡村居民的最后保障，如果用益物权不能得到保障，就会使乡村居民最后的保障丧失。因此，利用乡村土地开发旅游等的过程中应让乡村居民以合作方参与其中，而不是一次性买卖土地，保障农村居民获得增值收益，应形成乡村旅游协会等代表乡村居民利益的相关组织，以集体的力量保障村民的合理合法权益；同时，必须建立起必要的机制，妥善处理并维护好主要利益相关方的关切，保障农民在土地流转价格和长期收益等方面的核心利益。

---

① 李志刚（记者）. 用好土地新政 搞活乡村旅游 . 中国旅游报，2018 年 1 月 17 日（http：//www.ctnews.com.cn/art/2018/1/17/art_117_14206.html，2018-8-12）.

② 窦群 . 用地政策为乡村旅游发展保驾护航 . 社科院旅游研究中心，2018 年 1 月 3 日（http：//www.sohu.com/a/214334191_126204，2018-8-12）.

第一章　全国旅游业发展盘点

本报告分别从全国整体、东中西三大区域以及七大分区的视角对中国旅游业发展的支撑环境、核心产业和旅游需求进行全面盘点，把握近年中国旅游业发展的整体状况、大区域格局，希望能为国家层面的旅游发展战略的制定和改革措施的出台等提供参考依据。其中，支撑环境主要从自然环境、社会环境和经济环境角度考虑，还包括旅游政策环境等。核心产业包括住宿接待业、旅游目的地（旅游景区）和旅行社业，关注各个行业的发展现状和发展潜力，旅游需求主要关注旅游接待规模、旅游总收入和人均花费。

一、支撑环境盘点

区域整体环境是影响目的地旅游竞争力的重要因素，无论是现实竞争力的取得还是潜在竞争力的开发，都必须以良好的产业发展环境作为支撑和保障。本报告从自然环境、社会环境、经济环境和旅游政策环境四方面盘点旅游业发展的支持环境。

（一）自然环境

1. 空气质量优良天数：全国平均 288 天，逐渐好转；西部优于中、东部；相对上年，三大区域空气质量优良天数均有所增加

从 2013 年开始，中央财政设立大气污染防治专项资金，“十二五”期间共安排 254 亿元，支持京津冀及周边、长三角、珠三角地区治理雾霾。通过 5 年的治理，中国大气污染防治取得阶段性明显进展，全国空气质量总体改善，被称为“大气十条”的《大气污染防治行动计划》各项目标全面实现。

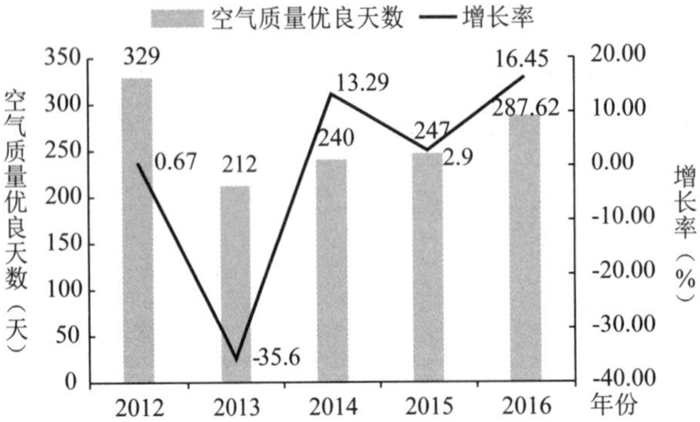

图 1–1　2012~2016 年全国省会城市空气质量优良天数及其变化

（数据来源：《中国统计年鉴》2013~2017）

截至 2016 年底，全国 31 个省会城市平均空气质量优良天数（即全国空气质量优良天数）约为 288 天，比 2015 年增加了 41 天，增幅为 16.6%。如图 1–1 所示，2012~2016 年，全国

空气质量优良天数从 2013 年逐步上升，2015 年有所下降，2016 年继续保持上升趋势。增幅为 16.45%。

从不同区域空气质量优良天数来看，2016 年东、中、西三大区域空气质量优良天数分别为 279 天、293 天、314 天（图 1–2）；与 2015 年相比，东部、中部和西部地区分别增加了 48 天、83 天和 32 天，增幅分别为 20.78%、39.52% 和 11.35%。

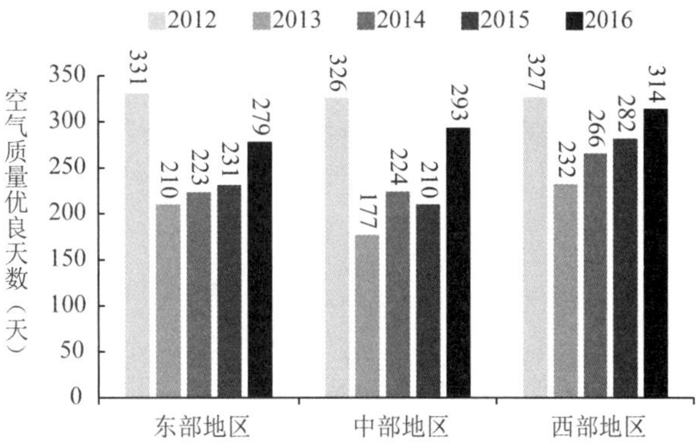

图 1–2　2012~2016 年三大区域空气质量优良天数比较

（数据来源：《中国统计年鉴》2013~2017）

2. 城市污水处理率：全国平均约 89%，小幅提高；中部领先，东部其次

《2017 中国生态环境状况公报》显示，2017 年，全国地表水总体改善，近岸海水水质基本保持稳定，水质级别为一般。截至 2016 年底，全国 31 个省域城市污水处理率平均为 88.77%，较 2015 年的 87.67% 提高了 1.1 个百分点。从不同区域城市污水处理率来看，2016 年东、中、西三大区域的城市污水处理率分别为 91.10%、93.21%、83.65%（图 1–3），可见，西部地区相对落后。与 2015 年相比，东、中、西三个区域的城市污水处理率都有提高，分别提高了 0.71 个、0.99 个、1.2 个百分点。

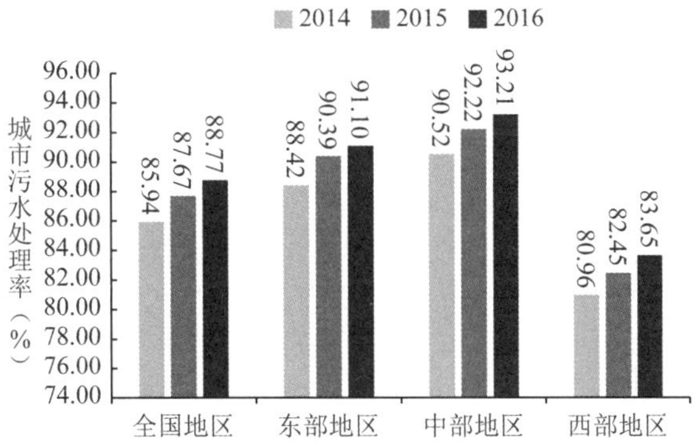

图 1–3　2014~2016 年全国及三大区域城市污水处理率比较

（数据来源：《中国环境统计年鉴》2015 年、2016 年、2017 年）

3. 生活垃圾无害化处理率：全国平均达 96.6%，持续提高；东部高、东西持续提升，中部下降

2016 年全国 31 个省域生活垃圾无害化处理率的平均值为 96.6%，年增长率为 3.61%，2012~2016 年，如图 1–4 所示，全国生活垃圾无害化处理率持续提高，从 2012 年的 84.48% 增加到 2016 年的 96.6%，年均增长率为 3.03%，但是近年来增速有所放缓，这与生活垃圾无害化处理已经达到较高水平有关。

如图 1–5 所示，2016 年东、中、西三大区域生活垃圾无害化处理率分别为 98.14%、93.86%、93.72%，东部地区最高，西部地区仍然较低；与 2015 年相比较，东部和西部生活垃圾无害化处理率有所提高，增幅分别为 4.65% 和 3.19%，中部地区则降低了 2.57%。

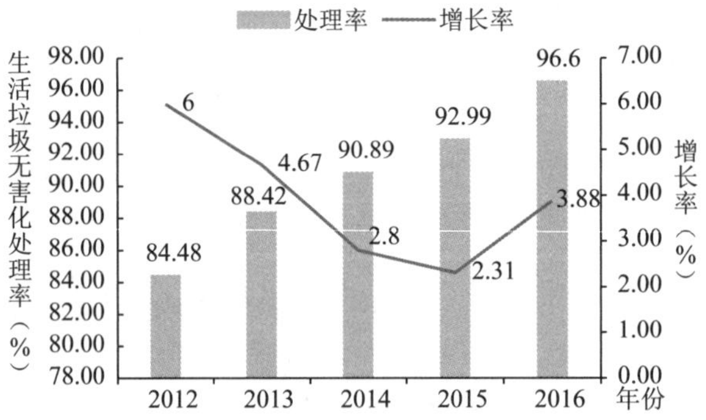

图 1–4　2012~2016 年全国生活垃圾无害化处理率及其变化

（数据来源：《中国环境统计年鉴》2013~2017）

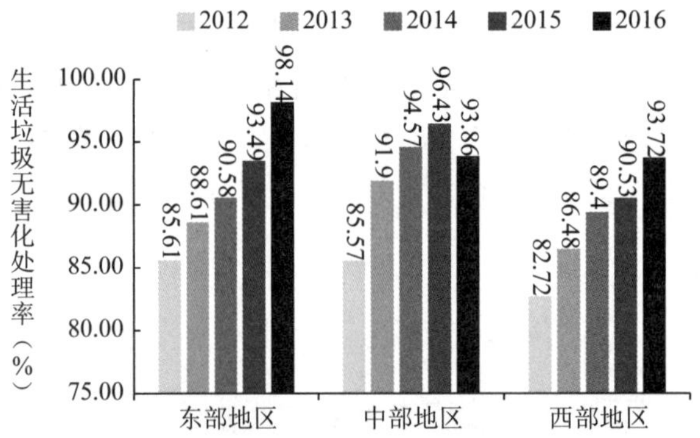

图 1–5　2012~2016 年三大区域生活垃圾无害化处理率及其变化比较

（数据来源：《中国环境统计年鉴》2013~2017）

（二）社会经济环境

1. 经济发展水平：GDP 持续增长，且增速略有回升；东、中、西差异显著、稳定；三大区域增速相当，中部略高

如图 1–6 所示，GDP 持续增长，且增速略有回升；东、中、西差异显著、稳定；三大区域增速相当，中部略高，都逐年放缓，经初步统计，2016 年全国实现国内生产总值（GDP）781070 亿元，比 2015 年增长 8.06%。纵观 2001~2016 年，全国 GDP 保持持续增长，增幅在前两年持续下降后，2016 年略有回升。

从三大区域的 GDP 来看，如图 1–7 所示，2016 年东、中、西三大区域的 GDP 分别为 432433.34 亿元、190809.27 亿元、157828.17 亿元，与 2015 年相比较，分别增加了

0.38%、29.85%、8.83%；而三大区域 GDP 占全国 GDP 的比重分别为 55.36%、24.43%、20.21%，与 2015 年相比较，各区域占比变化都不大，中、西部地区占比略有上升（图 1–8），东部地区占比略有降低；同时，东、中、西区域差异仍存在。

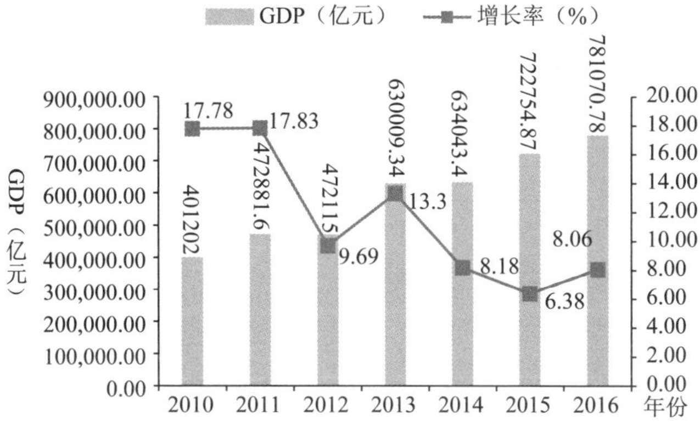

图 1–6　2010~2016 年全国国内生产总值（GDP）及其变化

（数据来源：《中国统计年鉴》2011~2017）

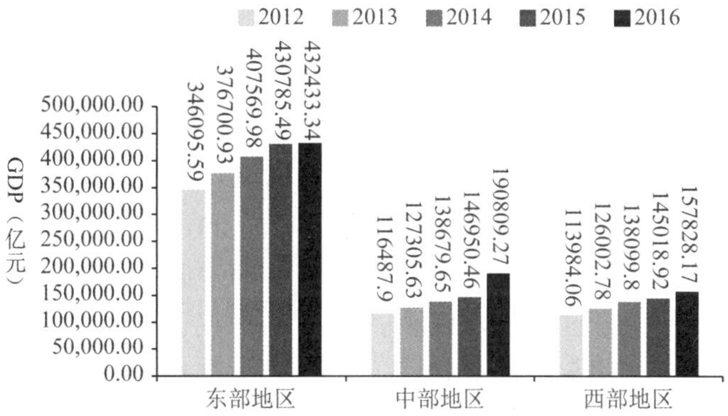

图 1–7　2012~2016 年三大区域国内生产总值（GDP）比较

（数据来源：《中国统计年鉴》2013~2017）

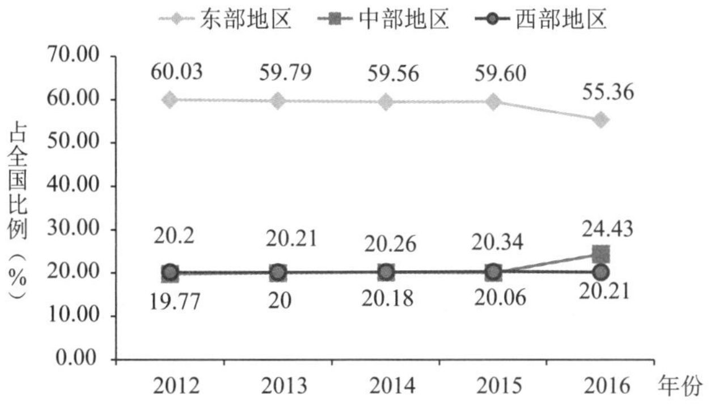

图 1–8　2012~2016 年三大区域国内生产总值（GDP）占全国 GDP 比例比较

（数据来源：《中国统计年鉴》2013~2017）

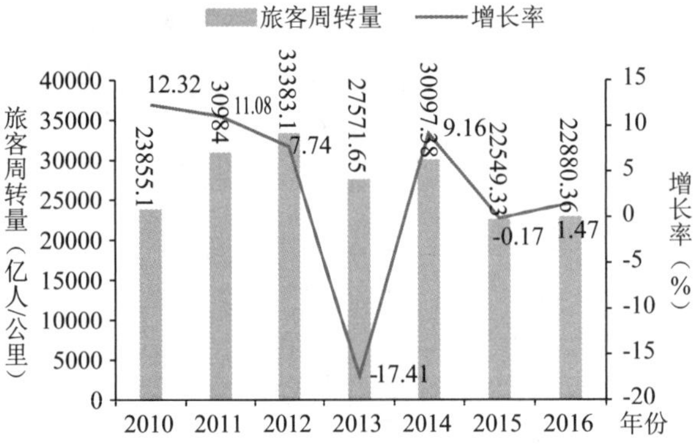

图 1-9　2010~2016 年全国旅客周转量及其变化

（数据来源：《中国统计年鉴》2011~2017）

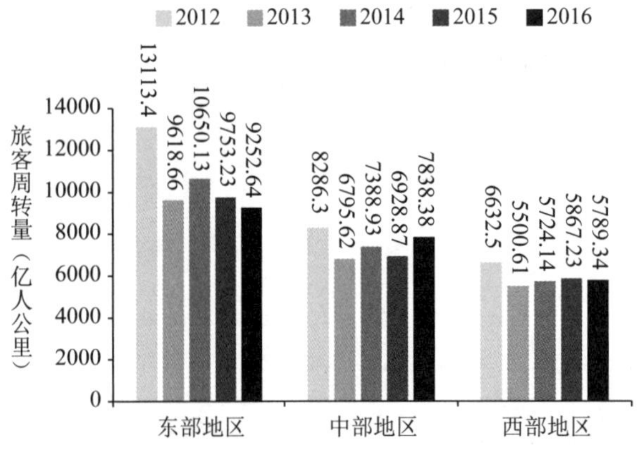

图 1-10　2012~2016 年三大区域旅客周转量比较

（数据来源：《中国统计年鉴》2013~2017）

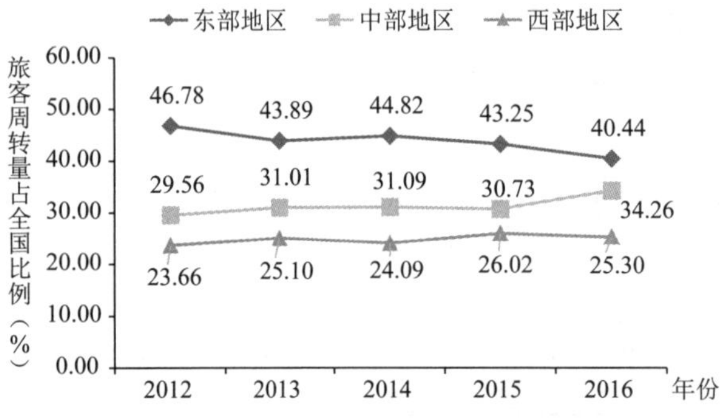

图 1-11　2012~2016 年三大区域旅客周转量占全国比例的变化及比较

（数据来源：《中国统计年鉴》2013~2017）

纵观 2012~2016 年，与全国相同，中、西部地区 GDP 均呈现出持续增长的态势，年均增幅分别为 5.5% 和 1.5%，东部地区 2016 年呈现下降趋势。

2. 交通发展水平（旅客周转量）：超过 2 万亿人公里，反降为升；东中西差距明显，但东、西部减少，中部增加，差距呈缩小趋势

2016 年全国旅客周转量 22880.36 亿人公里，较 2015 年稍有增加，增幅为 1.47%。纵观 2010~2016 年，如图 1-9 所示，全国旅客周转量近四年在波动中增加，2016 年又反降为升。从三大区域的旅客周转量来看，如图 1-10 所示，2016 年东、中、西三大区域的旅客周转量分别为 9252.64 亿人公里、7838.38 亿人公里、5789.34 亿人公里，东部仍然最高。

2016 年，东、中、西三大区域旅客周转量占全国的比例分别为 40.44%、34.26%、25.30%，2016 年东、中、西三大区域旅客周转量占全国的比例分别为 40.44%、34.26%、25.3%，如图 1-11 所示，虽然东、中、西部差距仍然较大，但与 2015 年相比较，东部和西部地区地区所占比例有所降低，分别降低了 2.81 个和 0.72 个百分点，中部地区上升了 3.53 个百分点。

3. 创新能力（万人专利授权数）：约 13 件 / 万人，持续增加，但增幅大幅降低，东西部增速较高

2016 年全国万人专利授权数约为 13 件 / 万人，比 2015 年增加 8.33%，2010~2016 年，如图 1-12 所示，除了 2013 年和 2014 年外，全国万人专利授权数都保持

增长状态，2016 年增幅降低。

从三大区域的万人专利授权数来看，如图 1–13 所示，2016 年东、中、西三大区域的万人专利授权数的分别为 21.99 件 / 万人、5.91 件 / 万人、5.78 件 / 万人，东部地区为中部和西部的三倍多，与 2015 年相比较，东、中、西万人专利授权数都大幅增加，增幅分别为 21.69%、3.32%、31.36%，东部地区因万人专利授权数基数较大，所以东部与中、西部地区万人专利授权数的差距进一步扩大。

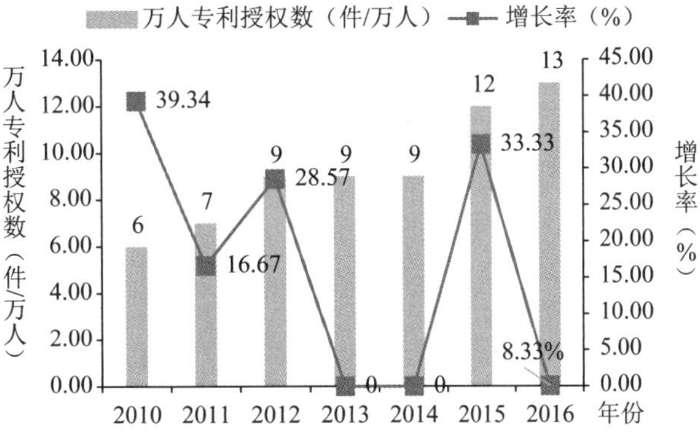

图 1–12　2010~2016 年全国万人专利授权数及其变化

（数据来源：《中国统计年鉴》2011~2017）

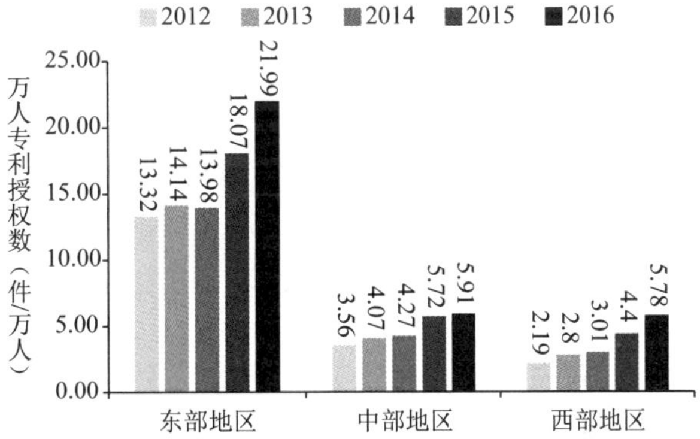

图 1–13　2012~2016 年三大区域万人专利授权数比较

（数据来源：《中国统计年鉴》2013~2017）

4. 信息化水平（互联网普及率）：持续提高，增长率相较去年小幅降低，东、中、西部地区均有所增加

所图 1–14 所示，2016 年，全国固定互联网宽带接入用户 29721 万户，比 2015 年增加 3774 万户；移动宽带用户 94075 万户，增加 22766 万户。移动互联网接入流量 93.60 亿 G，比 2015 年增长 123.70%。互联网上网人数 7.31 亿人，增加 4299 万人，其中手机上网人数 6.95 亿人，增加 7550 万人；互联网普及率达到 53.20%，较 2015 年增加了 1.96 个百分点。近三年保持增长状态，2016 年增长率相较 2015 年有所降低（图 1–14）。

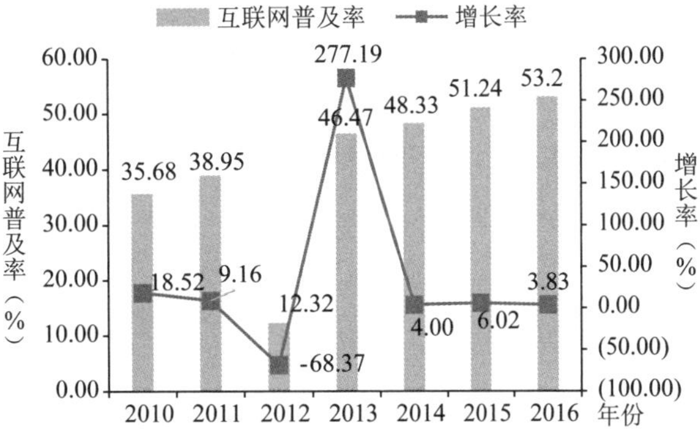

图 1–14　2010~2016 年全国互联网普及率及其变化

（数据来源：《中国统计年鉴》2011~2017）

从三大区域的互联网普及率来看，如图 1–15 所示，2016 年，东、中、西三大区域的互联网普及率分别为 63.49%、47.69%、47.68%，东部比中、西部分别高了 15.8 个和 15.9 个百分点；与 2015 年相比较，东、中、西部地区的互联网普及率有所提高。纵观 2012~2016 年，东、中、西三大区域的互联网普及率基本上持续提高。

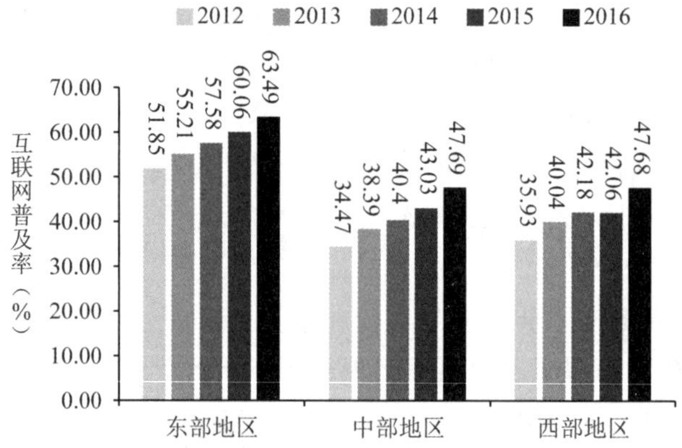

图 1-15　2012~2016 年三大区域互联网普及率比较

（数据来源：《中国统计年鉴》2013~2017）

（三）旅游政策环境

1. 旅游管理部门调整：文化部、国家旅游局合并为文化和旅游部

2018 年 3 月 17 日，党的十三届全国人大一次会议表决通过了关于国务院机构改革方案，批准文化部、国家旅游局合并为文化和旅游部。

2. 政府工作报告提及“旅游”次数：全国 5 次，有增加；各省平均约 13 次，有增加但增幅降低；东西部多，中部相对较少；东中部增加，西部减少

在 2017 年的政府工作报告上，李克强总理 5 次提及“旅游”发展，比 2016 年增加了 1 次，体现了政府对旅游业发展的高度重视。据全国各省官方旅游网站数据统计，2016 年全国各省政府工作报告共提及“旅游”398 次，较 2015 年增加了 28 次，平均约 13 次，增幅为 7.57%，表明全国对于旅游的重视程度都在进一步提高。其中，东、中、西部地区各省域平均提及约 12.77 次、10.83 次、12.25 次。与 2015 年相比较，东、中部地区都有所增加，分别增加了约 2 次、1 次，而西部地区却有所减少，减少了约 2 次。

二、核心产业盘点

（一）住宿接待业

1. 数量规模及其变化：星级饭店仍有近万家，但逐年减少；东部所占比例略降，中部上升明显，西部小幅上升；东部新型住宿设施远超中西部地区

截至 2017 年第四季度，在全国星级饭店统计管理系统中登记的星级饭店共计 10962

家[①]，但是完成年度审核的仅有9775家[②]。与2016年相比，星级饭店减少了86家，减少率为0.87%，降幅比2016年减少6.42个百分点，表明星级饭店快速下降的趋势得到了缓解（图1–16）。

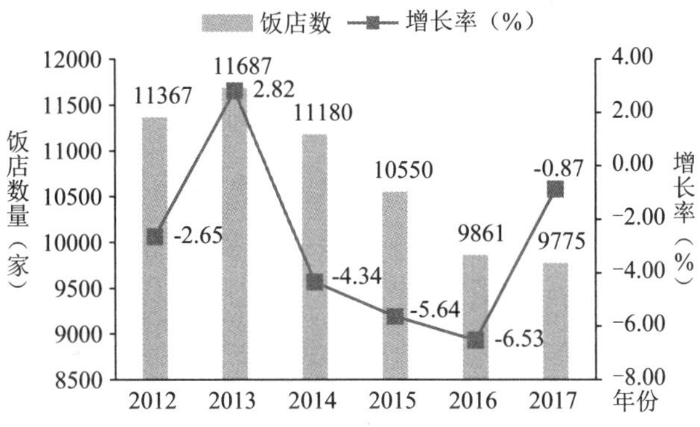

图1–16　2012~2017年全国星级饭店数量规模变化

（数据来源：2017年第四季度全国星级饭店统计公报，原国家旅游局官网，2018年3月19日 http：//www.cnta.gov.cn/zwgk/lysj/201803/t20180319_860847.shtml，2017–6–14）

从星级饭店的等级结构来看，2017年五星级、四星级、三星级、二星级和一星级饭店分别有822家、2392家、4721家、1774家和66家，分别占8.41%、24.47%、48.30%、18.15%、0.67%，与2016年相比三星级饭店数量有所下降（图1–17）。

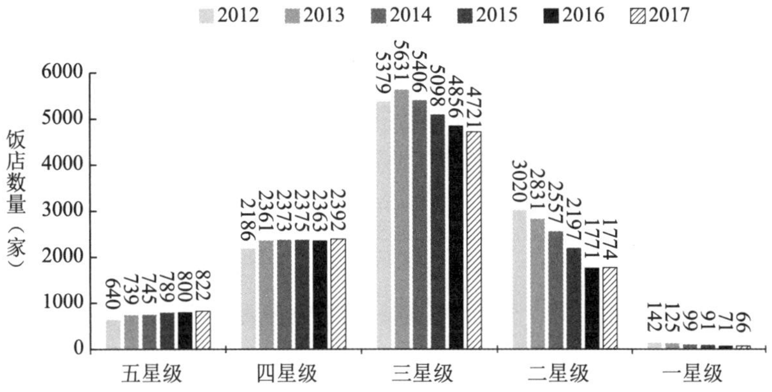

图1–17　2012~2017年全国不同等级星级饭店数量比较

（数据来源：中国旅游统计年鉴2013~2017，2017年第四季度全国星级饭店统计公报，原国家旅游局官网，2018年3月19日，http：//www.cnta.gov.cn/zwgk/lysj/201803/t20180319_860847.shtml，2017–6–15）

从不同区域星级饭店的数量来看，2017年东部、中部、西部地区星级饭店数量分别

① 数据来源：文化和旅游部．原国家旅游局关于2017年第四季度全国星级饭店统计公报．2018年3月19日（http：//www.cnta.gov.cn/zwgk/lysj/201803/t20180319_860847.shtml，2018年6月14日）；其中新疆数据包括建设兵团，以下同．

② 以下星级饭店统计数据按审核完成后星级饭店数计．

为4334家、2249家、3192家（图1-18），东部地区和西部地区分别减少了575家和108家，相较上年减少了11.72%和3.27%；中部地区增加了301家，相较上年增加了15.45%。东部、中部、西部地区星级饭店数量分别占全国星级饭店44.34%、23.01%、32.65%，表现为东部占比下降，中部上升明显，西部小幅上升（图1-19）。

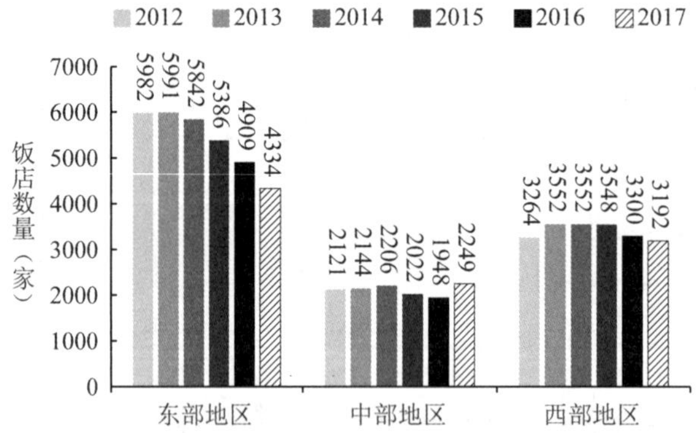

图1-18　2012~2016年三大区域星级饭店数量规模比较

（数据来源：中国旅游统计年鉴2013~2017，2017年第四季度全国星级饭店统计公报，原国家旅游局官网，2018年3月19日，http：//www.cnta.gov.cn/zwgk/lysj/201803/t20180319_860847.shtml，2017-6-15）

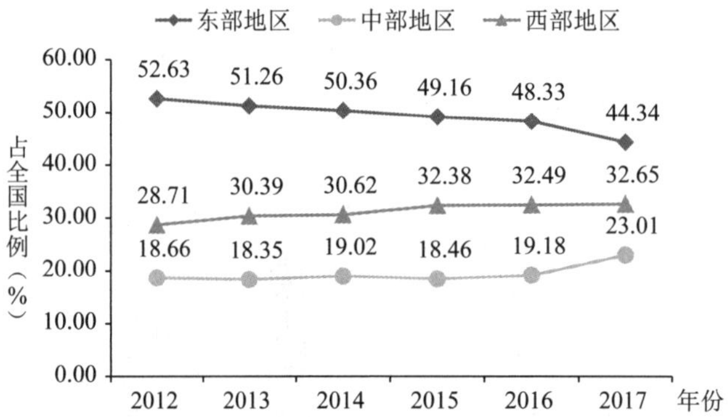

图1-19　2012~2017年三大区域星级饭店数量占全国比例的变化趋势

（数据来源：中国旅游统计年鉴2013~2017，2017年第四季度全国星级饭店统计公报，原国家旅游局官网，2018年3月19日，http：//www.cnta.gov.cn/zwgk/lysj/201803/t20180319_860847.shtml，2017-6-15）

从新型住宿接待设施的发展情况来看，2018年通过携程网数据，全国共有精品酒店376家（含香港、澳门和台湾则有384家）；全国共有汽车露营地825家（不含港澳台），同比增加了356家；途家公寓共有283250家，同比减少了43708家。

从东、中、西三大区域新型住宿接待设施数量分布来看，如表1-1所示，东部地区精品酒店，汽车营地和途家公寓的数量都最多，所占比例分别为62.50%、49.21%和56.58%，远远超过中、西部地区。

表 1-1 2017 年三大区域各种类型住宿设施数量

区域	星级饭店		精品酒店		汽车营地		途家公寓		住宿设施总数	
	数量（家）	比例（%）	数量（家）	比例（%）	数量（家）	比例（%）	数量（家）	比例（%）	数量（家）	比例（%）
东部地区	4334	44.34	235	62.50	406	49.21	160250	56.58	165225	56.16
中部地区	2249	23.01	73	19.41	160	19.39	41000	14.47	43482	14.78
西部地区	3192	32.65	68	18.09	259	31.39	82000	28.95	85519	29.07
全国总计	9775		376		825		283250		294226	

（数据来源：2017 年第四季度全国星级饭店统计公报，原国家旅游局官网，2018 年 3 月 19 日，http：//www.cnta.gov.cn/zwgk/lysj/201803/t20180319_860847.shtml；2018 年各城市精品酒店统计，2017 年各城市途家公寓统计等）

2. 经营效益及其变化：从亏损变为整体盈利，东部地区盈利增幅最大，中部地区持续亏损，亏损额略增，西部地区亏损额降低

如图 1-20 所示，2016 年全国星级饭店利润为 4.71 亿元，相对前三年持续亏损的状态开始有了盈余，盈利增加幅度较大。

如图 1-21 所示，2016 年东、中、西三大区域星级饭店利润分别为 49.63 亿元、-32.88 亿元、-12.03 亿元，东部地区不仅最高，而且持续上年阶段的盈利趋势，且增幅较大，而中西部地区持续亏损。与 2015 年相比较，东部地区增幅为 220.61%；中部地区持续下降，相较上年下降 124.44%；西部地区亏损情况较上年有所好转，减少 20.17%。

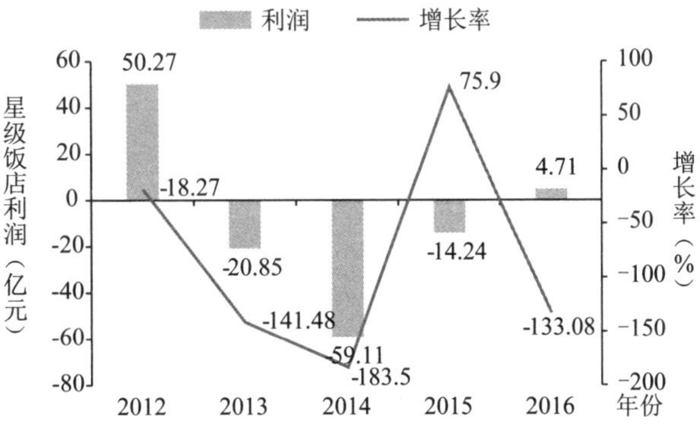

图 1-20 2012~2016 年全国星级饭店利润及其变化趋势

（数据来源：《中国旅游统计年鉴副本》2013~2017）

3. 发展效率及其变化：全员劳动生产率提高，东部最高，东部和中部地区有所提高，西部地区降低

2016 年，全国星级饭店全员劳动生产率为 15.14 万元 / 人，年增长率为 6.08%，如图 1-22 所示，全国星级饭店全员劳动生产率开始有所

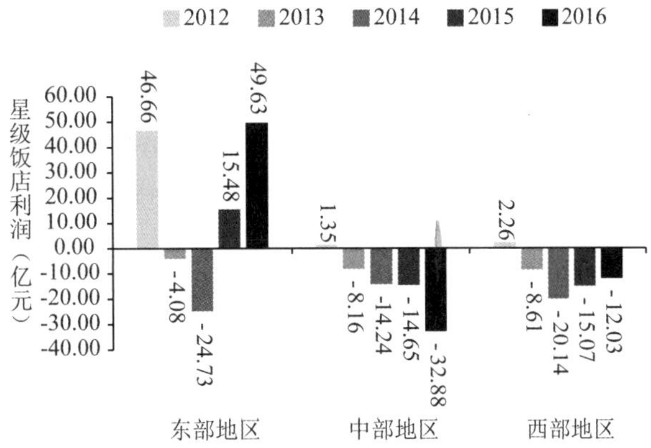

图 1-21 2012~2016 年三大区域星级饭店利润比较

（数据来源：《中国旅游统计年鉴副本》2013~2017）

增加。

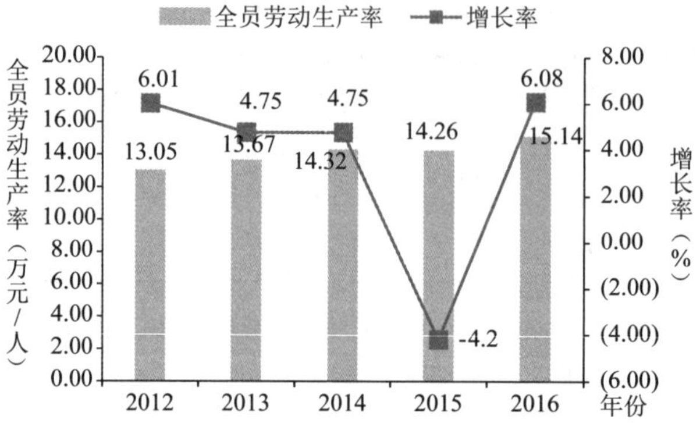

图 1-22　2012~2016 年全国星级饭店全员劳动生产率及其变化

（数据来源：《中国旅游统计年鉴副本》2013~2017）

如图 1-23 所示，2016 年东、中、西三大区域星级饭店的全员生产率分别为 19.84 万元 / 人、12.66 万元 / 人、12.48 万元 / 人，东部地区最高，西部地区最低。与 2015 年相比较，中部地区和东部地区全员劳动生产率均有所提高，西部地区有所下降。近 5 年来，东部地区保持大致增长的趋势，中部地区持平，西部地区较为不稳定，在 12 万元 / 人左右徘徊，从 2012 年的 11.67 万元 / 人增加到 12.48 万元 / 人。

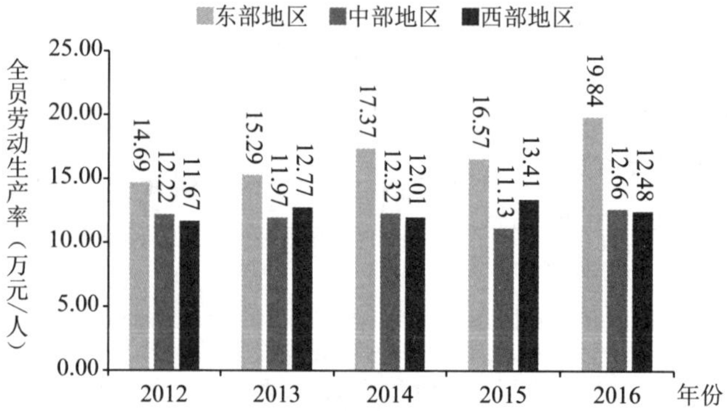

图 1-23　2012~2016 年三大区域星级饭店全员劳动生产率比较

（数据来源：《中国旅游统计年鉴副本》2013~2017）

（二）旅游目的地

1. 数量规模及其变化：A 级旅游景区持续增加，增幅有所减缓；保持“中间多、两头少”的等级结构，高等级景区占比略有升高，除 1A 外的各等级景区增幅都较大；东部有所下降，中西部逐渐升高

截至 2016 年底，全国共有 A 级旅游景区 11124 家，较 2015 年增加了 2170 家，年增

长率为 24.24%。纵观 2012~2016 年，如图 1-24 所示，近四年全国 A 级景区数量保持持续增长，增幅逐渐减缓。

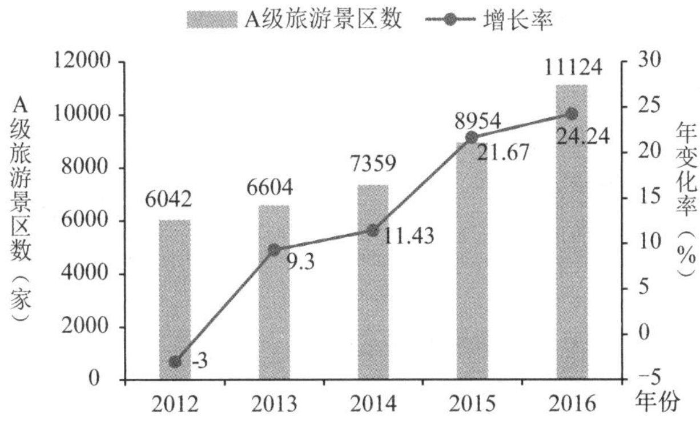

图 1-24　2012~2016 年全国 A 级旅游景区数量规模变化

（数据来源：《中国旅游统计年鉴副本》2013~2017 年）

从等级结构来看，2016 年 5A 级、4A 级、3A 级、2A 级和 1A 级旅游景区数量分别为 227 家、4334 家、4112 家、2346 家和 105 家，所占比例分别为 2.04%、38.96%、36.97%、21.09% 和 0.94%，继续保持“中间多，两头少”的等级结构特征；高等级旅游景区（5A 级和 4A 级旅游景区）所占比例为 41%，较 2015 年降低了 6 个百分点。

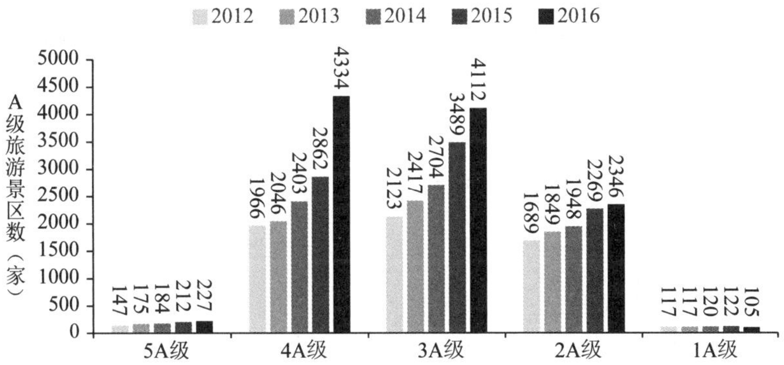

图 1-25　2012~2016 年全国不同等级 A 级旅游景区数量比较

（数据来源：《中国旅游统计年鉴副本》2013~2017 年）

从不同等级 A 级旅游景区数量的变化来看，如图 1-25 所示，2016 年各等级旅游景区数量均呈增长的态势，其中，4A 和 3A 景区的增幅较大，分别达到 51.43% 和 17.86%。5A 级和 2A 级旅游景区的增幅其次，分别为 7.08% 和 3.39%。1A 级景区下降幅度较大，下降了 13.93%。与 2015 年相比，各级景区增幅均有所减缓，3A 级和 2A 级增幅分别下降了 11.17 个和 13.08 个百分点，4A 级景区增长幅度上升较快，相较 2015 年增加了 32.33 个百分点。

从不同区域 A 级旅游景区的数量来看，2016 年东部、中部、西部地区 A 级旅游景区

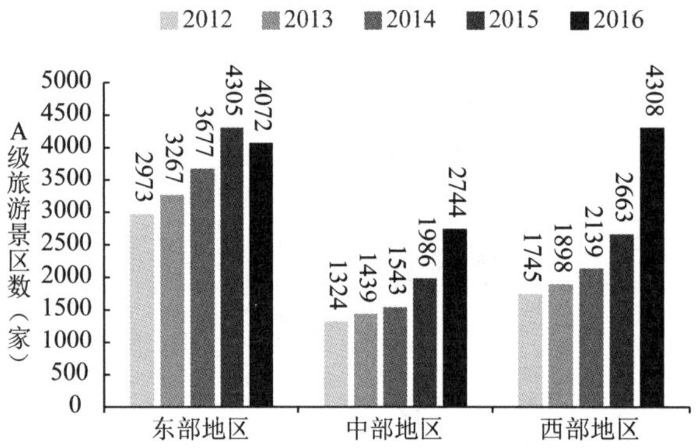

图 1–26　2012~2016 年三大区域 A 级旅游景区数量比较

（数据来源：《中国旅游统计年鉴副本》2013~2017）

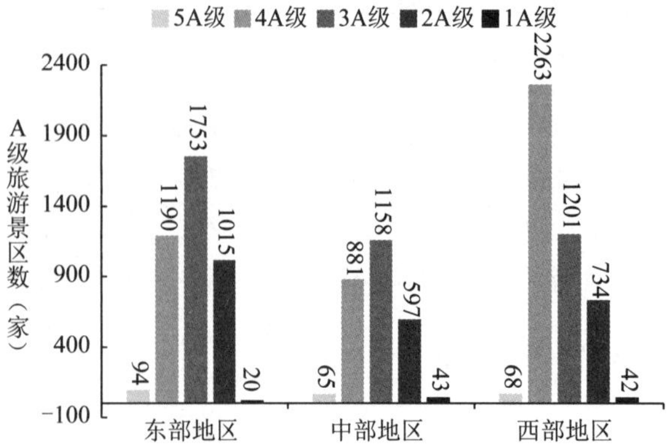

图 1–27　2016 年三大区域 A 级旅游景区的等级结构比较

（数据来源：《中国旅游统计年鉴副本》2016）

数量分别为 4072 家、2744 家和 4308 家（图 1–26），占全国 A 级旅游景区数量的比例分别为 36.61%、24.67% 和 38.73%，与 2015 年相比较，东部地区减少了 233 家，下降了 5.41 个百分点，中部和西部地区分别增加了 758 家和 1645 家，增幅分别为 38.17% 和 61.77%。A 级景区所占比例，东部地区下降了 11.47 个百分点，而中部地区和西部地区则分别增加了 2.49 个和 8.99 个百分点；可见西部地区 A 级景区增速较快，占比不断上升，中西部与东部差距逐渐缩小。2012~2016 年，东、中、西部地区景区数量的平均增长率分别为 7.39%、21.45% 和 29.38%。中西部地区略快于东部地区。

如图 1–27 所示，2016 年东、中、西三大区域 A 级旅游景区的等级结构都与总体一致，都呈现出“中间多、两头少”的结构特征，高等级旅游景区所占比例分别为 31.53%、34.48% 和 54.11%；可见，西部地区高等级旅游景区所占比例较高。从三大区域不同等级旅游景区发展变化来看，如图 1–28 所示，2016 年，西部地区 4A 级景区平均增长率迅速增加，相对而言，三大区域都是高等级旅游景区的平均增长率较大，低等级旅游景区的平均增长率较小，5A 级旅游景区的平均增速持平，中、东部地区 1A 级旅游景区呈负增长状态。

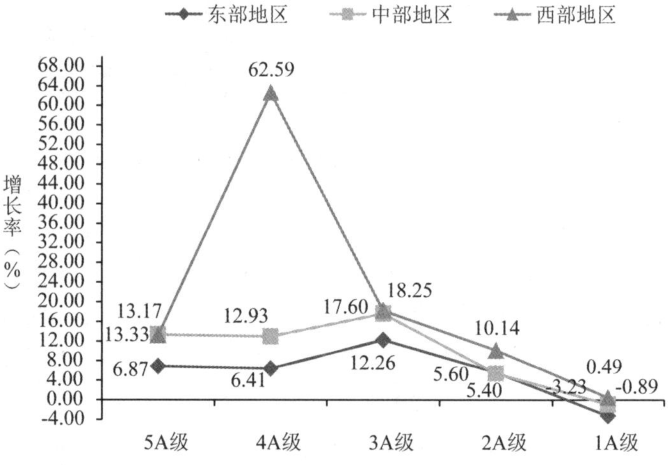

图 1–28　2016 年三大区域不同等级 A 级旅游景区平均增长率比较

（数据来源：《中国旅游统计年鉴副本》2017）

表 1-2　2015~2016 年七大分区 A 级旅游景区数量及年增长率

七大分区	华南	西南	华中	西北	华东	东北	华北
2015年数量（家）	647	1013	1000	1034	2891	941	1145
2016年数量（家）	2020	1162	1393	1143	3132	1048	1226
年增长率（%）	212.21	14.71	8.57	10.54	8.34	11.37	7.07

（数据来源:《中国旅游统计年鉴副本》2016~2017）

从 A 级旅游景区在七大分区的分布来看，如表 1-2 所示，2016 年仍然是华东区最多，达 3132 家，其次华南、华中、华北、西南区较多，分别有 2020 家、1393 家、1226 家和 1162 家。华南地区增幅最大，为 212.21%。华中、华北、华东地区相对增幅较小（表 1-2）。

从七大分区不同等级旅游景区的发展情况来看，如图 1-29 所示：东北、华东、华中和西北地区都是 3A 级旅游景区最多，其次 4A 级和 2A 级旅游景区较多；华北、华南、西南地区都是 4A 级旅游景区最多，其次 3A 级、2A 级景区较多；从高等级旅游景区数量所占比例来看，华南和西南地区较高，分别达到 81.39% 和 38.38%，都高于全国水平；其次为华中和华东地区。而东北和西北地区较低，分别为 25.38% 和 28.52%。

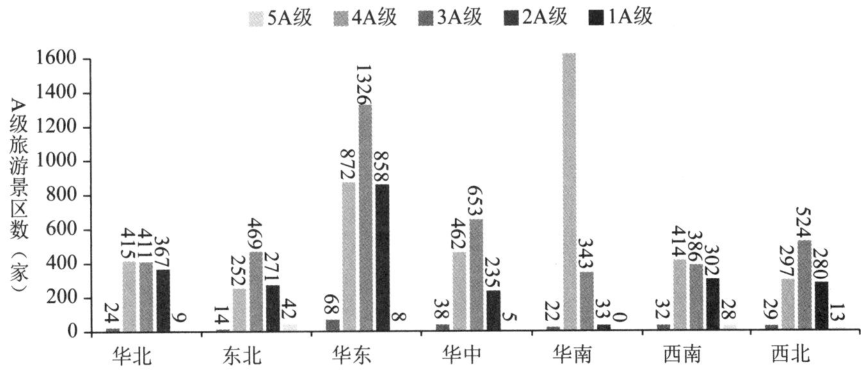

图 1-29　2016 年七大分区 A 级旅游景区的等级结构比较

（数据来源：《中国旅游统计年鉴副本》2016~2017）

2. 经营效率及其变化：持续盈利，且额度上升，东部持续盈利最多，且大幅增加，西部地区下降

如图 1-30 所示，2016 年全国旅游景区利润为 69.53 亿元，不仅继续处于盈利状态，而且增幅较大，相较上年增幅为 89.38%。

如图 1-31 所示，2016 年东、中、西三大区域旅游景区利润分别为 49.35 亿元、15.08 亿元和 2.20 亿元。都处于盈利状态，且东部地区盈利最多，中部次之，西部最少。与 2015 年相比较，东部和中部均呈增长态势，增幅为 149.37% 和 66.26%，西部地区下降，降幅为 72.15%。

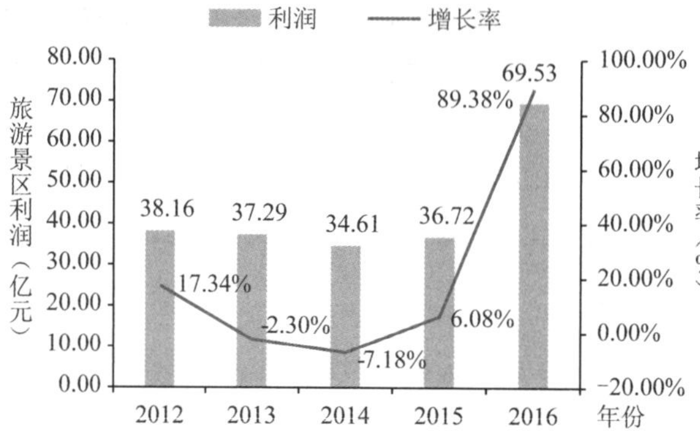

图 1-30　2012~2016 年全国旅游景区利润及其变化趋势

（数据来源：《中国旅游统计年鉴副本》2013~2017）

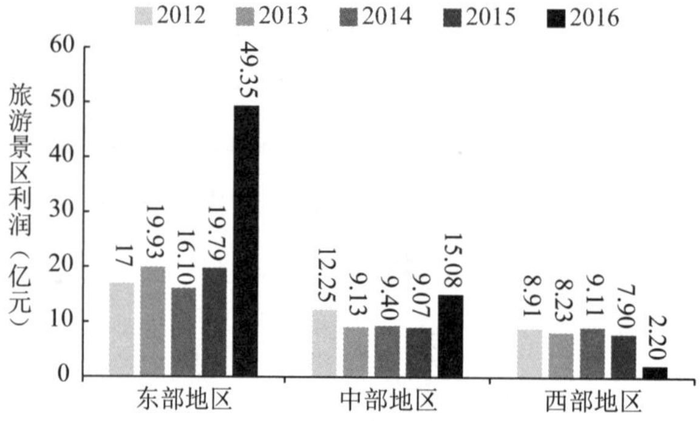

图 1-31　2012~2016 年三大区域旅游景区利润比较

（数据来源：《中国旅游统计年鉴副本》2013~2017）

3. 发展效率及其变化：从持续下降开始上升，东、中、西均保持增长，东部增长最快

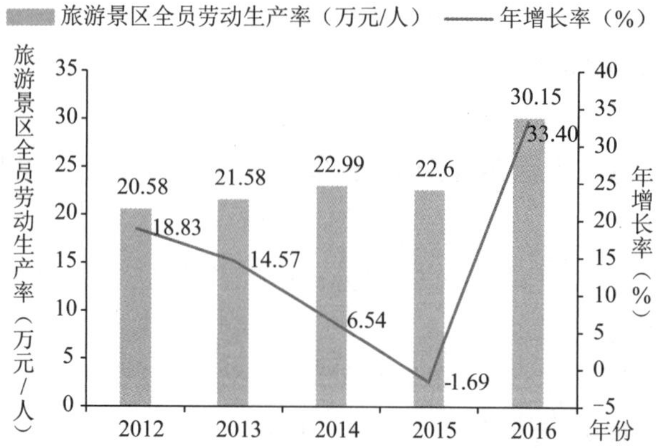

图 1-32　2012~2016 年全国旅游景区全员劳动生产率及其变化

（数据来源：《中国旅游统计年鉴副本》2013~2017）

2016 年全国旅游景区全员劳动生产率为 30.15 万元 / 人，年增长率 33.40%（图 1-32），增长幅度开始从降低转为增长。

如图 1-33 所示，2016 年东、中、西三大区域旅游景区的全员劳动生产率分别为 33.46 万元 / 人、32.69 万元 / 人、19.87 万元 / 人，从东向西依次降低。与 2015 年相比较，东、中、西部地区旅游景区的全员劳动率均保持增长态势，中部增幅最大，为 40.86%，其次是东部，西部地区增幅最小。

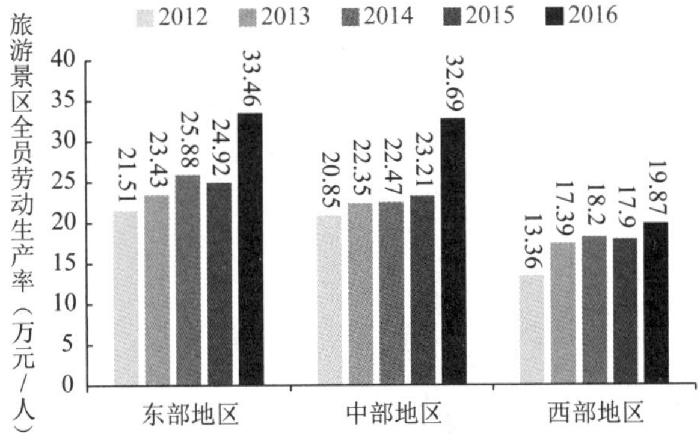

图 1-33 2012~2016 年三大区域旅游景区全员劳动生产率比较

（数据来源：《中国旅游统计年鉴副本》2013~2017）

（三）旅行社业

1. 数量规模及其变化：持续增加，增速开始减缓；东部下降，中部和西部保持增长的态势，中部增长最快

截至 2016 年底，全国共有旅行社 27939 家，较 2015 年增加了 318 家，年增长率为 1.15%。纵观 2011~2016 年，如图 1-34 所示，全国旅行社数量呈逐年小幅递增的变化趋势，自 2012 年以后增速持续降低，2015 年略有回升，2016 年再次下降。

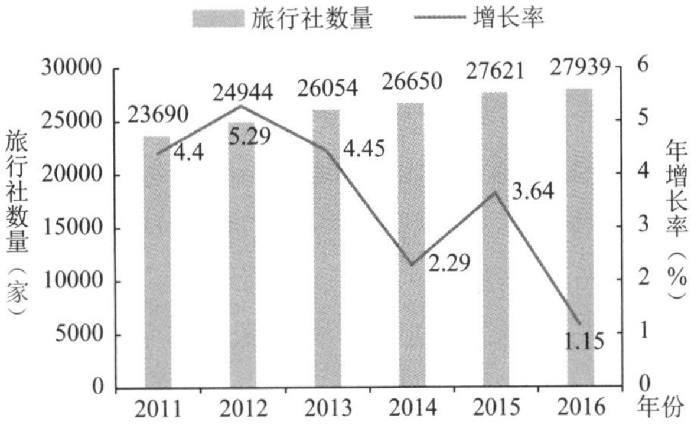

图 1-34 2011~2016 年全国旅行社数量规模变化

（数据来源：《中国旅游统计年鉴副本》2012~2017）

从三大区域旅行社数量及其发展格局来看：2016 年，东、中、西三大区域分别拥有旅行社 15215 家、6823 家、5901 家（图 1-35），分别占全国总量 54.46%，24.42%，21.12%（图 1-36）；可见，东部地区旅行社数量仍然遥遥领先，比中、西部地区多 1~2 倍，西部和中部地区总量差距不大。与 2015 年相比较，东部地区旅行社数量较上年有所

减少，降幅为 8.08%，中、西部区域旅行社数量都有增加，增幅分别为 18.31% 和 5.02%。中部地区旅行社数量占全国比例明显上升，东部地区有所下降，西部地区所占比例较为稳定（图 1–36）。纵观 2012~2016 年，中部地区旅行社数量持续增长，平均年增长率为 4.27%，东部地区平均减少 1.23%，西部平均增加 0.66%，变化幅度较小。

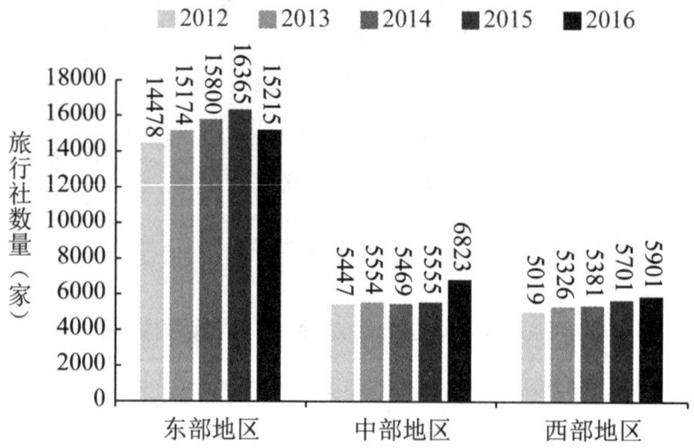

图 1–35　2012~2016 年三大区域旅行社数量规模比较

（数据来源：《中国旅游统计年鉴副本》2013~2017）

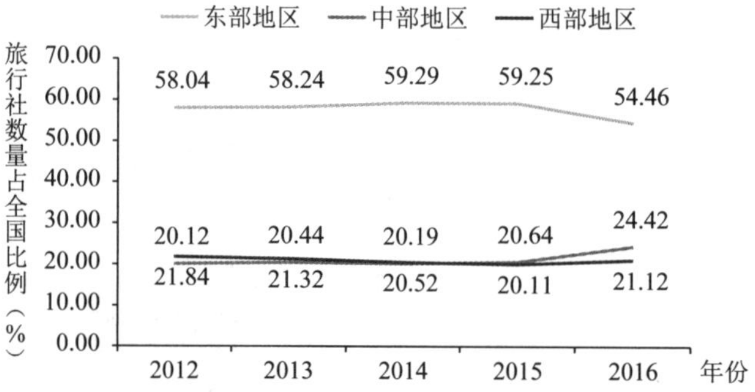

图 1–36　2012~2016 年三大区域旅行社数量占全国比例比较

（数据来源：《中国旅游统计年鉴副本》2013~2017）

2. 经营效益及其变化：持续盈利，利润增长率略有回升；东部利润占比最高，中西部占比有小幅上升

如图 1–37 所示，2016 年全国旅行社利润为 24.78 亿元，较 2015 年有所增加，增幅为 33.23%。2012~2017 年，全国旅行社利润在 2013 年呈现大幅增加的趋势，2014 年增幅急剧下降，2016 年相对略有回升。

如图 1–38 所示，2016 年东、中、西三大区域的旅行社利润分别为 19.39 亿元、3.17 亿元、2.22 亿元，占全国旅行社利润的比例为 78.25%、12.79%、8.96%，东部继续独大，西部地区利润相对最少。

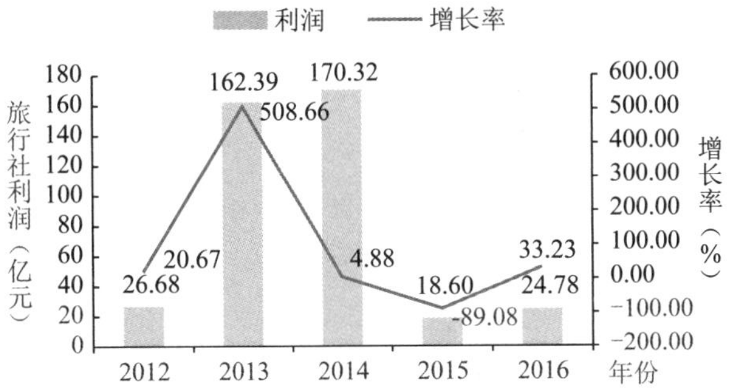

图 1–37　2012~2016 年全国旅行社利润变化

（数据来源：《中国旅游统计年鉴副本》2013~2017）

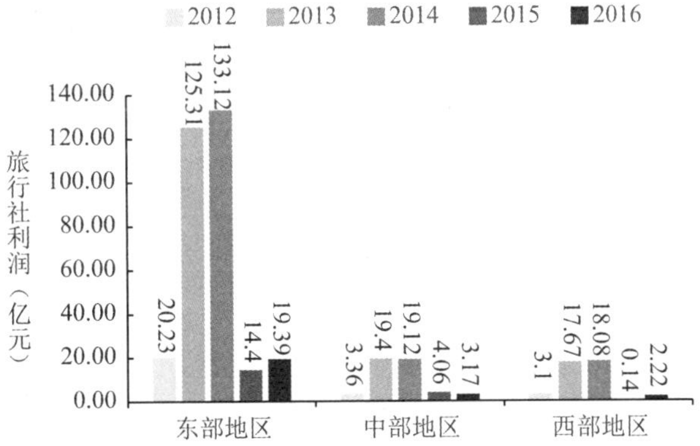

图 1–38　2012~2016 年三大区域旅行社利润比较

（数据来源：《中国旅游统计年鉴副本》2013~2017）

3. 发展效率及其变化：在三大行业中最高，较上年有较大增幅，东部最高

2016 年，全国旅行社全员劳动生产率为 99.1 万元 / 人，在三大行业中最高，较 2015 年增加了 15%。2012~2016 年，如图 1–39 所示，全国旅行社全员劳动生产率处于不断波动变化中。

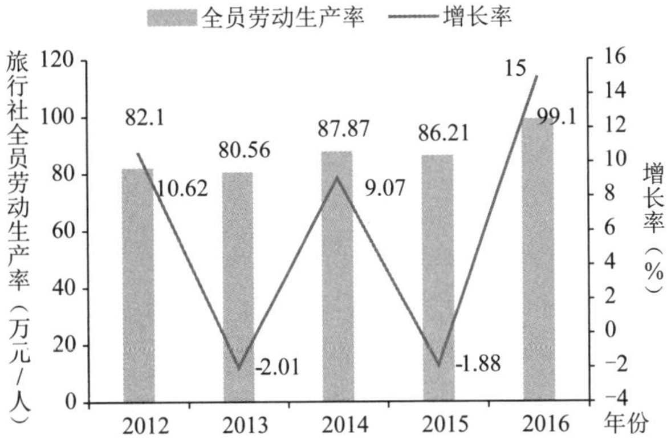

图 1–39　2012~2016 年全国旅行社全员劳动生产率变化

（数据来源：《中国旅游统计年鉴副本》2013~2017）

如图 1–40 所示，2016 年东、中、西三大区域旅行社的全员劳动生产率分别为 136.60 万元 / 人、76.20 万元 / 人、79.99 万元 / 人，东部地区依然最高。与 2015 年相比较，三大区域全员劳动生产率都有较大幅度的提高。

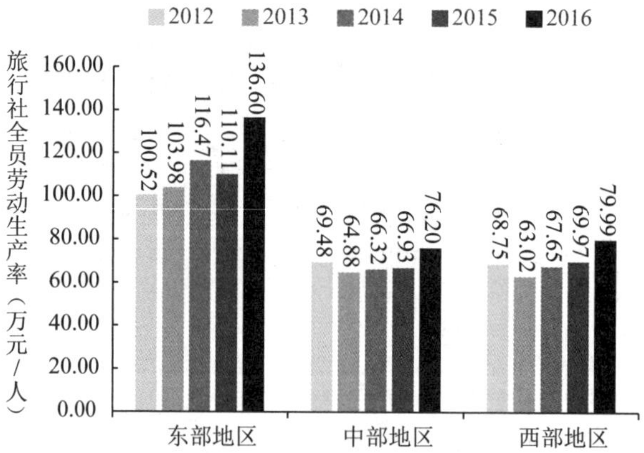

图 1–40　2012~2016 年三大区域旅行社全员劳动生产率比较

（数据来源：《中国旅游统计年鉴副本》2013~2017）

三、旅游需求盘点

（一）旅游接待规模及其变化

1. 全国旅游接待总人次：2017 年全国旅游接待总人次，持续增加，且增幅略有提高；国内旅游接待的主导地位有所加强，且发展更快

2017 年全国旅游接待总人次（即国内旅游接待人次与入境旅游接待人次之和）为 51.40 亿人次，比 2016 年增加了 5.62 亿人次，年增幅为 12.28%，较 2016 年略有提高；国内旅游人次为 50.01 亿人次，较 2016 年增加了 5.61 亿人次，年增幅为 12.64%，占总人数比例为 97.30%，较 2016 年略有增加；入境旅游接待人次为 1.39 亿人次，较 2016 年增加了 100 万人次，年增幅为 0.72%，占总人次比例为 2.70%，较 2016 年略有降低。

如图 1–41 所示，国内旅游人次不仅所占比例较大，而且增速也较快，从 2010 年的 21.03 亿人次增加到 2017 年的 50.01 亿人次，平均年增长率为 13.17%；入境旅游人次由 2010 年的 1.34 亿人次增长到 2017 年的 1.39 亿人次，平均年增长率为 0.52%。

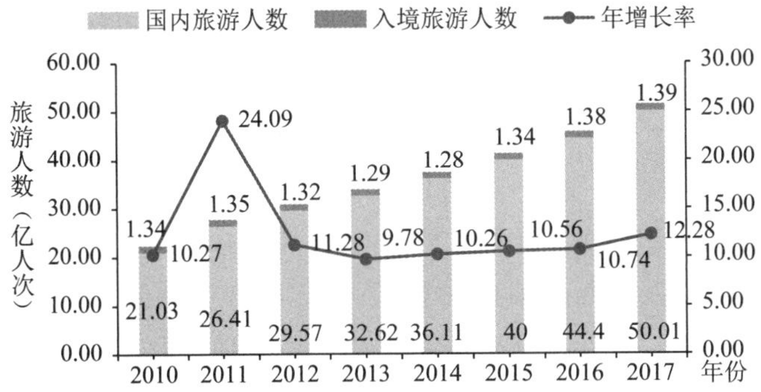

图 1-41　2010~2017 年全国旅游接待总人次及增长率

（数据来源：《中国旅游统计年鉴副本》2011~2017，2017 年全年旅游市场及综合贡献数据报告）

2. 三大区域旅游接待总人次：东中西部全面增加，东部占比缩减，中西部占比增加；中西部增速快于东部，差距进一步缩小

2017 年东、中、西三大区域旅游接待总人次分别为 20.73 亿人次、14.56 亿人次、16.11 亿人次（图 1-42），分别较 2016 年增加了 7.41%、15.01%、20.04%；占全国旅游接待总人次的比例分别为 40.33%、28.33%、31.34%，与 2016 年相比较，东部地区占比降低了 2.2 个百分点，中、西部地区占比分别增加了 0.43 个和 1.77 个百分点；可见，虽然当前我国东部和中西部地区旅游接待总人次的差异仍然十分显著，但这种差异在进一步缩小。

纵观 2012~2017 年，中、西两大区域旅游接待总人次都持续增加（图 1-42），平均年增幅分别达到 14.84% 和 15.64%。而东部地区在前 4 年持续增长后，2016 年出现了小幅下降，2017 年重又回升，总体 6 年平均增长率为 5.58%，增长速度相对中西部缓慢。

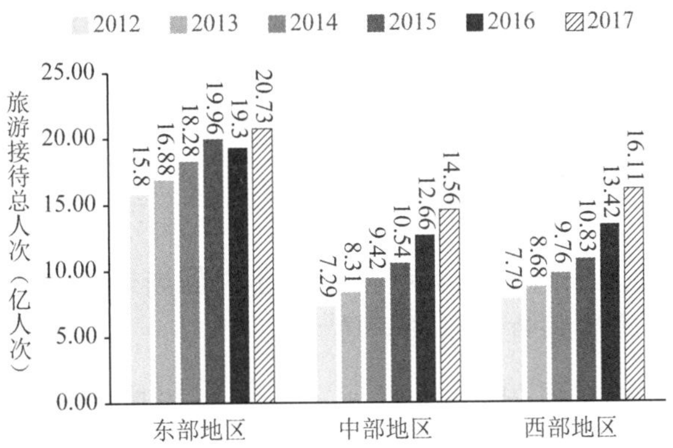

图 1-42　2012~2017 年三大区域旅游接待总人次比较

（数据来源：《中国旅游统计年鉴副本》2013~2017，各省 2017 年国民经济和社会发展统计公报，各省 2018 年统计年鉴，2017 年全年旅游市场及综合贡献数据报告。注：由于统计口径不同，31 个省域旅游接待总人次之和是全国旅游接待总人次的倍数，因此，将各省域旅游接待总人次除以这个倍数后，分别加总求出不同区域的旅游接待总人次。）

3. 七大分区旅游接待总人次：华东仍最多，东北仍最少；西南、西北增幅较大，华东、东北增幅较低；西北、西南增速快，华南、东北增长缓慢

如图 1–43 所示，2017 年华东（15.9 亿人次）、西南（9.97 亿人次）、华中（7.69 亿人次）、华北（6.37 亿人次）、西北（4.09 亿人次）、华南（4.03 亿人次）、东北（3.35 亿人次）地区的旅游接待总人次依次降低。与 2016 年相比，所有地区旅游接待总人次均增加，增幅由高到低依次为西南（20.12%）、西北（17.19%）、华南（16.81%）、华北（14.77%）、华中（11.29%）、东北（9.48%）、华东（8.61%）。西南地区不仅旅游接待总人次排名第二，其增速也排名第一，发展迅速。东北地区不仅旅游接待总人次排名最后，其增幅也排名倒数第二，发展亟须提速。

纵观 2012~2017 年，西北和西南地区旅游接待总人次的平均年增长率最大，分别达到 16.33% 和 14.94%，其次是华北、华中和华东地区，平均年增长率都超过 10%，而华南和东北地区则增速较慢，平均年增长率分别只有 3.34% 和 0.73%。东北地区旅游接待总人次无论从规模还是从速度上，均存在较大差距，需加快发展。

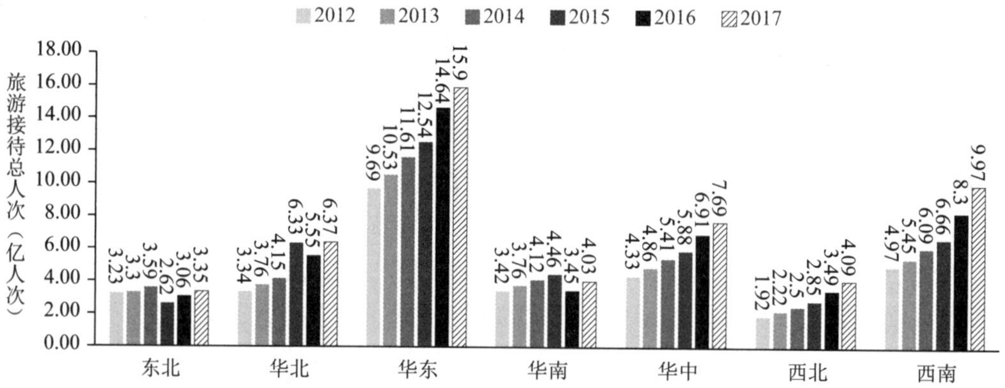

图 1–43　2012~2017 年七大经济区旅游接待总人次比较

（数据来源：同图 1–42。注：同图 1–42）

（二）旅游总收入及其变化

1. 全国旅游总收入：达到 5.4 万亿元，国内旅游收入占八成多；7 年持续增长，且增幅较大，入境旅游收入增长更快

2017 年全国旅游总收入为 5.4 万亿元，比 2016 年增加了 7100 亿元，年增幅为 15.14%。其中，国内旅游收入为 4.57 万亿元，占旅游总收入的 84.63%，较 2016 年略有增加；入境旅游收入约为 0.83 万亿元，占旅游总收入的 15.37%，较 2016 年略有降低。

如图 1–44 所示，2011~2017 年，全国旅游总收入呈现出持续增长的发展趋势，从 2011 年的 2.25 万亿元增长到了 2017 年的 5.4 万亿元，翻了一倍多。其中，国内旅游收入从 2011 年的 1.93 万亿元增加到 2017 年的 4.57 万亿元，平均年增长率达到 15.45%；入境

旅游收入由 2011 年的 484.64 亿美元增长到 2017 年的 1234 亿美元，平均年增长率达到了 17.22%。

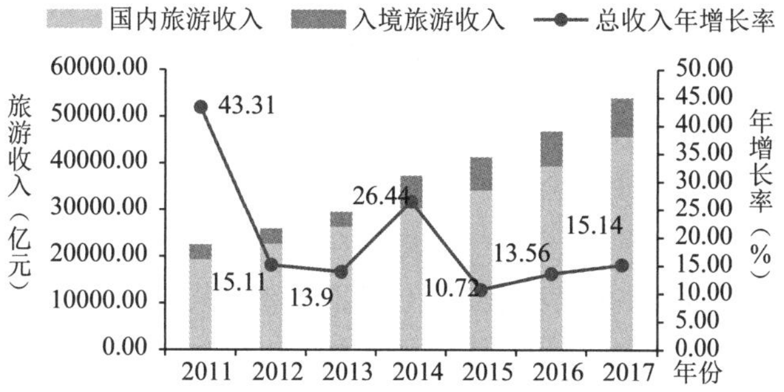

图 1-44 2011~2017 年全国旅游总收入及其变化

（数据来源：《中国旅游统计年鉴副本》2012~2017，各省 2017 年国民经济和社会发展统计公报，各省 2018 年统计年鉴，2017 年全年旅游市场及综合贡献数据报告。注：由于统计口径不同，31 个省域旅游总收入之和是全国旅游总收入的倍数，因此，将各省域旅游总收入除以这个倍数后，分别加总求出不同区域的旅游总收入。）

2. 三大区域旅游总收入：都持续增长，西部增幅最大，东部最小；东部占比近五成，小幅下降，中、西部占比小幅增加；东部增速较缓，与中西部收入差距持续缩小

如图 1-45 所示，2017 年东、中、西三大区域的旅游总收入分别为 26306.05 亿元、12646.32 亿元和 15047.64 亿元，与 2016 年相比较，分别增加了 10.30%、18.14%、21.85%；占全国旅游总收入的比例分别为 48.71%、23.42%、27.87%，与 2016 年相比较，中、西部地区旅游总收入占比分别上升了 0.60 个和 1.53 个百分点，而东部地区占比则下降了 2.13 个百分点；可见，东部与中西部的年旅游总收入的差距持续缩小。

纵观 2011~2017 年，东、中、西三大区域旅游总收入都持续增加（图 1-45），平均年增幅分别达到 11.80%、19.83%、21.18%。东部增长速度相对中西部缓慢。

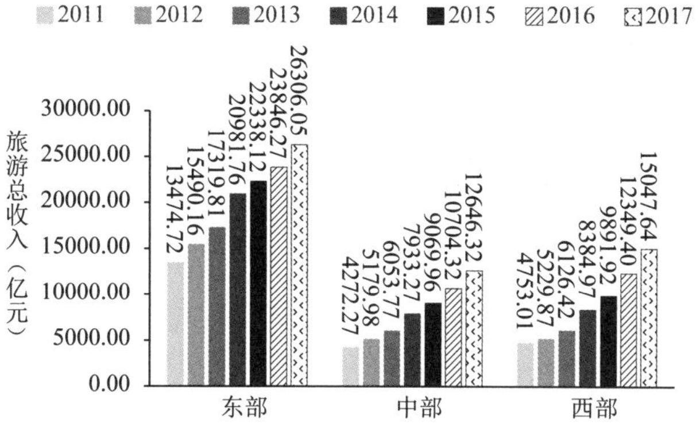

图 1-45 2011~2017 年三大区域旅游总收入比较

（数据来源：同图 1-44。注：同图 1-44。）

3. 七大分区旅游总收入：华东仍最多，东北、西北较少；西南、西北增幅大，东北、华北增幅较小；西南、西北增长快，东北增长缓慢

如图 1–46 所示，2017 年华东（17699.40 亿元）、西南（9001.31 亿元）、华北（6927.57 亿元）、华中（6567.34 亿元）、华南（6211.82 亿元）、西北（4160.91 亿元）、东北（3431.67 亿元）地区的旅游总收入依次降低。与 2016 年相比，所有地区旅游总收入均增加，增幅由高到低依次为西南（21.80%）、西北（20.78%）、华中（17.65%）、华东（13.05%）、华南（12.84%）、华北（12.35%）、东北（8.74%）。西南地区旅游总收入排名第二，其增速排名第一，发展迅速。东北地区不仅旅游总收入排名最后，其增幅也排名最后，发展亟须提速。

纵观 2011~2017 年，西北和西南地区旅游总收入的平均年增长率较大，分别达到 22.38% 和 20.00%，其次是华中、华北、华南和华东地区，平均年增长率都超过 10%，而东北地区则增长较慢，平均年增长率只有 8.57%。东北地区旅游总收入无论从规模还是从速度上，均存在较大差距，需加快发展。

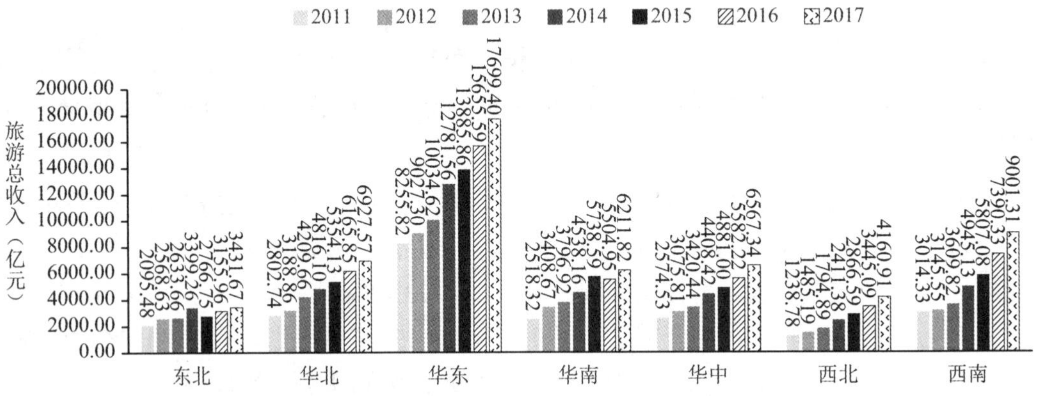

图 1–46　2011~2017 年七大经济区旅游总收入比较

（数据来源：同图 1–44。注：同图 1–44。）

（三）人均消费及其变化

1. 全国入境游客人均花费：近 700 美元，持续增加，增幅较大

2016 年全国入境游客人均花费为 674.08 美元 / 人，比 2015 年增加了 38.73 美元 / 人，年增幅为 6.10%，是近 5 年增幅最大的一年。

如图 1–47 所示，2011~2016 年，全国入境游客人均花费呈现出持续增长的发展趋势，从 2011 年的 545.86 美元 / 人增长到了 2016 年的 674.08 美元 / 人，平均年增长率达到 6.10%。自 2014 年以来，增速持续提高。

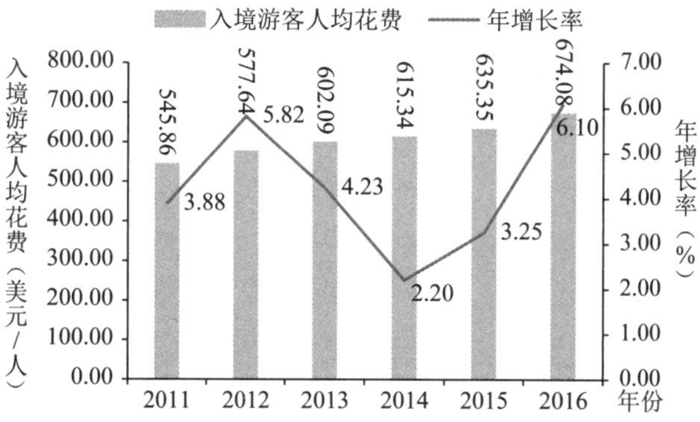

图 1-47 2011~2016 年全国入境游客人均花费及其年增长率

（数据来源:《中国旅游统计年鉴副本》2011~2017。注: 全国入境游客人均花费是 31 个省域入境游客人均花费的平均值，各省域入境游客人均花费由其入境游客人均停留天数与人均天花费相乘计算得到）

2. 三大区域入境游客人均花费：东部最高，西部次之，中部最低；西部持续快速增长，多年平均增幅较大，中部增长最慢，增幅最小；中部与东、西部差距扩大

如图 1-48 所示，2016 年东、中、西三大区域的入境游客人均花费分别为 899.80 美元 / 人、414.14 美元 / 人和 559.52 美元 / 人，与 2015 年相比较，均有所增加。其中，西部地区增长最多，达到 8.23%，其次是东部地区增长了 5.95%，中部地区增长最少，仅增长 1.38%。

纵观 2011~2016 年，东、西两大区域入境游客人均花费持续增加（图 1-48），西部年均增长率为 7.19%，东部为 3.46%。中部地区入境游客人均花费在 2014 年有小幅下降，随后缓慢增加，其年均增长率仅为 1.47%，与东、西部地区存在明显差距，使得中部地区与东部、西部的差距越来越大。

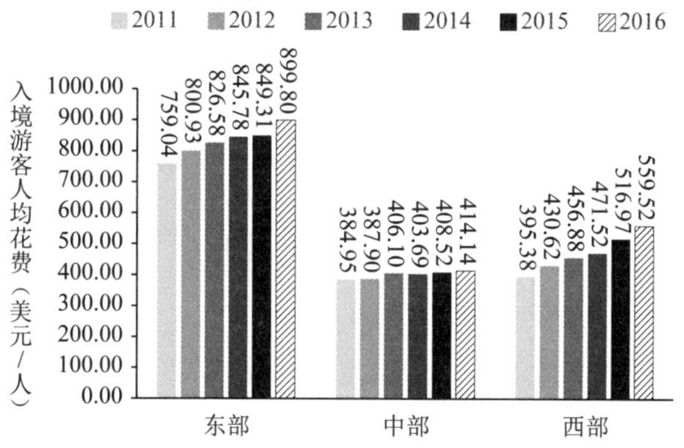

图 1-48 2011~2016 年三大区域入境游客人均花费比较

（数据来源：同图 1-47. 注：同图 1-47.）

3. 七大分区入境游客人均花费：华北最高，华中最低；西南、华东增幅较高，华北小幅降低；西北持续、稳定增长，东北、华东反降为升，华南、西南近期稳步上升，华北总体快速增长，华中小幅波动增长；分区差异多扩大

如图 1–49 所示，2016 年我国七大经济区入境游客人均花费差异较大：华北地区仍最高，达 1446.00 美元 / 人，是其他地区的 2~3 倍；华南和华中地区仍很低，分别只有 427.74 美元 / 人和 403.31 美元 / 人。

与 2015 年相比较，除华北外，其他地区入境游客人均花费都有所增加，尤其是西南和华东增幅较高，分别为 14.49%、14.03%；而华北入境游客人均花费则有所降低，但降幅很小，仅为 1.06%。

纵观 2011~2016 年，西北地区入境游客人均花费呈持续、稳定增长趋势，年均增长率为 7.32%；东北、华东地区 2012~2015 年呈持续减少态势，但 2016 年反降为升；华南、西南经过中期的调整，从 2014 年起处于稳步上升趋势；华北从 2011 年开始增长较快，2016 年转为下降，但总体而言，其年均增长率仍达到 7.19%；华中地区 2012~2016 年呈小幅波动上升态势，年均增长率仅为 0.33%。因此，综合起来看，华北地区与东北、华东、华南、华中地区入境游客人均花费的差异继续扩大，而与西北、西南地区间的差异缩小。

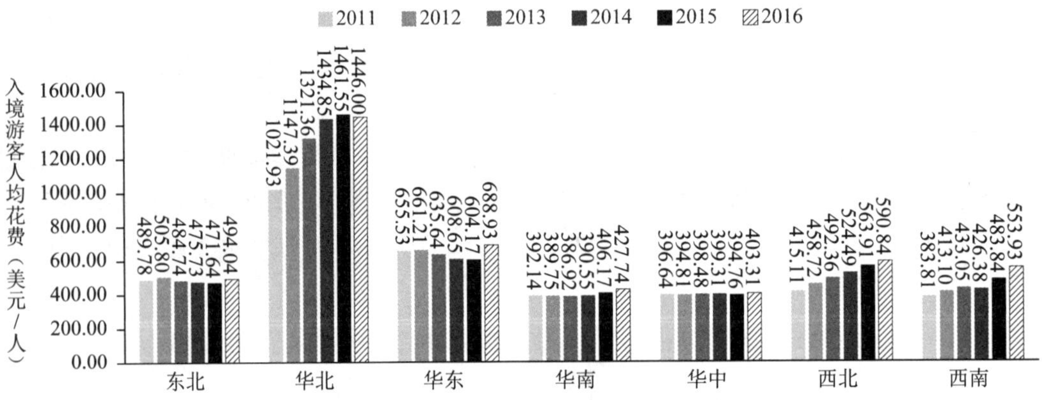

图 1–49　2011~2016 年七大分区入境游客人均花费比较

（数据来源：同图 1–47. 注：同图 1–47.）

第二章　省域旅游业发展评价

本章将与“第一章　全国旅游业发展盘点”一样，从支撑环境、核心产业、旅游需求三大方面七大板块（即支撑环境中的自然环境、社会经济环境、旅游政策环境，核心产业中的住宿接待业、旅游目的地、旅行社业和旅游需求）对中国31个省域（包括省、直辖市和自治区，下同）的旅游业发展状况进行全方位评价[①]。评价分三个层面：首先，对七大板块的指标进行单因子分析和评价；其次，分别将各大块的指标汇总，对各大块的发展状况进行综合评价；最后，将所有指标汇总，分综合竞争力、现实竞争力、潜在竞争力和发展环境竞争力，对31个省域旅游业发展状况进行全面的综合评价。该评价力求全方位、多层面、多角度，既关注年际间的动态变化，也关注省际的横向比较，让各个省域不仅把握各自的整体状况，而且了解各个方面的具体情况，不仅清楚自身的发展脉络，而且了解各自在31个省域中的相对位置，从而能够纵览全局、有的放矢地进行区域旅游发展决策。

一、支撑环境评价

如前所述，本报告选用全年空气质量优良天数、城市污水处理率、生活垃圾无害化处理率这三个指标评价31个省域旅游发展的自然环境水平，选用经济发展水平（综合GDP和人均GDP）、年旅客周转量和万人专利授权数这三个指标来评价31个省域旅游发展的社会经济环境水平，选用旅游管理机构设置情况和政府工作报告中提及“旅游”次数这两个指标来评价31个省旅游发展的政策环境水平，这些评价指标及其基本描述统计如表2–1所示。

表2–1　2016年中国31个省域旅游发展的支撑环境评价指标及其基本描述统计

类型	评价指标	平均值	最大值	最小值	标准差	变异系数
自然环境	空气质量优良天数（天）	284.85	363.00	159.00	51.54	0.18
	污水集中处理率（%）	87.85	100.00	10.90	16.32	0.19
	生活垃圾无害化处理率（%）	95.32	100.00	72.80	6.36	0.07

① 由于数据统计口径、可获得性等影响，这里没有包括香港和澳门这两个特别行政区以及台湾省。

续表

类型	评价指标	平均值	最大值	最小值	标准差	变异系数
社会经济环境	GDP总量（亿元）	25195.83	80854.91	1151.41	19740.05	0.78
	人均GDP（万元/人）	5.71	11.81	2.76	2.51	0.44
	年旅客周转量（亿人公里）	738.08	1887.45	39.78	493.13	0.67
	万人专利授权数（件）	10.74	46.29	0.74	11.70	1.09
政策环境	旅游管理机构设置[a]	1.81	2.00	1.00	0.40	0.22
	政府工作报告提及“旅游”次数（次）[b]	13.35	53.00	4.00	9.08	0.68

（注：a 使用的是截至 2018 年 5 月的数据；b 使用的是 2017 年的数据。）

（一）自然环境评价

1. 自然环境单因子分析

（1）空气质量优良天数：平均 285 天，一半省域达平均，海南最优；大部分省域有所增加，鲁晋川表现突出；近半省域增长率提高，鲁冀苏表现突出；省际差异呈缩小趋势，优良省域集中于西南部和东南部，较差省域仍集中于华北

从表 2-1、图 2-1 可以看出，2016 年 31 个省域省会城市空气质量优良天数（即全年空气质量达到及好于二级的天数）的平均值为 285 天，较 2015 年增加了 38 天，17 个省域达到或超过 285 天。其中，空气质量最好的是海南，空气质量优良天数达到 363 天，即全年空气质量优良；其次，云南、福建、贵州、广西、黑龙江、广东、浙江、青海、江西、西藏、甘肃和重庆空气质量优良天数也都在 300 天以上；空气质量优良天数较少的是北京、陕西和河南，都不足 200 天，特别是河南，空气质量优良天数只有 159 天，大气环境亟待改善。

如图 2-1 所示，与 2015 年相比，2016 年大部分省域空气质量转好，其中，山东、山西和江苏的增幅较大，都超过 90%；仅有 2 个省域空气质量优良天数有所下降，其中，陕西的降幅较大，约 20%。与 2011~2015 年的平均变化率相比较，有 25 个省域 2016 年空气质量优良天数的增长率提高，尤其山西、江苏和山东，增长率分别提高了 115.52 个、112.75 个和 106.43 个百分点，表现较为突出；宁夏 2016 年空气质量优良天数有所降低，但降幅较前五年的平均降幅有所减小；陕西、江西、河北、西藏、海南和云南 2016 年的空气质量优良天数增长率都较前五年有所降低，尤其陕西降低了 24.8 个百分点（图 2-1）。

2016 年全国 31 个省域空气质量优良天数的变异系数为 0.18，在反映自然环境的三个评价指标中较高（表 2-1），但是，与 2015 年相比，减小了 0.09，表明空气质量优良天数的省际差异呈持续缩小趋势。空气质量较好的省份大多位于西南部和东南部地区，而空气质量较差的省域多集中分布于华北地区（图 2-2）。

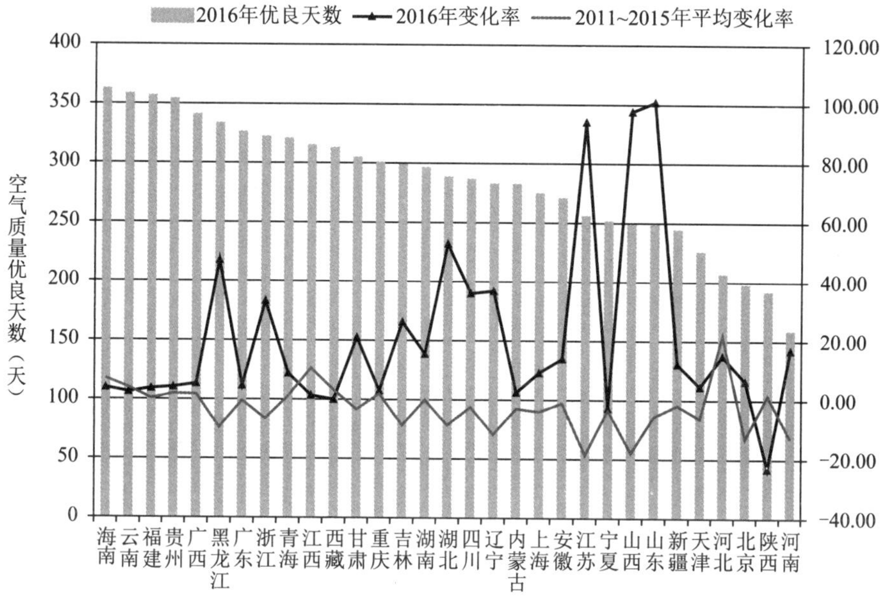

图 2-1 2016 年中国 31 个省域省会城市的空气质量优良天数及其变化率

（数据来源：《中国环境统计年鉴》，2011~2017）

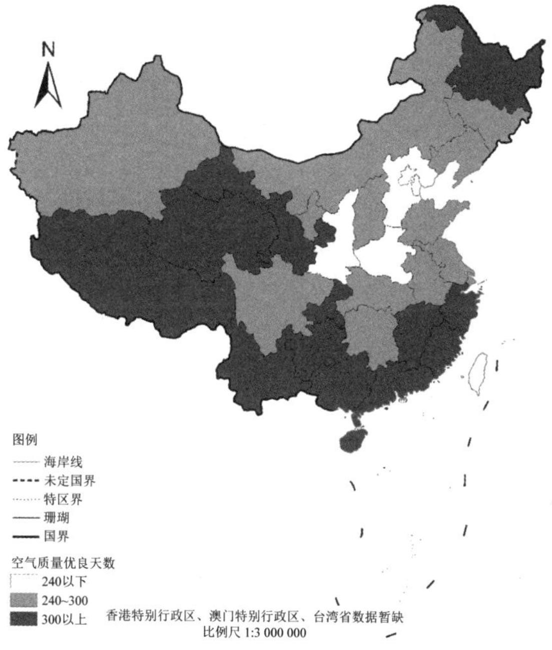

图 2-2 2016 年中国 31 个省域省会城市的空气质量优良天数空间分布图

（数据来源：《中国环境统计年鉴》2017）

（2）污水集中处理率：平均约 88%，近八成省份达平均，湖南最优；大部分省域提高，且处理率越低的提高幅度越小；省际差异较小，呈增大趋势，处理率较高省域集中

于中西部

如表 2-1、图 2-3 所示，2016 年全国 31 个省域污水集中处理率的平均值为 87.85%，24 个省域达到或超过平均水平。其中，污水集中处理率最高的是湖南，达到 100.00%，其次，河南、山东、河北、甘肃、湖北、重庆、宁夏、辽宁和海南也很高，达到 95% 以上；污水集中处理率最低的为西藏，不足 20%，江苏、广西和青海的城市污水处理率也不足 80%，还需提升。

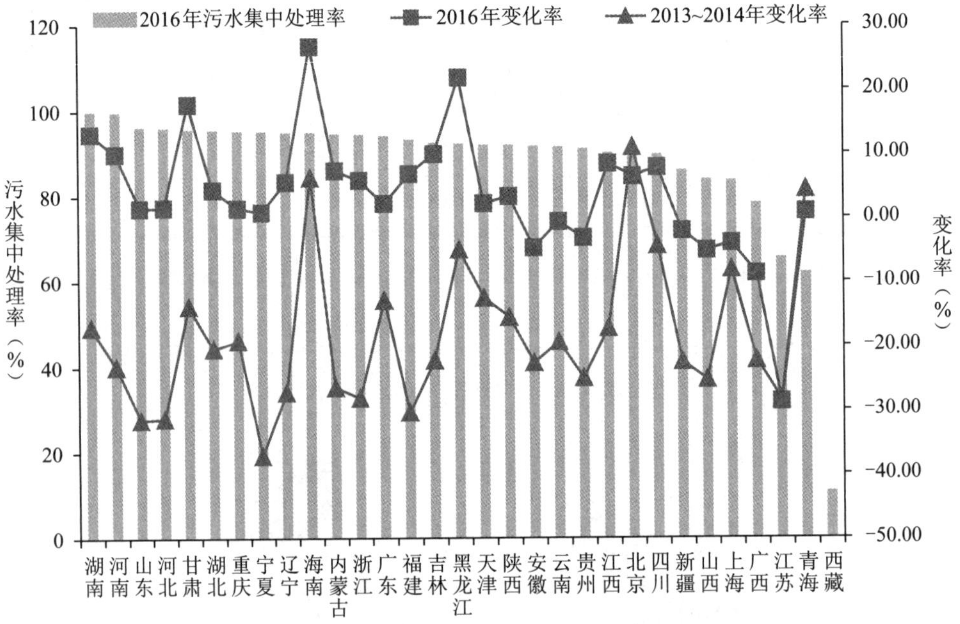

图 2-3　2016 年中国 31 个省域污水集中处理率及其变化率[①]

（数据来源：《中国环境统计年鉴》2017）

如图 2-3 所示，与 2013~2014 年的变化率相比较[②]，有 27 个省域 2016 年污水集中处理率的增长率提高，尤其宁夏和福建，增长率分别为 37.99% 和 37.18%，表现较为突出；广西、山西、安徽、贵州、新疆、山西、云南和上海 2016 年污水集中处理率有所降低，但降幅较前两年的降幅有所减小；江苏和北京 2016 年的污水集中处理率增长率较前两年有所降低，需要改善。

如表 2-1 所示，2016 年全国 31 个省域污水集中处理率的变异系数为 0.19，与 2014 年相比，变异系数增加了 0.08，表明污水集中处理率的省际差异较小，但有增大趋势。污水集中处理率较高的省域集中连片地分布于中部地区（图 2-4）。

① 西藏的增长率为 10800%，如果在图中呈现，其他城市的变化率就看不出来了，因此，西藏的变化率没有在图上呈现。

② 2015 年资料中的统计数据指标是生活污水集中处理率，非污水集中处理率，而 2013 年、2014 年、2016 年资料中的统计数据指标是污水集中处理率，因此此处与 2013-2014 年比较。

（3）生活垃圾无害化处理率：平均约95%，近七成省域达平均，沪浙鲁渝较优；近八成省域提高，京甘青表现突出；不足三成省域增长率提高，京青表现突出；省际差异较小，且呈缩小趋势，处理率较高省域仍集中于东部沿海及中部

如表 2-1、图 2-5 所示，2016 年 31 个省域生活垃圾无害化处理率的平均值为 95.32%，且 20 个省域达到或超过平均值。其中，上海、浙江、山东和重庆的生活垃圾无害化处理率达到 100%，而甘肃的生活垃圾无害化处理率低于 80%，改进空间较大。

如图 2-5 所示，与 2015 年相比，26 个省域 2016 年的生活垃圾无害化处理率有所提高，平均提高幅度约为 3%，其中，北京和甘肃的提高幅度最大，分别达到 26.65% 和 13.40%；而山西、辽宁、福建和江苏 2016 年的生活垃圾无害化处理率有所下降，需要引起重视。与 2011~2015 年的平

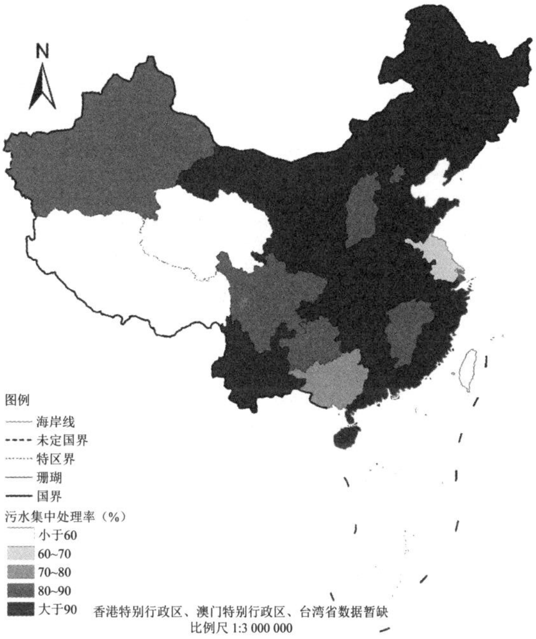

图 2-4 2016 年中国 31 个省域污水集中处理率空间分布图

（数据来源：《中国环境统计年鉴》2017）

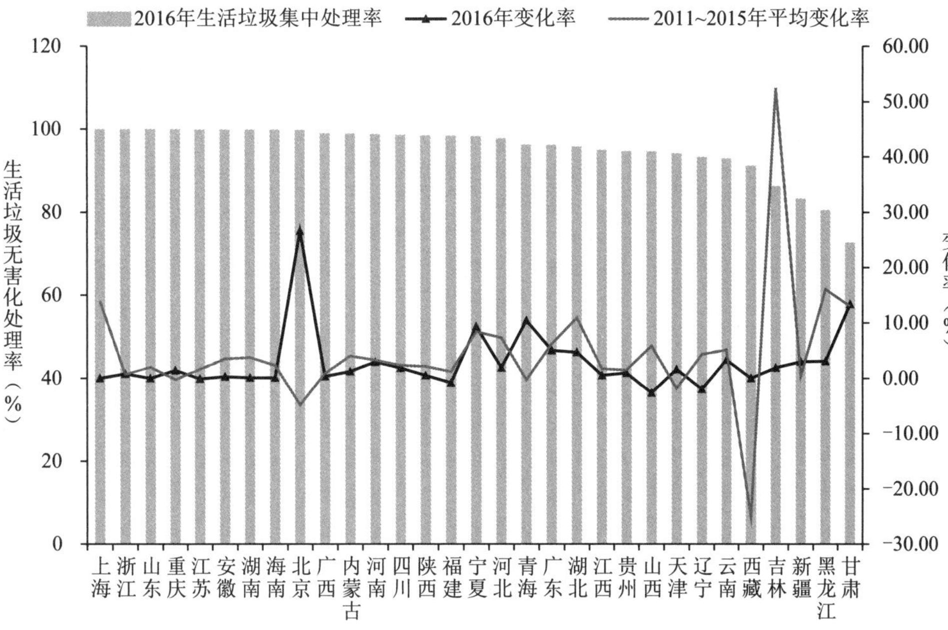

图 2-5 2016 年中国 31 个省域生活垃圾无害化处理率及其变化率

（数据来源：《中国环境统计年鉴》2011~2017）

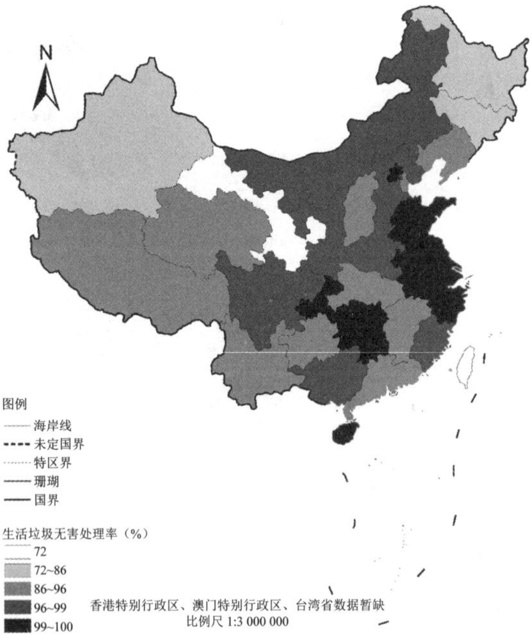

图 2-6　2016 年中国 31 个省域生活垃圾无害化处理率空间分布图

（数据来源：《中国环境统计年鉴》2017 年）

均变化率相比较，只有 8 个省域 2016 年生活垃圾无害化处理率的增长率有所提高，其中北京和青海增长率较大，分别 31.52% 和 10.72%，表现较为突出；而其他 22 个省域 2016 年生活垃圾无害化处理率的增长率都有所减小，其中吉林降低了 50.61%，亟待改善。

如表 2-1 所示，全国 31 个省域生活垃圾无害化处理率的变异系数为 0.07，较小，且比 2015 年减小了 0.02，表明生活垃圾无害化处理率的省际差异较小，且呈缩小趋势。生活垃圾无害化处理率较高的省份集中在东部沿海及中部地区（图 2-6）。

2. 自然环境综合评价

将空气质量优良天数、污水集中处理率和生活垃圾无害化处理率三个指标的数据进行归一化处理，而后加和计算，得到全国 31 个省域自然环境综合评价结果（表 2-2、图 2-7）。依据综合评价得分高低，将 31 个省域分为三个梯队，分别从梯队成员、空间分布、各指标的相对状况等角度对各个梯队进行分析。由于各指标得分都是归一化处理后的得分，得分值只反映所处的相对位置，因此，在分析各省域各指标的相对状况时，通过比较各省域各指标的排名来反映各省域的相对优势领域和不足之处。

表 2-2　2016 年中国 31 个省域旅游发展的自然环境综合评价结果

省域	自然环境综合评价		空气质量优良天数		污水集中处理率		生活垃圾无害化处理率	
	分值	排序	分值	排序	分值	排序	分值	排序
北京	207.18	23	19.14	29	88.78	23	99.26	9
天津	202.50	26	32.87	27	90.95	17	78.68	24
河北	211.07	20	23.55	28	95.61	4	91.91	17
山西	206.18	24	44.16	24	81.87	26	80.15	23
内蒙古	250.78	10	60.84	19	93.98	11	95.96	11
辽宁	230.71	18	60.96	18	94.39	9	75.37	25
吉林	210.08	21	68.84	14	91.60	15	49.63	28
黑龙江	205.77	25	85.85	6	91.25	16	28.68	30
上海	238.62	16	57.02	20	81.60	27	100.00	1
江苏	208.74	22	47.71	22	61.40	29	99.63	5

续表

省域	自然环境综合评价		空气质量优良天数		污水集中处理率		生活垃圾无害化处理率	
	分值	排序	分值	排序	分值	排序	分值	排序
浙江	274.08	3	80.30	8	93.78	12	100.00	1
安徽	245.29	13	55.05	21	90.61	19	99.63	5
福建	283.63	2	97.13	3	92.38	14	94.12	15
江西	247.14	11	76.72	10	88.80	22	81.62	21
山东	240.04	15	44.16	24	95.88	3	100.00	1
河南	195.39	28	0.00	31	99.80	2	95.59	12
湖北	243.27	14	63.65	16	95.06	6	84.56	20
湖南	267.22	4	67.59	15	100.00	1	99.63	5
广东	261.79	8	82.27	7	93.49	13	86.03	19
广西	261.39	9	89.43	5	75.63	28	96.32	10
海南	294.02	1	100.00	1	94.39	9	99.63	5
重庆	264.48	6	69.67	13	94.80	7	100.00	1
四川	246.05	12	62.80	17	88.40	24	94.85	13
贵州	266.29	5	95.88	4	89.90	21	80.51	22
云南	262.73	7	98.03	2	90.44	20	74.26	26
西藏	143.21	31	75.56	11	0.00	31	67.65	27
陕西	201.62	27	16.19	30	90.94	18	94.49	14
甘肃	166.90	29	71.70	12	95.20	5	0.00	31
青海	223.47	19	79.58	9	57.49	30	86.40	18
宁夏	233.99	17	45.63	23	94.61	8	93.75	16
新疆	164.80	30	41.98	26	84.22	25	38.60	29

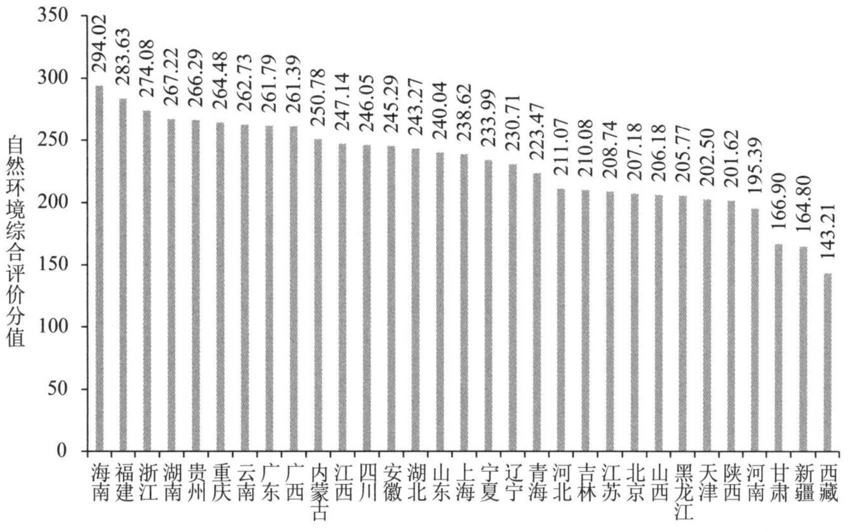

图 2–7　2016 年中国 31 个省域旅游发展的自然环境综合评价结果

（1）自然环境第一梯队：成员较稳定，多西南和南部省域；琼空气—水—垃圾处理三优，浙桂空气—垃圾处理双优，湘渝水—垃圾处理双优，闽黔滇粤空气单优，内蒙古均衡

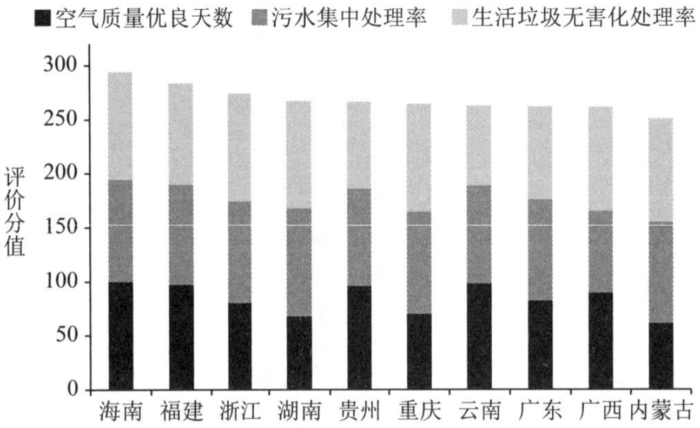

图 2-8　2016 年自然环境综合评价第一梯队省域及要素组成示意图

如图 2-8 所示，自然环境第一梯队（即综合评价分值排名前 10 的省域，以下同）包括海南、福建、浙江、湖南、贵州、重庆、云南、广东、广西和内蒙古，综合评价分值均高于 250，从空间分布来看，集中分布在西南和南部地区（图 2-9）。与 2015 年相比，梯队成员变化不大，浙江跻身第一梯队，江西被挤出第一梯队。

从这些省域的组成要素状况来看，如图 2-8、表 2-2 所示，第一梯队省域的表现各异：海南属于空气、水环境和垃圾处理三优型，空气质量、水环境和垃圾处理的排名分别为第 1、第 9 和第 5；浙江和广西属于空气、垃圾处理双优型，空气质量的排名分别都为第 8 和第 5，垃圾处理排名分别是第 1 位和第 10 位，而污水集中处理率的排名分别为第 12 位和第 28 位，可见广西的污水集中处理率是明显的短板；福建、贵州、云南和广东属于空气单优型，空气质量优良天数的排名分别为第 3 位、第 4 位、第 2 位和第 7 位，而其他两个方面的排名都在第二甚至第三梯队，改进空间较大；内蒙古属于均衡型，污水集中处理率和生活垃圾无害化处理率两个方面的排名都在第 10 位左右，空气质量在第二梯队，还可以提升。

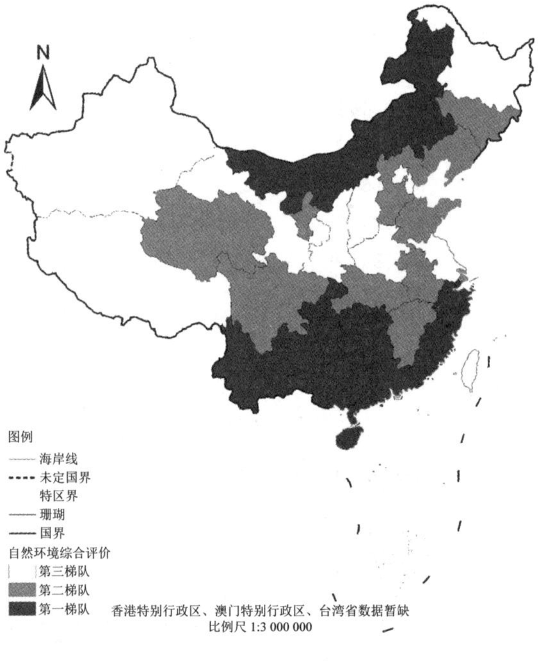

图 2-9　2016 年中国 31 个省域旅游发展的自然环境综合评价结果空间分布图

（2）自然环境第二梯队：成员四成新，分布于中部和东北部；鲁水环境—垃圾处理双优，赣青空气单优，鄂宁辽冀水环境单优，皖沪垃圾处理单优

如图 2-10 所示，自然环境第二梯队（即综合评价分值排名 11~20 的省域，以下同）包括江西、四川、安徽、湖北、山东、上海、宁夏、辽宁、青海和河北，综合评价分值为 210~250，分布于中部和东北部地区（图 2-9）。

从这些省域的组成要素状况来看，如图 2–10、表 2–2 所示，自然环境第二梯队的省域都表现一般，但也有一些省域有表现突出的方面：山东属于水环境和垃圾处理双优型，其生活污水集中处理率和生活垃圾集中处理率排名分别为第 3 位和第 1 位，不仅进入第一梯队，还表现很突出；江西和青海属于空气单优型，其空气质量排名分别为第 10 位和第 9 位，处于第一梯队；湖北、宁夏、辽宁和河北属于水环境单优型，其生活污水集中处理率分别排第 6 位和第 8 位、第 9 位和第 4 位，处于第一梯队；安徽和上海属于垃圾处理单优型，生活垃圾集中处理率排名分别为第 5 位和第 1 位，优势突出。

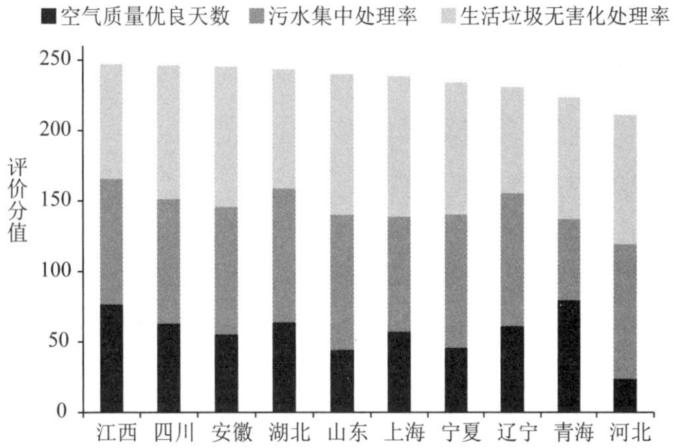

图 2–10　2016 年自然环境综合评价第二梯队省域及要素组成示意图

（3）自然环境第三梯队：成员较稳定，多西部省域；黑空气质量单优，豫甘水环境单优，苏京垃圾处理单优

如图 2–11 所示，自然环境第三梯队（即综合评价分值排名 21~31 位的省域，以下同）包括吉林、江苏、北京、山西、黑龙江、天津、陕西、河南、甘肃、新疆和西藏，第三梯队综合评价分值都低于 220，主要为西部省域（图 2–9）。与 2015 年相比，梯队成员较为稳定，吉林、天津和陕西为新掉入的成员。

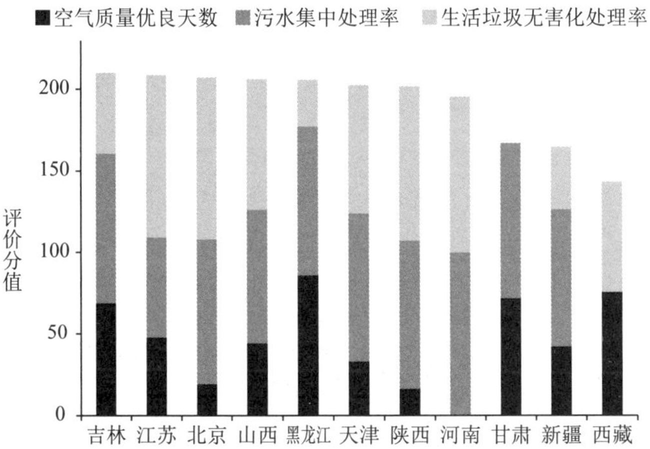

图 2–11　2016 年自然环境综合评价第三梯队省域及要素组成示意图

从这些省域的组成要素状况来看，如图 2–11、表 2–2 所示，自然环境第三梯队省域整体表现最弱，但个别省域有表现突出的方面：黑龙江属于空气质量单优型，其空气质量排名第 60 位，处于前列，但生活垃圾无害化处理率排名第 30 位，排名非常靠后；河南和甘肃属于水环境单优型，其生活污水集中处理率排名分别为第 2 位和第 5 位，表现十分突出，但河南的空气质量排名第 31 位，甘肃的生活垃圾集中处理率排名第 31 位，亟待改善；江苏和北京属于垃圾处理单优型，其生活垃圾无害化处理率排名分别为第 5 位和第 9 位，但空气质量分别排名第 22 位和第 29 位，生活污水集中处理率分别排名第 29 位和第 23 位，短板十分明显。

（二）社会经济环境评价

1. 社会经济环境单因子分析

（1）经济发展水平

① GDP 总量：平均 2.52 万亿元，小幅增长，近四成省域达平均，粤苏鲁遥遥领先；年增长率平均约 9%，青海表现突出，总量越大和越小的省域增幅越大；全国增长有减缓趋势；省际差异较大且稳定，东南—西北分异明显。

如表 2-1、图 2-12 所示，2016 年全国 31 个省域 GDP 的平均值为 25195.83 亿元，只有 12 个省域达到或超过均值。其中，广东、江苏的 GDP 较高，都超过 7 万亿元；其次，山东、浙江、河南也很强，GDP 都超过 4.00 万亿元。而新疆、甘肃、海南、青海、宁夏、西藏的 GDP 都在 1.00 万亿元以下，尤其西藏，GDP 最低，刚过 0.10 万亿元。

如图 2-12 所示，与 2015 年相比，除了辽宁以外的 30 个省域 GDP 都有增长，平均增长率为 8.92%，其中青海的增长率最高，达 47.8%；可见，几乎所有省域 GDP 持续增长。从与 GDP 总量的关系来看，2016 年 GDP 排名前 10 位、中等、后 10 位省域的平均增长率分别为 9.67%、6.22% 和 10.71%，呈现出 GDP 越高和越低的省域增长率也越大的特点。

如图 2-12 所示，与 2011~2015 年的平均变化率相比较，四成以上省域 GDP 增长率有所增加，平均增加了 4.99%，近六成省域 2016 年的 GDP 增长率有所降低，平均降低了 3.67%，可见全国所有省域 GDP 的增长有减缓趋势。

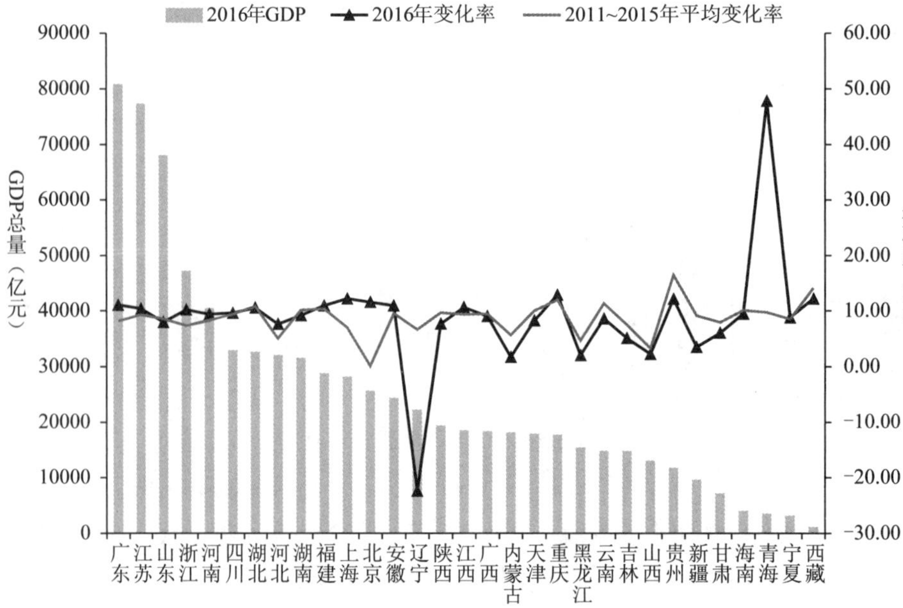

图 2-12　2016 年中国 31 个省域的 GDP 及其变化率

（数据来源：《中国统计年鉴》2012~2017）

如表 2-1 所示，全国 31 个省域 GDP 的变异系数为 0.78，在社会经济环境的四个评价指标中最高，但较 2015 年没有变化，表明 GDP 的省际差异较大，且基本稳定。另外，GDP 达到 3 万亿元以上的省域分布在东南沿海和中部地区，只有四川位于西部地区，而 GDP 小于 1 万亿元的省域几乎都位于西北、西南地区，呈现出明显的东南—西北空间分异格局（图 2–13）。

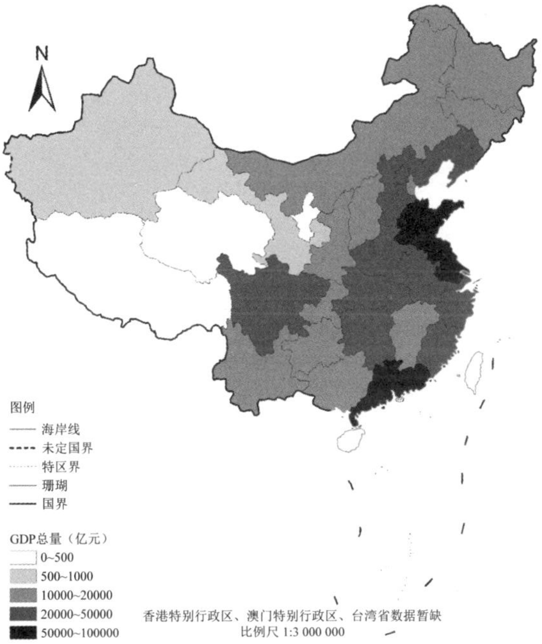

图 2–13　2016 年中国 31 个省域 GDP 空间分布图

（数据来源：《中国统计年鉴》2017）

②人均 GDP：平均 6 万元 / 人，小幅增长，不到四成省域达平均，京沪津表现突出；年增长率平均约为 8%，青海表现突出；近五成省域增长加快；省级差异小且稳定，具沿海—内陆分异特征

如表 2–1、图 2–14 所示，2016 年全国 31 个省域人均 GDP 的平均值为 5.71 万元 / 人，只有 11 个省域达到或超过均值。其中，北京、上海、天津的人均 GDP 较高，都超过 10 万元 / 人，比其他省域高出至少 1 万元 / 人；其次，江苏、浙江、福建、广东、内蒙古、山东和青海的人均 GDP 也较高，都超过 6 万元 / 人。而甘肃的人均 GDP 最低，在 3 万元 / 人以下。

如图 2–14 所示，与 2015 年相比，除了辽宁以外的 30 个省域 2016 年人均 GDP 都有增加，平均增幅为 8.31%，其中，青海增幅最大，达 46.56%。从与人均 GDP 的关系来看，2016 年人均 GDP 排名前 10 位、中等和后 10 位省域人均 GDP 的平均增长率分别为 12.39%、5.62% 和 7.05%，可见人均 GDP 较高的省域增长率较大。

与 2011~2015 年的平均增长率相比较，如图 2–14 所示，14 个省域 2016 年人均 GDP 增长率有所增加，平均增加了 4.66%，17 个省域 2016 年人均 GDP 增长率有所降低，平均降低了 3.58%，可见人均 GDP 的增长有一定增加。

如表 2-1 所示，全国 31 个省域人均 GDP 的变异系数为 0.44，在社会经济环境的四个评价指标中较低，表明人均 GDP 的省际差异较小且稳定。另外，人均 GDP 较高的省域都集中在东部沿海地区，呈现出明显的沿海—内陆分异格局（图 2-15）。

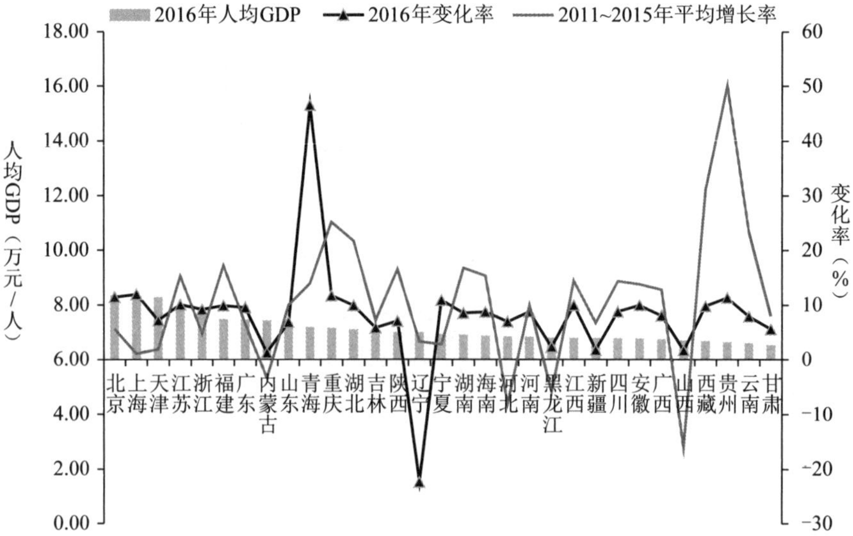

图 2-14　2016 年中国 31 个省域的人均 GDP 及变化率

（数据来源：《中国统计年鉴》2012~2017）

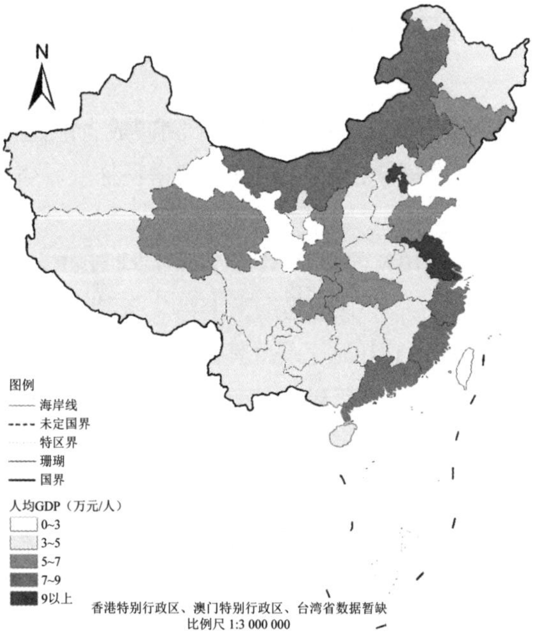

图 2-15　2016 年中国 31 个省域的人均 GDP 空间分布图

（数据来源：《中国统计年鉴》2017）

（2）年旅客周转量：平均 738 亿人公里，小幅增加，四成省域超平均，广东最高；过半省域有所增加，但增幅偏小；较前五年小幅增长；省级差异较小且稳定，较高省域集中于中部和东南

如表 2–1、图 2–16 所示，2016 年全国 31 个省域年旅客周转量的平均为 738.08 亿人公里，有 14 个省域超过均值。其中，广东的年旅客周转率最高，达到 1887.45 亿人公里，其次，河南、湖南、江苏、河北、湖北、山东、安徽和浙江的年旅客周转量较高，都在 1000 亿人公里；而青海、海南、宁夏和西藏的年旅客周转量较低，均在 200 亿人公里以下，西藏最低，年旅客周转量为 39.78 亿人公里。

如图 2–16 所示，与 2015 年相比，17 个省域年旅客周转量有小幅增加，平均增幅为 2.77%，其中，海南、广东和青海的增幅较大；其他 14 个省域 2016 年的旅客周转量有小幅下降，平均降幅为 2.94%，其中山西、重庆和宁夏降幅较大。

与 2011~2015 年的平均变化率相比较，如图 2–16 所示，有 20 个省域 2016 年旅客周转量的增长率有所提高，平均提高了 4.24%，其中海南和山东提高最多，分别是 14.79% 和 11.03%；其他 11 个省域 2016 年旅客周转量的增长率有所降低，平均降低了 2.98%，其中上海和重庆降低最多，分别降低了 6.32% 和 6%。

如表 2–1 所示，2016 年全国 31 个省域年旅客周转量的变异系数为 0.67，在社会经济环境的四个评价指标中较小，数值与 2015 年相同，表明年旅客周转量的省际差异较小且稳定。另外，年旅客周转量较高（大于 800 亿人公里）的省域集中分布在中部和东南地区（图 2–17）。

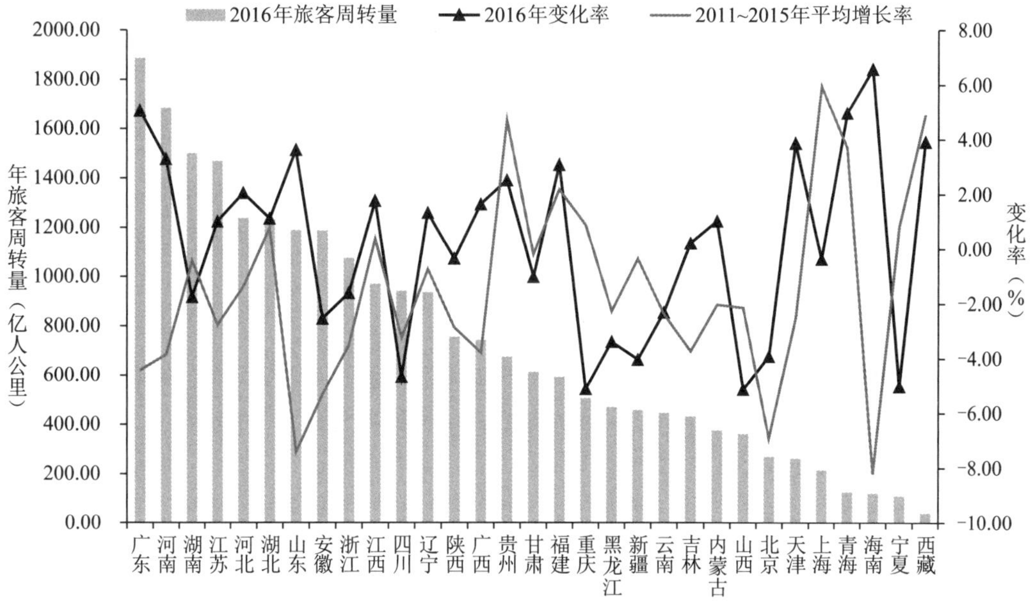

图 2–16　2016 年中国 31 个省域的年旅客周转量及变化率

（数据来源：《中国统计年鉴》2012~2017）

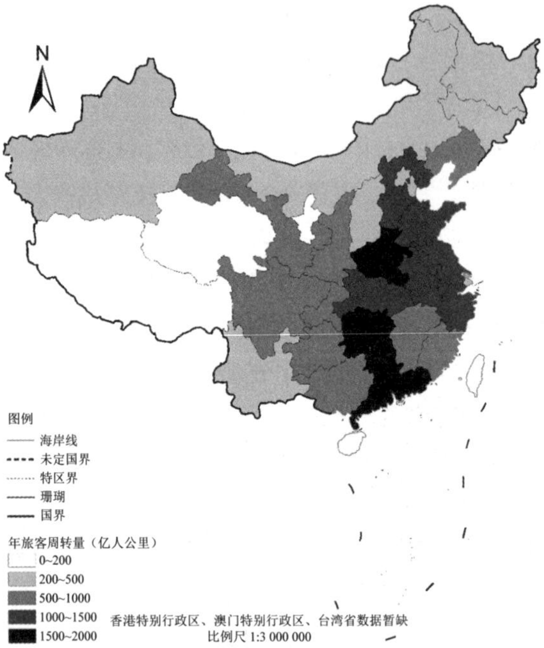

图 2–17　2016 年中国 31 个省域的年旅客周转量空间分布图

（数据来源：《中国统计年鉴》2017 年）

（3）万人专利授权数：平均 11 件，近三成省域达平均，京浙最高；2/3 省域有增幅，宁夏表现最为突出；省际差异大且扩大，授权数较高的省域集中在东南部

如表 2–1、图 2–18 所示，2016 年全国 31 个省域万人专利授权数的平均值为 10.74 件，只有 9 个省域超过均值。其中，北京和浙江的万人专利授权数最高，均为 30 件以上，其次，江苏、上海、天津和广东较高，均在 20 件以上，而西藏的万人专利授权数最低，不到 1 件。

与 2015 年相比，31 个省域万人专利授权数有所增加，平均增幅为 5.67%，所有省份的其中，宁夏的增幅最大，为 46.30%。同时，从与万人专利授权数的关系来看，2016 年万人专利授权数排名前 10 位、中等和后 10 位省域的平均变化率分别为 6.95%、8.30% 和 1.41%，可见年万人专利授权数较高的省域增长较快。

与 2011~2015 的平均变化率相比较，如图 2–18 所示，31 个省域 2016 年万人专利授权数的增长率有所降低，平均降低了 19.72%，其中青海降低最多，降低了 82.58%；其次为贵州和新疆，降幅也较大。

如表 2–1 所示，2016 年 31 个省域万人专利授权数的变异系数为 1.09，在社会经济环境的四个评价指标中最高，且与 2015 年相比增加了 0.07，表明万人专利授权数的省际差异较大且正在扩大。另外，万人专利授权数较高的省域集中在东南部（图 2–19）。

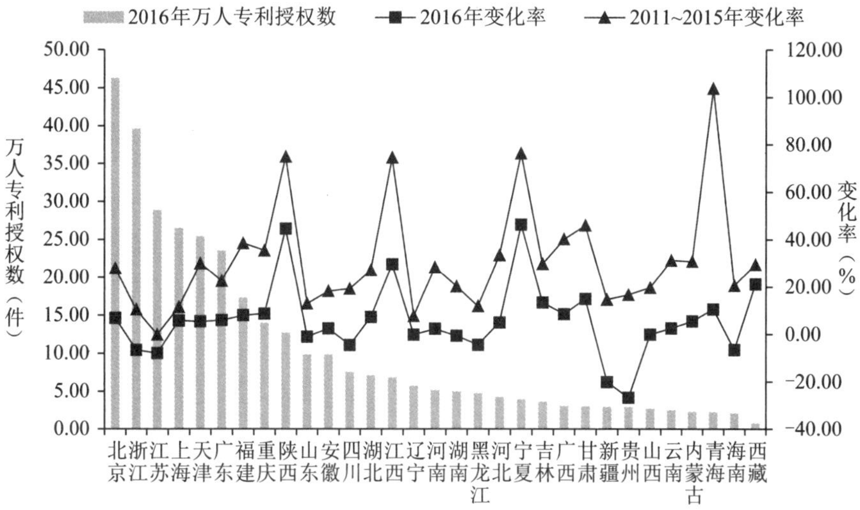

图 2-18　2016 年中国 31 个省域的万人专利授权数及变化率

（数据来源：《中国统计年鉴》2012~2017）

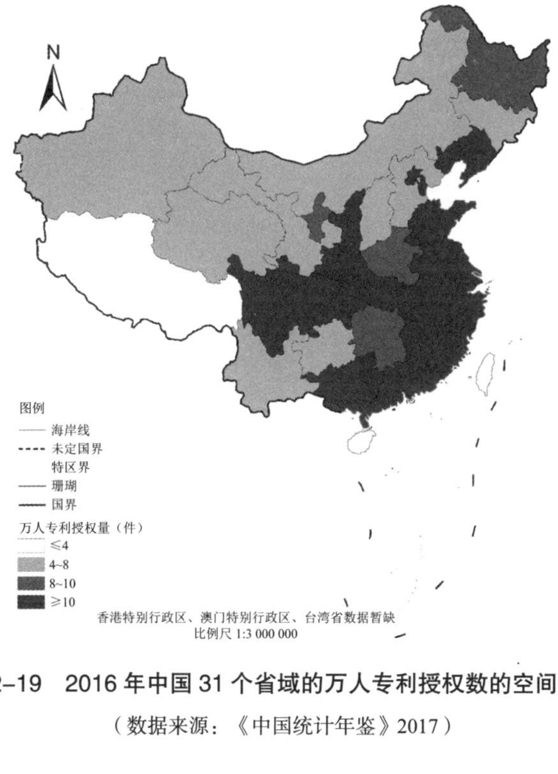

图 2-19　2016 年中国 31 个省域的万人专利授权数的空间分布

（数据来源：《中国统计年鉴》2017）

2. 社会经济环境综合评价

将上述经济发展水平、年旅客周转率和万人专利授权数三个指标数据进行归一化处理，其中经济发展水平取 GDP 和人均 GDP 归一化处理后的平均值，而后加和计算，得到全国 31 个省域社会经济环境的综合评价结果（表 2-3、图 2-20）。依据综合评价得分高低，将 31 个省域分为三个梯队，分别从梯队成员、空间分布、各指标的相对状况等角度对各个梯队进行分析。

表 2-3　2016 年中国 31 个省域旅游发展的社会经济环境综合评价结果

省域	社会经济环境综合评价		经济发展水平		年旅客周转量		万人专利授权数	
	分值	排序	分值	排序	分值	排序	分值	排序
北京	177.76	4	65.38	4	12.38	25	100.00	1
天津	124.75	8	58.50	7	12.03	26	54.23	5
河北	100.46	13	27.87	13	64.86	5	7.73	19
山西	33.54	27	11.80	26	17.36	24	4.37	26
内蒙古	56.75	20	35.14	10	18.14	23	3.47	28
辽宁	85.54	16	26.06	16	48.51	12	10.96	15
吉林	50.76	21	23.17	18	21.19	22	6.40	21
黑龙江	48.21	23	16.06	23	23.34	19	8.80	18
上海	132.12	6	66.02	3	9.45	27	56.65	4
江苏	225.13	2	86.02	1	77.32	4	61.79	3
浙江	201.75	3	60.36	6	56.03	9	85.36	2
安徽	103.20	12	21.11	19	62.11	8	19.98	11
福建	109.57	11	43.19	8	29.96	17	36.43	7
江西	81.70	18	17.89	21	50.38	10	13.42	14
山东	146.70	5	64.48	5	62.19	7	20.03	10
河南	131.58	7	32.88	11	89.00	2	9.70	16
湖北	113.71	10	35.19	9	64.54	6	13.98	13
湖南	117.79	9	29.38	12	79.08	3	9.33	17
广东	225.44	1	75.36	2	100.00	1	50.08	6
广西	59.67	19	16.44	22	38.10	14	5.12	22
海南	18.37	30	10.99	27	4.36	29	3.02	30
重庆	81.72	17	27.31	14	25.25	18	29.16	8
四川	90.50	14	26.72	15	48.81	11	14.97	12
贵州	48.91	22	9.72	29	34.37	15	4.81	25
云南	36.34	26	10.44	28	21.99	21	3.91	27
西藏	3.98	31	3.98	30	0.00	31	0.00	31
陕西	89.33	15	24.31	17	38.75	13	26.28	9
甘肃	39.92	24	3.79	31	31.05	16	5.08	23
青海	27.57	28	19.55	20	4.62	28	3.40	29
宁夏	22.82	29	11.95	25	3.79	30	7.08	20
新疆	39.85	25	12.32	24	22.64	20	4.89	24

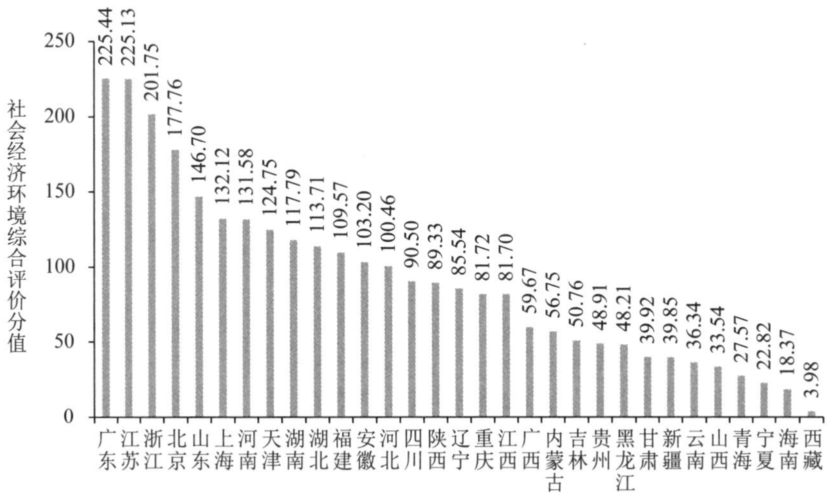

图 2-20 2016 年中国 31 个省域旅游发展的社会经济环境综合评价结果

（1）社会经济环境第一梯队：成员基本稳定，多沿海、中部省域；粤苏浙鲁均衡，京沪津经济—创新双优，鄂经济—交通双优，豫湘交通单优

如图 2-21、表 2-3 所示，社会经济环境第一梯队包括广东、江苏、浙江、北京、山东、上海、河南、天津、湖南和湖北，综合评价分值都高于 110，都是沿海或中部省域（图 2-22）。与 2015 年相比，梯队成员没有变化。

从这些省域的组成要素状况来看，如图 2-21、表 2-3 所示，社会经济环境第一梯队省域有四种不同类型：广东、江苏、浙江和山东属于均衡型，三个方面的排名都在前 10 位，没有明显的短板；北京、上海和天津属于经济、创新双优型，其经济发展水平和万人专利授权数的排名都在前 10 位，但其旅客周转量排名分别为第 25 位、第 27 位和第 26 位，这主要是因为这些直辖市范围很小，导致其道路里程有限所致；湖北属于经济、交通双优型，其经济发展水平和万人专利授权数的排名都在前 10 位，但万人专利授权数排名较弱；河南和湖南属于交通单优型，其年旅客周转量排名分别为第 2 位和第 3 位，表现相当突出，但其经济发展水平、万人专利授权数的排名均在第二梯队，有一定提升空间。

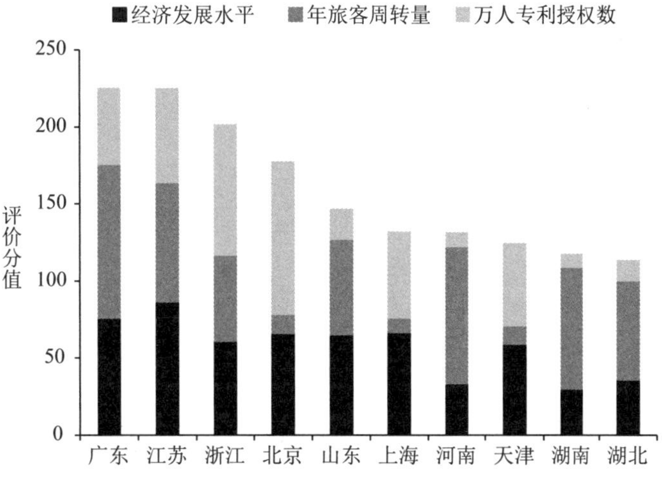

图 2-21 2016 年社会经济环境综合评价第一梯队省域及要素组成示意图

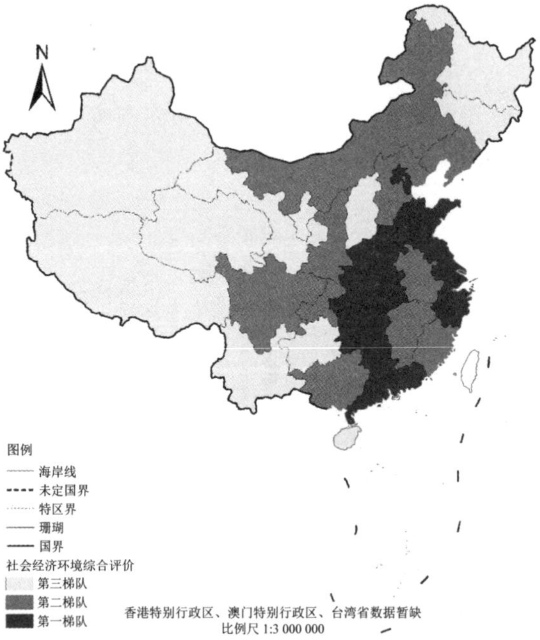

图 2-22　2016 年中国 31 个省域旅游发展的社会经济环境综合评价空间分布图

（2）社会经济环境第二梯队：成员基本稳定，多为中西部、东三省区域；闽经济—创新双优，皖冀赣交通单优，渝陕西创新单优，蒙经济单优

如图 2-23 所示，社会经济环境第二梯队包括福建、安徽、河北、四川、陕西、辽宁、重庆、江西、广西和内蒙古，综合评价分值为 50~120，从空间分布来看，多中西部、东北省域（图 2-22）。与 2015 年相比，梯队成员没有变化。

从这些省域的组成要素状况来看，如图 2-23、表 2-3 所示，社会经济环境第二梯队省域多数有表现突出的方面：福建属于经济发展水平、创新能力双优，这两个方面的排名分别为第 8 位和第 7 位，进入第一梯队，而其年旅客周转量排名为第 17，比较落后；安徽、河北和江西属于交通单优型，其年旅客周转量排名为第 8 位、第 5 位和第 10 位，进入第一梯队，而其他两个方面处于一般水平；陕西和重庆属于创新单优型，其万人专利授权数排名第 9 位和第 8 位，其他两个方面表现一般；内蒙古属于经济发展水平单优型，其经济发展水平排名第 10 位，但年旅客周转量和万人专利授权数排名为第 23 位和第 28 位，处于第三梯队，比较落后。

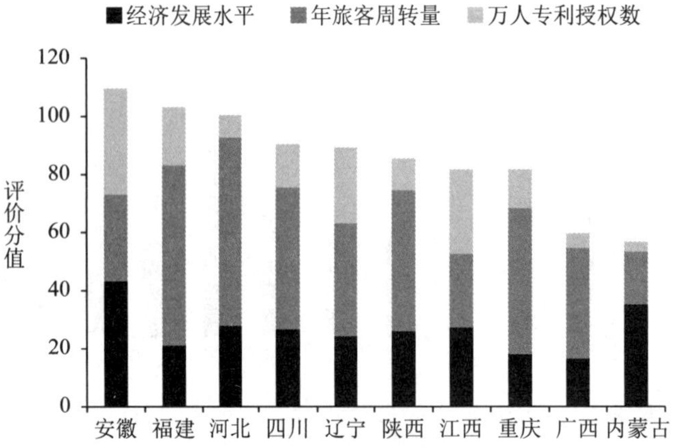

图 2-23　2016 年社会经济环境综合评价第二梯队省域及要素组成示意图

（3）社会经济环境第三梯队：成员基本稳定，分散分布；黑龙江交通—创新较强，吉青经济较强，黔新甘交通较强，宁夏创新较强

如图 2–24 所示，社会经济环境第三梯队包括吉林、贵州、黑龙江、甘肃、新疆、云南、山西、青海、宁夏、海南和西藏，综合评价分值都小于 60，分布较分散，西北、西南、东北都有分布（图 2–22）。与 2015 年相比，梯队成员没有变化。

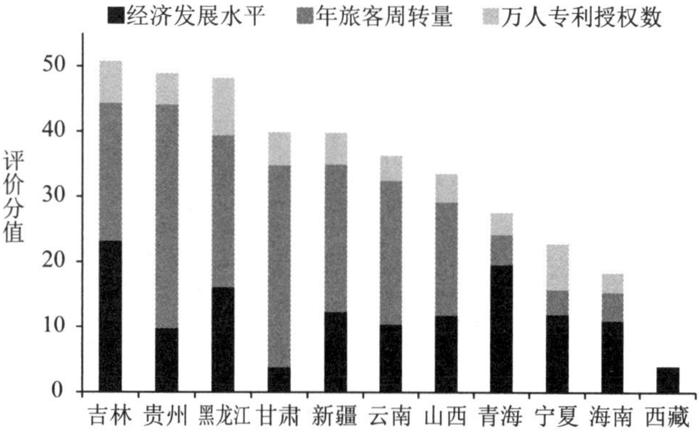

图 2–24　2016 年社会经济环境综合评价第三梯队省域及要素组成示意图

从这些省域的组成要素状况来看，如图 2–24、表 2–3 所示，社会经济环境第三梯队省域各方面表现都很弱，只有个别省域有表现相对较强的方面：黑龙江属于交通、创新能力较强型，这两个方面分别排名第 19 和第 18，进入第二梯队，但经济发展水平排名第 23，较为落后；吉林和青海属于经济发展水平较强型，其经济发展水平分别排名第 18 位和第 20 位，处于第二梯队，其他方面均较为落后；贵州、甘肃和新疆属于交通较强型，其年旅客周转量排名分别为第 15 位、第 16 位和第 20 位，但是经济发展水平和万人专利授权数排名非常落后；宁夏创新较强，其万人专利授权数排名第 20 位，其他两个方面表现较弱。

（三）旅游政策环境评价

1. 旅游政策环境单因子分析

（1）旅游管理机构设置：八成省域设置省级旅游发展委员会，年增幅约 3%；西南、西北、华北、东北省域几乎都已设置。

各省域旅游管理机构的设置情况在一定程度上体现了政府对旅游的重视程度，因此，本报告通过各省域政府官网查找了其旅游管理机构的设置情况，并给设置了省级旅游发展委员会的省域赋值 2，因为旅游发展委员会是将旅游管理机构由省政府的下属机构升级为政府组成部门，地位、综合协调职能进一步加强，而给设置了省级旅游局的省域赋值 1，给无以上机构设置省域赋值 0。

如图 2–25 所示，截至 2018 年 5 月，全国已有 25 个省域成立了省级旅游发展委员会，较 2017 年增加了 2 个省域，增幅为 3.22%，安徽和重庆为新成立省级旅游发展委员会的省域。

如表 2–1 所示，2018 年全国 31 个省域旅游管理机构设置的变异系数为 0.22，很小，而且比 2017 年降低了 0.05，表明旅游管理机构设置的省际差异很小，且呈缩小趋势。从空间分布来看，设置了省级旅游发展委员会的省域集中于西南、西北、华北、东北地区（图 2–26）。

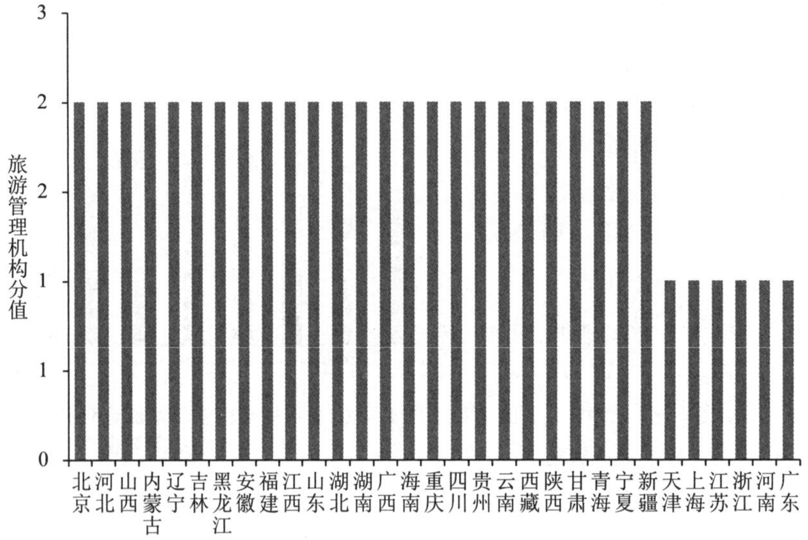

图 2-25　2018 年中国 31 个省域旅游管理机构设置情况

（数据来源：各省域相关政府官网；1= 设置了旅游局，2= 设置了旅游发展委员会）

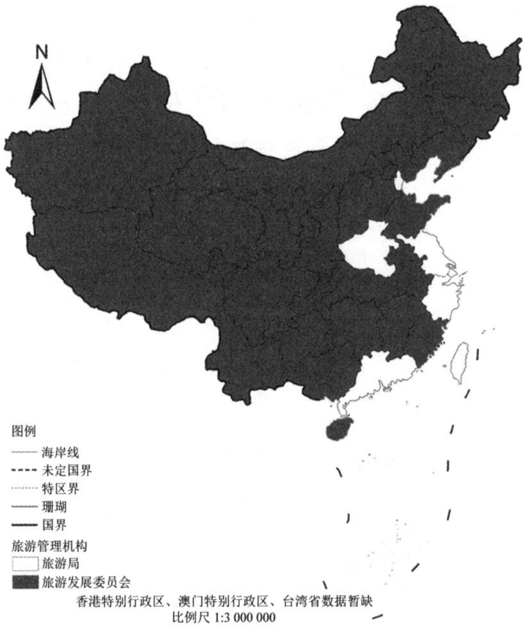

图 2-26　2018 年中国 31 个省域旅游管理机构设置情况的空间分布

（数据来源：各省域相关政府官网）

（2）政府工作报告提及“旅游”次数：平均 13 次，与去年持平，近五成省域达到平均值，海南独占鳌头；近五成省域有所增加，平均增幅约为 93%；省级差异明显，但呈缩小趋势，政府重视的省域分布在西南地区

本报告搜集各省域的政府工作报告，统计其中“旅游”被提及的次数，并以此反

映政府对旅游业的重视程度。如表 2–1、图 2–27 所示，2017 年全国 31 个省域政府工作报告提及“旅游”次数的平均值为 13.35，较 2016 年增加了 0.51%，15 个省域达到或超过均值。其中，海南政府工作报告提及“旅游”次数最多，达到 53 次，其次是山西、广西和贵州，分别是 25 次、22 次和 21 次，山西、内蒙古、西藏、新疆、江西、重庆、甘肃、河北、湖南、四川、黑龙江、安徽、辽宁、云南、福建和宁夏提及了 10 次以上，而其余省域政府工作报告提及“旅游”的次数都小于 10 次，尤其是上海只提及了 4 次。

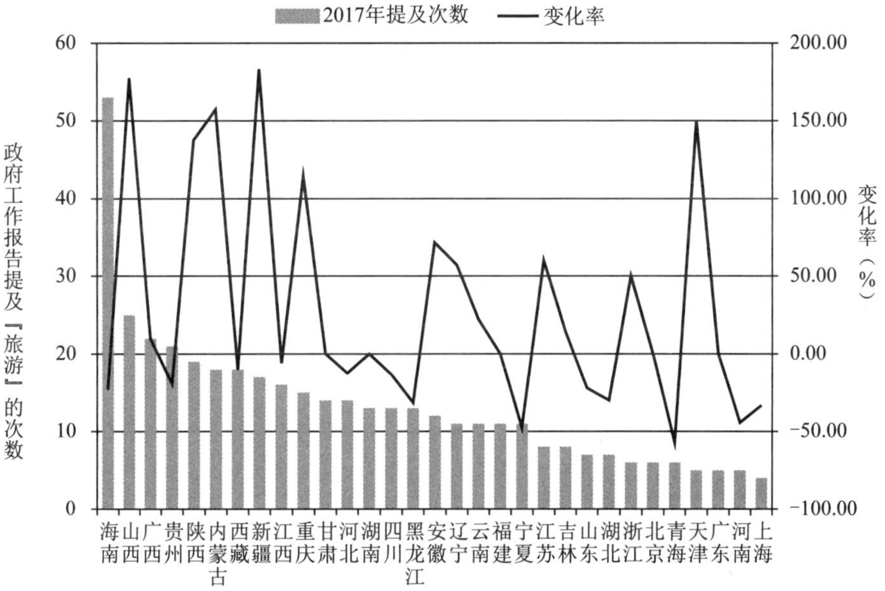

图 2–27　2017 年中国 31 个省域政府工作报告提及“旅游”的次数及变化率

（数据来源：各省域政府官网）

与 2016 年相比，如图 2–27 所示，13 个省域 2017 年政府工作报告提及“旅游”的次数有所增加，平均增幅为 92.70%，其中新疆、山西、内蒙古、天津、陕西和重庆增幅较大，都超过 100%，甘肃、湖南、福建、北京和广东四省政府工作报告提及“旅游”的次数没有变化，其他 13 个省域都有所减少，其中河南、宁夏和青海降幅较大，都超过 40%。

如表 2–1 所示，2017 年 31 个省域政府工作报告提及“旅游”次数的变异系数为 0.68，较大，但较 2016 年降低了 0.25，表明政府重视旅游程度的省际差异较大，但呈缩小趋势。同时，政府工作报告提及“旅游”次数的空间分异不明显，相对而言，提及次数较多的省域分布在西南半壁（图 2–28）。

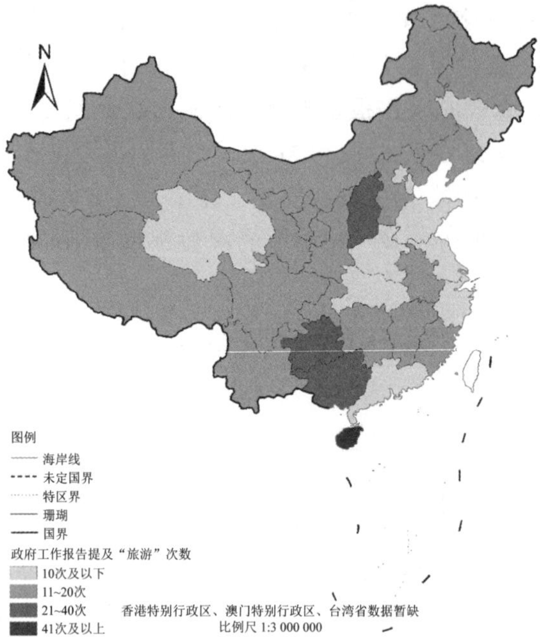

图 2-28　2017 年中国 31 个省域政府工作报告提及"旅游"的次数的空间分布

（数据来源：各省域政府官网）

2. 旅游政策环境综合评价

将旅游管理机构设置和政府工作报告提及"旅游"次数这个指标 2016 年的数据进行归一化处理，而后加和计算，得到全国 31 个省域政策环境综合评价结果（表 2-4、图 2-29）。依据综合评价得分高低，将 31 个省域分为三个梯队，分别从梯队成员、空间分布、各指标的相对状况等角度对各个梯队进行分析。

表 2-4　2016 年中国 31 个省域旅游政策环境综合评价结果

省域	旅游政策环境综合评价分值		旅游行政管理机构设置		政府工作报告提及"旅游"次数	
	分值	排名	分值	排名	分值	排名
北京	105.97	16	100.00	1	5.97	25
天津	0.00	31	0.00	17	0.00	31
河北	120.90	8	100.00	1	20.90	8
山西	10.45	19	0.00	17	10.45	15
内蒙古	7.46	22	0.00	17	7.46	20
辽宁	107.46	15	100.00	1	7.46	20
吉林	7.46	22	0.00	17	7.46	20
黑龙江	125.37	6	100.00	1	25.37	6
上海	5.97	26	0.00	17	5.97	25
江苏	4.48	28	0.00	17	4.48	28

续表

省域	旅游政策环境综合评价分值		旅游行政管理机构设置		政府工作报告提及“旅游”次数	
	分值	排名	分值	排名	分值	排名
浙江	2.99	30	0.00	17	2.99	30
安徽	7.46	22	0.00	17	7.46	20
福建	13.43	18	0.00	17	13.43	13
江西	122.39	7	100.00	1	22.39	7
山东	110.45	13	100.00	1	10.45	15
河南	10.45	19	0.00	17	10.45	15
湖北	111.94	12	100.00	1	11.94	14
湖南	116.42	11	100.00	1	16.42	12
广东	4.48	28	0.00	17	4.48	28
广西	126.87	4	100.00	1	26.87	4
海南	200.00	1	100.00	1	100.00	1
重庆	7.46	22	0.00	17	7.46	20
四川	119.40	9	100.00	1	19.40	9
贵州	135.82	2	100.00	1	35.82	2
云南	110.45	13	100.00	1	10.45	15
西藏	126.87	4	100.00	1	26.87	4
陕西	8.96	21	0.00	17	8.96	19
甘肃	117.91	10	100.00	1	17.91	10
青海	17.91	17	0.00	17	17.91	10
宁夏	128.36	3	100.00	1	28.36	3
新疆	5.97	26	0.00	17	5.97	25

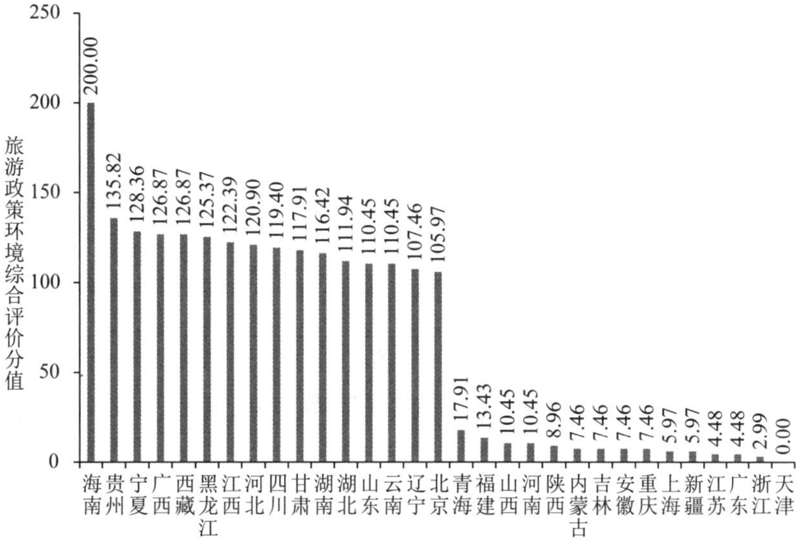

图 2–29 2016 年中国 31 个省域旅游政策环境综合评价结果

（1）旅游政策环境第一梯队：成员有一定变化，多西部省域；各省域机构设置和政府重视均优

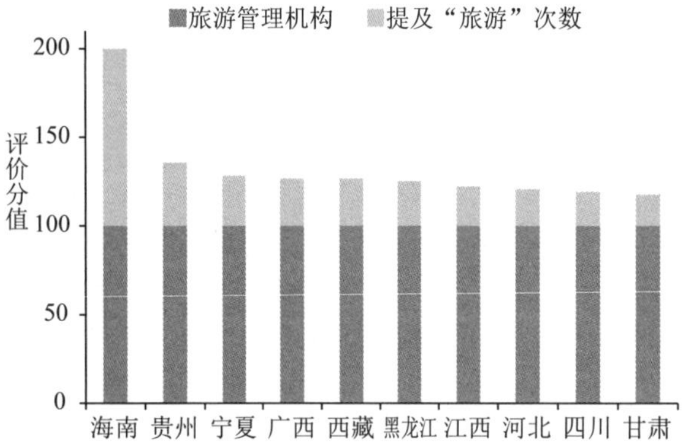

图 2-30　2016 年旅游政策环境综合评价第一梯队省域及要素组成示意图

如表 2-4、图 2-30 所示，政策环境第一梯队包括海南、贵州、宁夏、广西、西藏、黑龙江、江西、河北、四川和甘肃，旅游政策环境综合评价分值均在 117 以上，多为西部省域（图 2-31）。与 2015 年相比，梯队成员有一些变化，贵州、宁夏、河北和四川为新进成员，云南、北京、青海和辽宁跌入第二梯队。

从这些省域的组成要素状况来看，如图 2-30、表 2-4 所示旅游政策环境第一梯队的所有省域不管在政府管理机构设置还是政府重视旅游方面都走在了全国前列。

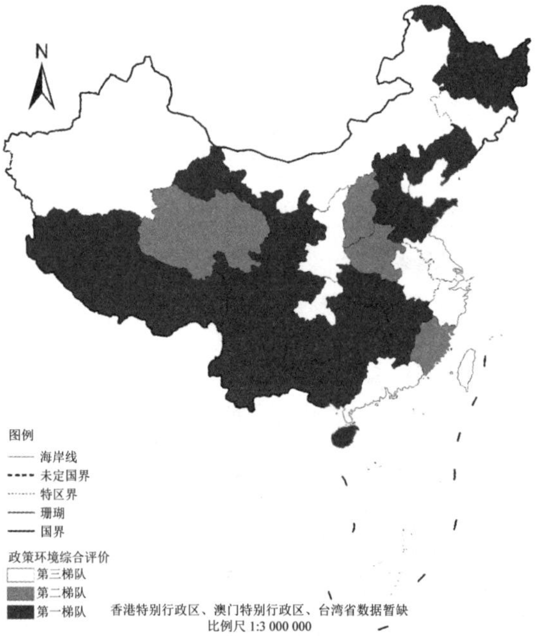

图 2-31　2016 年中国 31 个省域旅游政策环境综合评价空间分布图

（2）旅游政策环境第二梯队：梯队成员变化较大，分散分布；六成省域设置了旅游委，政府重视程度还不够

如表 2-4、图 2-32 所示，政策环境第二梯队包括湖南、湖北、山东、云南、辽宁、北京、青海、福建、山西和河南，旅游政策环境综合评价得分为 10~117 分，分布较为分

散，中西、东北部均有省域（图 2–31）。与 2015 年相比，梯队成员变化较大，湖南、山东、山西从第三梯队升入，云南、辽宁、北京和青海从第一梯队掉入。

从这些省域的组成要素状况来看，如图 2–32、表 2–4 所示，六成旅游政策环境第二梯队的省域设置有旅游委，但在政府重视程度方面表现一般，特别是北京的政府重视程度排第 25 位，在第三梯队，有待提高。

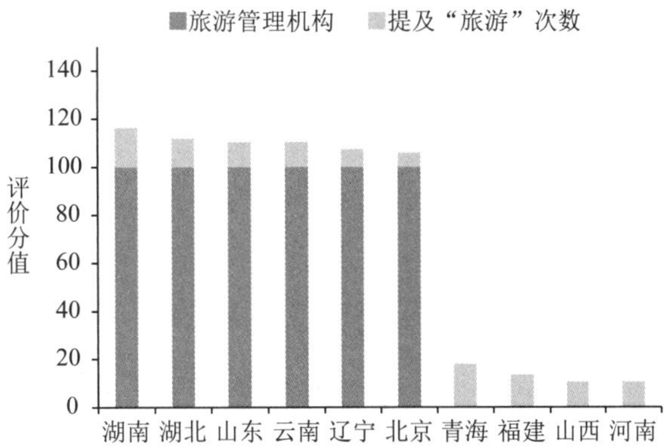

图 2–32 2016 年旅游政策环境综合评价第二梯队省域及要素组成示意图

（3）旅游政策环境第三梯队：梯队成员有一定变化，多东部沿海省域；均无旅游委，政府重视程度较低

如表 2–4、图 2–33 所示，旅游政策环境第三梯队包括陕西、内蒙古、吉林、安徽、重庆、上海、新疆、江苏、广东、浙江和天津，旅游政策环境综合评价得分均在 10 分以下，多东部沿海省域（图 2–31）。与 2015 年相比，梯队成员有一定变化，内蒙古、吉林、安徽和重庆由第二梯队掉入。

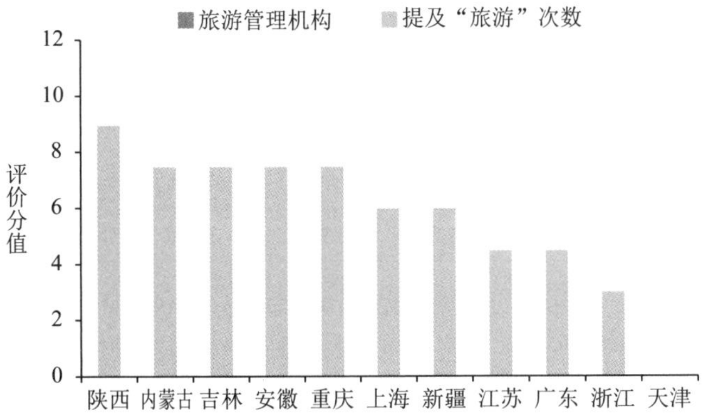

图 2–33 2016 年旅游政策环境综合评价第三梯队省域及要素组成示意图

从这些省域的组成要素状况来看，如图 2–33、表 2–4 所示，旅游政策环境第三梯队省域在旅游管理机构设置以及政府重视旅游程度方面都很弱，所有省域均未设置旅游委，政府重视程度分值也在 10 分以下，尤其江苏、广东、浙江和天津排在最后，与其旅游接待、旅游收入大省的身份不相称。

二、核心产业评价

住宿接待业、旅游目的地、旅行社是区域旅游业发展的重要组成部分，在一定程度上决定着区域旅游业发展水平。本报告分别从发展现状和发展潜力对中国 31 个省域三大核心产业的发展状况进行分析，从各产业的数量规模和经营效益来把握其发展现状，从发展速度和发展效率来把握其发展潜力。而后，对相关指标进行归一化处理，加总求和，综合评价三大产业的发展情况。

（一）住宿接待业发展

本报告选取星级饭店、精品酒店、汽车营地、途家公寓四种类型住宿设施，并基于数据可得性原则，评价住宿设施总数（包含星级饭店、精品酒店、汽车营地、途家公寓四种类型）、星级饭店利润、住宿设施数量增长率、星级饭店利润增长率、星级饭店全员劳动生产率五个指标作为住宿设施的数量规模、经营效益、发展速度和发展效率的评价指标。这些评价指标及其基本描述统计如表 2–5 所示。

表 2–5　2017 年中国 31 个省域住宿接待业发展的评价指标及其基本描述统计

类型	评价指标	平均值	最大值	最小值	标准差	变异系数
数量规模	住宿设施总数（家）	9491.16	32770	1034	8174.17	0.86
	其中：星级饭店数量	315.32	693.00	52	161.80	0.51
	精品酒店数量	12.13	58.00	0.00	15.27	1.26
	汽车营地数量	26.61	64.00	4.00	16.24	0.61
	途家公寓数量	9137.10	32000	800.00	8025.85	0.88
经营效益	星级饭店利润（亿元）	0.15	29.49	–16.83	8.98	59.07
发展速度	住宿设施数量增长率（%）	15.44	352.22	–65.49	88.00	5.70
	其中：星级饭店增长率	–0.74	48.57	–18.52	12.78	–17.20
	精品酒店增长率	74.45	560.00	–100.00	142.50	1.91
	汽车营地增长率	265.25	1800	0.00	386.94	1.46
	途家公寓增长率	22.07	506.80	–67.21	112.43	5.10
	星级饭店利润增长率（%）	77.73	2412.52	–959.06	500.13	6.43
发展效率	星级饭店全员劳动生产率（万元/人）	15.14	37.73	8.57	5.80	0.38

（数据来源：2017 年第四季度全国星级饭店统计公报，中华人民共和国文化与旅游部官网，2018 年 3 月，http://www.cnta.gov.cn/zwgk/tzggnew/gztz/201803/t20180319_860847.shtml；中国旅游统计年鉴 2016、2017；2017 年各省份精品酒店统计，携程网，2018 年 4，http://hotels.ctrip.com/；2017 年各省份途家公寓统计，携程网，2018 年 4 月，http://hotels.ctrip.com/tujia/；2017 年中国露营地行业投资报告，露营天下，2018 年 1 月，http://www.199it.com/archives/680928.html）

1. 发展现状

（1）数量总规模：约 1 万家，近半省域达平均，广东遥遥领先；省际差异较小，且呈缩小趋势

住宿接待业数量总规模由星级饭店数量、精品酒店数量、汽车营地数量、途家公寓数量四个部分组成（以下合称住宿设施总数）。如表 2–5、图 2–34 所示，2017 年全国 31 个省域住宿设施总数的平均值为 9491.16 家，13 省域达到或超过平均水平。排名前 10 位的是广东、云南、浙江、山东、四川、江苏、福建、北京、上海、海南，其中，广东住宿设施总数达到 32770 家，遥遥领先，云南、浙江住宿设施数量也较大，均超过 2 万家；

排名后10位的是山西、黑龙江、吉林、甘肃、天津、内蒙古、新疆、宁夏、西藏、青海，除山西外住宿设施总数都不足4000家。

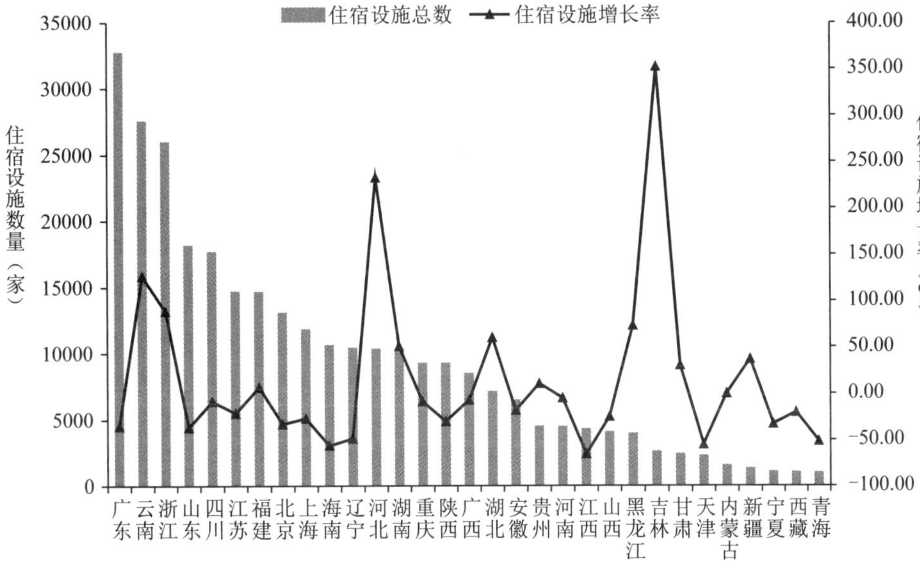

图 2-34　2017 年中国 31 个省域住宿设施总数及其增长率

（数据来源：同表 2-5）

从住宿设施总数的省际差异来看，2017年全国31个省域住宿设施总数的变异系数的绝对值为0.86（表2-5），在住宿接待业的4个评价指标中较小，并较近几年有少许降低，表明住宿设施总数的省际差异较小，且有缩小的趋势。从住宿设施的空间分布来看，如图2-35所示，东部沿海、中西部和西南地区省域住宿设施总数都较大，而西北和东北的都较小，大体呈现东南—西北递减的空间分异格局。

①星级饭店数量：300多家，近半省域达平均，广东最多；总规模越小的省域越依赖星级饭店；省际差异较小且较稳定，呈东南—西北空间分异

如表2-5、图2-36所示，2017年第四季度全国31个省域星级饭店数量的平均值为315.32家，14省域达到或超过平均水平。广东星级饭店数量最多，有693家，

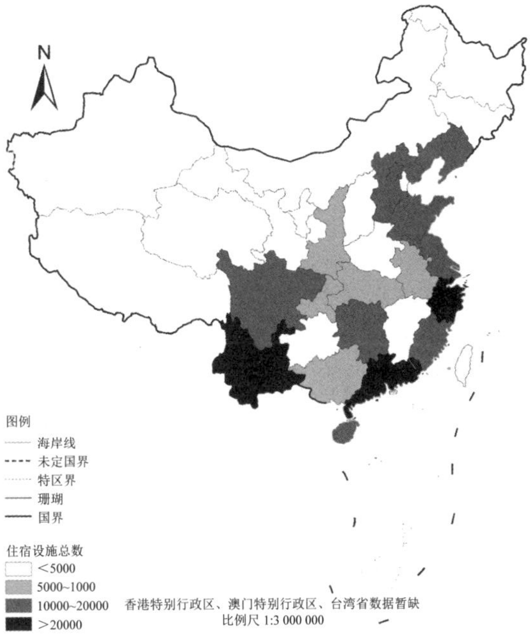

图 2-35　2017 年中国 31 个省域住宿设施总数的空间分布图

（数据来源：同表 2-5）

其次，浙江、山东、江苏、云南、北京也较多，均超过500家；而宁夏、天津、西藏最少，都不到100家。

从星级饭店占比与住宿设施总数的关系看，如图2-36所示，住宿设施总数越大的省域（横坐标左侧省域），星级饭店所占比例越低，住宿设施总数排名前16位的省域其星级饭店占比均不到5%；反之，住宿设施总数越小的省域，星级饭店所占比例越高，住宿设施总数排名后10位的省域，有一半的星级饭店占比超过5%，新疆甚至达到24.53%；可见，总规模越小的省域越依赖星级饭店。

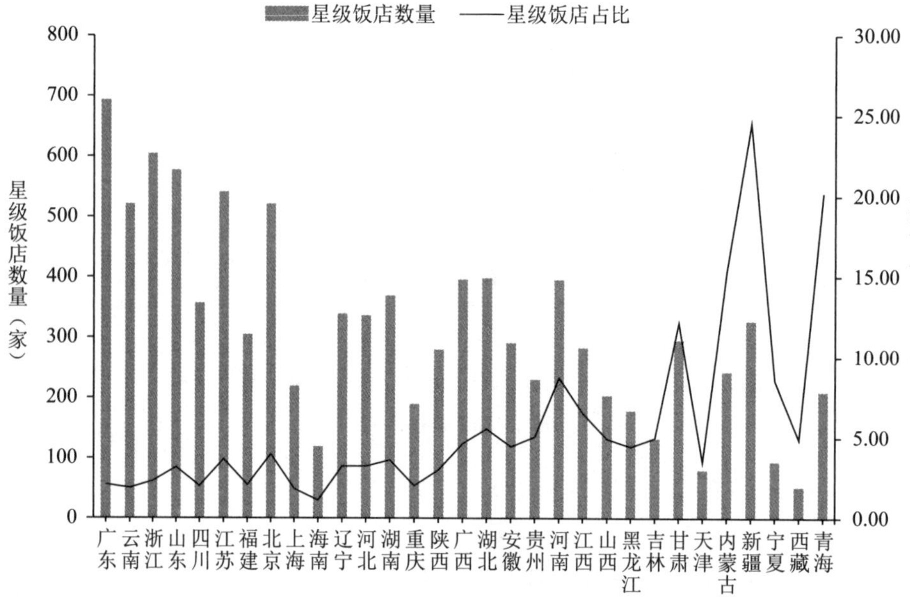

图2-36　2017年中国31个省域的星级饭店数量及其占住宿设施总数的比例

（数据来源：2017年第四季度全国星级饭店统计公报，原国家旅游局官网，2018年3月，http://www.cnta.gov.cn/zwgk/lysj/201803/t20180319_860847.shtml，2018-3-19）

从星级饭店数量的省际差异来看，2017年全国31个省域星级饭店数量的变异系数为0.51（表2-5），在四类住宿设施中最小，并且与近5年相比，几乎没有变化，表明星级饭店数量的省际差异较小且较稳定。同时，如图2-37所示，在空间分布上，东部、西南、东南省域星级饭店数量较高，而中部、西北、东北多数省域星级饭店数量较少，总体上呈现出明显的东南—西北空间分异格局。

②精品酒店数量：平均12家，四成省域达平均，浙苏最多，11省域未起步；总规模大的省域精品酒店较多；省际差异大，但呈缩小趋势；呈东—西分异

如表2-5、图2-38所示，2017年全国31个省域精品酒店数量的平均值为12.13家，11省域达到或超过平均水平。浙江、江苏最多，均超过40家，占住宿设施总数的比例超过0.2%；其次，上海、云南、广东较多，都达到30多家；而湖南、重庆、河北、内蒙古等11个省域尚无1家精品酒店。

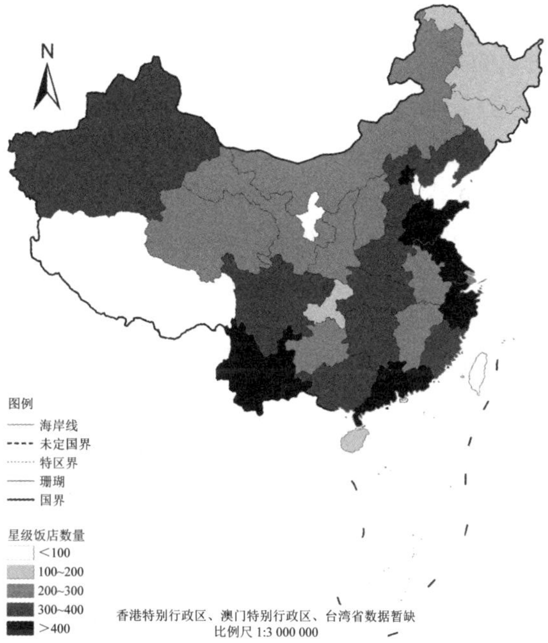

图 2–37　2017 年中国 31 个省域星级饭店数量空间分布图

（数据来源：2017 年第四季度全国星级饭店统计公报，原国家旅游局官网，2018 年 3 月，http://www.cnta.gov.cn/zwgk/lysj/201803/t20180319_860847.shtml，2018–3–19）

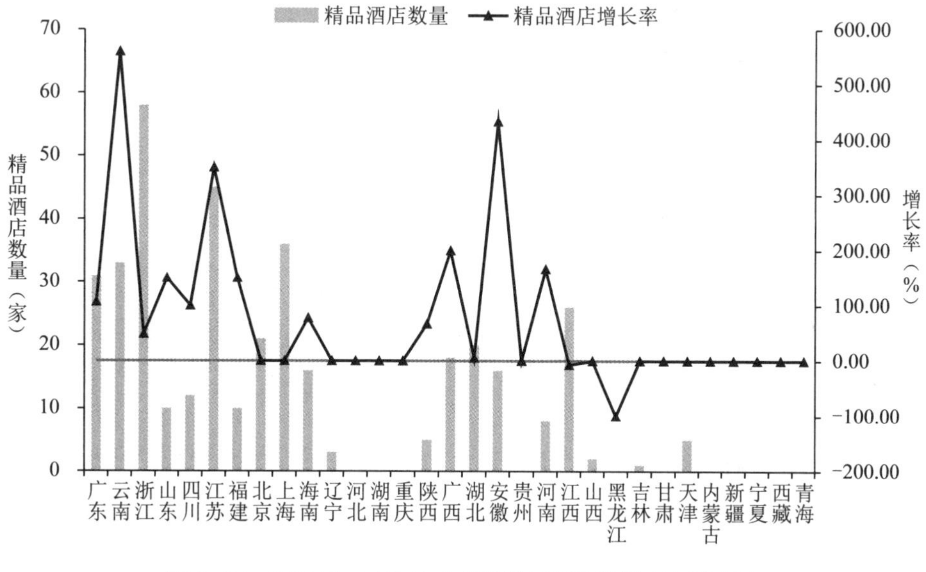

图 2–38　2017 年中国 31 个省域的精品酒店数量及增长率

（数据来源：2017 年第四季度全国星级饭店统计公报，原国家旅游局官网，2018 年 3 月，http://www.cnta.gov.cn/zwgk/lysj/201803/t20180319_860847.shtml，2018–3–19）

从精品酒店占住宿设施总数的比例来看，如图 2–38 所示，住宿设施总数排名前 10

位省域的平均占比为 0.15%，住宿设施总数排名后 10 位省域的平均占比为 0.03%，住宿设施总数排名中间的省域的平均占比为 0.15%，即住宿设施总数较大的省域（横坐标左侧省域），精品酒店数量也较多，反之较少。但江西等例外，住宿设施排名第 20 位以后，总数不大，但精品酒店较多，达到 26 家，居全国前列。

2017 年全国 31 个省域精品酒店数量的变异系数为 1.26（表 2–5），在四类住宿设施中最高，同时，相较于 2016 年，降低了 0.25，表明精品酒店数量的省际差异大，但有所缩小。同时，如图 2–39 所示，精品酒店主要集中于东部、东南、西南部沿海省域，总体而言，东部区域高于西部区域，呈现东—西分异，但不明显。

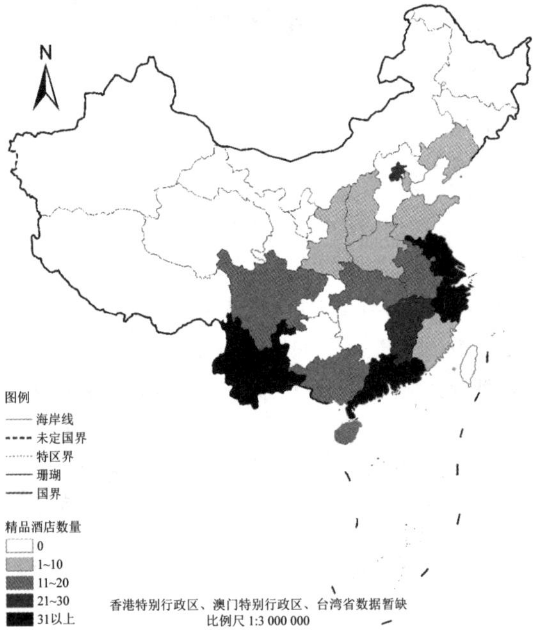

图 2–39　2017 年中国 31 个省域精品酒店数量的空间分布图

（数据来源：2017 年各省份精品酒店统计，携程网，2018 年 4，http://hotels.ctrip.com/）

③汽车营地数量：平均只有 26 个，四成省域达平均，京浙最多；总规模越大的省域，汽车营地越少；省际差异较小，且呈缩小趋势；东部、西南和北部省域数量多，中部呈凹陷带

如表 2–5、图 2–40 所示，2017 年全国 31 个省域汽车营地数量的平均值为 26.61 家，12 省域达到或超过平均水平。浙江和北京最多，分别有 64 家和 62 家，占住宿设施总数的比例超过 2%；其次，福建、广东、河北、江苏、湖北、四川、云南、内蒙古、山东、甘肃也较多，均超过 30 家；而山西、新疆、宁夏都很少，不足 10 家。

从汽车营地占住宿设施总数的比例来看，如图 2–40 所示，住宿设施总数排名前 10 位的省域，平均占比为 0.24%，住宿设施总数排名后 10 位的省域，平均占比为 0.96%，住宿设施总数排名中间的省域，平均占比为 0.30%；可见住宿设施总数越多的省域（横坐标左侧省域)，汽车营地的占比越少，反之越多[①]。

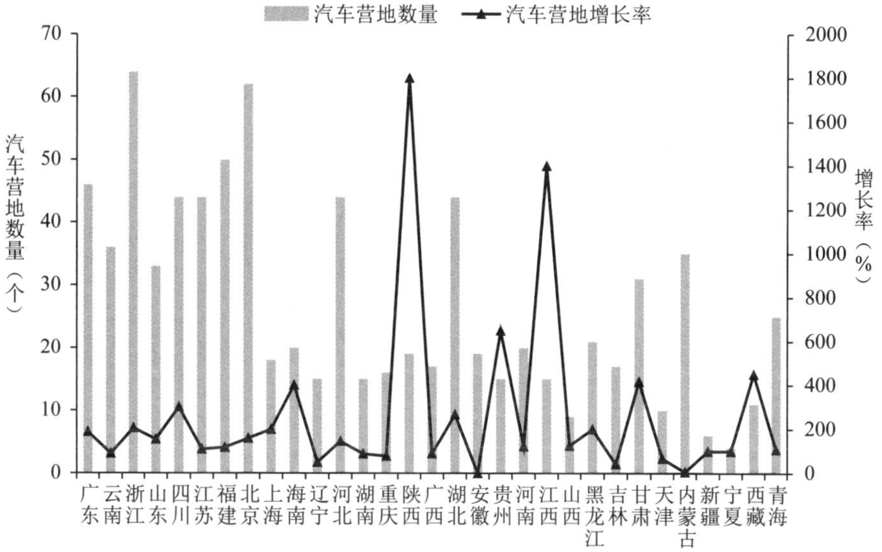

图 2-40　2017 年中国 31 个省域的汽车营地数量及增长率

（数据来源：2017 年中国露营地行业投资报告，露营天下，2018 年 1 月，http://www.199it.com/archives/680928.html）

2017 年全国 31 个省域汽车营地数量的变异系数为 0.61（表 2-5），在四类住宿设施中较小，同时，相较于 2015 年、2014 年，持续降低，表明其省际差异相对较小，且呈缩小趋势。同时，如图 2-41 所示，汽车营地主要集中在东南沿海、西部旅游发达区域、北部省域，中部成为明显的汽车营地分布凹陷带。

④途家公寓数量：平均过万家，近半省域达到平均值，广东一马当先；总规模越大的省域，途家公寓越多；省际差异较，但有所缩小；省域发展不平衡，沿海、西南更强

如表 2-5、图 2-42 所示，2017 年全国各 31 个省域途家公寓数量的平均值为 9137.10 家，13 省域达到或超过平均水平。其中，广东最多，有 32000 家途家公寓，独占全国的 11.30%；其次，云南、浙江发展也很快，超过 20000 家；而内蒙古、西藏、宁夏、新疆、青海都很少，不足 2000 家，尤其是青海最少，只有 800 家。

从途家公寓占住宿设施总数的比例来看，如图 2-42 所示，绝大部分省域达到 90% 甚至 95% 以上，住宿设施数量排名前 10 位的省域，平均占比为 97.19%，住宿设施数量排名后 10 位的省域，平均占比为 88.66%，住宿设施数量排名中间的省域，平均占比为 95%，可见住宿设施数量多的省域（横坐标左侧省域），途家公寓占比较多，反之则较少。

①　汽车营地增长率的数值都在百分之几十至百分之几百，而汽车营地的占比只有百分之零点几，两者共用纵坐标轴副轴，所以在图上显示不出来。

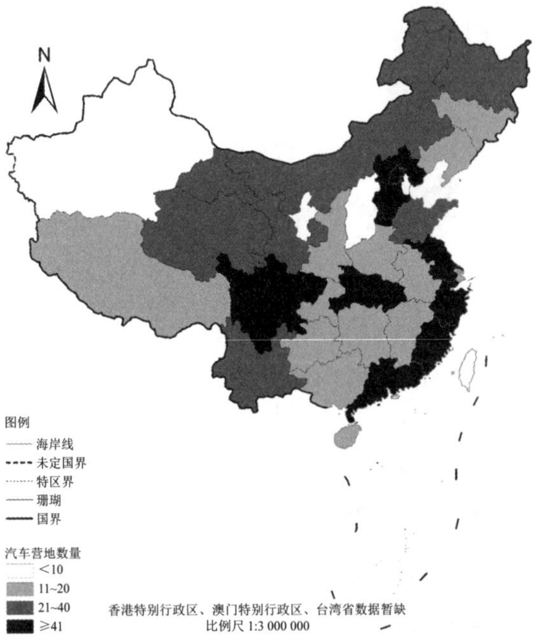

图 2–41　2017 年中国 31 个省域汽车营地数量的空间分布图

（数据来源：2017 年中国露营地行业投资报告，露营天下，2018 年 1 月，http://www.199it.com/archives/680928.html）

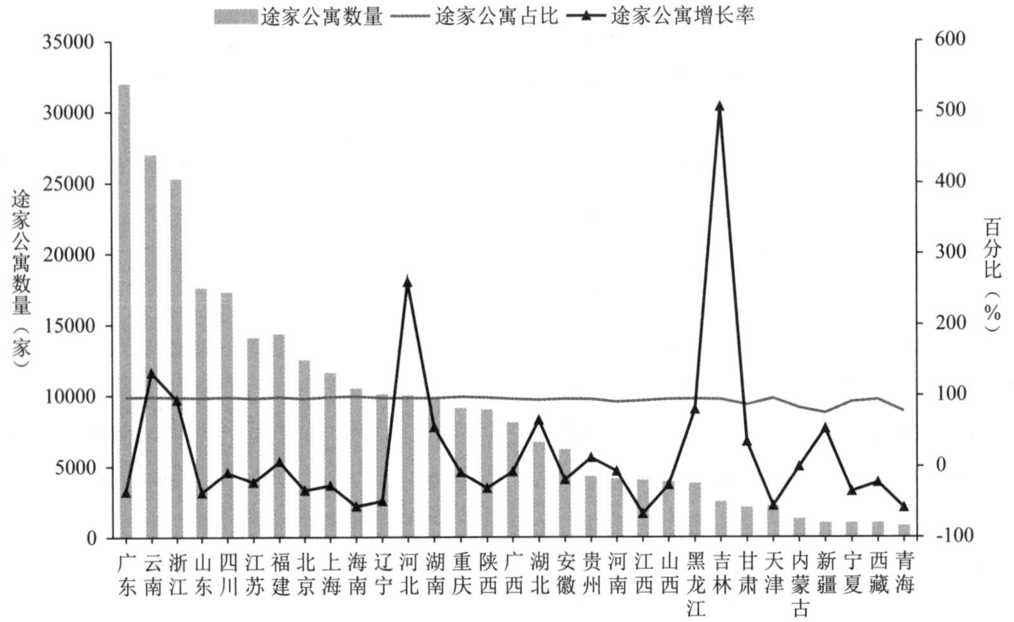

图 2–42　2017 年中国 31 个省域的途家公寓数量及其占住宿设施总数的比例

（数据来源：2017 年各省份途家公寓统计，携程网，2018 年 4 月，http://hotels.ctrip.com/tujia/）

2017 年全国 31 个省域途家公寓数量的变异系数为 0.88（表 2–5），较大，并且相较于 2016 年，降低了 0.12，表明途家公寓数量的省际差异较明显，但有所缩小。同时，如

图 2-43 所示，省域途家公寓数量的空间分布特征明显，表现为沿海、西部地区的东部省域高，而中部、东北和西北省域少，呈现出“U”形空间分布形态。

（2）经营效益：多数省域亏损，10 省域盈利；省际差异大，且差距扩大；空间分布呈西南—东北分异

由于精品酒店、汽车营地、途家公寓均未对经营效益进行系统性披露，没有相关数据，因此，本报告选择 2016 年星级饭店利润评价各省域住宿接待业的经营效益。

如表 2-5、图 2-44 所示，2016 年全国 31 个省域星级饭店的利润平均为 0.15 亿元，多数处于亏损状态，10 个省域实现盈利，上海、北京和广东表现较为突出，利润分别达到 29.49 亿元、27.46 亿元和 12.60 亿元，海南、广西、福建、贵州、甘肃、江西、云南利润较低；其他省域都有不同程度的亏损，山东、宁夏、河北、辽宁、河南、湖北亏损在 5 亿元以上，其中湖北亏损达 16.83 亿元。

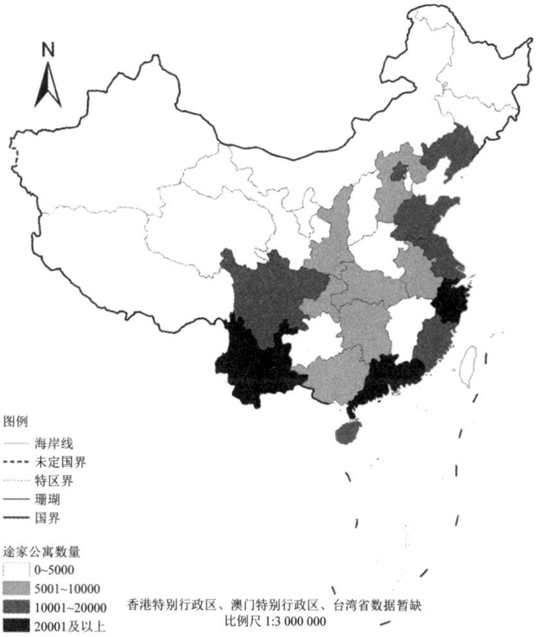

图 2-43 2017 年中国 31 个省域途家公寓数量的空间分布图

（数据来源：2017 年各省份途家公寓统计，携程网，2018 年 4 月，http://hotels.ctrip.com/tujia/）

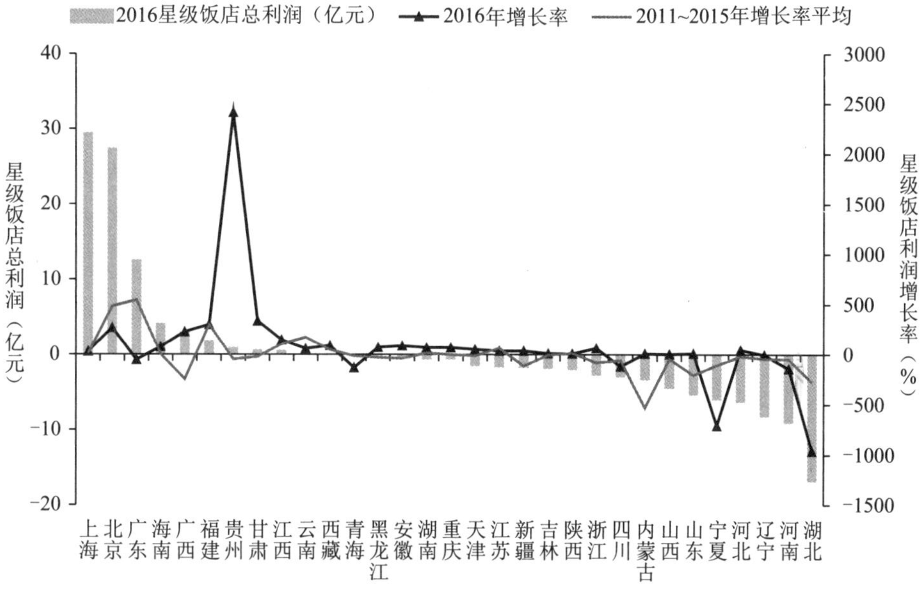

图 2-44 2016 年中国 31 个省域星级饭店利润及增长率

（数据来源：《中国旅游统计年鉴》2012~2017）

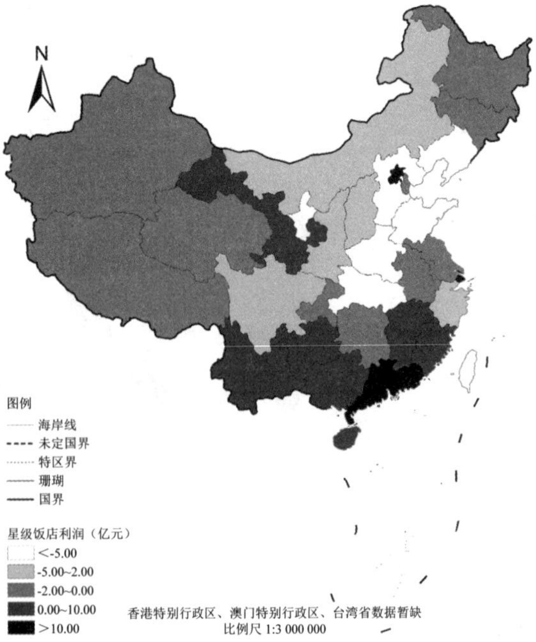

图 2-45　2016 年中国 31 个省域星级饭店利润的空间分布图

（数据来源：《中国旅游统计年鉴》2017）

2016 年全国 31 个省域星级饭店利润变异系数的绝对值高达 59.07（表 2-5），而且，与 2015 年及近五年相比，变异系数大幅度增加，表明星级饭店利润的省际差异很大，且呈扩大趋势。同时，如图 2-45 所示，31 个省域星级饭店利润的空间分布表现为西南和东南省域较好，除了上海、北京外，总体上来看，西部、西南部省域的经营效益高于东北部省域，表现为西南—东北分异。

2. 发展潜力

（1）发展速度：多数省域数量减少，但利润增加；省际差异大，且呈扩大趋势；数量增长率的空间分异不明显，利润增长率大体呈现外围高—中间低的分异格局

由于精品酒店、汽车营地、途家公寓没有利润统计的数据，基于数据可得性原则，选择 2017 年住宿设施数量增长率和 2016 年星级饭店利润增长率来分析住宿接待业的发展速度。但在综合评价中，为了保持与数据年份的一致，统一使用 2016 年星级饭店数量增长率和 2016 年星级饭店利润增长率。

①住宿接待业数量增长率：平均为 15.44%，绝大多数负增长；总规模越大的省域，增长率越低；省际差异大，但呈缩小趋势，但空间分异特征不明显

如表 2-5、图 2-34 所示，2017 年全国 31 个省域住宿设施数量增长率的平均值为 15.44 %，吉林、河北、云南、浙江、黑龙江、湖北、湖南、新疆、甘肃、贵州、福建 11 省域实现数量增长，其中，吉林住宿设施数量增长率达 352.22 %。20 省域住宿设施数量呈现负增长，其中，青海、天津、海南、江西降幅较大，均超过 –50%，江西高达 –65.49%。

结合住宿设施的数量来看，如图 2-34 所示，住宿设施数量排名前 10 位的省域，平均增长率为 0.28%，而排名后 10 位的省域，平均增长率为 30.68%，排名中间的省域，平均增长率为 15.35%；可见，住宿设施数量越多的省域增长率越低，反之则较高；但是云南除外，其住宿设施数量一般，但增长率却较高。

同时，2017 年全国 31 个省域住宿设施数量增长率的变异系数的绝对值为 5.70（表 2-5），较大，而且与 2016 年相比较，减少了 4.00，表明住宿设施数量增长率的省际差异较大，但呈缩小趋势。从 2017 年住宿设施数量增长率的空间分布来看，如图 2-46 所示，

无明显的空间分异特征，较高的区域集中在环渤海、中部及西部旅游发达省份。

星级饭店数量增长率：平均为 -0.74%，但降幅减小；星级饭店数量较少省域的增长率高；11 省域增长率为正，西藏表现最好；省际差异较大，且呈波动扩大趋势；大体呈现西北—东南的空间分异格局。

如表 2-5、图 2-47 所示，2017 年全国 31 个省域星级饭店数量增长率的平均值为 -0.74%，仍为负增长，但降幅较 2016 年 -4.62% 有所减小；西藏、山西、宁夏、青海、河南、河北、江苏、新疆、湖北、海南、内蒙古、北京 12 省域呈增长态势，其中，西藏增长率达到 48.57%；20 省域都呈现负增长，其中，贵州、吉林负增长幅度较大，都超过 -15%。

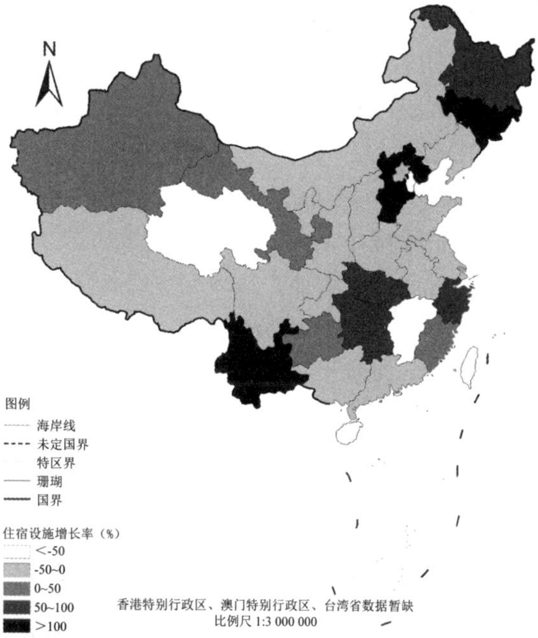

图 2-46 2017 年中国 31 个省域住宿接待业数量增长率的空间分布图

（数据来源：同表 2-5）

而结合星级饭店的数量看，如图 2-47 所示，星级饭店数量排名前 10 位省域的平均增长率为 -3.03%，星级饭店数量排名后 10 位省域的平均增长率为 5.15%，而星级饭店数量中等的省域的平均增长率为 -4.02%；可见，星级饭店数量较少省域的增长率较高。

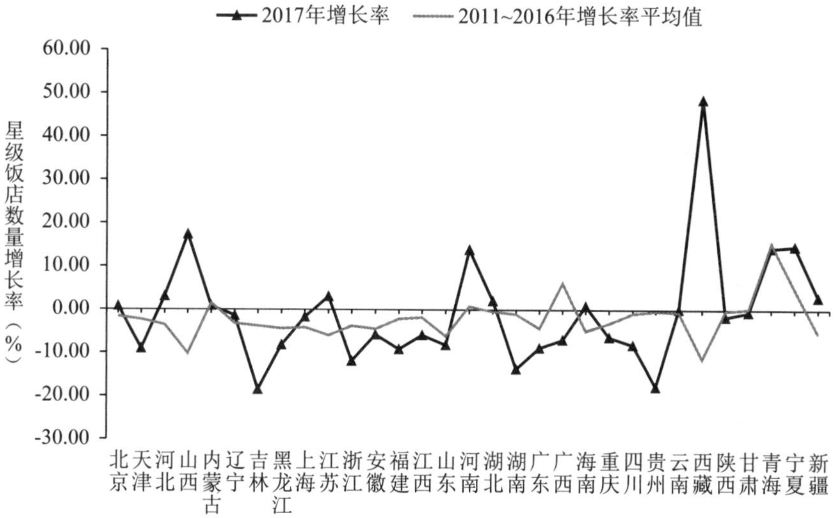

图 2-47 2017 年中国 31 个省域星级饭店数量增长率及 2011~2016 年平均增长率

（数据来源：《中国旅游统计年鉴》2011~2017；2017 年第四季度全国星级饭店统计公报，原国家旅游局官网，2018 年 3 月，http://www.cnta.gov.cn/zwgk/lysj/201803/t20180319_860847.shtml，2018-3-19）

与 2011~2016 年的平均增长率相比较，13 省域 2017 年星级饭店数量的增长率都有不同程度增加，河南的增长幅度最大，达到 1700.41%；同时，18 省域 2017 年星级饭店数量的增长率有不同程度下降，尤其湖南、贵州降幅高达 –1144.72% 和 –3637.28%。

2017 年，全国 31 个省域星级饭店增长率的变异系数的绝对值为 17.2（表 2–5），在几类住宿设施中最大，表明星级饭店数量增长率的省际差异较大；与近几年相比，变异系数绝对值迅速增加，这表明星级饭店数量增长率的省际差异呈扩大趋势。如图 2–48 所示，2017 年星级饭店数量增长率的空间分布来看，西南、西北及中部部分省域增长率较高，大体呈现西北—东南的空间分异格局。

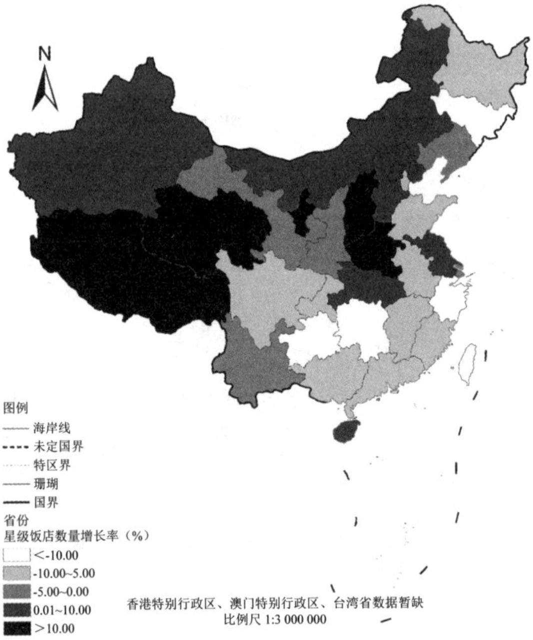

图 2–48　2017 年中国 31 个省域星级饭店数量增长率的空间分布图

（数据来源：2017 年第四季度全国星级饭店统计公报，原国家旅游局官网，2018 年 3 月，http://www.cnta.gov.cn/zwgk/lysj/201803/t20180319_860847.shtml，2018–3–19）

精品酒店数量增长率：平均 74.45%，四成省域负增长，过半省域零增长；省际差异大，西北低、东南高的空间分异格局明显，与精品酒店数量的分布格局类似。

如表 2–5、图 2–38 所示，2017 年全国 31 个省域精品酒店数量增长率的平均值为 74.45%，13 省域精品酒店数量实现数量增长，其中，云南增长率最高，达 560.00 %；16 省域数量没有发生变化，规模与 2016 年基本持平；江西、黑龙江数量下降，增长率分别为 –7.14%、–100.00%。

结合精品酒店的数量看，如图 2–38 所示，精品酒店数量排名前 10 位省域的平均增长率为 169.68%，精品酒店数量排名后 10 位省域的平均增长率为 –10.00%，精品酒店数量排名中间的省域的平均增长率为 64.65%，总体上都呈较大幅度增加，但精品酒店数量多的省域的增长率较大。

2017 年全国 31 个省域精品酒店增长率的变异系数的绝对值为 1.91（表 2–5），较小，表明精品酒店数量增长率的省际差异较小，与 2016 年相比相差不大，说明省际差异较为稳定。如图 2–49 所示，2017 年精品酒店数量增长率的空间分布，呈现出明显的西北部省域低、东南省域高的格局，与精品酒店数量的空间分布格局基本一致。

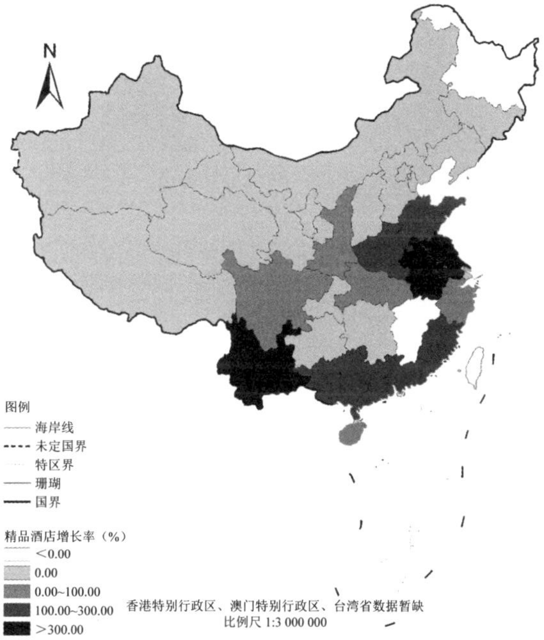

图 2–49　2017 年中国 31 个省域精品酒店数量增长率的空间分布图

（数据来源：2017 年各省份精品酒店统计，携程网，2018 年 4，http://hotels.ctrip.com/）

汽车营地数量增长率：平均为 265.25%；汽车营地数量居中的省域增长率较高；省际差异小，大体呈现中间高—南北低的空间分异特征。

如表 2–5、图 2–40 所示，2017 年全国 31 个省域汽车营地数量增长率的平均值为 265.25 %，仅 8 省域达到或超过平均值。陕西、江西表现较为突出，增长率分别为 1800% 和 1400%，贵州、西藏、甘肃表现也较好，增长率均超过 400%。内蒙古、安徽增幅最小，低于 40%，其中安徽的增长率为 0.00%。

2017 年，全国 31 个省域汽车营地数量增长率的变异系数为 1.46（表 2–5），较小，表明汽车营地数量增长率的省际差异较小。如图 2–50 所示，2016 汽车营地增长率较高的区域集中在秦岭—淮河一线两侧，以及东部沿海省域，西南、西北和东北省域较少，大体呈现中间高—南北低的空间分异特征。

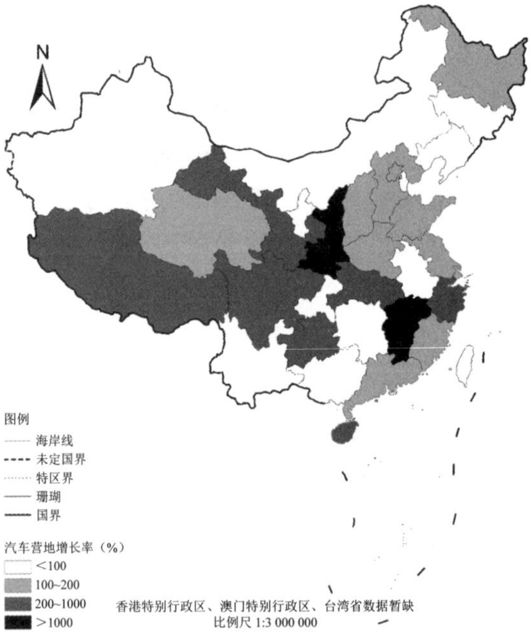

图 2-50　2017 年中国 31 个省域汽车营地数量增长率的空间分布图

（数据来源：2017 年中国露营地行业投资报告，露营天下，2018 年 1 月，http：//www.199it.com/archives/680928.html）

途家公寓数量增长率：平均为 22.07%，七成省域负增长；吉冀表现突出，成倍增长；数量低的省域增长率高；省际差异较大，无明显空间分异特征。

如表 2-5、图 2-42 所示，2017 年全国 31 个省域途家公寓数量增长率的平均值为 22.07%，9 省域达到或超过平均，20 省域呈现负增长，其中，天津、海南、青海、江西降幅较大，达到或超过 50%，江西的降幅甚至高达 67.21%。11 省域实现数量增长，其中，吉林、河北增长率较高，分别为 506.80%、259.71 %。

结合途家公寓的数量看，如图 2-42 所示，途家公寓数量排名前 10 位的省域的平均增长率为 0.91%，途家公寓数量排名后 10 位的省域的平均增长率为 47.38%，途家公寓数量排名中间的省域的平均增长率为 18.29%，总体上表现为途家公寓数量越少的省域增长率越高。

2017 年全国 31 个省域途家公寓数量增长率的变异系数的绝对值为 5.10（表 2-5），较大，表明途家公寓数量增长率的省际差异较大。但是，如图 2-51 所示，2017 年途家公寓数量增长率较高的省域分散分布于中部、西部偏东省域，空间分异特征不明显。

②星级饭店利润增长率：平均为 77.73%，七成省域实现利润增长，贵州表现突出；与前 5 年比较，多数省域提高，贵沪琼甘提高幅度大；省际差异大，且呈扩大态势；大体呈现外围高—中间低的分异格局

如表 2-5、图 2-44 所示，2016 年全国 31 个省域星级饭店利润增长率的平均值为 77.73%，24 个省域呈现增长态势，但仅 8 省域超过平均值，其中，贵州的增长率达到

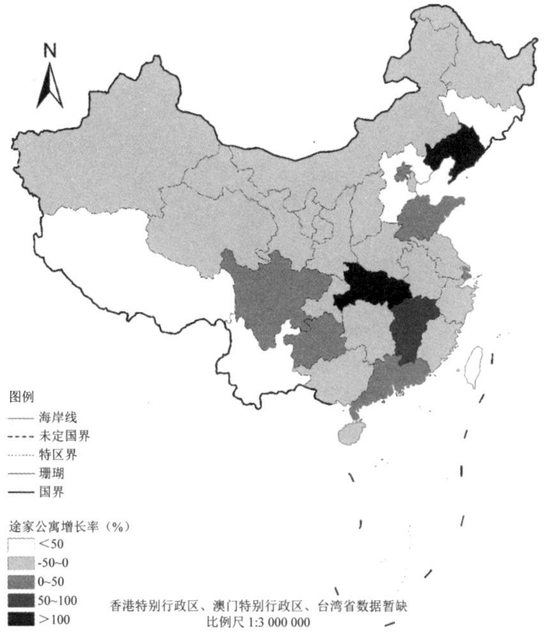

图 2–51　2017 年中国 31 个省域途家公寓数量增长率的空间分布图

（数据来源：2017 年各省份途家公寓统计，携程网，2018 年 4 月，http：//hotels.ctrip.com/tujia/）

2412.52%，甘肃、福建、北京、广西也表现较好，增长率超过 200%。辽宁、广东、四川、青海、河南、宁夏、湖北 7 省域星级饭店利润呈现负增长。其中，宁夏、湖北负增长幅度较大，都超过 700%，尤其湖北利润降幅达 –959.06 %。

结合星级饭店的利润看，如图 2–44 所示，星级饭店利润排名前 10 位的省域的平均增长率为 154.09%（剔除贵州这个特异值），星级饭店利润排名后 10 位的省域的平均增长率为 –179.23%，星级饭店利润排名中间的省域的平均增长率为 36.60%；总体上星级饭店利润高的省域，其利润增长率也较大。

与 2011~2015 年增长率的平均值相比较，如图 2–44 所示，22 个省域的利润增长率都有所增加，其中，贵州、上海、海南、甘肃较往年平均增长率的增幅超过 500%；9 个省域的利润增长率有所降低，其中，青海、宁夏的降幅最大，超过 2000%。总体而言，大多数省域星级饭店的经营效益有所上升。

2016 年全国 31 个省域星级饭店利润增长率的变异系数的绝对值为 6.43（表 2–5），较大，而且比 2015 年、2014 年有很大程度的增加，表明星级饭店利润增长率的省际差异较大，且呈扩大趋势。同时，如图 2–52 所示，2016 年星级饭店利润增长率较高的省域较集中地分布于东南、西南、西北、东北地区，中部省域较低，大体呈现外围高—中间低的分异格局。

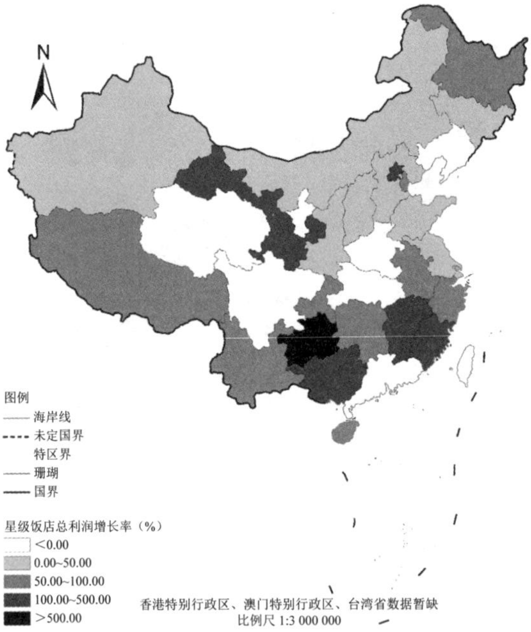

图 2-52　2016 年中国 31 个省域星级饭店利润增长率的空间分布图

（数据来源：《中国旅游统计年鉴》2016，2017）

（2）发展效率：平均约 15.14 万元 / 人，与 2015 年持平；8 省域达平均，上海仍独领风骚；生产率越高的省域利润也越高；与前五年比较，七成省域实现增长，藏沪贵增幅最大；省际差异很小，且保持稳定，东南及西南沿海区域较高

由于缺乏精品酒店、汽车营地、途家公寓相关指标的统计数据，基于数据可得性原则，选择 2016 年星级饭店全员劳动生产率评价住宿接待业的发展效率。

如表 2-5、图 2-53 所示，2016 年全国 31 个省域星级饭店全员劳动生产率的平均值为 15.14 万元 / 人，稍微高于 2015 年水平；8 个省域达到或超过平均水平，其中，上海最高，为 37.73 万元 / 人，其次，北京、海南、浙江也较高，都超过 20 万元 / 人；而云南、山西则不到 10 万元 / 人。

从与各省域星级饭店利润的关系来看，如图 2-53 所示，星级饭店全员劳动生产率排名前 10 位的省域的平均利润为 6.59 亿元，排名中间的省域的平均利润为 -3.20 亿元，排名后 10 位的省域的平均利润为 -2.60 亿元；表现为全员劳动生产率越高的省域，利润也越高。但山东、四川和江苏等省域，虽然星级饭店的全员劳动生产率较高，但其利润却很低，处于亏损状态，表明其在成本控制等方面有很大的改进空间。

与 2011~2015 年的平均全员劳动生产率相比较，如图 2-53 所示，2016 年 24 个省域实现了全员劳动生产率的增长，其中，增长最快的是西藏、上海、贵州，增幅均超过 20%。总体来看，全国 31 个省域星级饭店的全员劳动生产率呈提升趋势。

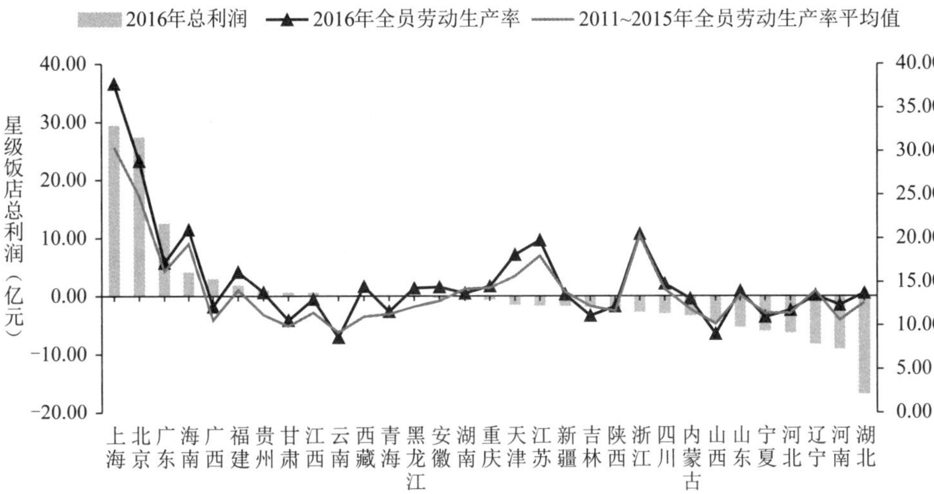

图 2-53　2016 年及 2011~2015 年中国 31 个省域星级饭店平均全员劳动生产率

（数据来源：《中国旅游统计年鉴》2012~2017）

从 2016 年 31 个省域全员劳动生产率的省际差异来看，变异系数为 0.38，在住宿接待业的评价指标中最小（表 2-5），与 2011~2015 年相比，变化不大，表明其省际差异较小，且较为稳定。同时，如图 2-54 所示，星级饭店全员劳动生产率较高的省域主要集中在东南及西南沿海区域。

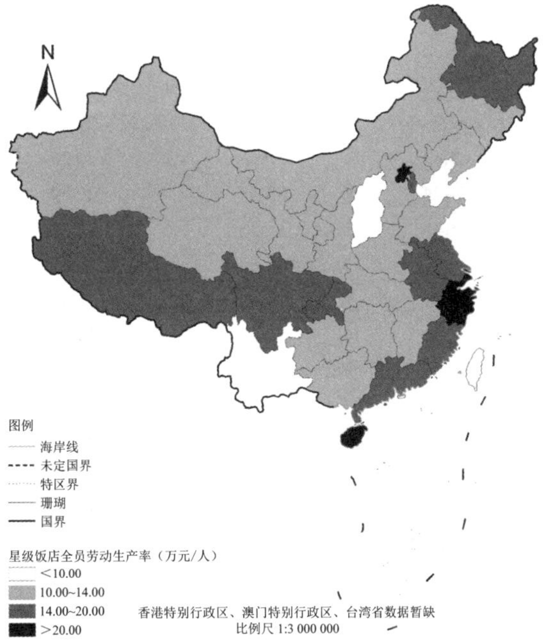

图 2-54　2016 年中国 31 个省域星级饭店全员劳动生产率的空间分布图

（数据来源：《中国旅游统计年鉴》2017）

3. 发展评价

分别对 2016 年的住宿设施总数（星级饭店、精品酒店、汽车营地、途家公寓数量之和）、星级饭店利润、星级饭店发展速度（星级饭店数量增长率和利润增长率的均值）、星级饭店全员劳动生产率进行归一化处理，然后加总求和，得到全国 31 个省域住宿接待业的综合评价结果（表 2-6、图 2-55、图 2-56）。依据综合评价得分高低，将 31 个省域分为三个梯队，分别从梯队成员、空间分布、各指标的相对状况等角度对各个梯队进行分析。由于各指标得分都是归一化处理后的得分，得分值只反映所处的相对位置，因此，在分析各省域各指标的相对状况时，通过比较该省域各指标的排名与其总体排名来反映各省域的相对优势领域和不足之处。

表 2-6　2016 年中国 31 个省域住宿接待业综合评价分值及排序

省区市	综合评价		住宿接待业							
			数量规模		发展效益		发展速度		发展效率	
	分值	排序	分值	排序	分值	排序	分值	排序	分值	排序
北京	267.84	1	66.39	6	95.61	2	36.35	4	69.48	2
天津	102.87	22	7.30	29	33.00	17	29.92	13	32.65	6
河北	102.75	23	40.08	14	22.66	28	29.31	16	10.70	25
山西	75.13	29	19.01	26	26.59	25	28.10	23	1.44	30
内蒙古	100.71	24	28.24	21	29.01	24	28.18	22	15.29	20
辽宁	105.66	21	42.56	12	18.52	29	27.91	25	16.67	19
吉林	87.00	27	17.49	27	32.25	20	28.64	20	8.61	27
黑龙江	107.56	19	21.90	24	35.96	13	30.29	10	19.41	13
上海	255.07	2	25.90	22	100.00	1	29.18	17	100.00	1
江苏	167.56	6	67.49	4	32.66	18	29.03	19	38.37	5
浙江	191.15	4	89.67	2	30.38	22	30.25	11	40.84	4
安徽	123.89	14	37.74	16	35.64	14	30.69	7	19.82	12
福建	144.75	8	41.46	13	40.36	6	37.03	3	25.89	8
江西	121.86	15	36.64	17	37.60	9	32.60	6	15.02	21
山东	153.47	7	81.82	3	24.69	26	28.58	21	18.38	14
河南	97.04	25	42.98	11	16.67	30	24.57	29	12.83	22
湖北	66.42	30	48.90	9	0.00	31	0.00	31	17.52	16
湖南	136.82	10	54.13	7	34.90	15	30.37	9	17.42	17
广东	219.95	3	100.00	1	63.52	3	26.87	26	29.56	7
广西	144.23	9	53.86	8	42.93	5	35.27	5	12.17	24
海南	129.72	12	11.43	28	45.30	4	30.49	8	42.49	3
重庆	108.29	18	23.00	23	34.90	16	30.23	12	20.16	10
四川	124.51	13	48.76	10	29.84	23	24.78	28	21.12	9
贵州	189.94	5	33.75	20	38.43	7	100.00	1	17.76	15
云南	133.26	11	66.94	5	36.67	10	29.64	15	0.00	31
西藏	86.27	28	0.00	31	36.30	11	29.91	14	20.06	11
陕西	106.65	20	34.44	19	31.99	21	27.98	24	12.24	23
甘肃	118.95	16	36.09	18	37.76	8	38.28	2	6.82	29

续表

省区市	综合评价		住宿接待业							
			数量规模		发展效益		发展速度		发展效率	
	分值	排序	分值	排序	分值	排序	分值	排序	分值	排序
青海	91.69	26	20.39	25	36.22	12	24.90	27	10.19	26
宁夏	44.99	31	6.47	30	23.33	27	7.12	30	8.06	28
新疆	117.63	17	38.98	15	32.54	19	29.10	18	17.01	18

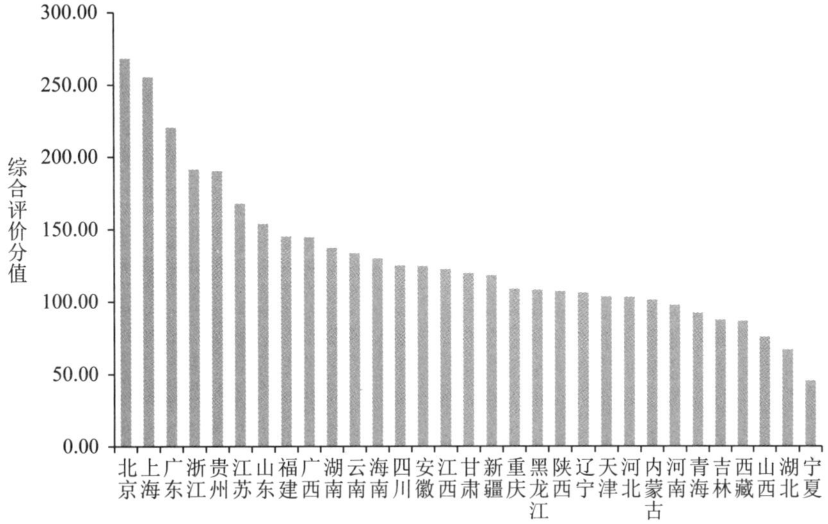

图 2-55 2016 年中国 31 个省域住宿接待业综合评价结果示意图

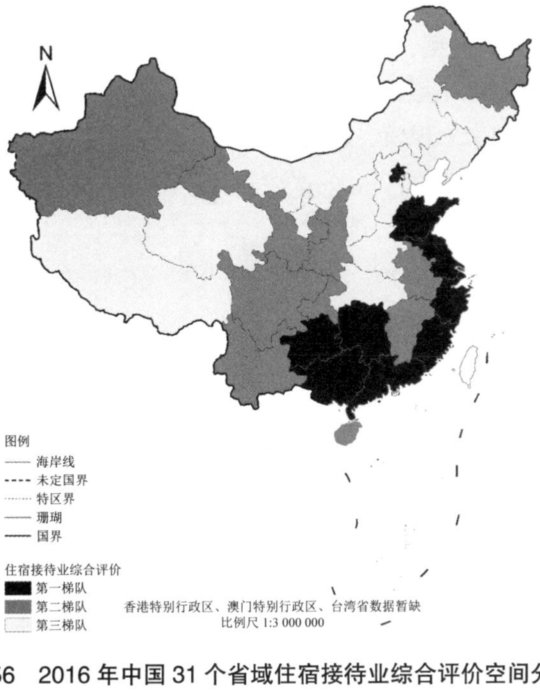

图 2-56 2016 年中国 31 个省域住宿接待业综合评价空间分布图

（1）住宿接待业第一梯队：多沿海及西南省域；成员基本稳定；北京均衡发展，上海、福建速度—效益—效率三优，广东规模—效益—效率三优，浙江、江苏属规模—效率双优；贵州属效益—速度双优，山东属规模单优，广西属规模—速度—效益三优，湖南属规模、速度双优

如表 2-6、图 2-57 所示，住宿接待业第一梯队省域包括北京、上海、广东、浙江、贵州、江苏、山东、福建、广西、湖南，综合评价分值为 135~270 分，主要分布在东部和南部沿海地区。与 2015 年相比，梯队成员变动不大，贵州、山东、广西和湖南为第一梯队新入成员。

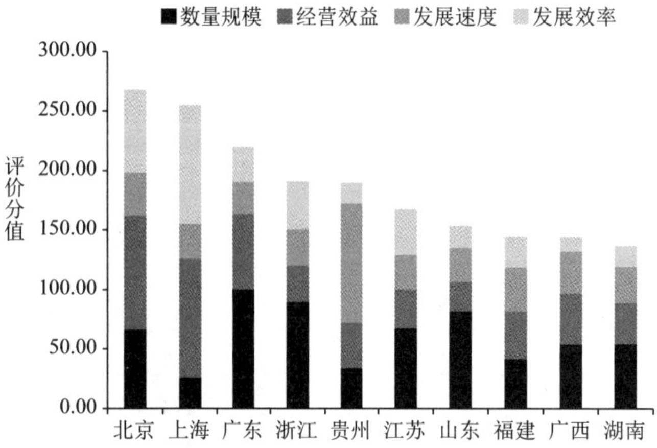

图 2-57　2016 年住宿接待业第一梯队省域及要素组成示意图

从这些省域的组成要素状况来看，如图 2-57、表 2-6 所示，第一梯队省域的表现各异：北京为均衡型，四个方面均表现较好；上海、福建为速度、效益、效率三优型，这三个要素排名均在前 10，而规模的排名分别为第 22 和第 13；广东为规模、效益、效率三优型，这三个要素的排名分别为第 1 位、第 3 位、第 7 位，而其发展速度确排名第 26 位；浙江、江苏为规模、效率双优型，两方面排名均为前 10，另外两方面的排名基本上处于第二梯队；贵州为效益、速度双优型，排名分别为第 1 位、第 7 位；山东为规模单优型，另外三方面排名分别为第 26 位、第 21 位、第 14 位，有很大提升空间；广西为规模、速度、效益三优型，这三方面排名均高于其总名次排名，但发展效率排名第 24 位；湖南为规模、速度双优型，排名分别为第 7 位、第 9 位。

（2）住宿接待业第二梯队：多中部、西部省域，成员变化大；云南规模—速度双优，海南速度—效益—效率三优，四川规模、效率双优，安徽效益单优，赣甘速度—效益双优，新渝黑陕均衡发展

如表 2-6、图 2-58 所示，住宿接待业第二梯队省域包括云南、海南、四川、安徽、江西、甘肃、新疆、重庆、黑龙江、陕西，综合评价得分为 105~135，

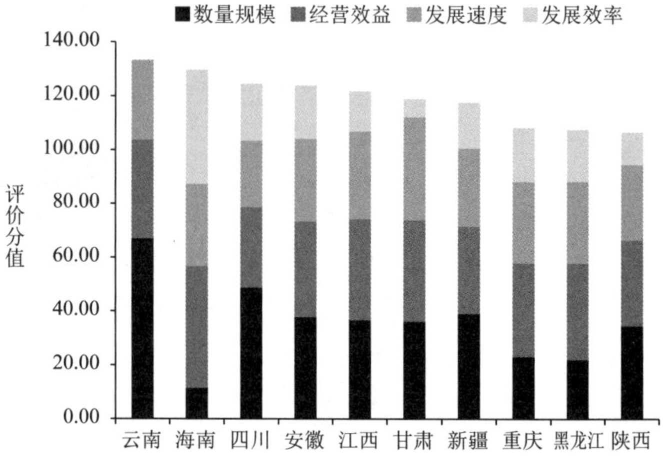

图 2-58　2016 年住宿接待业第二梯队省域及要素组成示意图

散布于中部、西部和东北部部分省域。与2015年相比，梯队成员变化较大，云南、海南、四川、重庆由第一梯队降至第二梯队，新疆为由第三梯队升至第二梯队。

从这些省域的组成要素状况来看，如图 2–58、表 2–6 所示，住宿接待业第二梯队的省域的表现也有较大差异：云南属于规模、速度双优型，排名分别为第 5 位、第 10 位；海南属于速度、效益、效率三优型，排名分别为第 4 位、第 8 位、第 3 位，规模明显落后，排名第 28 位；四川属于规模、效率双优型，排名分别为第 10 位、第 9 位，速度和效益排名分别为第23 位、第28 位，有很大提升空间；安徽属于效益单优型，排名第7位，其他三方面表现较好；江西、甘肃属于速度、效益双优型，排名均在前 10 名，但在效率方面表现较差，排名处于第三梯队；新疆、重庆、黑龙江、陕西属于均衡发展型，各方面排名差距不大，且与其总体排名基本相符。

（3）住宿接待业第三梯队：多北部、中部和西南省域，成员相对稳定；总体表现平平，但辽豫规模较优，天津效益—效率较优，河北规模—效益较优，西藏速度—效率较优，湖北规模—效率较优

如表 2–6、图 2–59 所示，住宿接待业第三梯队省域包括辽宁、天津、河北、内蒙古、河南、青海、吉林、西藏、山西、湖北、宁夏，综合评价得分在 105 分以下，主要分布在东北、西北和中部地区。与 2015 年相比，成员相对稳定，只有天津、青海从第二梯队降至第三梯队。

从第三梯队省域的组成要素状况来看，如图 2–59、表 2–6 所示，第三梯队多数省域在各方面都表现平平，但也有少数省域在某些方面表现相对较好：辽宁、河南属于规模较优型，排名分别为第 12 位、第 11 位；天津效益、效率较高，排名第 13 位、第 6 位；河北规模、效益较优，排名分别为第 14 位、第 16 位，进入第二梯队；西藏为速度、效率较优型，这两方面排名均为第 11 位，都在第二梯队；湖北规模、效率较优，排名分别为第 9 位、第 16 位。

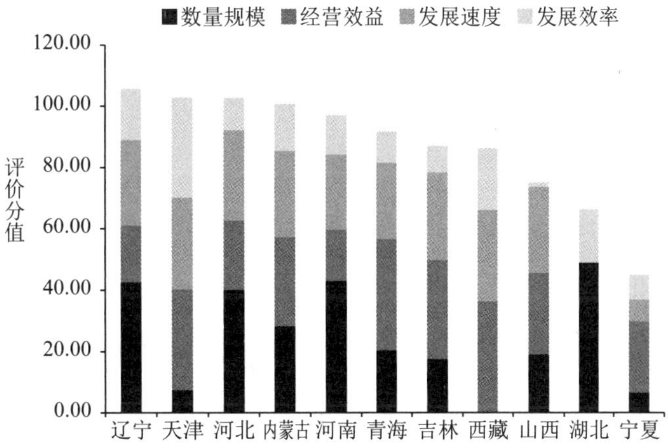

图 2–59　2016 年住宿接待业第三梯队省域及要素组成示意图

（二）旅游目的地发展

本报告分别选取 2016 年 A 级旅游景区数量、旅游景区利润、旅游景区数量增长率、旅游景区利润增长率、景区全员劳动生产率作为前述数量规模、经营效益、发展速度和发展效率的评价指标评价旅游目的地的发展状况，这些评价指标及基本描述统计如表 2–7 所示。

表 2–7　2016 年中国 31 个省域旅游目的地发展的评价指标及其基本描述统计

类型	评价指标	平均值	最大值	最小值	标准差	变异系数
数量规模	A级旅游景区数量（家）	316.90	1054	53	200.42	0.63
经营效益	旅游景区利润（亿元）	2.32	11.21	−1.33	3.78	1.63
发展速度	A级旅游景区数量增长率（%）	10.10	49.45	−7.67	11.45	1.13
	旅游景区利润增长率（%）	46.98	20538.8	−410.41	3744.89	5.13
发展效率	景区全员劳动生产率（万元/人）	29.49	95.80	9.05	18.00	0.61

（数据来源:《中国旅游统计年鉴》2016~2017）

1. 发展现状

（1）数量规模：平均为 317 家，一半省域达平均，鲁苏浙前三甲；省际差异较小，且稳定；空间分布保持为东北—西南分异

如表 2–7、图 2–60 所示，2016 年，全国 31 个 A 级旅游景区总数的平均值为 316.90 家，15 个省域达到或超过平均水平，山东、江苏、浙江和安徽表现较好，A 级旅游景区数量超过 500 家，分别达到 1054 家、638 家、572 家和 556 家；其次，四川、辽宁、黑龙江、河南、湖北、新疆、河北、广西、内蒙古、陕西、湖南、广东也较多，A 级旅游景区数量均超过 300 家；上海、宁夏、海南较少，A 级旅游景区数量均不足 100 家。

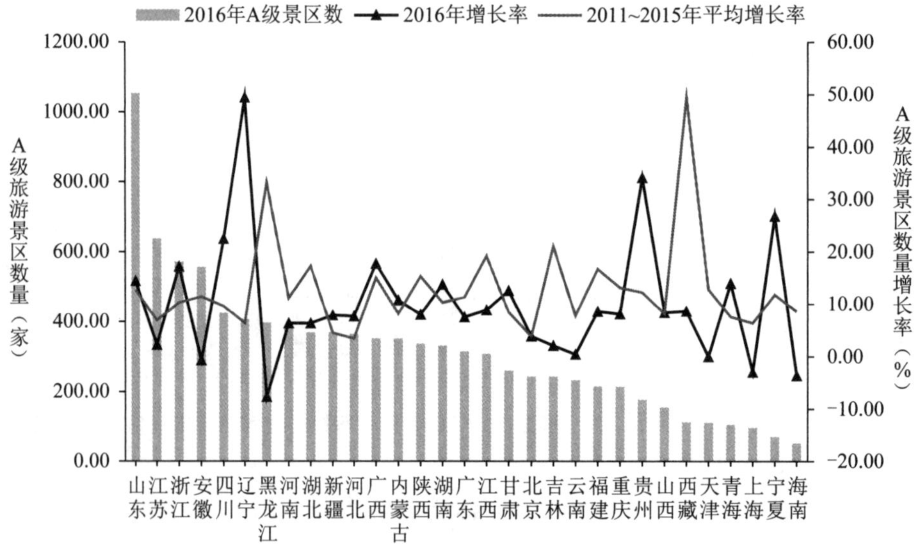

图 2–60　2016 年中国 31 个省域的 A 级旅游景区数量及其增长率

（数据来源：《中国旅游统计年鉴》2012~2016）

从 A 级旅游景区数量的省际差异来看，全国 31 个省域 A 级旅游景区数量的变异系数为 0.63（表 2–7），相对较小，而且与近四年相比，变化不大，稳定在 0.64 左右，表明 A 级旅游景区数量的省级差异较小，且保持相对稳定状态。从 A 级旅游景区数量的空间

分布看，如图 2-61 所示，A 级旅游景区数量多的省域主要分布于东部沿海偏北地区以及东北、华北、西北地区，而中部少数省域和西南部多数省域 A 级旅游景区数量相对较少，总体上表现为东北—西南分异，与 2015 年的东西分异相似。

（2）经营效益：利润平均 2.32 亿元，三成省域达平均，沪粤鲁领先，10 省域亏损，较上年明显改善；省际差异较大，但呈缩小趋势；保持东南—西北的空间分异特征

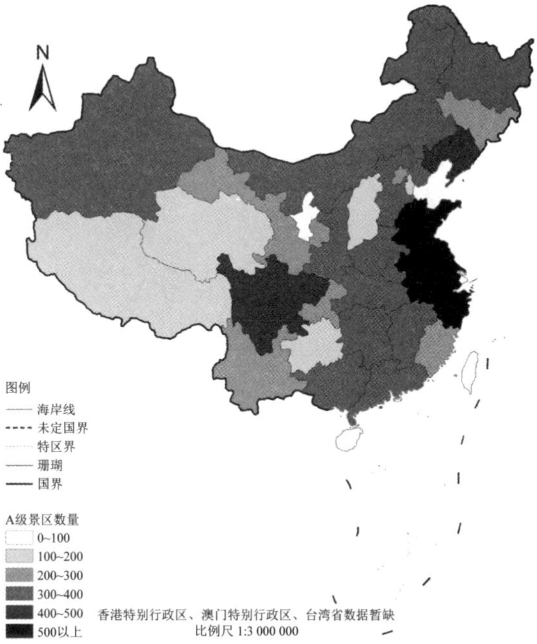

图 2-61 2016 年中国 31 个省域 A 级旅游景区数量的空间分布图

（数据来源：《中国旅游统计年鉴》2017）

如表 2-7、图 2-62 所示，2016 年中国 31 个省域旅游景区利润的平均值为 2.32 亿元，较 2015 年平均值增加了 94.26%，10 省域达到或超过平均水平。与星级饭店和旅行社的利润相比较，旅游景区利润在三大产业中表现最好。从各个省域旅游景区的利润水平看，上海、广东、山东位居前三，接近或超过 10 亿元，分别为 11.21 亿元、10.31 亿元、9.95 亿元，远高于其他省域；其次，海南、湖南、四川、湖北、辽宁的旅游景区利润较高，均超过 3 亿元；而青海、重庆、云南、浙江、天津、陕西、安徽、贵州、山西、内蒙古 10 省域均出现了不同程度的亏损，较 2015 年亏损省域有所减少，且亏损程度有很大改善，内蒙古亏损最高，也仅 -1.33 亿元。

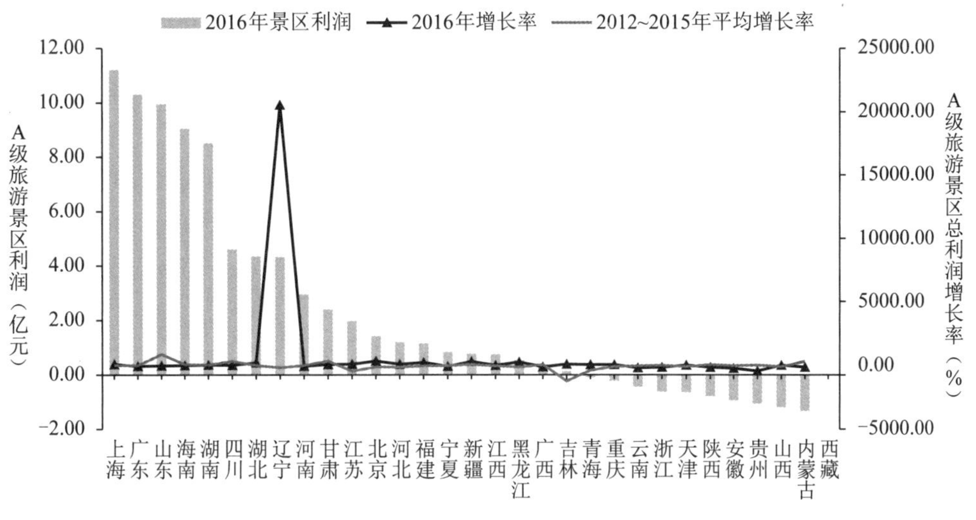

图 2-62 2016 年中国 31 个省域的旅游景区利润及其增长率

（数据来源：《中国旅游统计年鉴》2013~2017。其中，西藏数据缺失）

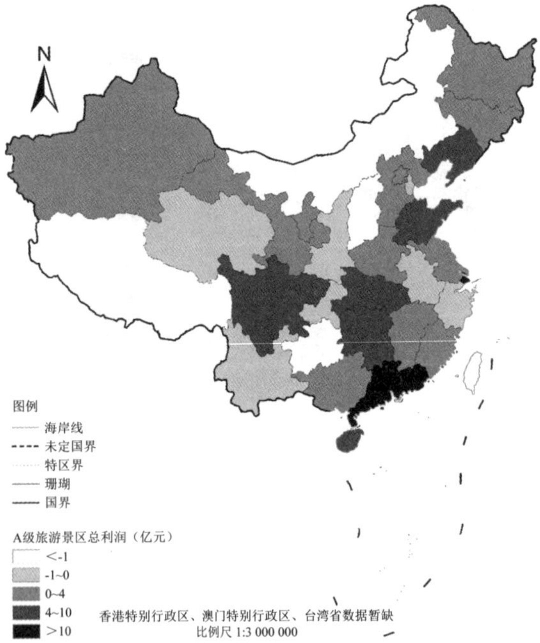

图 2-63　2016 年中国 31 个省域旅游景区利润的空间分布图

（数据来源：《中国旅游统计年鉴》2017）

从旅游景区利润的省际差异来看，如表 2-7 所示，2016 年中国 31 个省域旅游景区利润的变异系数为 1.63，较大，且与 2015 年相比，明显降低，近五年呈波动降低的变化趋势，表明旅游景区利润的省际差异较大，且呈缩小趋势。同时，如图 2-63 所示，旅游景区利润高的省域仍然主要为东南、中部、华南及西南省域，大体呈现东南—西北分异特征。

2. 发展潜力

（1）发展速度：多数省域数量增长放缓，但利润大幅增加；省际差异较大，但呈缩小趋势；数量增长与利润增长的空间错位不明显

结合利用 A 级旅游景区数量增长率和旅游景区利润的增长率衡量旅游目的地的发展速度。

① A 级旅游景区数量增长率：平均为 10%，近四成省域达平均，辽宁高居榜首；景区数量中等的增幅较慢；较前五年增速放缓；省际差异较大，但呈缩小趋势，呈现出“中间高，东西低”的空间分异格局

如表 2-7、图 2-60 所示，2016 年中国 31 个省域 A 级旅游景区数量均有不同程度的增长，增长率的平均值为 10.10%，11 省域达到或超过平均值，不足 2015 年平均增长率的一半；辽宁、贵州、宁夏、四川的增长率较高，均超过 20%，其中辽宁的增长率高达 49.45%，而安徽、上海、海南、黑龙江的 A 级景区规模有所降低，降幅分别为 0.71%、3.00%、3.64%、7.67%。

结合各省域的 A 级旅游景区数量来看，如图 2-60 所示，剔除西藏这样的特异值后，景区数量排名前 10 位的省域平均增长率为 11.80%，景区数量处于中间水平的省域平均增长率为 8.47%，景区数量排名后 10 位的省域平均增长率为 10.19%；可见，景区数量处于中间水平的省域，旅游景区的发展速度较慢。

与 2011~2015 年增长率的平均值对比来看，如图 2-60 所示，15 个省域 2016 年景区数量增长率都高于其前五年的平均增长率，尤其是辽宁、贵州、四川、宁夏、河北表现突出；而广东、重庆、河南、陕西、福建等 16 个省域 2016 年景区数量增长率都有所下降，尤其是天津、安徽、黑龙江、海南、上海的增长率较往年平均低了 100% 以上。总体来看，全国 31 个省域 A 级旅游景区数量增长率呈放缓趋势。

从 A 级旅游景区数量增长率的省际差异来看，2016 年中国 31 个省域 A 级旅游景区

数量增长率的变异系数为1.13（表2-7），较大，而且近五年呈波动降低态势，表明A级旅游景区数量增长率的省级差异较大，但呈缩小趋势。同时，如图2-64所示，A级旅游景区增长率高的省域集中于西南、西北地区向东北方向延伸，呈现出“中间高，东西低”的空间分异格局。

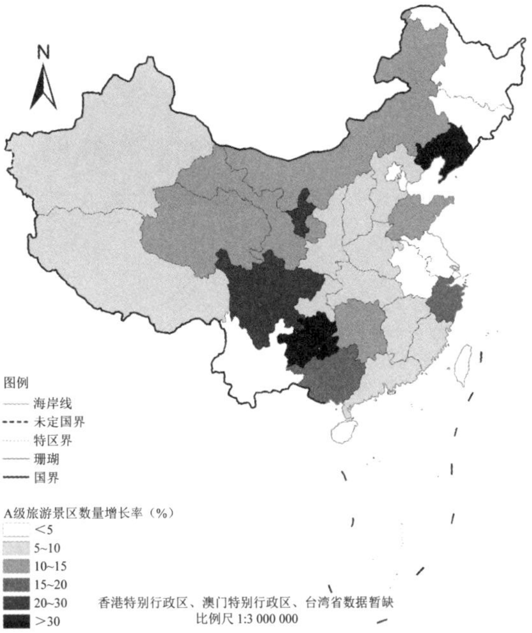

图2-64 2016年中国31个省域A级旅游景区数量增长率的空间分布图

（数据来源：《中国旅游统计年鉴》2015~2017）

②旅游景区利润增长率：平均为46.98%，较2015年大幅增加，七成省域正增长；辽宁表现突出；利润越高的省域增幅较低；较前四年总体呈降低趋势；省际差异较大，但呈缩小趋势；呈现黑—福—新的“U”形空间分布格局

如表2-7、图2-62所示，2016年中国31个省域旅游景区利润增长率的平均值为46.98%（剔除辽宁这个特异值20538.79%），22个省域实现利润增长率的上升，较2015年有很大改观。在旅游景区利润增长的省域中，辽宁表现突出，增长率为20538.79%，北京、新疆、黑龙江、福建、湖北表现也十分突出，增长率都超过200%；广东、河南、宁夏、广西、内蒙古等10省域景区增长率有所下降，内蒙古、浙江、陕西、云南、安徽、贵州、利润降幅超过100%，其中贵州的降幅更是超过400%。

结合各省域的利润水平来看，如图2-62所示，利润排名前10位的省域平均增长率为68.88%，排名后10位的省域平均增长率为-81.80%，而利润中等的省域平均增长率为152.5%。可见，利润水平中等的景区，其利润增长率也越大。

与2012~2015年增长率的平均值相比较，如图2-62所示，16个省域2015年景区利润增长率有所提升，尤其是辽宁、福建，增长率分别为15878.16%、2004.37%；同时，甘肃、海南、四川、山东、内蒙古等14个省域2016年景区利润增长率都有所下降，尤其是安徽、云南，增长率下超过2000%。因此，总体来看，全国31个省域旅游景区利润水平呈增长趋势。

从旅游景区利润增长率的省际差异来看，2016年31个省域旅游景区利润增长率的变异系数的绝对值为5.13（表2-7），较高，但与2015年相比，大幅度降低，表明旅游景区利润增长率的省际差异较为显著，但呈缩小趋势。同时，如图2-65所示，2016年31个省域旅游景区利润增长率较高的省域集中东部往东北方向沿海省域，以及福建—新疆一线的省域，呈现出黑—福—新的“U”形空间分布格局。

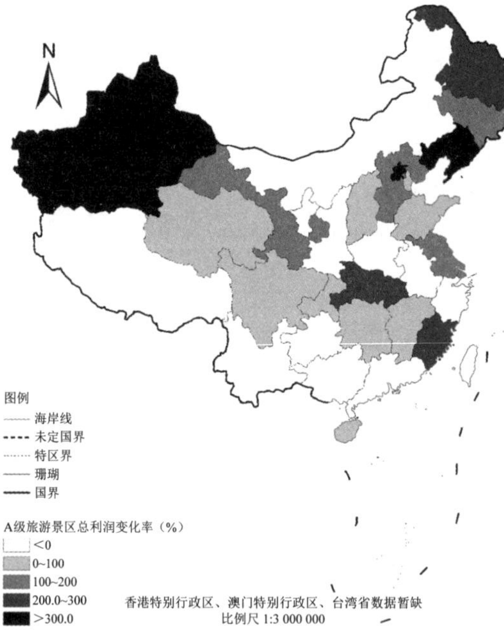

图 2-65　2016 年中国 31 个省域旅游景区利润增长率的空间分布

（数据来源：《中国旅游统计年鉴》2015~2017）

（2）发展效率：全员劳动生产率平均约 30 万元 / 人，较 2015 大幅度增长，近四成省域达平均，黑川沪表现突出；生产率较高的省域利润也较高；省级差异较小，呈扩大趋势，“东—西”空间分异格局明显

如表 2-7、图 2-66 所示，2016 年全国 31 个省域全员劳动生产率的平均值为 29.49 万元 / 人，与 2015 年的 22.60 万元 / 人相比有小幅度增长；11 省域达到或超过平均水平，其中，黑龙江、四川、上海的全员劳动生产率均超过 60 万元 / 人，为前三强；而广西、贵州、青海的全员劳动生产率都不足 15 万元 / 人，尤其是青海的劳动生产率仅 9.05 万元 / 人。

从与旅游景区利润的关系来看，如图 2-66 所示，景区全员劳动生产率排名前 10 位的省域的平均利润为 4.66 亿元，排名中间的省域的平均利润为 2.34 亿元，排名后 10 位的省域（含数据缺失的西藏）的平均利润为 -0.14 亿元，表现为景区全员劳动生产率较高的省域，利润也较高，但全员劳动生产率很高的黑龙江、浙江、新疆利润却很低，甚至处于亏损状态，表明其在成本控制等方面有很大的改进空间。

与 2011~2015 年旅游景区全员劳动生产率的平均水平相比较，如图 2-66 所示，2016 年 31 个省域旅游景区全员劳动生产率的平均值增加了 60.98%，其中，24 个省域 2016 年的全员劳动生产率有所提升，尤其是黑龙江、河北和四川分别提高了 742.86%、150.96%、146.44%，表现十分突出；而云南、广西、江西、安徽、福建、天津 6 个省域全员劳动生产率都有所下降，尤其是福建和天津都降低了 30% 以上。但总体来看，全国 31 个省域旅游景区的全员劳动生产率呈提升趋势。

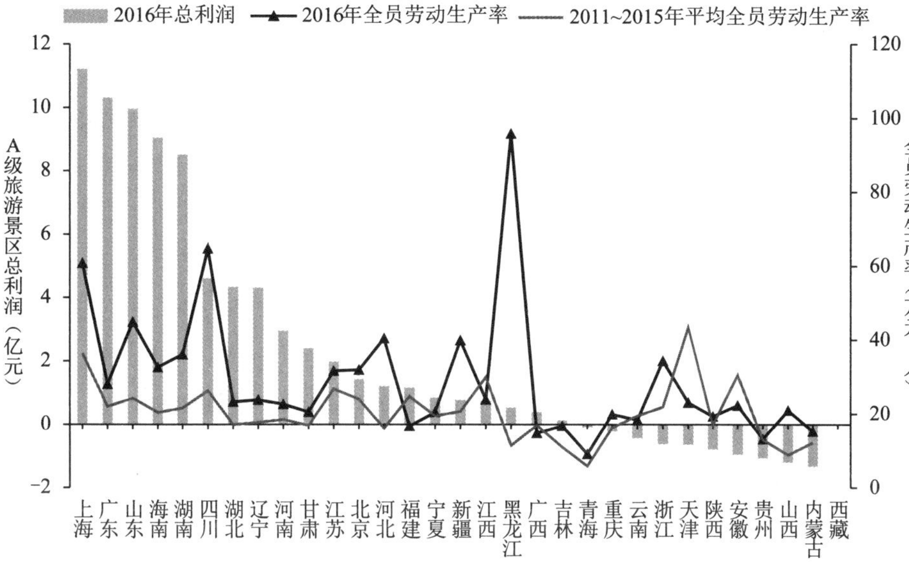

图 2-66 2016 年及 2011~2015 年中国 31 个省域旅游景区的全员劳动生产率

（数据来源：《中国旅游统计年鉴》2012~2017。其中，西藏数据缺失）

从景区全员劳动生产率的省际差异看，2016 年 31 个省域景区全员劳动生产率的变异系数为 0.61（表 2-7），较小，而较近五年均有一定提升，表明景区全员劳动生产率的省际差异较小，呈不断扩大趋势。同时，如图 2-67 所示，景区全员劳动生产率较高的省域集中分布在东部沿海区域，呈现明显的“东—西”空间分异格局。

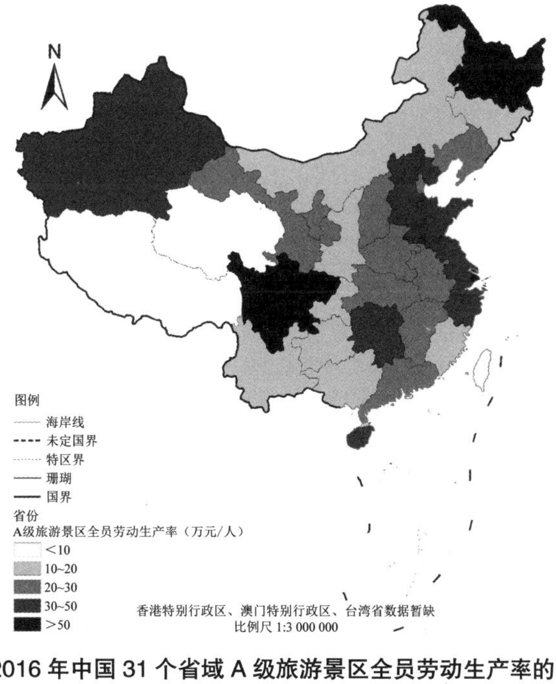

图 2-67 2016 年中国 31 个省域 A 级旅游景区全员劳动生产率的空间分布图

（数据来源：《中国旅游统计年鉴》2017）

3. 发展评价

分别对A级旅游景区数量、旅游景区利润、A级旅游景区发展速度（A级旅游景区数量增长率和旅游景区利润增长率的均值）、景区全员劳动生产率四个指标进行归一化处理，然后加总求和，得到全国31个省域旅游目的地发展的综合评价结果（表2–8、图2–68、图2–69）。依据综合评价得分高低，将31个省域分为三个梯队，分别从梯队成员、空间分布、各指标的相对状况等角度对各个梯队进行分析。如前所述，在分析各省域各指标的相对状况时，通过比较该省域各指标的排名与其总体排名来反映各省域的相对优势领域和不足之处。

表2–8　2016年中国31个省域旅游目的地综合评价分值及排序

省区市	旅游目的地综合评价		数量规模		发展效益		发展速度		发展效率	
	分值	排序	分值	排序	分值	排序	分值	排序	分值	排序
北京	70.92	15	18.98	19	21.99	12	3.60	2	26.35	10
天津	29.69	27	5.89	26	5.54	25	2.09	16	16.17	16
河北	89.98	11	31.17	11	20.21	13	2.42	7	36.17	5
山西	27.05	28	10.19	25	1.07	29	2.07	17	13.72	19
内蒙古	38.21	24	29.77	13	0.00	30	1.33	26	7.11	27
辽宁	197.54	2	35.46	6	45.07	8	100.00	1	17.00	14
吉林	41.88	22	18.98	19	11.68	20	2.38	11	8.84	25
黑龙江	152.37	4	34.37	7	14.84	18	3.16	4	100.00	1
上海	166.42	3	4.40	28	100.00	1	2.39	10	59.63	3
江苏	113.22	8	58.44	2	26.38	11	2.40	9	26.01	11
浙江	87.95	12	51.85	3	5.65	24	1.33	25	29.12	8
安徽	69.40	16	50.25	4	3.06	27	0.88	29	15.22	18
福建	47.83	20	16.18	22	19.84	14	3.04	5	8.77	26
江西	61.23	18	25.47	17	16.61	17	2.03	18	17.11	13
山东	233.15	1	100.00	1	89.99	3	1.95	19	41.21	4
河南	84.67	14	33.17	8	34.15	9	1.73	23	15.63	17
湖北	96.15	10	31.57	9	45.25	7	2.94	6	16.39	15
湖南	139.57	7	27.77	15	78.46	5	2.21	14	31.12	7
广东	142.64	6	26.17	16	92.82	2	1.75	22	21.90	12
广西	51.67	19	29.87	12	13.72	19	1.51	24	6.57	28
海南	111.78	9	0.00	30	82.73	4	1.92	20	27.14	9
重庆	39.70	23	16.08	23	8.86	22	2.26	13	12.50	22
四川	150.92	5	37.16	5	47.40	6	2.17	15	64.18	2
贵州	19.21	29	12.39	24	2.13	28	0.00	30	4.69	29
云南	36.88	25	17.98	21	7.15	23	1.06	28	10.69	24
西藏	—	31	—	31	—	31	—	31	—	31
陕西	45.76	21	28.37	14	4.31	26	1.23	27	11.85	23
甘肃	66.01	17	20.68	18	29.74	10	2.41	8	13.19	20

续表

省区市	旅游目的地综合评价		数量规模		发展效益		发展速度		发展效率	
	分值	排序	分值	排序	分值	排序	分值	排序	分值	排序
青海	17.49	30	5.29	27	9.90	21	2.29	12	0.00	30
宁夏	33.99	26	1.80	29	17.31	15	1.76	21	13.13	21
新疆	87.23	13	31.57	9	16.75	16	3.46	3	35.45	6

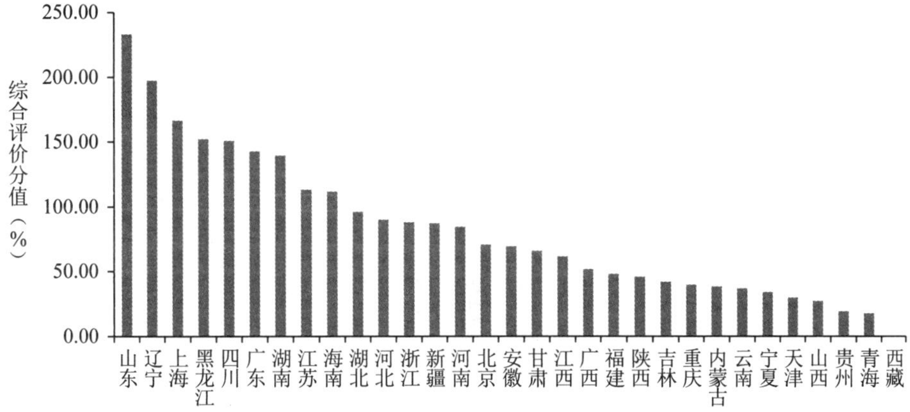

图 2-68　2016 年中国 31 个省域旅游目的地综合评价结果示意图

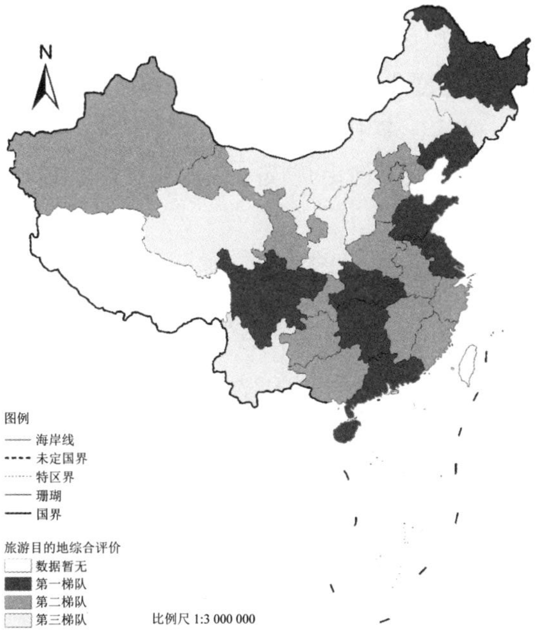

图 2-69　2016 年中国 31 个省域旅游目的地综合评价空间分布图

（1）旅游目的地第一梯队：多中部和沿海省域，成员变动不大；鲁川规模—效益—

效率三优，辽鄂规模—绩效—速度三优，沪湘琼绩效—效率双优，广东绩效单优，江苏相对均衡

如表 2-8、图 2-70 所示，旅游目的地第一梯队省域包括山东、辽宁、上海、黑龙江、四川、广东、湖南、江苏、海南、湖北，综合评价分值均高于 90 分，山东表现最好，得分为 233.15，较第二名高出 100 多分；第一梯队成员变动较小，辽宁、黑龙江、江苏为新入成员。

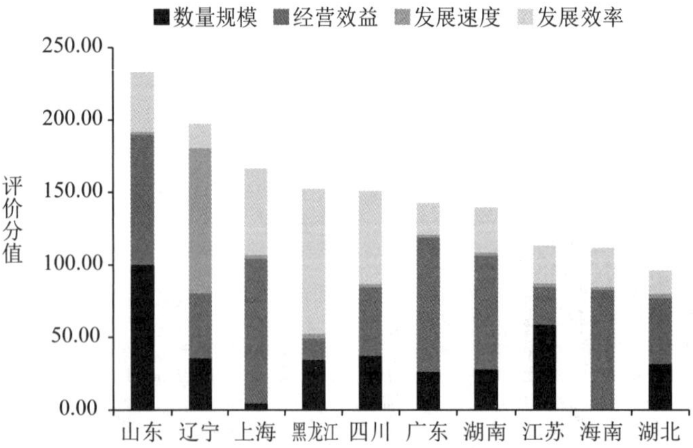

图 2-70　2016 年旅游目的地第一梯队省域及要素组成示意图

从这些省域在各方面的表现来看，如图 2-70、表 2-8 所示，第一梯队省域的表现各异；山东和四川属于规模、效益和效率三优型，这三个方面的排名都高于或基本等于其总体排名，而发展速度相对较差，分别排名第 19 和第 15；辽宁和湖北属于规模、绩效和速度三优型，排名都在前 10 以内，但发展效率较差，分别是第 14 位、第 15 位；广东为发展绩效单优型，排名第 2 位，规模、速度和效率排名分别为第 16 位、第 22 位、第 12 位；上海、湖南和海南属于绩效、效率双优型，排名均在前 10 以内，而规模和速度的排名却远低于其总体排名；江苏发展相对均衡，发展绩效和发展速度相对较弱，排名均为第 11 位。

（2）旅游目的地第二梯队：多中西部和东南沿海省域；成员变动较大；冀新速度—效率双优，浙江规模—效率双优，河南规模—效益双优，京甘闽速度单优，徽桂规模单优，江西均衡。

如表 2-8、图 2-71 所示，旅游目的地第二梯队省域包括河北、浙江、新疆、河南、北京、安徽、甘肃、江西、广西、福建，综合评价分值为 45~90 分，多为中部和东南沿海省域，梯队成员变化很大，河北由第三梯队升为第二梯队，浙江、河南、安徽、江西由第一梯队降到第二梯队。

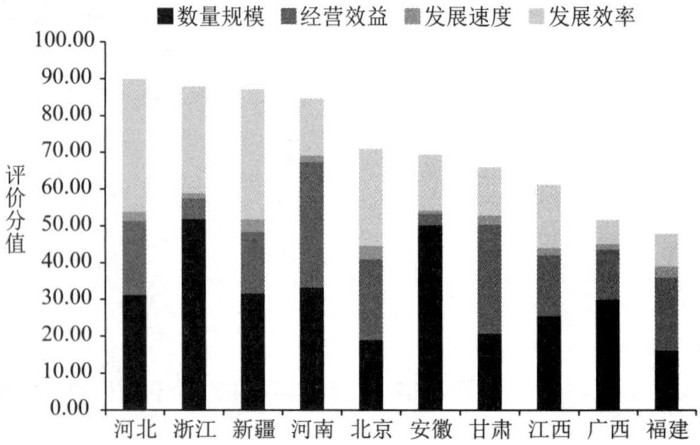

图 2-71　2016 年旅游目的地第二梯队省域及要素组成示意图

从各个省域在各方面的表现来看，如图 2-71、表 2-8 所示，第二梯队各省域虽然整体表现一般，但各省域都有较为突出的方面，如河

北、新疆速度、效率双优，这两方面的排名均在前10以内。浙江规模、效率双优，排名分别为第3位、第8位，发展绩效和速度较差，排名属于第三梯队；河南规模、效益双优，排名分别为第8位和第9位，发展速度较差，排名第23位，有待提高；北京、甘肃、福建发展速度单优，排名分别第2位、第8位和第5位，表现十分突出；安徽规模单优，排名第4位，而发展效益和速度表现很差，排名均属于倒数；江西均衡发展，四个方面的排名与其总体排名相差不大；广西规模表现较好，排名第12位，但速度和效率表现较差，排名分别为第24位和第28位。

（3）旅游目的地第三梯队：多为西南和西北省域，成员较稳定，发展速度表现较好；吉渝晋青速度单优，陕蒙规模单优，宁效益较优，天津速度—效率双优。

如表2-8、图2-72所示，旅游目的地第三梯队省域包括陕西、吉林、重庆、内蒙古、云南、宁夏、天津、山西、贵州、青海，综合评价分值低45分，各省域得分差异不大，主要为西南和西北省域，梯队成员相对稳定，陕西、天津是从2015年的第二梯队掉入第三梯队的。

从各个省域在各个方面的表现来看，如图2-72、表2-8所示，第三梯队省域整体表现较弱，但在发展速度方面表现较好，吉林、重庆、天津、山西、青海的发展速度均达到第二梯队水平；其他省域也有在某方面有较好的表现，如陕西、内蒙古规模较优，排第14位；宁夏效益较优，排名第15位；天津速度、效率双优，排名均为第16位。

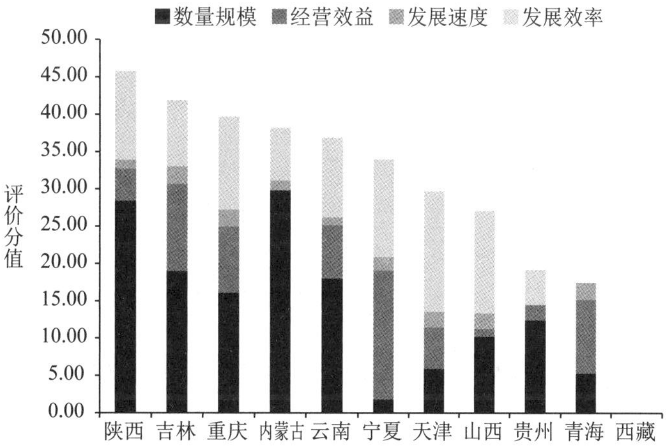

图2-72 2016年旅游目的地第三梯队省域及要素组成示意图

（三）旅行社业发展

本报告分别选用旅行社数量、利润、数量增长率、利润增长率、全员劳动生产率作为旅行社业的数量规模、经营效益、发展速度和发展效率的评价指标。这些评价指标及其基本描述统计如表2-9所示。

表2-9 2016年中国31个省域旅行社业发展的评价指标及其基本描述统计

类型	评价指标	平均值	最大值	最小值	标准差	变异系数
数量规模	旅行社数量（家）	901.26	2241.00	115.00	580.40	0.64
经营效益	旅行社利润（万元）	7993.62	68756.00	−7891.53	16450.91	2.06
发展速度	旅行社数量增长率（%）	0.99	13.73	−16.25	5.55	5.62
	旅行社利润增长率（%）	−154.44	477.45	−2016.34	474.66	−3.07
发展效率	旅行社全员劳动生产率（万元/人）	99.10	261.04	30.77	55.35	0.56

（数据来源：《中国旅游统计年鉴》2016~2017）

1. 发展现状

（1）数量规模：全国各省旅行社平均 901 家，13 省域达平均；苏鲁浙粤较多；省际差异不大且较稳定，具有由东向西逐步递减的空间分布格局

如表 2–9、图 2–73 所示，2016 年全国 31 个省域旅行社数量的平均值为 901 家，13 个省域达到或超过平均水平。其中，江苏、山东、浙江和广东旅行社数量最多，都超过 2000 家，分别达到 2241 家、2115 家、2051 家和 2028 家；其次，河北（1901 家）、北京（1344 家）、上海（1261 家）、辽宁（1258 家）、安徽（1070 家）、湖北（1057 家）、河南（1009 家）；而西藏和宁夏最少，分别仅有 205 家和 115 家。

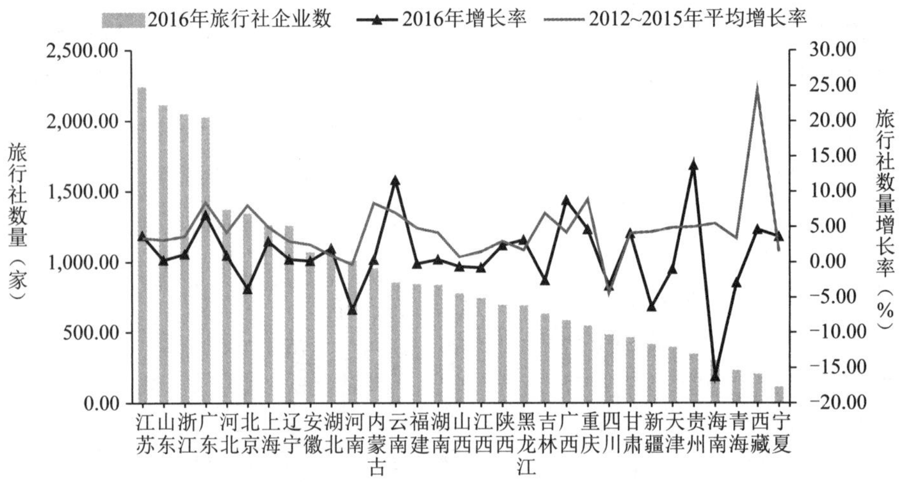

图 2–73　2016 年中国 31 个省域的旅行社数量及其增长率

（数据来源：《中国旅游统计年鉴》2012~2017）

2016 年 31 个省域旅行社数量的变异系数为 0.64（表 2–9），在旅行社业的 5 个评价指标中较小，而且近五年几乎没有变化，说明旅行社数量的省际差异不大，且较稳定。同时，如图 2–74 所示，从空间分布来看，旅行社数量较高的省域集中在华东、华南地区，由此向中部和西部地区递减，大体呈现由东向西逐步递减的空间分布格局。

（2）经营效益：利润平均 0.80 亿元，不足三成省域达平均，北京出类拔萃；省际差异大，且呈缩小态势，效益高的省域分散分布于东南沿海、华南及中部

如表 2–9、图 2–75 所示，2016 年全国 31 个省域旅行社利润的平均值为 0.80 亿元，只有 7 个省域达到或超过平均水平，但有 24 个省域实现盈利，其中，北京出类拔萃，旅行社利润高达 6.88 亿元；其次，广东、山东、四川、福建、江苏、辽宁也都超过 1 亿元；7 省域旅行社亏损，甘肃、天津、贵州、上海亏损均超过 0.5 亿元，尤其上海亏损高达 0.79 亿元。

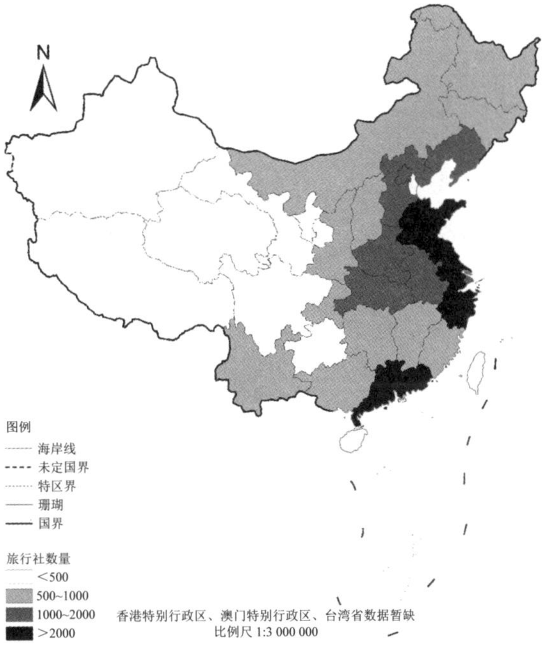

图 2–74 2016 年中国 31 个省域旅行社数量的空间分布图

（数据来源：《中国旅游统计年鉴》2017）

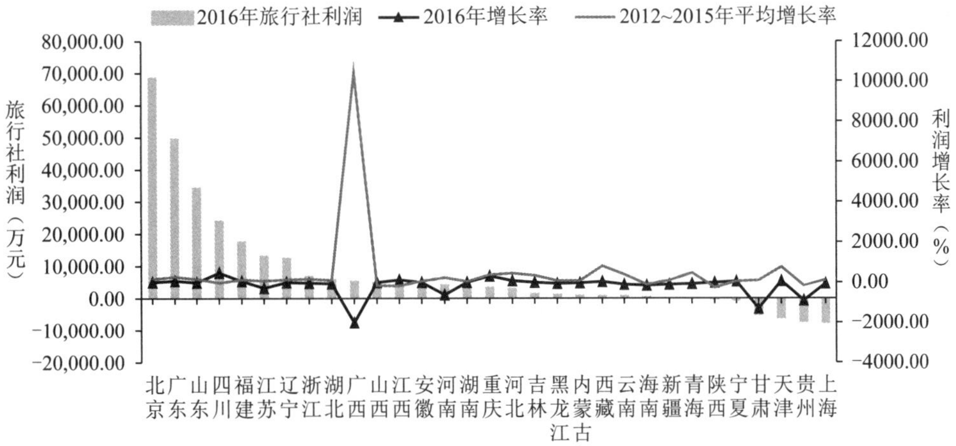

图 2–75 2016 年中国 31 个省域的旅行社利润及其增长率

（数据来源：《中国旅游统计年鉴》2012~2017）

2016 年 31 个省域旅行社利润的变异系数为 2.06（表 2–9），较大，相较于 2015 年有下降趋势，表明旅行社利润的省际差异较大，而且呈缩小态势。同时，从空间分布来看，如图 2–76 所示，利润较高的省域分散分布于东南沿海、华南及中部地区，中西部地区利润较低。

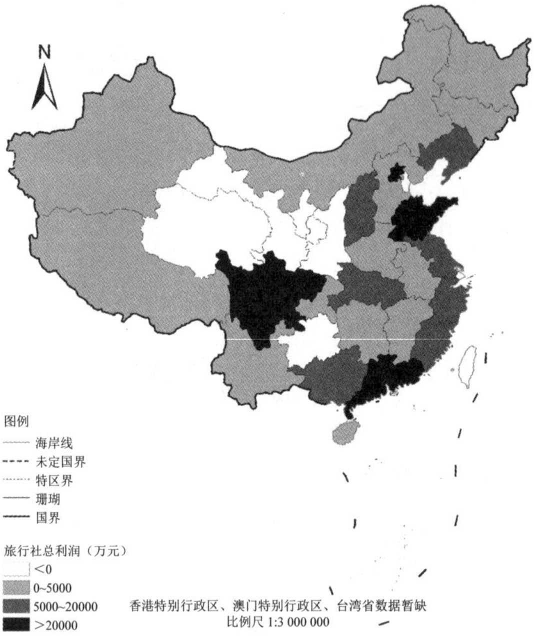

图 2-76　2016 年中国 31 个省域旅行社利润的空间分布图

（数据来源：《中国旅游统计年鉴》2017）

2. 发展潜力

（1）发展速度：多数省域数量增长，而利润下降；省际差异大，且都呈扩大态势；数量与利润增长的空间错位明显

① 旅行社数量增长率：平均为 0.99%，近半数省域达平均；七成省域正增长，西藏表现突出；旅行社数量较多省域的增长率较高；三成省域增长率较前四年增大；省际差异较大，且呈扩大趋势，大体呈现出西南向东北递减的分布格局

如表2-9、图2-73所示，2016年全国31个省域旅行社数量增长率的平均值为0.99 %，20 省域旅行社数量呈增长趋势，14 个省域达到或超过平均水平。其中，贵州、云南增长率最高，均超过 10.00%，西藏表现突出，增长率达 13.73%；其次，广西（8.72%）、广东（6.68%）也不错，增长率都超过 5%；而福建、山西、江西、天津、吉林、青海、四川、北京、新疆、河南、海南 11 个省域旅行社数量有所减少，其中海南降幅最大，达到 16.25%，其他省域降幅不足 10%。

结合各省域的旅行社数量看，如图 2-73 所示，旅行社数量排名前 10 位的省域平均增长率为 1.45%，旅行社数量处于中间水平的省域平均增长率为 1.41%，旅行社数量排名后 10 位省域的平均增长率为 0.07%，可见，旅行社数量较多省域的增长率稍高，与 2015 年的趋势相反。

与 2012~2015 年各省域旅行社数量的平均增长率相比，如图 2-73 所示，8 个省域 2016 年旅行社数量的增长率高于前四年的平均增长率，其中，贵州、宁夏、广西、湖北表现突出，增长率均高出 100 个百分点；在 23 个增长率有所降低省域中，新疆、海南和河南的降幅较大，超过 200 个百分点，其中河南的较多年平均增长率的降幅超过 1900%。

2016 年 31 个省域旅行社数量增长率的变异系数为 5.62（表 2–9），比较大，比去年增长了 2.61，与近几年相比呈增加趋势，表明旅行社数量增长率的省际差异较大，但呈扩大趋势。同时，从空间分布来看，如图 2–77 所示，西南省域的旅行社数量增长率较高，中部区域较高，大体呈现出西南向东北递减的分布格局。

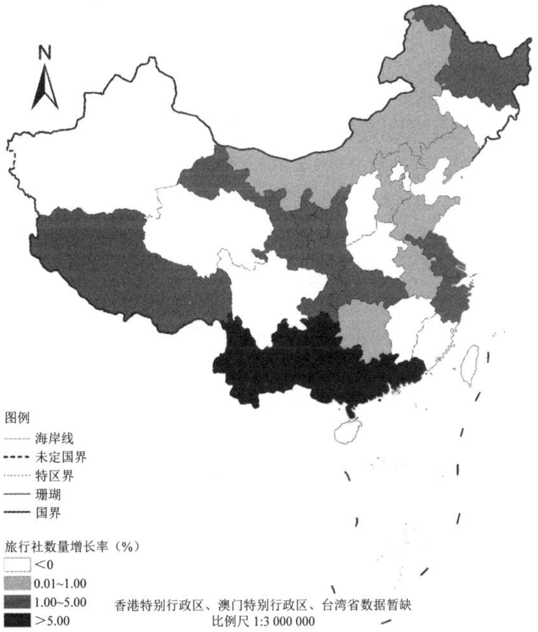

图 2–77　2016 年中国 31 个省域旅行社数量增长率的空间分布图

（数据来源：《中国旅游统计年鉴》2016~2017）

② 旅行社利润增长率：三成省域正增长，川渝赣增幅最大；利润较高省域的增幅较大；仅一成省域增长率较前四年增大；省际差异较大，且呈扩大趋势；利润增长率较高的省域散布于中部和东南部区域

如表 2–9、图 2–75 所示，2016 年全国 31 个省域旅行社利润增长率的平均值为 –154.44%，10 个省域实现利润增长，其中四川、重庆、江西利润增长最多，增长率分别是 477.45%、303.45%、119.72%。21 省域利润负增长，其中，新疆、云南、海南、江苏、河南、贵州、甘肃、广西旅行社利润的降幅都较大，均超过 100%，尤其是甘肃、广西降幅最大，增长率分别为 –1304.15% 和 –2016.34%。

结合各省域的旅行社利润看，如图 2–75 所示，旅行社利润排名前 10 位的省域平均增长率为 21.65%（剔除广西这个特异值 –2106.34%），旅行社利润处于中间水平的省域平均增长率为 –25.69%，旅行社利润排名后 10 位省域的平均增长率为 –268.36%，可见，旅行社利润越高的省域，旅行社利润的增幅就越大，与 2015 年的趋势相似。

与 2012~2015 年各省域旅行社利润的多年平均增长率相比较，如图 2-75 所示，四川、江西、山西、陕西 4 个省域增长率较多年平均有所增加，且增加较多，增幅分别为 1927.95%、170.40%、95.07%、91.94%；其余 27 省域社利润的增长率低于多年平均值，而且低得较多，尤其黑龙江（-211.07%）、新疆（-216.11%）、河南（-372.25 %）、贵州（-417.18 %）、江苏（-539.98%）、甘肃（-1603.58%）都低 200 多个百分点。

2016 年，31 个省域旅行社利润增长率的变异系数的绝对值为 3.07（表 2-9），比较大，较 2015 年增加了 2.83，与近五年相比，呈波动提升的变化态势，表明旅行社利润增长率的省际差异大，且呈扩大趋势。同时，如图 2-78 所示，2016 年旅行社利润增长率较高的省域散布于中部和东南部区域，无明显的空间分异格局。

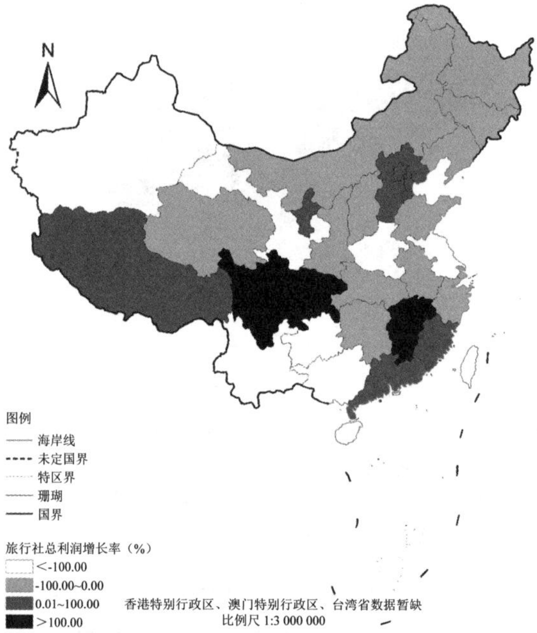

图 2-78　2016 年中国 31 个省域旅行社利润增长率的空间分布图

（数据来源：《中国旅游统计年鉴》2016~2017）

（2）发展效率：平均约 99 万元 / 人，四成省域达平均，京沪遥遥领先；生产率越高的省域利润也越高；较近五年八成省域提升，晋贵豫川表现突出；省际差异小，且呈稳定趋势，东南沿海、中部及西南地区省域较高

如表 2-9、图 2-79 所示，2016 年全国 31 个省域旅行社全员劳动生产率的平均为 99.10 万元 / 人，13 个省域达到或超过平均水平。其中，上海和北京遥遥领先，旅行社全员劳动生产率分别高达 261.04 万元 / 人和 200.55 万元 / 人；其次，重庆、广东、江苏、福建、辽宁、四川、湖南、云南、海南、天津、山西也不错，旅行社全员劳动生产

率均超过了 100 万元 / 人；而甘肃、内蒙古旅行社的全员劳动生产率较低，都不足 40 万元 / 人。

结合各省域的旅行社利润来看，如图 2-79 所示，旅行社全员劳动生产率排名前 10 位、11~21 位和后 10 位省域旅行社利润的平均值分别为 18785.23 万元、4861.30 万元和 647.48 万元，表明旅行社全员劳动生产率越高的省域，旅行社利润也越高；但旅行社全员劳动生产率很高的上海、重庆、湖南等，旅行社利润却很低，尤其上海处于严重亏损状态，表明其在成本控制等方面有很大的改进空间。

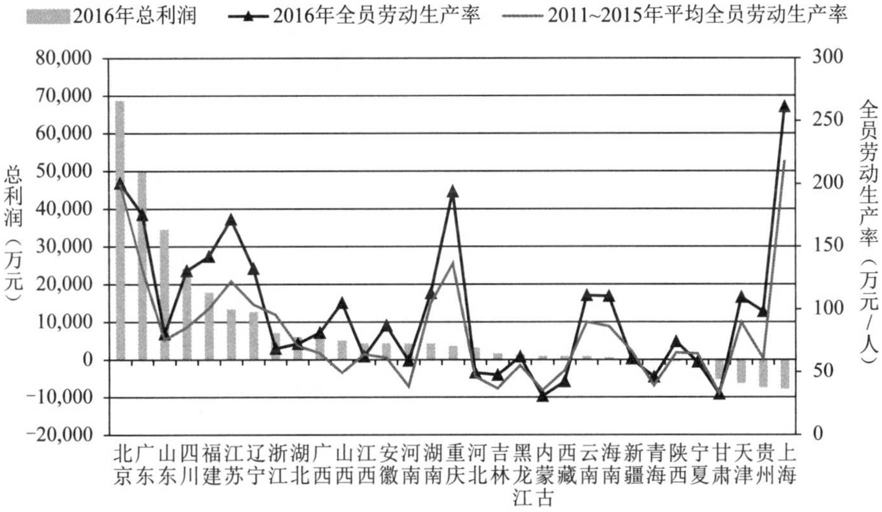

图 2-79　2016 年及 2011~2015 年中国 31 个省域平均全员劳动生产率

（数据来源：《中国旅游统计年鉴》2012~2017）

与 2011~2015 年平均全员劳动生产率相比较，2016 年 31 个省域中八成省域劳动生产率较多年平均有所提升；其中，山西、贵州、河南、四川表现突出，增幅分别为 111.90%、60.83%、53.97%、52.14%；其余 7 省域社利润的增长率仅稍稍低于多年平均值，不足 30%，其中浙江降幅最大，达到 -28.05%。总体来看，全国 31 个省域旅行社的全员劳动生产率呈明显提升趋势。

2016 年，31 个省域旅行社全员劳动生产率的变异系数为 0.56（表 2-9），较小，较 2014 年略有升高，而且近五年在 0.5 上下波动，表明旅行社全员劳动生产率的省际差异不大，且较为稳定。同时，在空间分布上，如图 2-80 所示，旅行社全员劳动生产率较高的省域集中分布于东南沿海、中部及西南地区。

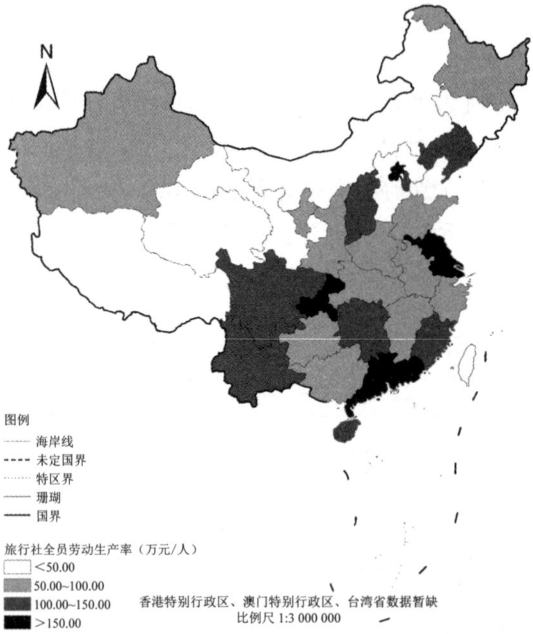

图 2-80　2016 年中国 31 个省域旅行社全员劳动生产率的空间分布图

（数据来源：《中国旅游统计年鉴 2017（副本）》）

3. 发展评价

分别对 31 个省域的旅行社数量、旅行社利润、旅行社数量和旅行社利润增长率的平均值、旅行社全员劳动生产率这四个指标进行归一化处理后，加总求和，得到全国 31 个省域旅行社业的综合评价结果（表 2-10、图 2-81、图 2-82）。依据综合评价得分高低，将 31 个省域分为三个梯队，并分别从梯队成员、空间分布、各指标的相对状况等角度对各个梯队进行分析。如前所述，在分析各省域各指标的相对状况时，通过比较该省域各指标的排名来反映其相对优势领域和不足之处。

表 2-10　2016 年中国 31 个省域旅行社业综合评价分值及排序

省区市	旅行社业综合评价		数量规模		发展效益		发展速度		发展效率	
	分值	排序	分值	排序	分值	排序	分值	排序	分值	排序
北京	312.60	1	57.81	6	100.00	1	81.06	10	73.73	2
天津	132.31	19	13.22	26	1.99	29	82.86	7	34.24	12
河北	165.41	13	59.17	5	14.51	17	83.59	5	8.13	26
山西	161.04	14	31.19	16	17.01	11	80.55	12	32.29	13
内蒙古	130.40	21	39.56	12	11.65	20	79.20	19	0.00	31
辽宁	205.61	7	53.76	8	26.85	7	80.90	11	44.10	7
吉林	124.55	24	24.41	20	12.45	18	80.37	16	7.32	27
黑龙江	131.11	20	27.19	19	12.08	19	78.09	21	13.74	22

续表

省区市	旅行社业综合评价		数量规模		发展效益		发展速度		发展效率	
	分值	排序	分值	排序	分值	排序	分值	排序	分值	排序
上海	232.31	5	53.90	7	0.00	31	78.40	20	100.00	1
江苏	258.87	3	100.00	1	27.79	6	69.82	27	61.27	5
浙江	206.53	6	91.06	3	19.59	8	79.30	18	16.58	20
安徽	165.79	12	44.92	9	16.00	13	80.42	14	24.45	15
福建	199.29	10	34.29	14	33.66	5	83.01	6	48.34	6
江西	145.20	17	29.59	17	16.06	12	85.69	3	13.87	21
山东	251.54	4	94.07	2	55.44	3	80.38	15	21.65	17
河南	125.47	23	42.05	11	15.95	14	55.12	28	12.36	24
湖北	158.69	15	44.31	10	18.23	9	77.97	22	18.18	19
湖南	166.03	11	34.01	15	15.93	15	80.49	13	35.61	9
广东	312.03	2	89.98	4	75.33	2	83.76	4	62.95	4
广西	61.68	30	22.15	21	17.49	10	0.00	31	22.04	16
海南	128.35	22	8.89	28	11.08	23	73.81	26	34.57	11
重庆	199.44	9	20.27	22	15.03	16	93.31	2	70.83	3
四川	202.69	8	17.40	23	41.94	4	100.00	1	43.34	8
贵州	85.55	29	10.96	27	0.47	30	44.84	29	29.27	14
云南	157.67	16	34.81	13	11.53	22	76.48	24	34.85	10
西藏	102.63	27	4.23	30	11.58	21	81.80	9	5.02	29
陕西	136.02	18	27.33	18	9.66	26	80.09	17	18.94	18
甘肃	48.96	31	16.37	24	3.37	28	28.51	30	0.71	30
青海	99.74	28	5.46	29	10.22	25	77.49	23	6.57	28
宁夏	103.62	26	0.00	31	9.14	27	82.56	8	11.91	25
新疆	113.83	25	14.11	25	10.46	24	76.25	25	13.00	23

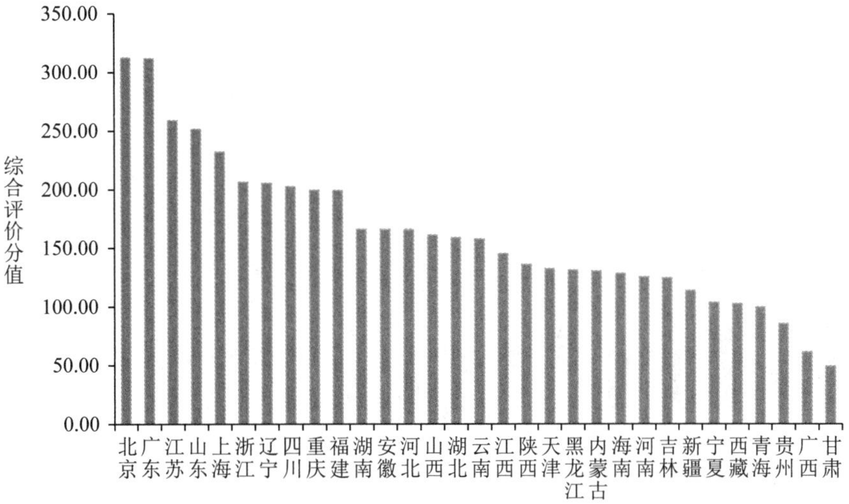

图 2–81　2016 年中国 31 个省域旅行社业综合评价结果示意图

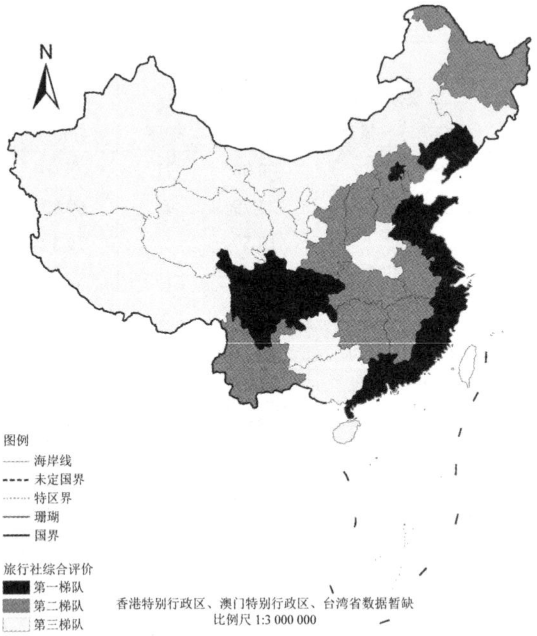

图 2-82　2016 年中国 31 个省域旅行社业综合评价空间分布图

（1）旅行社业第一梯队：多为沿海省域；京粤辽均衡，江苏规模—效益—效率三优，川效益—速度—效率三优，鲁浙规模—效益双优，上海规模—效率双优型，重庆速度—效率双优

如表 2-10、图 2-83 所示，旅行社业第一梯队省域包括北京、广东、江苏、山东、上海、浙江、辽宁、四川、重庆、福建，综合评价分值在 190 分以上，主要分布在东部、东南部沿海地区以及中部、西南地区。与 2015 年相比，梯队成员变动不大，四川和重庆为新入省域。

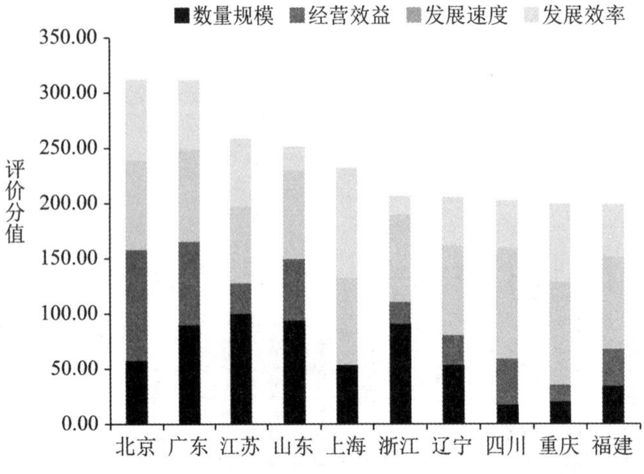

图 2-83　2016 年中国 31 个省域旅行社业第一梯队省域及要素组成

从这些省域在各方面的表现来看，如图 2-83 所示，各个省域的表现各异：北京、广东、辽宁属于均衡型，各个指标的排名几乎都在前 10 位或附近，没有明显的短板；山东、浙江属于规模—效益双优型，这两个方面的排名都为前 10 位，而它们的发展效益、发展速度排名都处于第二梯队，短板明显；江苏属于规模、效益、效率三优型，这三个方面都排在前 10 名，但发展速度却排第 27 名，有待提升；上海属于规模—效率双优型，

两方面排名分别为第 7 位和第 1 位，但发展效益和发展速度排在第三梯度，有很大的提升空间；四川、福建属于效益、速度和效率三优型，这三个方面的排名都在前 10 位，但发展规模排名为第 23 位，是较明显的短板；重庆属于速度、效率双优型，排名分别为第 2 位、第 3 位，但它们的发展规模、发展效益排名都处于第二梯队，有待改进。

（2）旅行社业第二梯队：多中部省域，梯队成员变动不大；湖南效率单优，安徽规模单优，赣津速度单优，河北规模—速度双优，湖北规模—效益双优。

如表 2-10、图 2-84 所示，旅行社业第二梯队包括湖南、安徽、河北、山西、湖北、云南、江西、陕西、天津、黑龙江，综合得分为 130~190 分，主要为中西部和东北省域；与 2015 年相比，梯队成员变动不大，湖北从 2014 年的第一梯队降至第二梯队，云南、陕西、天津由 2015 年的第三梯队升至第二梯队。

从这些省域在各方面的表现来看，如图 2-84 所示，虽然整体表现一般，但有些省域有表现突出的方面。例如，湖南属于效率单优型，发展效率居全国第 9 位，而其他方面都较弱；安徽属于规模单优型，数量规模居全国第 9 位；江西和天津均属于速度单优型，发展速度分别排第 3 名和第 7 名；河北则属于规模、速度双优型，这两个方面的排名均为第 5 位；湖北属于规模—效益双优型，这两个方面的排名均在前 10 名；山西、云南、陕西和黑龙江发展相对均衡，没有特别突出的地方，也没有特别的短板，只是陕西在发展效益方面表现较弱，排名为第 26 位。

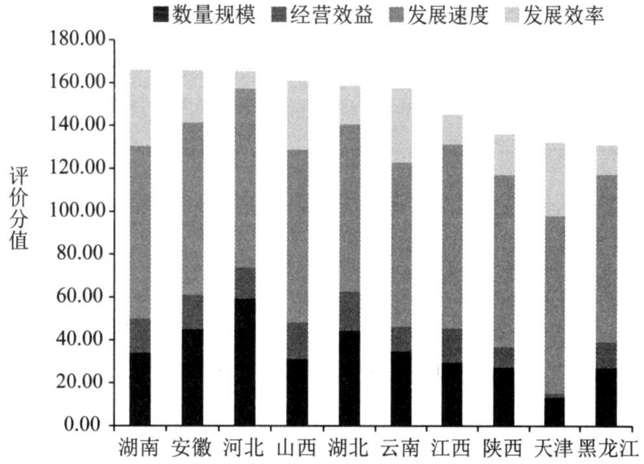

图 2-84　2016 年旅行社业第二梯队省域及要素组成示意图

（3）旅行社业第三梯队：多西南、东北省域；内蒙古吉规模—效益—速度三优，河南规模—速度双优，海南效率单优，宁藏速度单优，广西效益—效率单优

如表 2-6、图 2-85 所示，旅行社业第三梯队包括内蒙古、海南、河南、吉林、新疆、宁夏、西藏、青海、贵州、广西、甘肃，综合评价分值介于 40~130 分，主要分布于西南、西北地区。与 2015 年相比，梯队成员变动不大，云南、陕西、河南、海南、广西、天津和宁夏均为第三梯队新入省域。内蒙古、吉林由第二梯队降至第三梯队，西藏由第一梯队降至第三梯队。

从这些省域在各方面的表现来看，如图 2-85 所示，第三梯队省域整体表现都较弱，只有少数省域在某些方面表现较优（排名前 20 位）或优（排名前 10 位）。内蒙古和吉林属于规模、效益、速度较优，这三个方面分别排前 20 位以内；河南的规模、速度较优，这两个方面的排名在第 11 和第 14，而发展速度却排第 28 名，改进空间较大；海南属于效率较优，

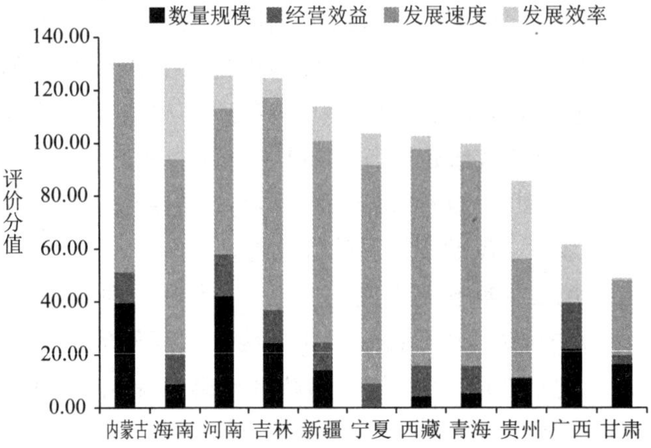

图 2-85　2016 年旅行社业第三梯队省域及要素组成示意图

发展效率的排名分别为第 11；宁夏和西藏属于发展速度较优型，分别排第 8 名和第 9 名；广西属于发展效益、效率较优，分别排名第 10 和第 16 名，而发展速度却排第 31 名。

三、旅游需求分析

旅游需求是反映区域旅游业发展的重要方面之一。本报告从旅游需求现状和潜力两方面分析各省域的旅游需求，并选用旅游接待总人次（即国内旅游接待人次与入境旅游接待人次之和，以下同）、旅游总收入（即国内旅游收入与入境旅游收入之和，以下同）分别从规模和效益角度反映旅游需求现状，选用旅游接待人次增长率和旅游收入增长率以及人均花费分别从速度和效率的角度反映旅游需求的潜力。这些指标的基本描述统计如表 2-11 所示。

表 2-11　2016 年中国 31 个省域旅游需求评价指标及其基本描述统计

类型	评价指标	平均值	最大值	最小值	标准差	变异系数
旅游需求现状	旅游接待总人次（万人次）	37715.05	82418.60	1344.11	22707.88	0.60
	旅游总收入（亿元）	4195.20	10405.70	105.71	2648.88	0.63
旅游需求潜力	旅游接待总人次增长率（%）	17.53	75.78	-26.93	15.95	0.91
	旅游总收入增长率（%）	19.45	43.90	-34.50	14.83	0.76
	入境游客人均花费（美元/人）	674.08	3588.57	246.95	584.74	0.87

（数据来源：《中国旅游统计年鉴》2017；注：入境旅游收入以 1∶6.49 的美元兑元汇率换算）

（一）旅游需求现状

1. 旅游接待总人次：平均近 4 亿，小幅增加，过半省域达平均，粤鲁苏川领先；省际差异较小，东中部较高、西部较低；入境旅游接待占比微少

如表 2-11 所示，2016 年我国 31 个省域旅游接待总人次的平均值为 3.77 亿人次，接近 4 亿人次，较 2015 年增幅 15.29%。如图 2-86 所示，18 个省域超过平均值水平，其中：广东、山东、江苏、四川旅游接待总人数均突破 6 亿人次，遥遥领先；浙江、河南、湖北、湖南、贵州、安徽 6 省旅游接待总人数突破 5 亿，表现突出，这 10 个省域旅游接待总人次之和占全国总接待人次的 53.18%；与上一年度相同，旅游接待总人次不足 1 亿的省份仍为内蒙古、新疆、海南、青海、西藏、宁夏。

2016 年全国 31 个省域旅游接待总人次的变异系数为 0.60，在旅游需求的 5 个评价指标中最低（表 2–11），与 2015 年相比减少 0.03，表明旅游接待总人次的省际差异较小。同时，如图 2–87 所示，省域旅游接待总人次的空间分布总体上表现为东、中部较高，西部较低的特征。

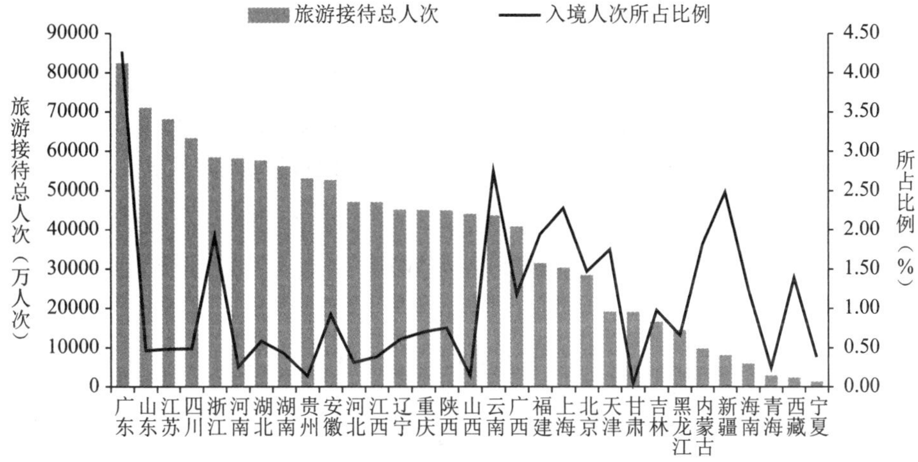

图 2–86 2016 年中国 31 个省域旅游接待总人次及入境旅游接待人次所占比例

（数据来源：《中国旅游统计年鉴》2017）

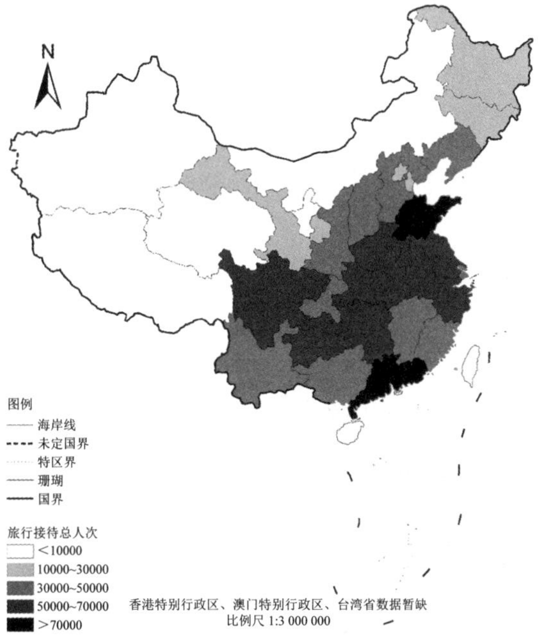

图 2–87 2016 年中国 31 个省域旅游接待总人次空间分布图

（数据来源：《中国旅游统计年鉴》2017）

如图 2–86 所示，各省域入境旅游接待人次占旅游接待总人次的比例均较低，广东入境接待人次占比最高，也仅有4.2%；新疆、内蒙古、西藏等旅游接待总人次较低的省份，其入境旅游接待比例较高，占比分别为2.48%、1.81%、1.38%；贵州、江苏、山东等19个省域入境接待人次占比在1%以下，甘肃省入境旅游接待人次占比最低，仅有0.037%。由此可见，目前我国各省域旅游接待仍以国内接待为主，国内接待人次远超过入境旅游接待人次，也进一步表明国内旅游需求旺盛。

2. 旅游总收入：平均约4000亿元，过半省域达平均，粤苏遥遥领先，破万亿元；省际差异较小，沿海优势明显；入境旅游收入占比微少，但广东表现突出；占GDP比重多为10%~20%，贵州仍为第一，西南地区表现突出

如表2–11所示，2016年全国31省域旅游总收入的平均值为4195.20亿元，较2015年旅游总收入均值提高17.69%，过半省域达到或超过平均水平，其中：广东、江苏遥遥领先，旅游总收入突破万亿元；其次浙江、四川、山东旅游总收入较高，均超过7000亿元，这5个省域的旅游总收入之和占全国旅游总收入的33.82%，且5省旅游接待人数也位列全国前5位；同上年相同，黑龙江、新疆、甘肃等7个省份旅游总收入在2000亿元以下，7省域旅游总收入之和仅占全国的4.3%，尤其是宁夏，旅游收入仅占100亿元，较上年下降34.5%（图2–88）。

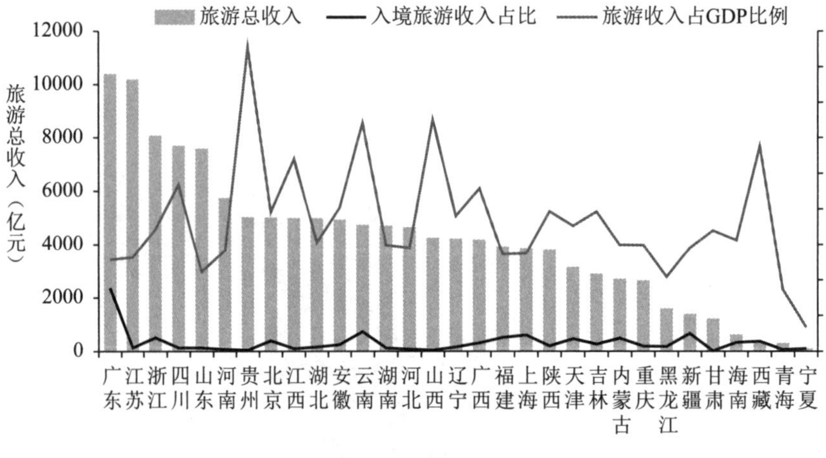

图2–88　2016年中国31个省域的旅游总收入

（数据来源：《中国旅游统计年鉴》2017）

从旅游总收入的构成来看，2016年各省域旅游收入仍以国内旅游收入占绝大部分，入境旅游收入占比都很小。其中广东省入境旅游收入占比最高，达到8.9%，且高出占比第二位的云南省6个百分点，除云南、新疆、上海占比达到2%以上，其余省份均低于2%，尤其贵州、甘肃等19个省域入境旅游收入占比都不足1%（图2–88）。

旅游总收入占GDP比重反映了区域旅游发展对区域经济的贡献率，是衡量各地区旅游业是否为支柱产业的重要指标。如图2–88所示，2016年全国31个省域旅游总收入占GDP比重多集中于10%~20%，平均值为18.22%，比2015年增加了2个百分点；其中贵

州表现最好，旅游收入占 GDP 的比重达到 42.7%，连续三年居全国首位；山西、云南表现不俗，旅游收入占 GDP 比重均在 30% 以上；西藏、江西、四川、广西、安徽 5 省域比重超过 20%，占比较高；青海、宁夏两省旅游收入占 GDP 比重小于 10%，处于末尾两位。旅游收入占 GDP 的比重，一定程度上反映了旅游业在该省域的产业地位。

2016 年全国 31 个省域旅游总收入的变异系数为 0.63，在旅游需求的 5 个评价指标中较低（表 2–11），且比上一年度减小 0.08，表明旅游总收入的省际差异较小。同时，如图 2–89 所示，省域旅游接待总收入在空间分布上表现出由东部沿海向西部内陆递减的趋势，但西部四川表现抢眼。

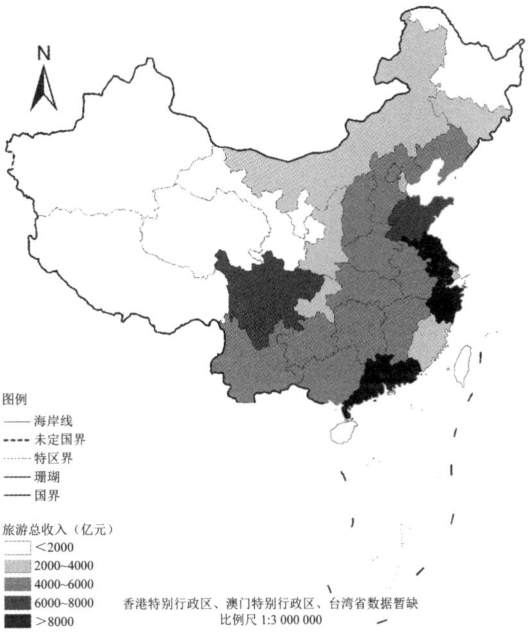

图 2–89 2016 年中国 31 个省域旅游总收入空间分布图

（数据来源：《中国旅游统计年鉴》2017）

如图 2–90 所示，旅游总收入占 GDP 比重的空间分布格局与旅游总收入不同，比重较高的省域多位于西南及中部地区，如贵州、山西、云南、西藏、江西等，而比重较低的省域多位于西北、东北地区，总体上表现为明显的西南—东北差异。

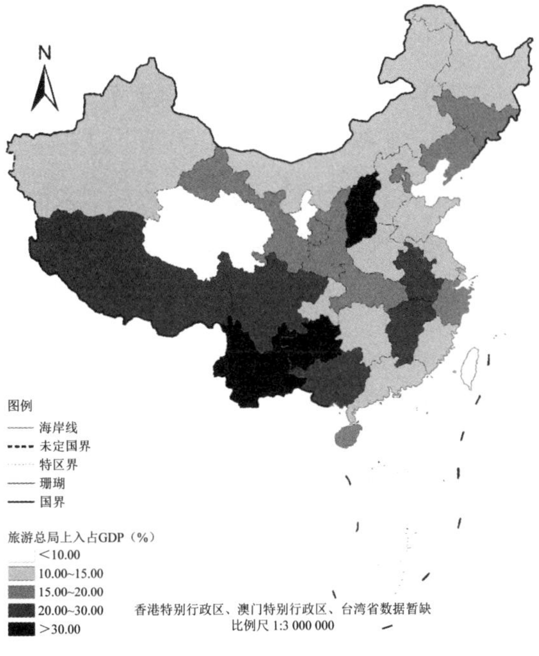

图 2–90 2016 年中国 31 个省域旅游总收入占 GDP 比重的空间分布

（数据来源：《中国旅游统计年鉴》2017，《2017 中国统计年鉴》）

（二）旅游需求潜力

1. 旅游接待总人次增长率：平均约 18%，近半省域达平均，非旅游接待大省异军突起，旅游接待大省放缓；六成省域低于前八年平均水平，但多数相差不大；省际差异较大，由西部向东部沿海递减

如表 2–11、图 2–91 所示，2016 年全国 31 个省域旅游接待总人次增长率的平均值为 17.53%，较 2015 年增加 7.38%；13 个省域达到或超过平均值，其中西藏表现最突出，其旅游接待人次增加 75.78%，贵

州、新疆、云南紧随其后，增长率均超过 30%；浙江、天津、江苏、山东、四川、广东、上海、北京较低，不足 10%，宁夏呈现较大幅度的负增长。可见，部分非旅游接待大省有异军突起之势，而广东、江苏、山东等旅游接待大省有放缓迹象。

与 2008~2015 年的平均增长率相比较，如图 2-91 所示，北京等 20 个省域 2016 年旅游接待总人次增长率低于 8 年平均增长率，西藏等 11 个省域 2016 年旅游接待总人次数高于 8 年平均水平，可见总体上旅游接待总人次增长缓慢；从 2016 年旅游接待总人次增长率与 8 年平均增长率差值来看，除西藏（50.34%）、宁夏（–39.82%）、新疆（20.80%）、广东（–21.10%）、云南（16.67%）、贵州（16.18%）外，其余 20 多个省份增长率差值均在 10% 以下，相差不大，较为平稳。

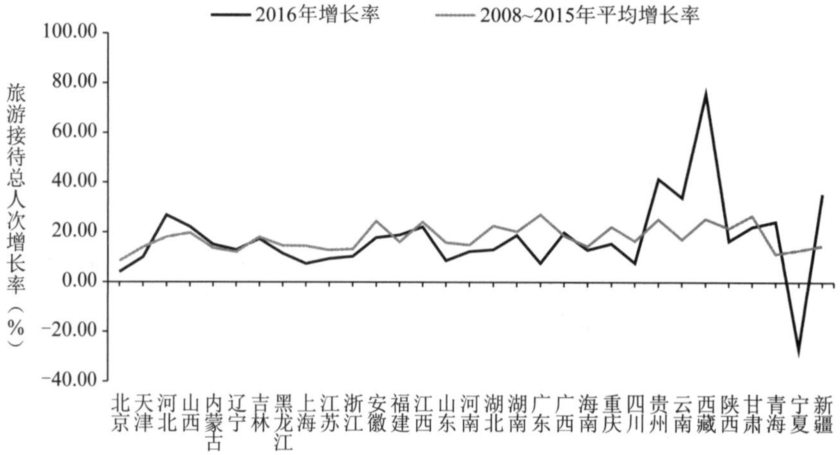

图 2-91　2016 年中国 31 个省域旅游接待总人次增长率及 2008~2015 年平均增长率

（数据来源：《中国旅游统计年鉴》2009~2017）

2016 年，全国 31 个省域旅游接待总人次增长率的变异系数为 0.91，在旅游需求的 5 个评价指标中最高（表 2-11），表明旅游接待总人次增长率的省际差异较大，同时，如图 2-92 所示，2016 年各省域旅游接待总人次增长率在空间上明显呈现出由西部向东部沿海递减的特征。

2. 旅游总收入增长率：平均 19.45%，体现内涵式增长，一半省域达平均，云贵位列前茅；六成省域低于前八年平均水平；省际差异较小，呈现缩小趋势，沿海较低，西南较高

如表 2-11、图 2-93 所示，2016 年全国 31 个省域旅游总收入增长率的平均值为 19.45%，15 个省域达到或超过平均水平，可见，旅游总收入的平均增长率高于旅游接待总人次的平均增长率，在一定程度上表明我国省域旅游发展呈现出内涵式增长的趋势；在 31 个省域中，云、贵两省旅游总收入增长率超过 40%，居于前两位；江西、新疆、河北三省增长率高于 30%，位于前列；而北京、广东、宁夏的增长率较低，且宁夏旅游接待总收入下降了 34 个百分点，与其接待总人次的下降相一致。

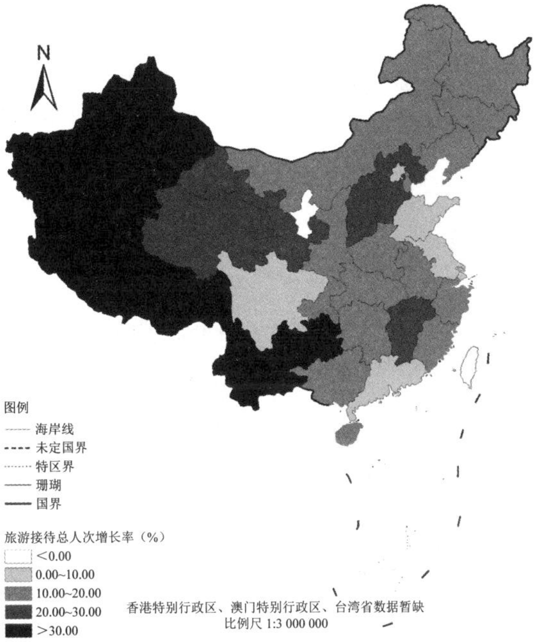

图 2-92　2016 年中国 31 个省域旅游接待总人次增长率空间分布图

（数据来源：《中国旅游统计年鉴》2015）

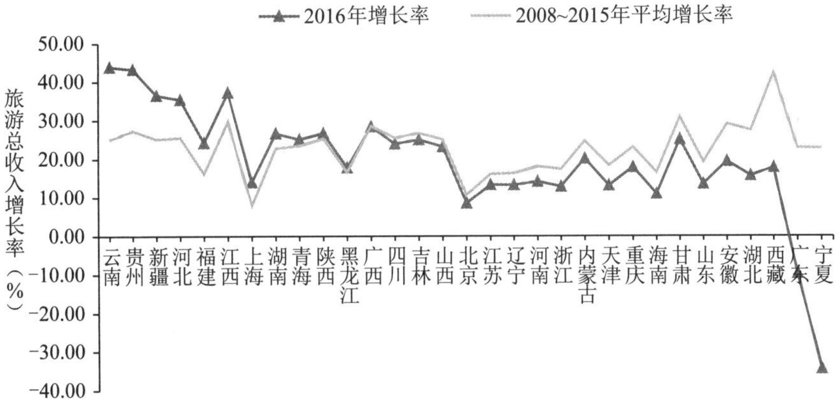

图 2-93　2016 年中国 31 个省域旅游总收入增长率及 2008~2015 年平均增长率

（数据来源：《中国旅游统计年鉴》2009~2017）

结合各省域旅游总收入来看，旅游总收入排前 10 位、中间 10 位及后 11 位省域的平均增长率分别为 17.28%、25.53% 和 15.90%，由此可看出，旅游收入居于中间梯队的省域其收入增长率高于两端省域。

与 2008~2015 年的平均增长率相比较，如图 2-93 所示，31 个省域中 11 个省域 2016 年旅游总收入增长率高于 8 年平均水平，其中云南、贵州、新疆三省区 2016 年旅游收入增长率高出 8 年平均增长率近 20 个百分点；其余 20 个省域 2016 年旅游总收入增长率

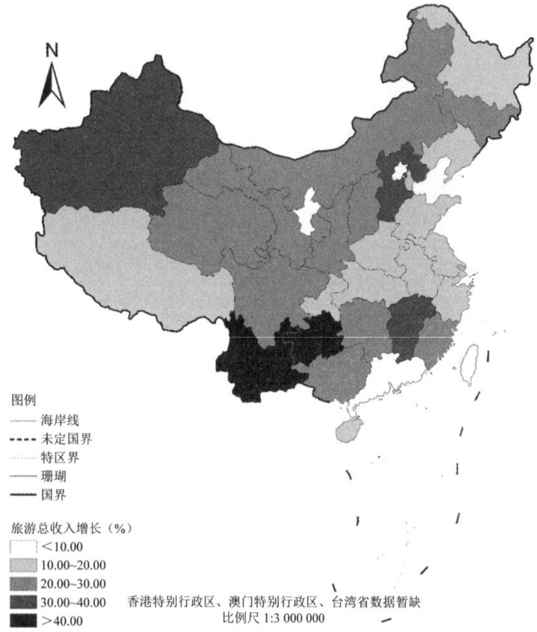

图 2–94　2016 年中国 31 个省域旅游总收入增长率空间分布图

（数据来源：《中国旅游统计年鉴》2017）

低于 8 年平均水平，其中西藏、广东、宁夏下降幅度较大，均高于 20%，其中宁夏 2016 年旅游收入增长率比 8 年平均水平减少 57.27%。

2016 年全国 31 个省域旅游总收入增长率的变异系数为 0.76，在旅游需求的 5 个评价指标中较低（表 2–11），表明旅游总收入增长率的省际差异较小，而且，与 2015 年相比，变异系数减小了 0.04，表明旅游总收入增长率的省际差异有所缩小。如图 2–94 所示，从空间分布来看，2016 年 31 个省域的旅游总收入增长率呈现出东部沿海地区较低、西南地区较高的格局。

3. 入境游客人均花费：平均 600 美元，达均省域不足三成；天津独占鳌头，京渝闽苏沪表现不俗；平均增幅较高，福建近翻倍增长；省际差异较大，东西高中部低

入境游客人均花费反映了入境游客对中国旅游市场需求程度。如表 2–11、图 2–95 所示，2016 年我国 31 个省域入境游客人均花费的平均值为 674.08 美元 / 人，比 2015 年增加 38.73 美元 / 人，10 省域达到或超过平均水平，其中：天津独占鳌头，入境游客人均花费达到 3588.57 美元 / 人；其次，北京、重庆、福建、江苏、上海也表现甚佳，均超过 800 美元 / 人；而河南、江西、甘肃较为落后，入境游客人均花费都不到 350 美元 / 人；其他大部分省域入境游客人均花费都在 400~700 美元 / 人。

如图 2–95 所示，31 个省域 2016 年入境游客人均花费增长率均值较高，达到 8.14%，比 2015 年提高 3.84 个百分点。31 个省域中，福建省入境游客人均花费由 2015 年的人均 492.35 美元增加值 2016 年的 972.58 美元，增幅高达 97.54%；此外，宁夏、重庆也实现了 30% 以上的增长；陕西、贵州、海南、辽宁也实现了超过 10% 的增长；不过也有部分省份出现负增长，如新疆与 2015 年相比，下降 22.67%。

2016 年全国 31 个省域入境游客人均花费的变异系数为 0.87，虽与 2015 年相比减少 0.06，但在旅游需求的 5 个评价指标中仍较高（表 2–11），表明入境游客人均花费的省际差异依然较大。如图 2–96 所示，31 个省域 2016 年入境游客的人均花费呈现出东西高中部低的空间分布特征，由此可见，我国东部沿海和西部边疆省域是主要的入境旅游目的地，其人均停留天数（图 2–97）、人均天花费（图 2–98）也高于中部地区。

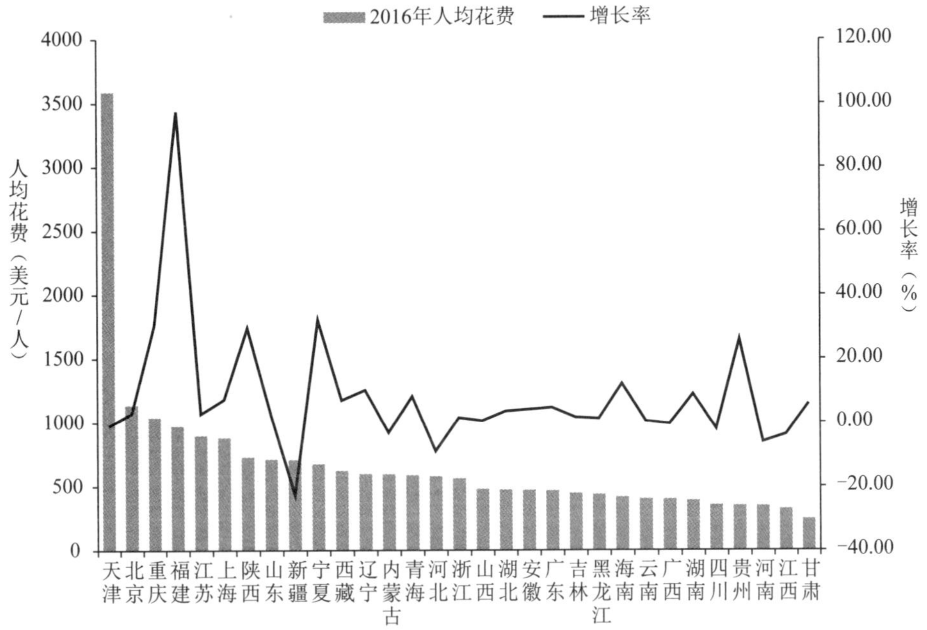

图 2-95　2016 年中国 31 个省域入境游客人均花费及增长率

（数据来源：《旅游抽样调查资料》2017）

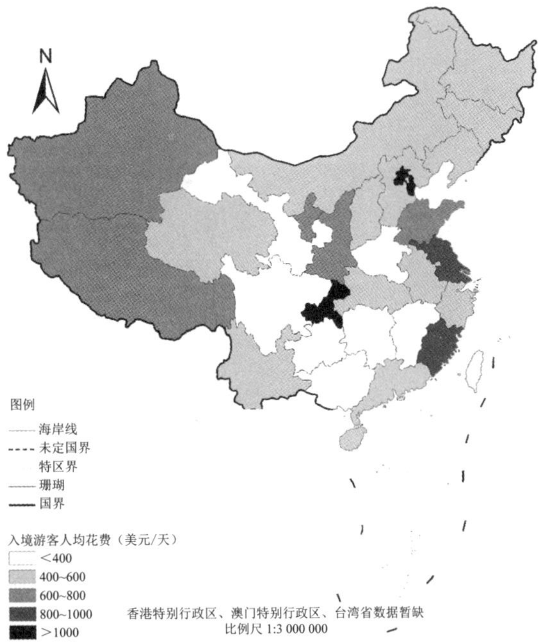

图 2-96　2016 年中国 31 个省域入境游客人均花费的空间分布图

（数据来源：《旅游抽样调查资料》2017）

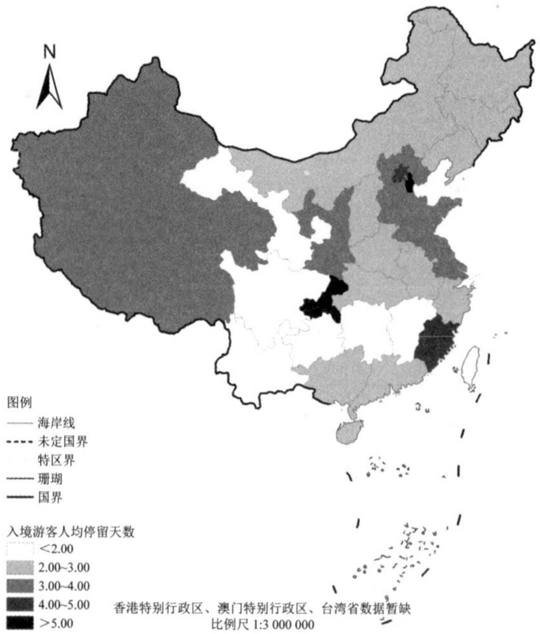

图 2-97　2016 年中国 31 个省域入境游客人均停留天数空间分布图

（数据来源：《旅游抽样调查资料》2017）

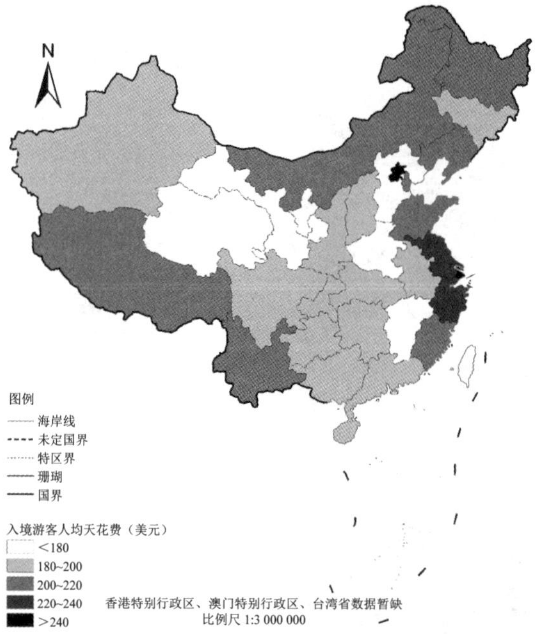

图 2-98　2016 年中国 31 个省域入境游客人均天花费空间分布图

（数据来源：《旅游抽样调查资料》2017）

（三）旅游需求综合评价

将前述旅游接待总人次、旅游总收入、旅游接待总人次增长率、旅游总收入增长率以及入境游客人均花费这 5 个指标进行归一化处理后，加和计算，得到全国 31 个省域旅游需求综合评价结果（表 2–12，图 2–99，图 2–100）。

1. 旅游需求第一梯队：主要为沿海及西南省域，表现各异，苏粤鲁川浙现状强，黔滇冀津赣潜力大

如表 2–12、图 2–99 所示，旅游需求第一梯队包括江苏（296.24）、贵州（280.40）、广东（270.23）、山东（268.61）、四川（261.69）、云南（261.04）、浙江（253.99）、河北（252.12）、天津（248.25）、江西（245.54），综合评价分值都高于 240 分，主要分布在沿海和西南地区（图 2–100）。如图 2–99 所示，旅游需求第一梯队各省域在旅游需求现状和潜力方面的表现各有所长：江苏、广东、山东、四川、浙江为现状取胜型，其旅游需求现状得分位列全国前五位，但其发展潜力得分较低，如广东、浙江、山东均处于倒数排位；贵州、云南、河北、天津、江西 5 省属潜力制胜型，旅游需求潜力排位靠前，远高于其旅游需求现状排位。

2. 旅游需求第二梯队：以中西部省域为主，湘皖豫鄂现状优，陕闽潜力强

如表 2–12、图 2–99 所示，旅游需求第二梯队包括湖南（239.19）、安徽（229.24）、河南（228.10）、湖北（226.59）、陕西（224.55）、山西（221.33）、广西（218.78）、福建（215.54）、重庆（210.42）、辽宁（204.49），综合评价得分为 200~240 分，主要为中西部省域（图 2–100）。如图 2–99 所示，旅游需求第二梯队中，湖南、安徽、河南、湖北为现状较优型，旅游需求现状得分均处于 31 省域现状得分的第一梯队，表明其发展基础良好；此外，陕西、福建两省其旅游发展潜力排名处于 31 省潜力得分的第一梯队，体现了该两省旅游潜力较优；而山西、广西、重庆三省两项得分均处于第二梯队，较为均衡。

表 2–12 2016 年中国 31 个省域旅游需求综合评价结果

省域	旅游需求综合评价		旅游接待总人次		旅游总收入		旅游接待总人次增长率		旅游总收入增长率		人均花费	
	得分	排名	得分	排名	得分	排名	得分	排名	得分	排名	得分	排名
北京	192.62	21	33.39	21	47.63	8	30.13	30	54.83	29	26.64	2
天津	248.25	9	21.96	22	29.56	21	35.99	24	60.75	26	100.00	1
河北	252.12	8	56.50	11	44.15	14	52.33	5	89.21	5	9.93	15
山西	221.33	16	52.69	16	40.22	15	47.83	7	73.62	14	6.97	17
内蒙古	156.81	26	10.44	26	25.28	23	41.00	17	69.64	15	10.45	13
辽宁	204.29	20	54.03	13	39.99	16	38.82	19	60.96	25	10.49	12
吉林	170.91	25	18.79	24	27.10	22	43.09	14	75.98	11	5.96	21
黑龙江	140.63	28	16.20	25	14.53	25	37.41	22	66.75	19	5.74	22

续表

省域	旅游需求综合评价		旅游接待总人次		旅游总收入		旅游接待总人次增长率		旅游总收入增长率		人均花费	
	得分	排名	得分	排名	得分	排名	得分	排名	得分	排名	得分	排名
上海	186.53	22	35.73	20	36.52	19	33.42	29	61.89	22	18.96	6
江苏	296.24	1	82.35	3	98.00	2	35.40	25	61.02	24	19.47	5
浙江	253.99	7	70.40	5	77.44	3	36.26	23	60.40	27	9.48	16
安徽	229.24	12	63.33	10	46.82	11	43.64	13	68.76	16	6.69	19
福建	215.54	18	37.17	19	37.08	18	44.67	11	74.91	12	21.71	4
江西	245.54	10	56.43	12	47.44	9	47.81	8	91.53	3	2.33	30
山东	268.61	4	85.97	2	72.74	5	34.69	26	61.26	23	13.94	8
河南	228.10	13	70.08	6	54.75	6	38.18	21	62.08	21	3.01	29
湖北	226.59	14	69.43	7	47.43	10	38.93	18	64.01	20	6.78	18
湖南	239.19	11	67.71	8	44.67	13	44.55	12	78.01	8	4.25	26
广东	270.23	3	100.00	1	100.00	1	32.07	28	31.59	30	6.57	20
广西	218.78	17	48.77	18	39.63	17	45.55	10	80.27	6	4.57	25
海南	112.67	30	5.77	28	5.12	28	38.79	20	57.90	28	5.09	23
重庆	210.42	19	53.95	14	24.66	24	41.32	16	66.77	17	23.72	3
四川	261.69	5	76.43	4	73.76	4	33.73	27	74.56	13	3.20	27
贵州	280.40	2	63.85	9	47.79	7	66.50	2	99.17	2	3.09	28
云南	261.04	6	52.24	17	44.96	12	59.16	4	100.00	1	4.68	24
西藏	181.40	24	1.20	30	2.19	29	100.00	1	66.76	18	11.25	11
陕西	224.55	15	53.77	15	35.97	20	42.30	15	78.05	7	14.45	7
甘肃	156.51	27	21.90	23	10.82	27	47.75	9	76.05	9	0.00	31
青海	139.89	29	1.89	29	1.98	30	49.83	6	76.01	10	10.18	14
宁夏	12.83	31	0.00	31	0.00	31	0.00	31	0.00	31	12.83	10
新疆	186.01	23	8.34	27	12.55	26	60.72	3	90.56	4	13.84	9

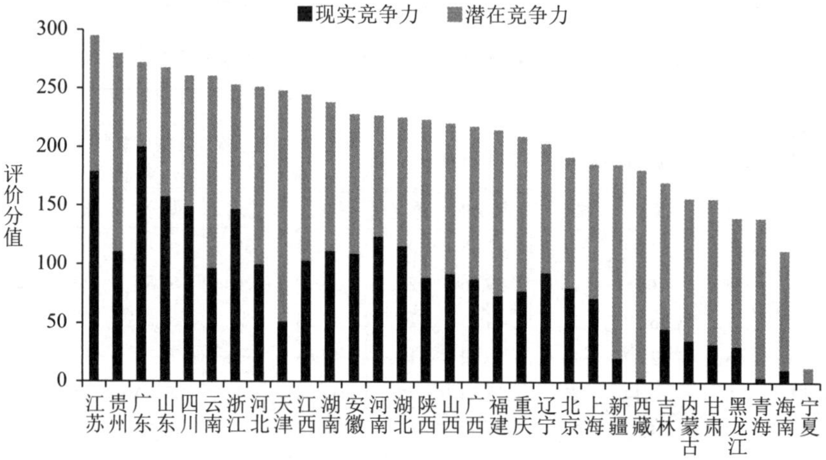

图 2-99 2016 年中国 31 省域旅游需求综合评价结果

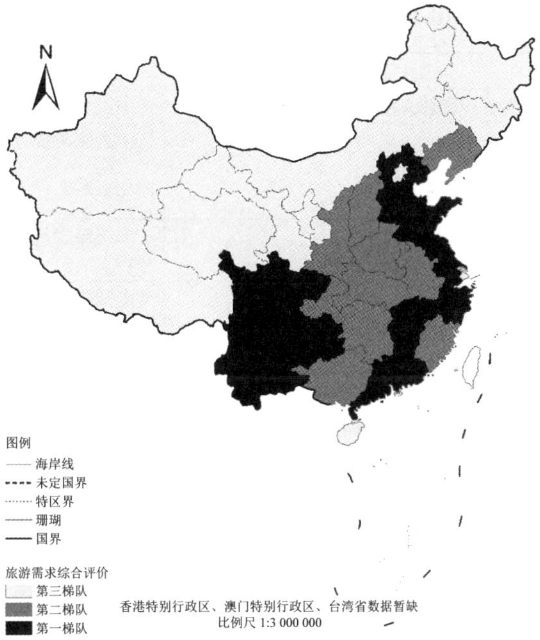

图 2-100　2016 年中国 31 省域旅游需求综合评价结果

3. 旅游需求第三梯队：以西北、东北省域为主，多为现状薄弱型，新藏青潜力表现突出

如表 2-12、图 2-99 所示，旅游需求第三梯队包括北京（192.62）、上海（186.53）、新疆（186.01）、西藏（181.40）、吉林（170.91）、内蒙古（156.81）、甘肃（156.51）、黑龙江（140.63）、青海（139.89）、海南（112.67）、宁夏（12.83），综合评价得分均低于 200 分，多为西北、东北省域（图 2-100）。如图 2-99 所示，旅游需求现状方面，除北京旅游得分处于第二梯队外，其余省份得分均较后；旅游需求潜力方面，新疆、西藏、青海三省旅游潜力得分排名处于 31 省域潜力得分排位第一梯队，表现突出，吉林、内蒙古、甘肃三省需求潜力得分处于第二梯队，表现较优，其余省份需求潜力得分较后。

四、省域旅游业发展综合评价

将本章前述省域旅游业发展评价的各项指标按现实竞争力、潜在竞争力和发展环境竞争力进行汇总，全面评价全国 31 个省域的旅游竞争力。其中，现实竞争力和潜在竞争力分别由旅游需求、住宿接待业、旅游目的地和旅行社业四个方面的现实竞争力和潜在竞争力合并构成，发展环境竞争力由自然环境竞争力、社会经济环境竞争力和旅游政策环境竞争力合并构成。评价指标详见表 2-13。

表 2-13　2016 年中国 31 个省域旅游业发展综合评价指标体系

A层	B层	C层	D层	数据来源	备注
综合竞争力	B1现实竞争力	C1旅游需求现实竞争力	D1旅游接待总人次（万人次）	《中国旅游统计年鉴2017》	
			D2旅游总收入（亿元）	《中国旅游统计年鉴2017》	
		C2住宿接待业现实竞争力	D3住宿设施总数（家）	详见表2–5	包含各类型饭店
			D4星级饭店利润（亿元）	《中国旅游统计年鉴（副本）2017》	
		C3旅游目的地现实竞争力	D5景区旅游企业数量（家）	《中国旅游统计年鉴（副本）2017》	
			D6景区旅游企业利润（亿元）	《中国旅游统计年鉴（副本）2017》	
		C4旅行社业现实竞争力	D7旅行社数量（个）	《中国旅游统计年鉴（副本）2017》	
			D8旅行社利润（亿元）	《中国旅游统计年鉴（副本）2017》	
	B2潜在竞争力	C5旅游需求潜在竞争力	D9旅游接待总人次增长率（%）	《中国旅游统计年鉴2017》	
			D10旅游总收入增长率（%）	《中国旅游统计年鉴2017》	
			D11入境游客人均花费（美元/人）	《中国旅游统计年鉴2016》	入境游客人均停留天数与人均天花费的乘积
		C6住宿接待业潜在竞争力	D12住宿接待业发展速度（%）	据《中国旅游统计年鉴（副本）》（2016、2017）数据计算	2016年星级饭店数量和利润增长率的均值
			D13星级饭店全员劳动生产率（万元/人）	2016年全国星级饭店统计公报	
		C7旅游目的地潜在竞争力	D14旅游目的地发展速度（%）	根据《中国旅游统计年鉴（副本）》（2016、2017）数据计算	2016年A级旅游景区数量和利润增长率的均值
			D15 景区全员劳动生产率（万元/人）	《中国旅游统计年鉴（副本）2017》	
		C8旅行社业潜在竞争力	D16旅行社业发展速度（%）	据《中国旅游统计年鉴（副本）》（2016、2017）数据计算	2016年旅行社数量和利润增长率的均值
			D17旅行社全员劳动生产率（万元/人）	《中国旅游统计年鉴（副本）2017》	
	B3发展环境竞争力	C9自然环境竞争力	D18空气质量优良天数（天）	《中国统计年鉴2017》《2017年国民经济和社会发展公报》	2016年省会城市的天数
			D19城市污水处理率（%）	《2017年中国环境统计年鉴》	
			D20生活垃圾无害化处理率（%）	《中国统计年鉴2017》《2017年中国环境统计年鉴》	
		C10社会经济环境竞争力	D21经济发展水平	《中国统计年鉴2017》	2016年GDP和人均GDP归一化后的平均值
			D22年旅客周转量（亿人公里）	《中国统计年鉴2017》	
			D23万人专利授权数（件）	《中国统计年鉴2017》	
		C11旅游政策环境竞争力	D24旅游管理机构	各省域相关政府官网	
			D25政府工作报告提及“旅游”次数	各省域政府官网	

（一）综合竞争力评价结果

将反映全国31个省域2016年现实竞争力、潜在竞争力和发展环境竞争力的各项指标分别进行归一化处理后加和计算，得到全国31个省域旅游综合竞争力的评价结果（表2-14、图2-101、图2-102）。依据综合评价得分高低，将31个省域分为三个梯队，分别从梯队成员、空间分布、各方面竞争力的相对状况等角度对各个梯队进行分析。由于西藏自治区旅游现实竞争力及潜在竞争力部分数据缺失，这里实际上只分析了30个省域的综合竞争力评价结果。

表2-14　2016年中国31个省域旅游综合竞争力评价结果

省域	综合竞争力		B1现实竞争力		B2潜在竞争力		B3发展环境竞争力	
	分值	排序	分值	排序	分值	排序	分值	排序
北京	1334.88	3	441.81	4	402.17	2	490.91	5
天津	863.95	22	118.46	28	394.67	4	350.83	21
河北	1041.07	10	288.46	13	321.80	13	430.81	13
山西	734.22	25	197.97	20	286.58	23	249.67	30
内蒙古	740.12	24	173.94	24	252.20	26	313.98	25
辽宁	1137.48	9	316.25	9	396.86	3	424.37	14
吉林	691.86	28	163.15	27	261.18	24	267.52	29
黑龙江	910.63	19	177.07	22	354.59	8	378.96	18
上海	1216.25	5	356.45	8	483.88	1	375.92	19
江苏	1285.38	4	493.10	3	342.79	10	449.50	12
浙江	1213.40	6	436.04	5	303.57	18	473.78	6
安徽	954.56	17	297.76	12	290.56	21	366.24	20
福建	1014.73	14	260.04	17	347.38	9	407.32	16
江西	1024.61	12	265.84	16	307.98	17	450.79	11
山东	1406.62	2	604.72	2	302.05	19	499.85	3
河南	872.17	21	309.79	10	225.49	28	336.88	23
湖北	1019.31	13	305.13	11	242.73	27	471.45	7
湖南	1182.86	8	357.57	7	324.03	12	501.26	2
广东	1438.10	1	647.82	1	297.03	20	493.25	4
广西	931.06	18	268.42	15	207.94	30	454.70	9
海南	994.06	16	170.32	25	312.20	16	511.54	1
重庆	902.81	20	196.75	21	361.09	7	344.97	22
四川	1198.56	7	372.70	6	367.09	5	458.77	8
贵州	1027.17	11	209.77	19	365.33	6	452.07	10
云南	997.76	15	272.28	14	316.55	14	408.93	15
西藏	—	—	—	—	—	—	274.05	27
陕西	805.58	23	225.84	18	287.14	22	292.60	26
甘肃	716.71	26	176.72	23	213.72	29	326.27	24
青海	618.35	29	91.35	29	257.47	25	269.54	28

续表

省域	综合竞争力		B1现实竞争力		B2潜在竞争力		B3发展环境竞争力	
	分值	排序	分值	排序	分值	排序	分值	排序
宁夏	581.71	30	58.06	30	137.37	31	386.29	17
新疆	714.85	27	165.32	26	339.40	11	210.12	31

（注：“—”表示因数据缺失而没有评价结果。）

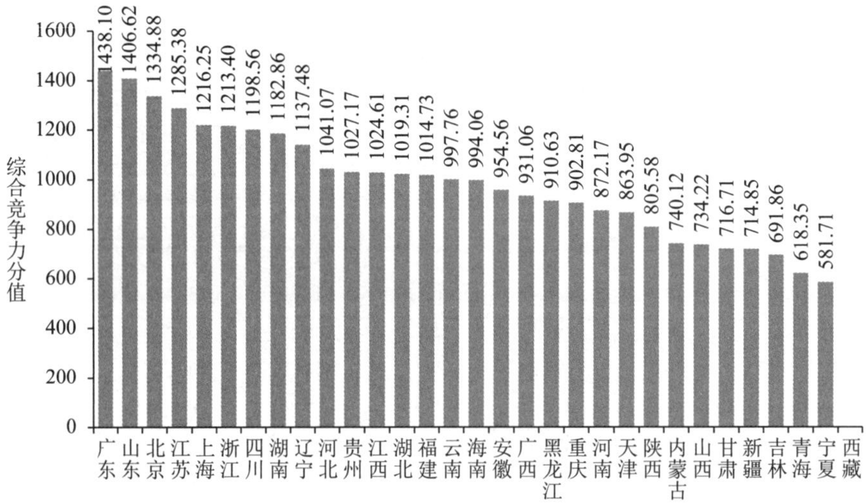

图 2-101　2016 年中国 31 个省域旅游综合竞争力评价结果示意图

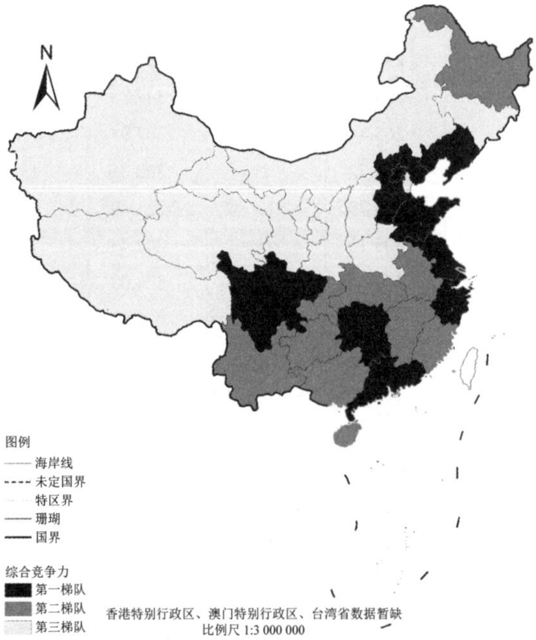

图 2-102　2016 年中国 31 个省域旅游综合竞争力空间分布图

1. 综合竞争力第一梯队：成员基本稳定，辽冀成为黑马；京川均衡发展，粤鲁浙湘现实—环境竞争力双优，苏沪辽现实—潜在竞争力双优

如表 2–14、图 2–101 所示，综合竞争力第一梯队包括广东、山东、北京、江苏、上海、浙江、四川、湖南、辽宁和河北，综合评价得分均在 1000 分以上，主要为沿海省域（图 2–102）。与 2015 年相比，梯队成员基本稳定，湖南、辽宁和河北是由第二梯队晋升的新成员，而江西、海南和安徽则被挤出第一梯队。

从综合竞争力第一梯队省域各方面的表现来看，如图 2–103 所示，它们整体表现最强，但不同省域的优势不同。北京、四川属均衡发展型，其现实、潜在和发展环境三个方面的竞争力排名都在第一梯队，没有明显的短板；广东、山东、浙江和湖南属于现实竞争力和发展环境竞争力优势型，江苏、上海和辽宁的现实竞争力和潜在竞争力相对于发展环境竞争力比较具有优势。值得注意的是，辽宁省和河北省可以说是今年的黑马，综合竞争力分别从 2015 年的第 20 位和第 21 位上升至第 9 位和第 10 位。辽宁省的现实竞争力从 2015 年的第 14 位上升至第 9 位，而潜在竞争力更是由第 26 位上升至第 3 位，成为其综合竞争力提升的最大推手。河北省则得益于发展环境竞争力的显著改善，该项指标从 2015 年的第 23 位提升至 13 位。

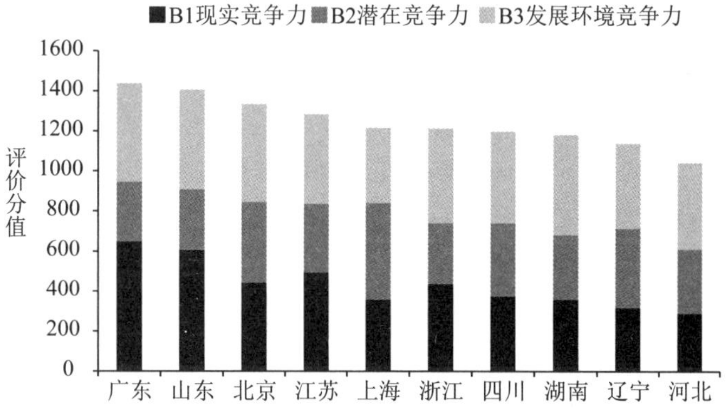

图 2–103　2016 年综合竞争力第一梯队省域及要素组成示意图

2. 综合竞争力第二梯队：成员变化较大，分布较广；贵州潜在—环境双优，琼鄂桂发展环境单优

如表 2–14、图 2–101 所示，综合竞争力第二梯队包括贵州、江西、湖北、福建、云南、海南、安徽、广西、黑龙江和重庆，综合评分值均在 1000 左右。与 2015 年的第二梯队相比，只有福建、湖北、云南、重庆和广西是老面孔，湖南、辽宁已经跻身第一梯队，而天津、河南、陕西则跌入第三梯队，空间上也不再集中于中西部省份，而是在全国范围内铺开（图 2–102）。

从综合竞争力第二梯队省域各方面的表现来看，如图 2–104 所示，虽整体表现一般，但各省域也存在相对优势的方面。例如，贵州在潜在竞争力和发展环境竞争力方面都有

比较好的表现，均跻身第一梯队；海南、湖北与广西则在发展环境竞争力上表现比较突出，分别位列发展环境竞争力第 1 位、第 7 位和第 9 位。但也有一些省份的个别指标表现差强人意，跌入第三梯队，如湖北省的潜在竞争力和海南省的现实竞争力，均落入第三梯队。

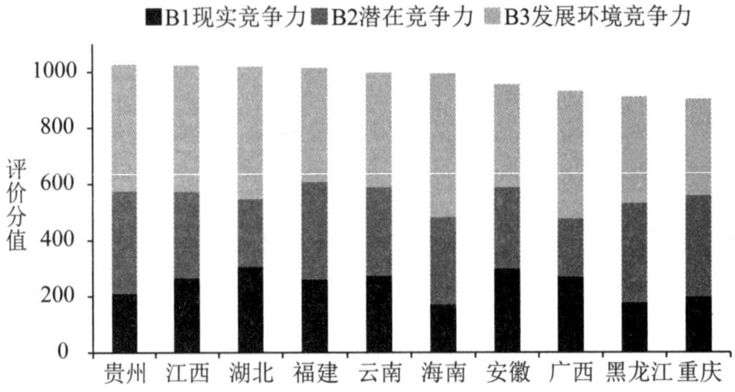

图 2–104　2016 年综合竞争力第二梯队省域及要素组成示意图

3. 综合竞争力第三梯队：豫晋陕现实竞争力较突出，津新潜在竞争力较突出，宁夏发展环境竞争力较优

如表 2–14、图 2–101 所示，综合竞争力第三梯队包括河南、天津、陕西、内蒙古、山西、甘肃、新疆、吉林、青海、宁夏和西藏，综合评价得分为 600~900 分，多位于西北、东北省域（图 2–102）。与 2015 年相比，梯队成员基本无变化，但 2015 年位列第三梯队的河北、贵州和黑龙江已经于 2016 年进入第一或第二梯队，而河南、天津和陕西则第一次落入第三梯队。

从综合竞争力第三梯队省域各方面的表现来看，如图 2–105 所示，它们整体表现均较弱，但部分省域有相对较强的领域：河南现实竞争力相对突出，排名第 10 位，进入第一梯队；天津潜在竞争力相对突出，排名第 4 位，位列第一梯队；陕西和山西的现实竞争力相对具有优势，均进入第二梯队；新疆的潜在竞争力和宁夏的发展环境竞争力同样具有相对优势。

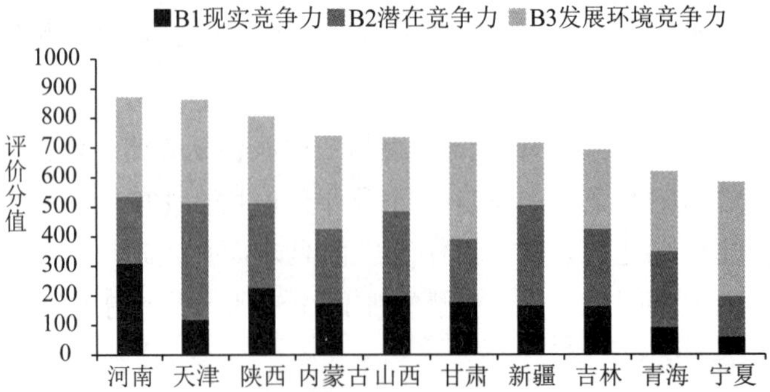

图 2–105　2016 年综合竞争力第三梯队省域及要素组成示意图

（注：西藏数据缺失）

（二）现实竞争力评价结果

将全国31个省域2016年旅游需求及三大核心产业发展现状的评价指标数据进行归一化处理，而后加和计算，得到全国31个省域现实竞争力的评价结果（表2-15、图2-106、图2-107）。依据评分高低，将31个省域分为三个梯队，分别从梯队成员、空间分布、各方面竞争力的相对状况等角度对各个梯队进行分析。

表2-15 2016年中国31个省域旅游现实竞争力评价结果

省域	B1现实竞争力		C1旅游需求现实竞争力		C2住宿接待业现实竞争力		C3旅游目的地现实竞争力		C4旅行社业现实竞争力	
	得分	排序	得分	排序	得分	排序	得分	排序	得分	排序
北京	441.81	4	81.03	18	162.01	2	40.97	19	157.81	2
天津	118.46	28	51.51	22	40.30	29	11.43	28	15.21	29
河北	288.46	13	100.65	12	62.75	18	51.38	13	73.69	7
山西	197.97	20	92.91	15	45.59	28	11.26	29	48.20	16
内蒙古	173.94	24	35.72	24	57.24	23	29.77	22	51.21	14
辽宁	316.25	9	94.02	14	61.08	19	80.54	8	80.61	6
吉林	163.15	27	45.89	23	49.74	26	30.66	21	36.86	22
黑龙江	177.07	22	30.73	26	57.86	22	49.21	15	39.27	20
上海	356.45	8	72.25	21	125.90	3	104.40	4	53.90	13
江苏	493.10	3	180.35	2	100.15	7	84.82	5	127.79	4
浙江	436.04	5	147.84	5	120.05	4	57.50	11	110.65	5
安徽	297.76	12	110.15	10	73.38	14	53.31	12	60.92	10
福建	260.04	17	74.25	20	81.82	10	36.02	19	67.95	8
江西	265.84	16	103.87	11	74.24	12	42.09	17	45.64	18
山东	604.72	2	158.72	3	106.51	5	189.99	1	149.51	3
河南	309.79	10	124.83	6	59.65	20	67.31	10	58.00	12
湖北	305.13	11	116.87	7	48.90	27	76.82	9	62.54	9
湖南	357.57	7	112.38	8	89.03	9	106.23	3	49.94	15
广东	647.82	1	200.00	1	163.52	1	118.99	2	165.31	1
广西	268.42	15	88.40	17	96.78	8	43.59	16	39.64	19
海南	170.32	25	10.89	28	56.73	24	82.73	7	19.97	25
重庆	196.75	21	78.61	19	57.90	21	24.94	24	35.30	23
四川	372.70	6	150.19	4	78.60	11	84.57	6	59.34	11
贵州	209.77	19	111.64	9	72.18	15	14.52	27	11.43	30
云南	272.28	14	97.20	13	103.62	6	25.13	23	46.33	17
西藏	—	—	3.39	30	36.30	30	—	—	15.81	27
陕西	225.84	18	89.74	16	66.43	17	32.68	20	36.99	21
甘肃	176.72	23	32.72	25	73.85	13	50.41	14	19.74	26
青海	91.35	29	3.87	29	56.61	25	15.20	26	15.67	28
宁夏	58.06	30	0.00	31	29.81	31	19.10	25	9.14	31
新疆	165.32	26	20.89	27	71.52	16	48.34	16	24.57	24

（注："—"表示因数据缺失而没有评价结果。）

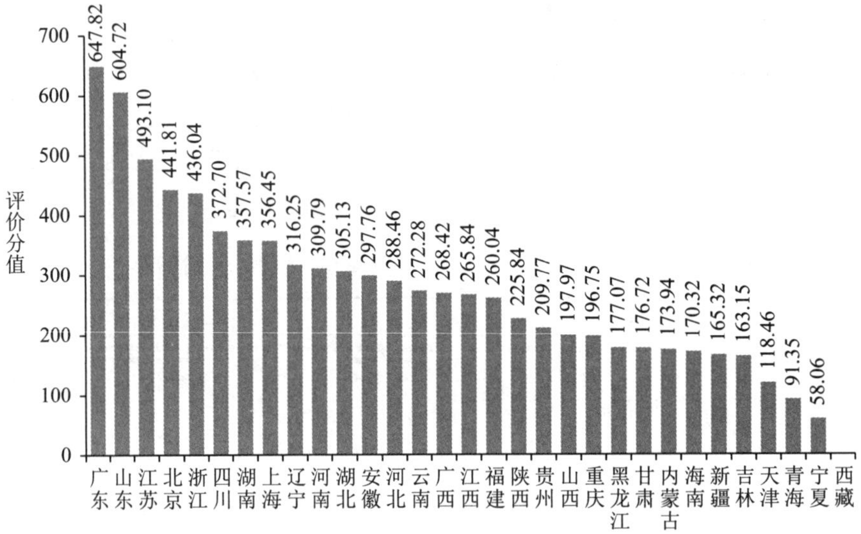

图 2-106　2016 年中国 31 个省域旅游现实竞争力评价结果示意图

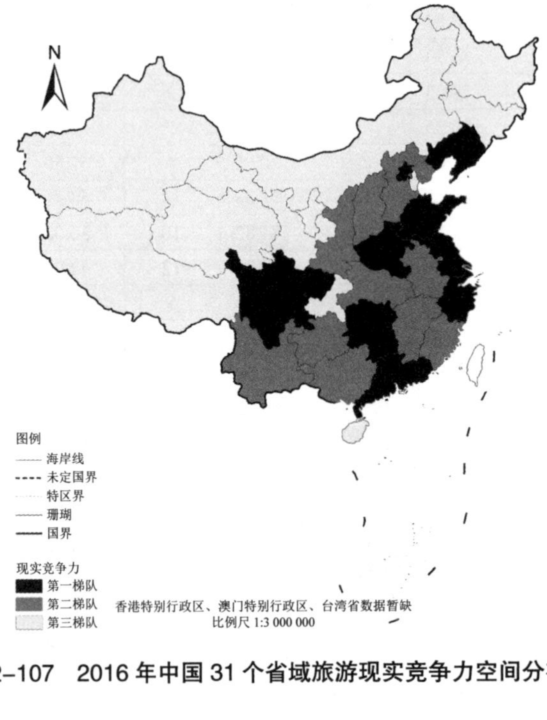

图 2-107　2016 年中国 31 个省域旅游现实竞争力空间分布图

1. 现实竞争力第一梯队：成员基本稳定，多华东、华中省域；粤鲁苏均衡，湖南需求—住宿业—旅行社三优，川豫需求—目的地双优，辽宁目的地—旅行社双优

如表 2-15、图 2-106 所示，现实竞争力第一梯队包括广东、山东、江苏、北京、浙

江、四川、湖南、上海、辽宁和河南，现实竞争力得分均在300分以上，多为华东、华中省域（图2–107）。与2015年相比，梯队成员基本稳定，只有湖南和辽宁是晋升的新成员。从现实竞争力第一梯队省域各方面的表现来看，如图2–108所示，它们整体表现最强，但不同省域优势各异，也各有短板：广东、山东、江苏为均衡型，四个方面的现实竞争力排名均处于第一梯队，没有明显的短板，广东更是四个方面的排名都居于前3位，表现十分突出；湖南属于旅游需求、住宿接待业和旅游目的地三优型，它们这三个方面的现实竞争力排名均属于第一梯队，但旅行社业的现实竞争力排名为第15位，成为其短板；四川、河南属于旅游需求与旅游目的地双优型，辽宁属于旅游目的地和旅行社双优型。

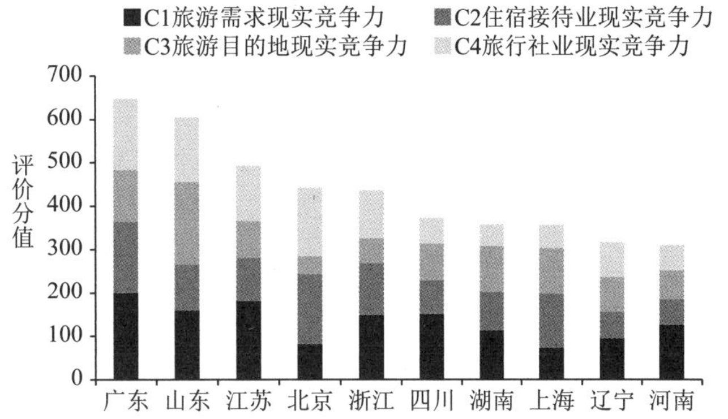

图2–108　2016年现实竞争力第一梯队省域及要素组成示意图

2. 现实竞争力第二梯队：成员较稳定，为东南半壁省域；湖北需求—目的地—旅行社三优，安徽需求—目的地双优，福建住宿—旅行社双优

如表2–15、图2–106所示，现实竞争力第二梯队包括湖北、安徽、河北、云南、广西、江西、福建、陕西、贵州和山西，现实竞争力得分介于200~300分，梯队成员较为稳定，基本与上年度无异。

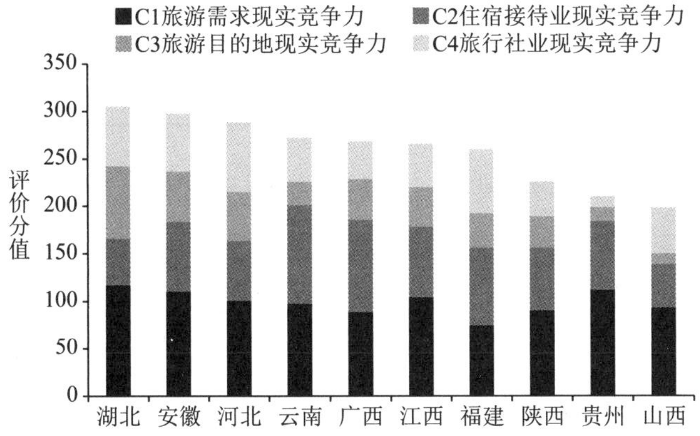

图2–109　2016年现实竞争力第二梯队省域及要素组成示意图

从现实竞争力第一梯队省域各方面的表现来看，如图2–109所示，它们虽然整体表现一般，但也存在相对优势的要素：湖北的旅游需求、旅游目的地和旅行社三个指标都表现比较突出，进入第一梯队，但是住宿接待业得分过低，拉低了湖北现实竞争力的整体表现。安徽在旅游需求和旅游目的地这两个方面表现相对突出；福建在住宿接待业和旅行社这两个方面表现相对突出；云南、广西两省域在住宿接待业上具有优势，而贵州在旅游需求方面具有优势。

3. 现实竞争力第三梯队：成员基本稳定，多西北、东北省域：海南旅游目的地单优，重庆旅游需求较优，内蒙古旅行社较优

如表 2-15、图 2-106 所示，现实竞争力第三梯队包括重庆、黑龙江、甘肃、内蒙古、海南、新疆、吉林、天津、青海、宁夏和西藏，现实竞争力得分均在 220 分以下，多西北、东北省域（图 2-107）与 2015 年相比，成员基本稳定，只有重庆重回第三梯队，替代了贵州。从现实竞争力第三梯队省域各方面的表现来看，如图 2-110 所示，它们整体表现较弱，但部分省域有相对较强的领域：海南的旅游目的地现实竞争力跻身第一梯队，排名第 7 位；重庆的旅游需求、内蒙古的旅行社都跻身于第二梯队；黑龙江属于旅游目的地和旅行社双优型。

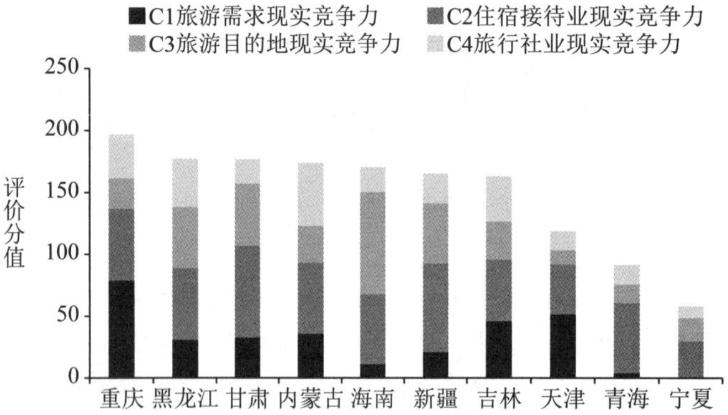

图 2-110　2016 年现实竞争力第三梯队省域及要素组成示意图

（三）潜在竞争力评价结果

将全国 31 个省域 2016 年旅游需求以及住宿接待业、旅游目的地和旅行社业三大核心产业发展潜力的评价指标进行归一化处理，而后加和计算，得到全国 31 个省域潜在竞争力的评价结果（表 2-16、图 2-111、图 2-112）。依据评价得分高低，将 31 个省域分为三个梯队，分别从梯队成员、空间分布、各方面竞争力的相对状况等角度对各个梯队进行分析。

表 2-16　2016 年中国 31 个省域旅游潜在竞争力评价结果

省域	B2潜在竞争力		C5旅游需求潜在竞争力		C6住宿接待业潜在竞争力		C7旅游目的地潜在竞争力		C8旅行社潜在竞争力	
	得分	排名	得分	排名	得分	排名	得分	排名	得分	排名
北京	402.17	2	111.59	21	105.83	3	29.95	10	154.79	3
天津	394.67	4	196.74	1	62.57	8	18.26	16	117.10	9
河北	321.80	13	151.47	6	40.01	24	38.60	7	91.73	22
山西	286.58	22	128.42	13	29.54	29	15.79	19	112.84	11
内蒙古	252.20	25	121.09	17	43.47	22	8.44	27	79.20	27
辽宁	396.86	3	110.27	23	44.58	21	117.00	1	125.01	8
吉林	261.18	23	125.02	15	37.25	26	11.22	26	87.69	24
黑龙江	354.59	8	109.90	24	49.70	13	103.16	2	91.84	21
上海	483.88	1	114.27	20	129.18	1	62.02	4	178.40	1
江苏	342.79	10	115.89	19	67.41	6	28.40	12	131.09	7

续表

省域	B2潜在竞争力		C5旅游需求潜在竞争力		C6住宿接待业潜在竞争力		C7旅游目的地潜在竞争力		C8旅行社潜在竞争力	
	得分	排名	得分	排名	得分	排名	得分	排名	得分	排名
浙江	303.57	17	106.15	27	71.10	5	30.45	9	95.88	19
安徽	290.56	20	119.09	18	50.51	10	16.09	18	104.87	14
福建	347.38	9	141.29	8	62.92	7	11.81	24	131.35	6
江西	307.98	16	141.66	7	47.62	15	19.14	15	99.56	16
山东	302.05	18	109.89	25	46.96	17	43.17	5	102.03	15
河南	225.49	27	103.26	28	37.39	25	17.36	17	67.48	29
湖北	242.73	26	109.73	26	17.52	30	19.33	14	96.15	18
湖南	324.03	12	126.81	14	47.79	14	33.34	8	116.09	10
广东	297.03	19	70.23	30	56.43	9	23.65	13	146.72	4
广西	207.94	29	130.38	12	47.45	16	8.08	28	22.04	31
海南	312.20	15	101.78	29	72.98	4	29.05	11	108.38	13
重庆	361.09	7	131.81	11	50.39	11	14.75	22	164.14	2
四川	367.09	5	111.49	22	45.91	19	66.35	3	143.34	5
贵州	365.33	6	168.76	3	117.76	2	4.69	29	74.12	28
云南	316.55	14	163.84	5	29.64	28	11.74	25	111.33	12
西藏	—	—	178.01	2	49.97	12	—	—	86.82	25
陕西	287.14	21	134.81	10	40.22	23	13.08	23	99.03	17
甘肃	213.72	28	123.80	16	45.11	20	15.60	20	29.22	30
青海	257.47	24	136.02	9	35.09	27	2.29	30	84.06	26
宁夏	137.37	30	12.83	31	15.18	31	14.89	21	94.47	20
新疆	339.40	11	165.12	4	46.11	18	38.91	6	89.26	23

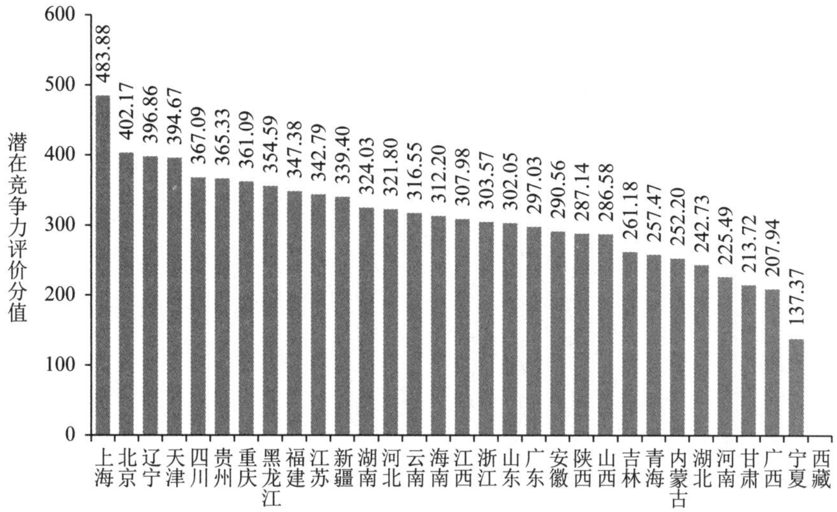

图 2-111　2016 年中国 31 个省域旅游潜在竞争力评价结果示意图

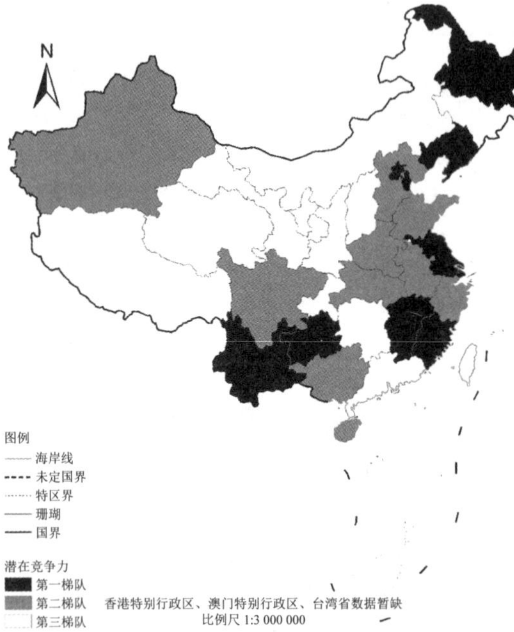

图 2–112　2016 年中国 31 个省域旅游潜在竞争力空间分布图

1. 潜在竞争力第一梯队：成员较稳定，分布分散：京沪核心产业潜力优，津闽黔需求—住宿—旅行社三优，江苏住宿—旅行社双优

如表 2–16、图 2–111 所示，潜在竞争力第一梯队包括上海、北京、辽宁、天津、四川、贵州、重庆、黑龙江、福建和江苏。空间分布分散，华东、华北、华南、华中、西北、西南均有分布（图 2–112）。与 2015 年相比，梯队成员基本没有太大变化，广东、山东掉入第二梯队。

从潜在竞争力第一梯队省域各方面的表现来看，如图 2–113 所示，各省优势各异：北京、上海为住宿接待业、旅游目的地及旅行社三优型，但其旅游需求潜在竞争力分别排第 20 名和第 21 名，短板也很明显；天津、福建、贵州属旅游需求、住宿接待业双优型，这三个方面的潜在竞争力排名均在第一梯队；江苏属于住宿接待业和旅行社业双优型；辽宁和黑龙江属于旅游目的地单优型，分别排在旅游目的地潜在竞争力第 1 位和第 2 位，优势突出。

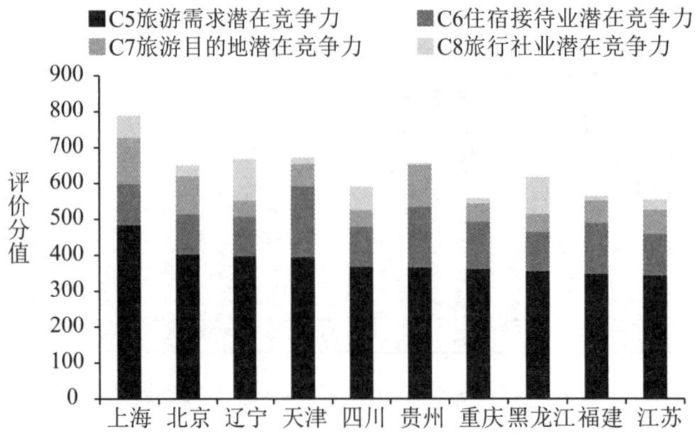

图 2–113　2016 年潜在竞争力第一梯队省域及要素组成示意图

2. 潜在竞争力第二梯队：成员变动较大，新冀需求—目的地双优，浙江住宿—目的地双优，湖南目的地—旅行社双优，广东住宿—旅行社双优

如表 2-16、图 2-111 所示，潜在竞争力第二梯队包括新疆、湖南、河北、云南、海南、江西、浙江、山东、广东和安徽，多分布于从东南向西北的带状区域（图 2-112）。与2015年相比，梯队成员变动较大，除了浙江、湖南和河北是老队员，其余都是新成员。

从潜在竞争力第二梯队省域各方面的表现来看，如图 2-114 所示，它们整体表现一般，但部分省域有表现突出的领域：新疆、河北为旅游需求、旅游目的地双优，湖南为旅游目的地和旅行社双优，浙江为住宿接待业和旅游目的地双优，广东为住宿接待业和旅行社双优，海南和安徽为住宿接待业单优型。

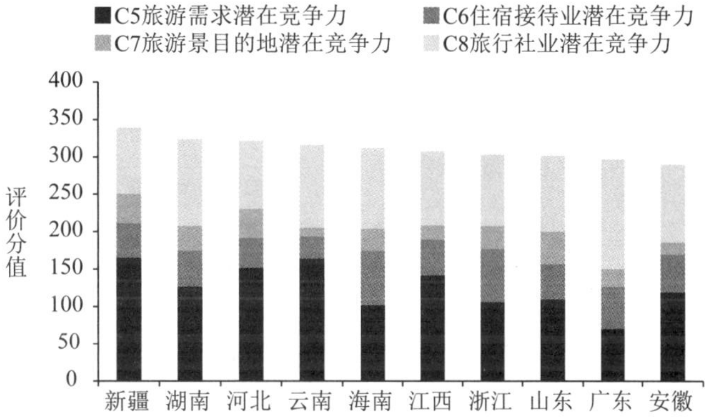

图 2-114 2016 年潜在竞争力第二梯队省域及要素组成示意图

3. 潜在竞争力第三梯队：成员有一定变化，为大东北、大西南省域：陕青吉内蒙古需求潜力单优，湖北目的地—旅行社双优，山西需求—住宿—旅行社三优

如表 2-16、图 2-111 所示，潜在竞争力第三梯队包括陕西、山西、吉林、青海、内蒙古、湖北、河南、甘肃、广西、宁夏和西藏，多是大东北、大西南省域（图 2-112）。与 2015 年相比，梯队成员有一定变化，陕西、湖北和甘肃分别由第一、第二梯队掉入第三梯队。

从潜在竞争力第三梯队省域各方面的表现来看，如图 2-115 所示，它们整体表现较弱，但也有许多省域有相对较强的领域：陕西、青海、吉林和内蒙古的旅游需求竞争力相对突出，跻身于第一或第二梯队；湖北的旅游目的地潜在竞争力和旅行社业潜在竞争力较优，均位于第二梯队；山西在旅游需求、住宿接待业和旅行社业的表现相对优秀，甘肃在旅游需求、住宿接待业和旅游目的地三方面相对优秀。

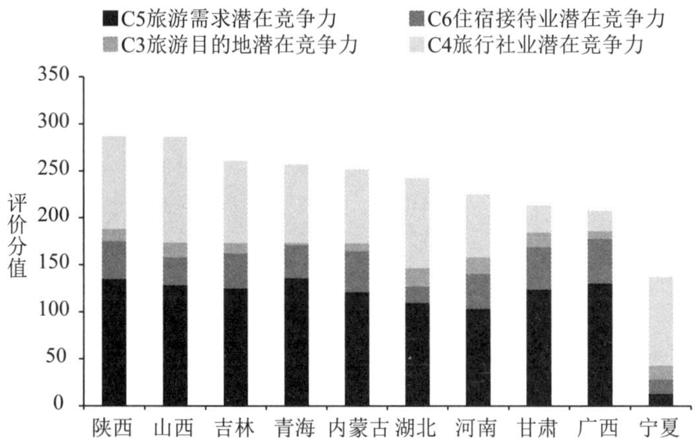

图 2-115 2016 年潜在竞争力第三梯队省区市及要素组成示意图

（四）发展环境竞争力评价结果

对反映2016年全国31个省域旅游发展环境的自然环境、社会经济环境及旅游政策环境的各项指标数据进行归一化处理后，加总求和，得到全国31个省域旅游发展环境竞争力的评价结果（表2-17、图2-116、图2-117）。根据评价得分高低，将31个省域分为三个梯队，分别从梯队成员、空间分布、与上年的变化及各方面的相对状况等角度对各个梯队进行分析。

表2-17　2016年中国31个省域旅游发展环境竞争力评价结果

省域	B3发展环境竞争力		C9自然环境竞争力		C10社会经济环境竞争力		C11旅游政策环境竞争力	
	得分	排序	得分	排序	得分	排序	得分	排序
北京	490.91	5	207.18	23	177.76	4	105.97	16
天津	350.83	21	202.50	26	148.33	6	0.00	31
河北	430.81	13	211.07	20	98.84	13	120.90	8
山西	249.67	30	206.18	24	33.04	27	10.45	19
内蒙古	313.98	25	250.78	10	55.74	20	7.46	22
辽宁	424.37	14	230.71	18	86.19	15	107.46	15
吉林	267.52	29	210.08	21	49.98	21	7.46	22
黑龙江	378.96	18	205.77	25	47.82	23	125.37	6
上海	375.92	19	238.62	16	131.33	7	5.97	26
江苏	449.50	12	208.74	22	236.28	1	4.48	28
浙江	473.78	6	274.08	3	196.71	3	2.99	30
安徽	366.24	20	245.29	13	113.49	11	7.46	22
福建	407.32	16	283.63	2	110.25	12	13.43	18
江西	450.79	11	247.14	11	81.26	17	122.39	7
山东	499.85	3	240.04	15	149.36	5	110.45	13
河南	336.88	23	195.39	28	131.05	8	10.45	19
湖北	471.45	7	243.27	14	116.24	10	111.94	12
湖南	501.26	2	267.22	4	117.62	9	116.42	11
广东	493.25	4	261.79	8	226.99	2	4.48	28
广西	454.70	9	261.39	9	66.44	19	126.87	4
海南	511.54	1	294.02	1	17.52	30	200.00	1
重庆	344.97	22	264.48	6	73.03	18	7.46	22
四川	458.77	8	246.05	12	93.31	14	119.40	9
贵州	452.07	10	266.29	5	49.95	22	135.82	2
云南	408.93	15	262.73	7	35.75	26	110.45	13
西藏	274.05	27	143.21	31	3.98	31	126.87	4
陕西	292.60	26	201.62	27	82.03	16	8.96	21
甘肃	326.27	24	166.90	29	41.46	24	117.91	10
青海	269.54	28	223.47	19	28.16	28	17.91	17
宁夏	386.29	17	233.99	17	23.94	29	128.36	3
新疆	210.12	31	164.80	30	39.35	25	5.97	26

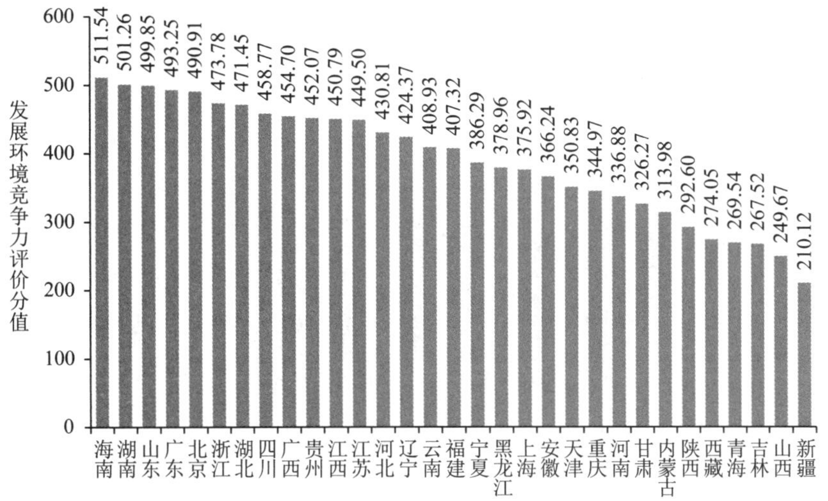

图 2–116　2016 年中国 31 个省域旅游发展环境竞争力评价结果示意图

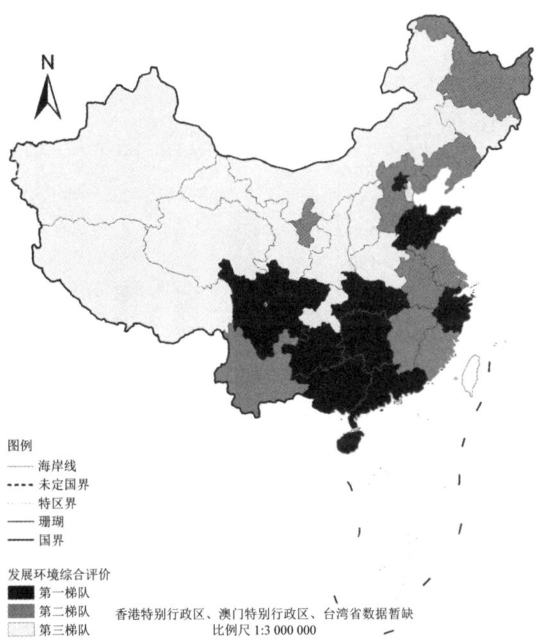

图 2–117　2016 年中国 31 个省域旅游发展环境综合评价空间分布示意图

1. 发展环境竞争力第一梯队：成员变化较大，多中部和两广省域：琼桂黔自然—政策双优，湘粤浙自然—经济双优，京鲁鄂经济单优

如表 2–17、图 2–116 所示，发展环境竞争力第一梯队包括海南、湖南、山东、广东、北京、浙江、湖北、四川、广西以及贵州，发展环境竞争力得分均在 400 分以上，集中分布于中部和两广地区（图 2–117）。与 2015 年相比，梯队成员半数被替换，山东、湖

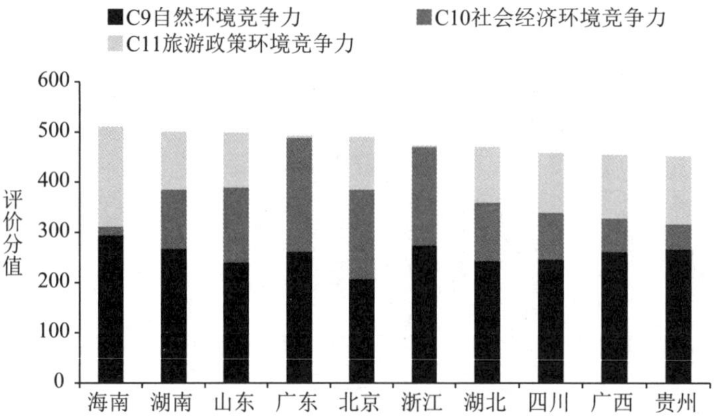

图 2-118　2016 年旅游发展环境竞争力第一梯队省域及要素组成示意图

北、四川、广西及贵州是发展环境竞争力第一梯队的新晋成员。

从发展环境竞争力第一梯队省域各方面的表现来看，如图 2-118 所示，它们整体表现最强，但优势各不相同。海南、广西和贵州属于自然—政策双优型，湖南、广东、浙江属于自然—经济双优型，山东、北京、湖北属于社会经济环境单优型；而海南和贵州的社会经济环境竞争力、广东和浙江的旅游政策环境竞争力、北京的自然环境竞争力都是它们的短板，均落入第三梯队。

2. 发展环境竞争力第二梯队：成员变动较大，集中分布于东部沿海：赣冀宁黑政策单优，苏沪经济单优，云闽自然单优

如表 2-17、图 2-116 所示，发展环境竞争力第二梯队包括江西、江苏、河北、辽宁、云南、福建、宁夏、黑龙江、上海和安徽，发展环境竞争力评价分值为 360~450 分，集中分布于东部沿海（图 2-117）。与 2015 年相比，梯队成员变动较大，除了安徽和辽宁是老成员，其余都是从第一梯队和第三梯队转化而来。

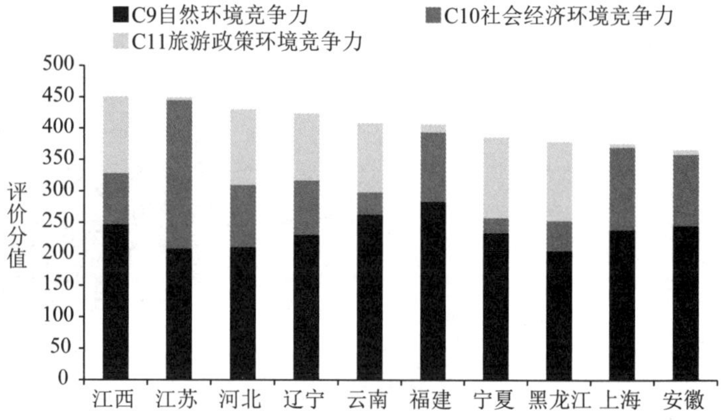

图 2-119　2016 年旅游发展环境竞争力第二梯队省域及要素组成示意图

从发展环境竞争力第二梯队省域各方面的表现来看，如图 2-119 所示，它们整体表现一般，但各省域也有比较突出的领域：江西、河北、宁夏、黑龙江属于旅游政策环境单优型，均进入了第一梯队；江苏、上海属于社会经济环境竞争力单优型，而云南和福建属于自然环境竞争力单优型。

3. 发展环境竞争力第三梯队：成员有一定变化，多西北、东北部省域：津豫社会经济环境单优，渝内蒙古青自然环境单优，甘藏政策环境单优

如表 2-17、图 2-116 所示，发展环境竞争力第三梯队包括天津、重庆、河南、甘肃、内蒙古、陕西、西藏、青海、吉林、山西和新疆，发展环境竞争力评价分值都低于 350

分，大多为西北、东北部省域（图 2–117）。与 2015 年相比，梯队成员有一定变化，天津、重庆、河南和陕西是从第一和第二梯队掉落的新成员。

从发展环境竞争力第三梯队省域各方面的表现来看，如图 2–120 所示，它们整体表现较弱，但也有许多省域有相对较优的领域：天津和河南属于社会经济环境单优型；重庆、内蒙古和青海属于自然环境竞争力单优型；甘肃和西藏属于旅游政策环境竞争力单优型。

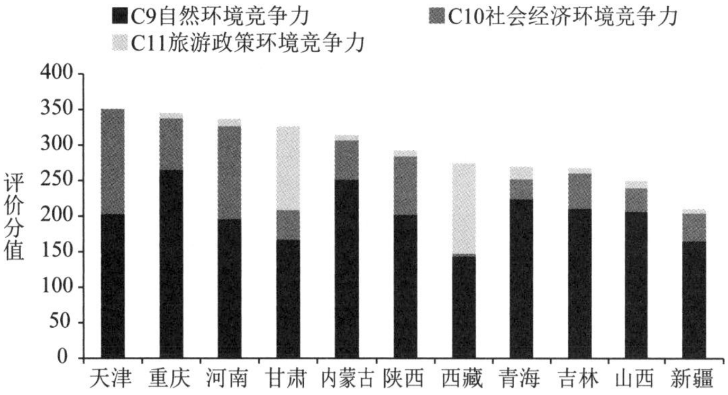

图 2–120　2016 年旅游发展环境竞争力第三梯队省域及要素组成示意图

第三章 重点城市旅游业发展评价

一、支撑环境评价

本章将与前文一样，从自然环境、社会经济环境和旅游政策环境三方面评价副省级城市旅游业发展的支撑环境状况。选取全年空气质量优良天数、污水集中处理率、生活垃圾无害化处理率三个指标评价副省级城市旅游业发展的自然环境水平，选用经济发展水平（综合 GDP 和人均 GDP）、年客运总量[①]、互联网普及率和万人专利授权数四个指标来评价副省级城市旅游业发展的社会经济环境水平，选用旅游管理机构设置情况和政府工作报告提及“旅游”次数这两个指标来评价副省级城市旅游业发展的政策环境水平。这些评价指标及其基本描述统计如表 3-1 所示。

表 3-1 2016 年中国 15 个副省级城市旅游发展的支撑环境评价指标及其基本描述统计

类型	评价指标	平均值	最大值	最小值	标准差	变异系数
自然环境	空气质量优良天数（天）	288.00	362.00	192.00	50.98	0.18
	污水集中处理率（%）	91.23	99.09	65.61	7.98	0.09
	生活垃圾无害化处理率（%）	97.85	100.00	87.30	3.72	0.04
社会经济环境	GDP（亿元）	9628.32	19547.44	3784.27	4612.08	0.48
	人均GDP（万元/人）	14.84	50.63	6.34	10.49	0.71
	年客运总量（万人）	15938.33	98973.00	1568.00	22677.20	1.42
	互联网普及率（%）	0.53	1.64	0.13	0.35	0.65
	万人专利授权数（件/万人）	42.43	194.92	2.58	44.63	1.05
政策环境	旅游管理机构设置[a]	1.67	2.00	1.00	0.47	0.28
	政府工作报告提及“旅游”次数（次）[b]	9.73	21.00	2.00	4.54	0.47

（注：a 使用的是截至 2018 年 5 月的数据；b 使用的是 2017 年的数据。）

① 由于城市空间范围有限，交通道路里程十分有限，因此，不采用反映平均运距的年客运周转量，而采用只反映旅客运送数量的年客运量作为副省级城市交通状况的评价指标。

（一）自然环境

1. 自然环境单因子分析

（1）空气质量优良天数：平均 288 天，小幅增加，半数以上城市达平均，厦门、青岛和深圳较优；八成城市增加，平均增幅 21%，济南表现最突出；城际间差异不大且持续缩小，沿海优于内陆

如表 3–1、图 3–1 所示，2015 年全国 15 个副省级城市空气质量优良天数的平均值为 288 天，较 2015 年增加了 36 天，增幅为 14.29%，8 个城市达到或超过平均水平。其中，厦门、青岛和深圳空气质量优良天数较多，都达到了 350 天，优势明显；济南、广州、宁波、大连和长春空气质量优良天数也都在 290 天以上；哈尔滨、杭州和武汉的空气质量优良天数也都在 250 天以上；西安的空气质量优良天数较少，只有 192 天，大气环境亟待改善。

如图 3–1 所示，与 2015 年相比较，11 个城市空气质量优良天数有所增加，平均增幅为 31.04%，其中，济南的增幅最高，达到 178.23%；而西安和广州的空气质量优良天数有所减少，平均降幅为 11.92%，其中，西安降幅最大，达到 23.20%。因此，总体来看，2016 年副省级城市的空气质量有所改善。

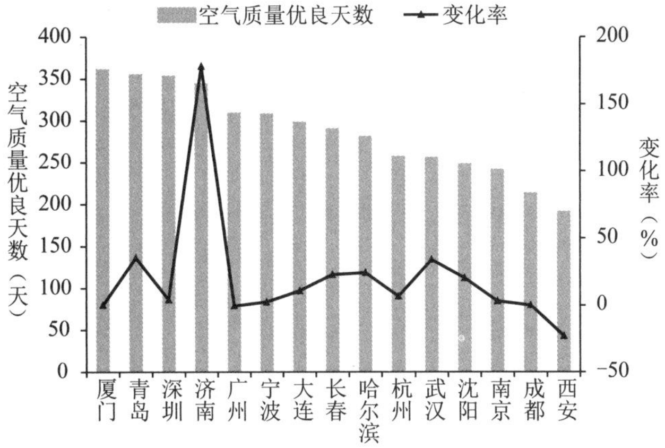

图 3–1　2016 年中国 15 个副省级城市空气质量优良天数及其年变化率

（数据来源：《中国统计年鉴》2017，《2017 年国民经济和社会发展公报》）

如表 3–1 所示，2016 年全国 15 个副省级城市空气质量优良天数的变异系数为 0.18，虽然在反映自然环境的 3 个指标中较高（表 3–1），但与其他指标相比很低，而且与 2015 年相比减小了 0.06，表明空气质量优良天数的城际差异较小，且持续缩小。另外，空气质量较好的城市大多为位于东南沿海的海滨型城市，而空气质量较差的城市多分布于中西部及华北地区（图 3–2）。

（2）污水集中处理率：平均为 91%，同比基本持平，八成城市达平均，青岛最优；近九成数城市有提高；城际间差异很小且稳定，无明显空间分异

如表 3–1、图 3–3 所示，2016 年 15 个副省级城市污水集中处理率的均值为 91.23%，

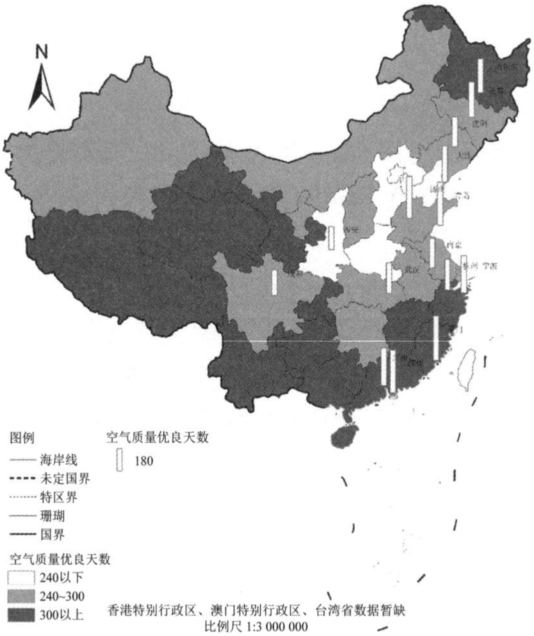

图 3-2　2016 年中国 15 个副省级城市空气质量优良天数空间分布图

（数据来源：《中国统计年鉴》2017，《2017 年国民经济和社会发展公报》）

与 2015 年基本持平，11 个城市达到或超过平均。其中，青岛污水集中处理率最高，达到 99.09%；其次，深圳、济南、武汉、大连、杭州、广州、厦门、长春、哈尔滨和西安也较高，达到或超过 90%；而南京的污水集中处理率最低，不足 70%。

如图 3-3 所示，与 2015 年相比较，2016 年 12 个副省级城市的污水集中处理率有所增加，平均增幅为 1.73%，尤其宁波增长幅度最大，达到 6.277%；只有沈阳的污水处理率出现下降，且降幅较大，为 12.63%。可见，2016 年副省级城市污水集中处理率整体提高。

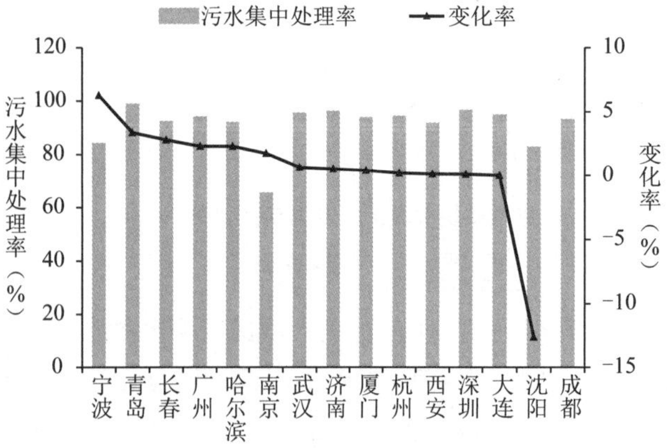

图 3-3　2016 年中国 15 个副省级城市污水集中处理率及其年变化率

（数据来源:《中国统计年鉴》2017,《2017 年中国环境统计年鉴》）

如表 3-1 所示，2016 年全国 15 个副省级城市污水集中处理率的变异系数为 0.09，很小，且只比 2015 年减小了 0.01，表明污水集中处理率的城际差异很小且稳定，因此，没有明显空间分异（图 3-4）。

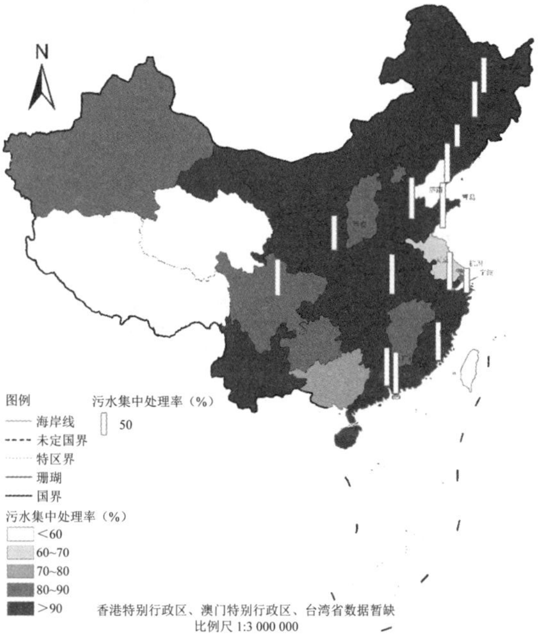

图 3–4　2016 年中国 15 个副省级城市污水集中处理率空间分布图

（数据来源：《中国统计年鉴》2017，《2017 年中国环境统计年鉴》）

（3）生活垃圾无害化处理率：平均高达 98%，七成城市达此水平，过半城市达 100%；三成以上城市有所减小，且处理率越低降幅越大；城际差异很小，无明显空间分异

如表 3–1、图 3–5 所示，2016 年 14 个[①]副省级城市生活垃圾无害化处理率的平均值为 98%，较 2015 年减小了 1.15 个百分点，10 个城市达到或超过均值。其中沈阳、大连、南京、杭州、宁波、济南、青岛、武汉和深圳的生活垃圾无害化处理率达到 100%；只有厦门、西安、广州、长春和哈尔滨的处理率低于 100%，存在一定改进空间。

如图 3–5 所示，与 2015 年相比较，2016 年仅广州城市生活垃圾无害化处理率有所增加，增幅为 0.90%；有 4 个城市的生活垃圾无害化处理率有所降低，平均降幅为 4.08%。可见，2016 年副省级的城市生活垃圾无害化处理有下降趋势。

如表 3–1 所示，2016 年全国 14

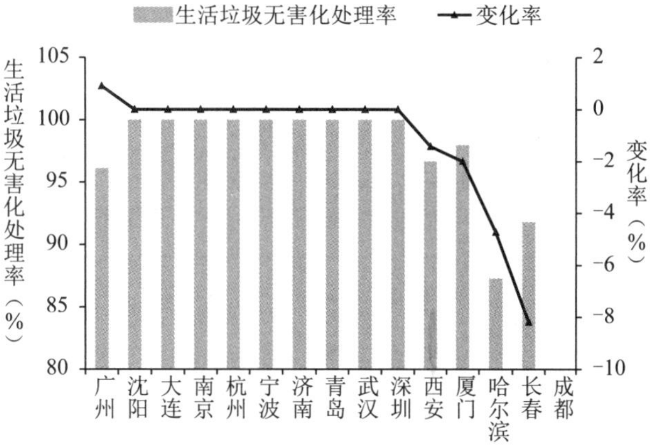

图 3–5　2016 年中国 15 个副省级城市生活垃圾无害化处理率及其年变化率

（数据来源：《中国统计年鉴》2017，《2017 年中国环境统计年鉴》）

① 注：成都缺少这个指标的数据。

个副省级城市生活垃圾无害化处理率的变异系数只有 0.04，比 2015 年上升了 0.02，表明生活垃圾无害化处理率的城际差异很小，但有增大趋势。因此，副省级城市生活垃圾无害化处理率大多优于其所在省份，且不存在空间分异（图 3–6）。

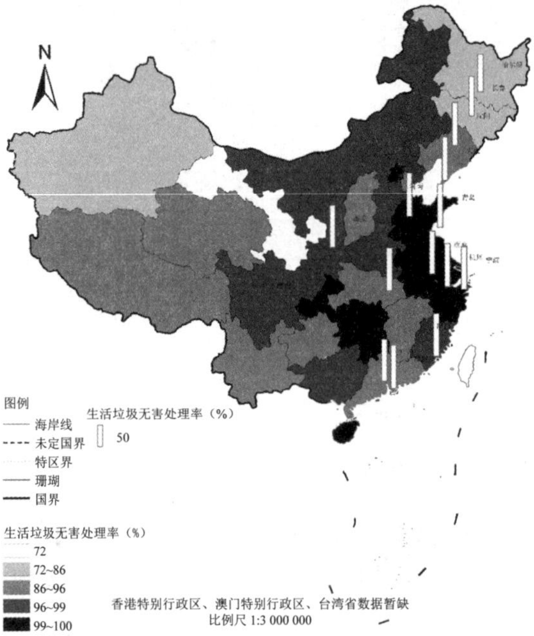

图 3–6　2016 年中国 15 个副省级城市生活垃圾无害化处理率空间分布图

（数据来源：《中国统计年鉴》2017，《2017 年中国环境统计年鉴》）

2. 自然环境综合评价

分别对空气质量优良天数、污水集中处理率、生活垃圾无害化处理率数据进行归一化处理，而后加和计算，得到全国副省级城市自然环境综合评价结果（表 3–2、图 3–7、图 3–8）。

表 3–2　2016 年中国 15 个副省级城市旅游自然环境综合评价结果

城市	自然环境综合评价		空气质量优良天数		污水集中处理率		生活垃圾无害化处理率	
	分值	排序	分值	排序	分值	排序	分值	排序
沈阳	185.47	10	33.53	12	51.94	14	100.00	1
大连	250.72	5	62.94	7	87.78	5	100.00	1
长春	174.12	11	58.24	8	80.38	10	35.51	13
哈尔滨	132.36	13	52.94	9	79.42	11	0.00	14
南京	129.41	14	29.41	13	0.00	15	100.00	1
杭州	224.99	8	38.82	10	86.17	6	100.00	1
宁波	225.01	7	68.82	6	56.18	13	100.00	1
厦门	269.05	4	100.00	1	84.80	8	84.25	10

续表

城市	自然环境综合评价		空气质量优良天数		污水集中处理率		生活垃圾无害化处理率	
	分值	排序	分值	排序	分值	排序	分值	排序
济南	281.76	3	90.00	4	91.76	3	100.00	1
青岛	296.47	1	96.47	2	100.00	1	100.00	1
武汉	227.79	6	38.21	11	89.58	4	100.00	1
广州	224.10	9	69.41	5	85.39	7	69.29	12
深圳	288.22	2	95.29	3	92.92	2	100.00	1
成都	95.65	15	12.94	14	82.71	9		
西安	152.63	12	0.00	15	78.61	12	74.02	11

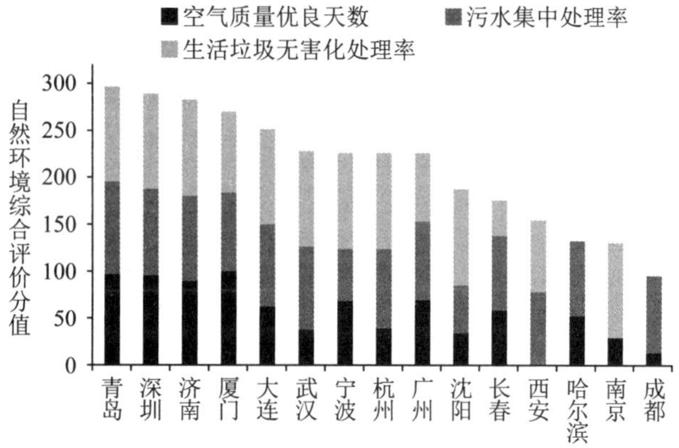

图 3–7　2016 年中国 15 个副省级城市旅游发展的自然环境综合评价结果及要素组成

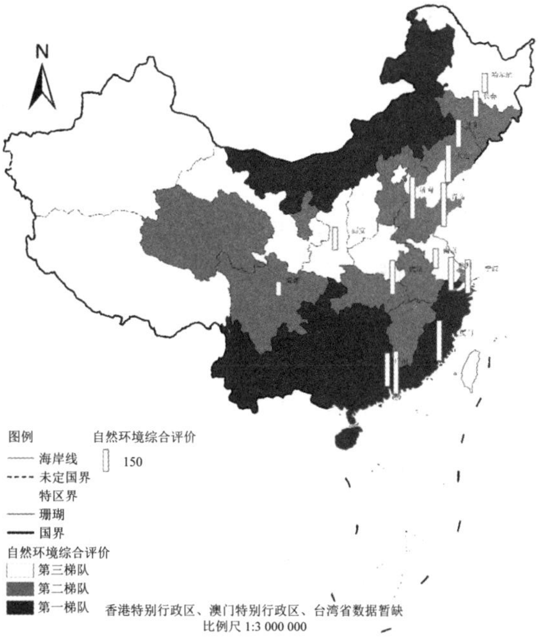

图 3–8　2016 年中国 15 个副省级城市旅游发展的自然环境综合评价空间分布图

（1）自然环境第一梯队：成员较稳定，均为沿海城市；青岛、深圳和济南均衡，大连污水—垃圾处理双优；厦门空气质量单优

如表 3-2 和图 3-7 所示，自然环境第一梯队（即综合评价分值排名前 5 的副省级城市，以下同）包括青岛、深圳、济南、厦门和大连，综合评价分值几乎都高于 250 分，全部沿海分布（图 3-8）。与 2015 年相比，梯队成员较稳定，宁波被济南挤出第一梯队。

从这些副省级城市的要素组成状况来看，如图 3-7、表 3-2 所示，自然环境第一梯队城市有三种类型：青岛、深圳和济南属于均衡型，三个方面的排名都处于第一梯队，没有明显的短板；大连属于污水处理—垃圾处理双优型，它们的污水集中处理率排名分别为第 5 位和第 4 位，生活垃圾无害化处理率排名均为第 1 位，但空气质量排名为第 7 位，需要加强；厦门属于空气质量单优型，它的空气质量优良天数排名第 1 位，但是污水集中处理率和生活垃圾无害化处理率分别为第 8 位和第 10 位，有待加强。

（2）自然环境第二梯队：成员有一定变化，分散布局；武汉污水—垃圾处理双优，广州空气质量单优，宁波、杭州和沈阳垃圾处理单优

如表 3-2 和图 3-7 所示，自然环境第二梯队（即综合评价分值排名第 6 位至第 10 位的副省级城市，以下同）包括武汉、宁波、杭州、广州和沈阳，综合分值为 185~250 分，分散于各个区域（图 3-8）。与 2015 年相比，梯队成员有一些变化，宁波从第一梯队掉入，广州从第三梯队晋升而来。

从这些副省级城市的要素组成状况来看，如表 3-2、图 3-7 所示，自然环境第二梯队城市虽然整体表现一般，但各有优势突出的领域：武汉属于污水—垃圾处理双优型，其污水集中处理率和生活垃圾无害化处理率分别排名第 4 位和第 1 位，表现十分突出，但空气质量排名第 11，亟待改善；广州属于空气质量单优型，其空气质量优良天数排名第 5，但污水集中处理率和生活垃圾无害化处理率排名第 7 和第 12，有待加强；宁波、杭州和沈阳属于垃圾处理单优型，其生活垃圾无害化处理率排名均为第 1，其他两方面排名较弱，还有上升空间。

（3）自然环境第三梯队：成员有一定变化，分散布局；长春空气污水处理较优，哈尔滨空气质量较优，南京垃圾处理较优，成都污水处理较优

如表 3-2 和图 3-7 所示，自然环境第三梯队（即综合评价分值排名第 11 至第 15 的副省级城市，以下同）包括长春、西安、哈尔滨、南京和成都，综合评价分值都低于 180 分，分散于各地（图 3-8）。与 2015 年相比，梯队成员有一定变化，长春、西安由第二梯队掉入。

从这些副省级城市的要素组成状况来看，如表 3-2、图 3-7 所示，自然环境方面该梯队城市虽然整体表现最弱，但其中长春空气和污水处理处于第二梯队，哈尔滨空气质量处于第二梯队，南京和成都分别在生活垃圾无害化处理率和污水集中处理率方面处于第二梯队，这些方面表现较优。

（二）社会经济环境

1. 社会经济环境单因子分析

（1）经济发展水平

①GDP 总量：平均为 9628.32 亿元，有一定增长，广州和深圳独占鳌头；近九成城市增长，平均增幅约为 9%，且总量越大的城市增幅较大；城际差异很小但略有扩大，南北分异明显

如表 3–1、图 3–9 所示，2016 年全国 15 个副省级城市 GDP 的平均值为 9628.32 亿元，较 2015 年增长了 6.14%，只有 7 个城市超过均值。其中，广州、深圳的 GDP 最高，都超过 1.79 万亿元；其次，成都、武汉、杭州、南京和青岛也很强，GDP 都超过 1 万亿元；而长春和沈阳的 GDP 都在 6000 亿元以下，厦门 GDP 最低，不到 4000 亿元。

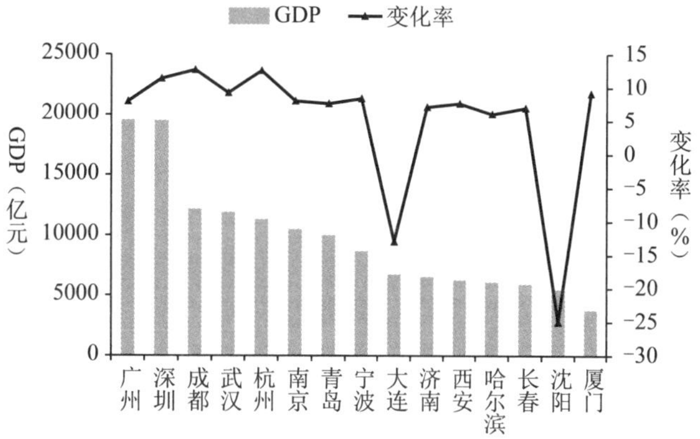

图 3–9　2016 年中国 15 个副省级城市的 GDP 及其年变化率

（数据来源：《2017 年中国城市统计年鉴》）

如图 3–9 所示，与 2015 年相比，13 个副省级城市 2016 年 GDP 有所增加，平均增长率为 8.85%，成都和杭州的增长率最高，为 12.67% 和 12.53%%，大连和沈阳 GDP 有所减少，且降幅分别为 12.95% 和 25.01%。从与 GDP 的关系来看，表现排名靠前的城市增长率也较高。

如表 3–1 所示，2016 年 15 个副省级城市 GDP 的变异系数为 0.48，在社会经济环境的 5 个评价指标中最低，但相比 2015 年增加了 0.02，表明 GDP 的城际差异较小，但有扩大趋势。另外，副省级城市 GDP 的空间分布呈现出明显的南北差异，GDP 达到万亿元以上的城市几乎都分布在东南部地区，北部城市总体偏弱（图 3–10）。

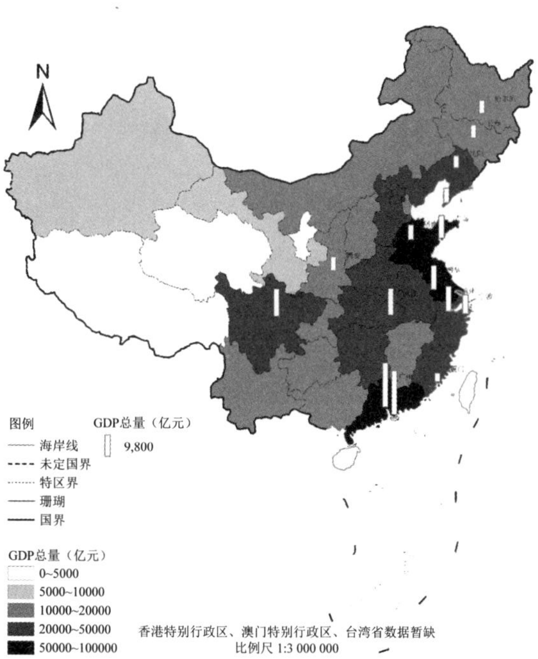

图 3–10　2016 年中国 15 个副省级城市 GDP 空间分布图

（数据来源：《2017 年中国城市统计年鉴》）

②人均 GDP：平均 15 万元 / 人，变化不大，仅 5 市达平均，深圳遥遥领先；七成城市有所增长，平均增幅为 7%；城

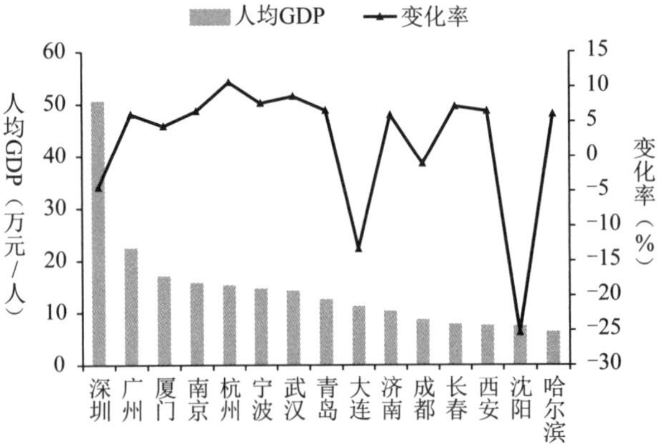

图 3-11　2016 年中国 15 个副省级城市人均 GDP 及其年增长率

（数据来源：《2017 年中国城市统计年鉴》）

际差异不大，但呈扩大态势，东南—西北分异明显

如表 3-1、图 3-11 所示，2016 年全国 15 个副省级城市人均 GDP 的平均值为 14.84 万元 / 人，仅 5 个城市达到或超过均值。其中，深圳的人均 GDP 最高，达到 50.63 万元 / 人，遥遥领先于其他城市；广州次之，达到 22.47 万元 / 人；其次，厦门、南京、杭州、宁波、武汉、青岛、大连和济南的人均 GDP 也较高，都超过 10 万元 / 人；而长春、西安、沈阳和哈尔滨的人均 GDP 都较低，均在 8 万元 / 人以下。

如图 3-11 所示，与 2015 年相比，2016 年有 11 个副省级城市人均 GDP 都有所上升，平均增长率为 6.89%，其中，杭州人均 GDP 的变化率增幅最大，为 10.64%。从与 GDP 的关系来看，表现出人均 GDP 越高增长率越高的特征，GDP 排前五位、中间五位和后五位城市人均 GDP 的平均增长率分别为 4.60%、3.08% 和 -1.37%。

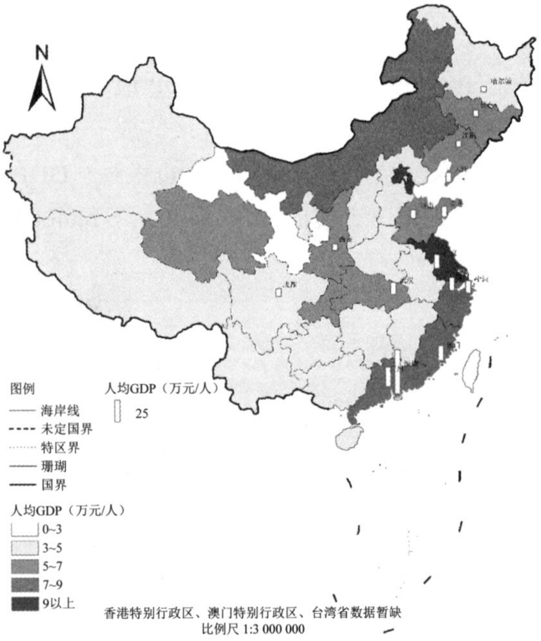

图 3-12　2016 年中国 15 个副省级城市人均 GDP 空间分布图

（数据来源：《2017 年中国城市统计年鉴》）

如表 3-1 所示，2016 年 15 个副省级城市人均 GDP 的变异系数为 0.71，较小，比 2015 年减小了 0.06，表明人均 GDP 的城际差异较小，且呈减小趋势。另外，2016 年副省级城市人均 GDP 的空间分布也表现出明显的南北差异，人均 GDP 超过 13 万元 / 人的城市几乎都集中分布在东南部地区，西部、北部城市的人均 GDP 都较小（图 3-12）。

（2）年客运总量：平均 1.6 亿多人，有所下降，仅 2 个城市达平均；广州仍一枝独秀；11 个城市有所减小，降幅约为 43%，且年客运总量越少的城市降幅较大；城际差异较大，中部、南部较高，北部较低

如表 3-1、图 3-13 所示，2016 年全国 15 个副省级城市年客运总量的均值为 15938.33

万人，较2015年降低了29%，仅2个城市达到或超过均值。其中，广州的年客运总量最高，将近9.90亿人，仍然一枝独秀；其次，西安、沈阳、成都、杭州、武汉、南京、深圳较高，都超过1.00亿人；而济南、哈尔滨的客运总量最低，均在0.5亿人以下。

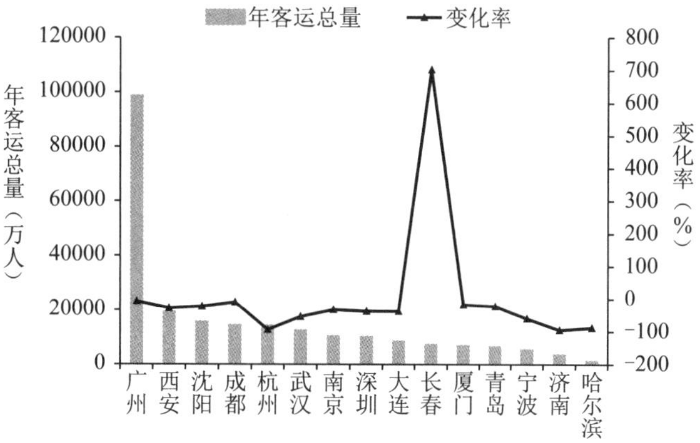

图3–13　2016年中国15个副省级城市的年客运总量及其年变化率

（数据来源：《2017年中国城市统计年鉴》）

如图3–13所示，与2015年相比较，只有长春的客运总量增加，增幅为702.38%；而有11个城市2016年的客运总量下降，平均降幅为43.14%，其中济南、杭州和哈尔滨的降幅较大，都超过了80%。因此，总体来看，2016年副省级城市的年客运总量增长不力。

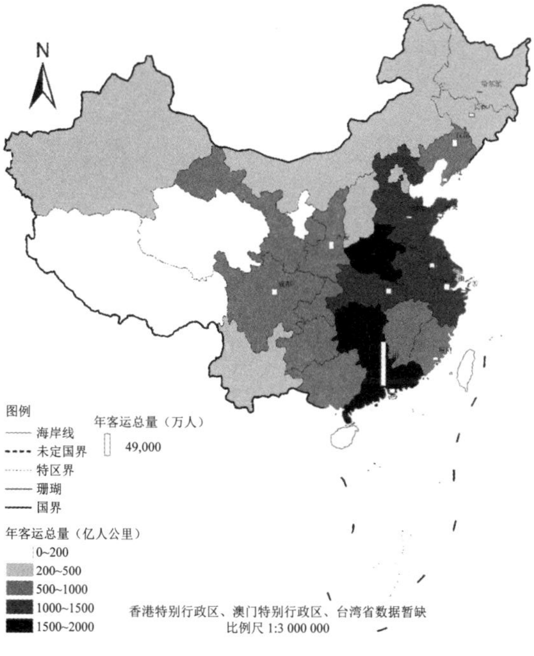

图3–14　2016年中国15个副省级城市的年客运总量空间分布图

（数据来源：《2017年中国城市统计年鉴》）

如表3–1所示，2016年15个副省级城市年客运总量的变异系数为1.42，在社会经济环境的5个评价指标中最高，且比2015年增加了0.36，表明年客运总量的城际差异较大，且有所扩大。从空间分布来看，中部、南部地区相对较高，西北、东北较低（图3–14）。

（3）互联网普及率：平均为0.53，近五成城市达平均；深圳遥遥领先；近九成城市有增幅；城际差异中等，且呈减小趋势；东南沿海较高，东北较低

如表3–1、图3–15所示，2016年全国15个副省级城市互联网普及率的均值为53%，较2015年提高了9.26%，7个城市达到或超过平均水平。其中，深圳的互联网普及率最高，达到164.16%；其次，厦门、宁波、杭州、武汉、广州和南京的普及率也较高，都超过50%，而沈阳、大连、哈尔滨和长春的普及率最低，都不到30%。

如图3–15所示，与2015年相比较，13个副省级城市2016年的互联网普及率有提高，平均增幅为21.62%，其中，南京、杭州和宁波的增幅较大，分别为52.31%、47.96%和43.29%，而长春和深圳的普及率有所下降，降幅分别为5.56%和19.22%。

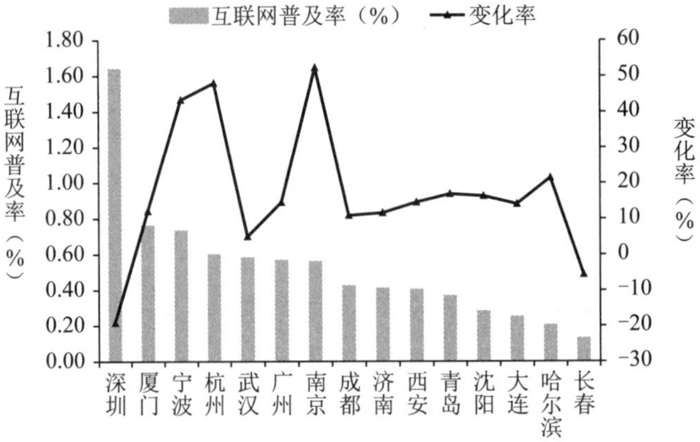

图 3-15　2016 年中国 15 个副省级城市的互联网普及率及其年变化率

［数据来源：利用《2017 年中国城市统计年鉴》中的各城市的互联网宽带接入用户数（万人）去除其年末总人口数获得］

如表 3-1 所示，2016 年 15 个副省级城市互联网普及率的变异系数为 0.65，在社会经济环境的 5 个评价指标中属于中等，但比 2015 年减少了 0.28，表明互联普及率的城际差异中等，但呈减少趋势。从空间分布来看，东南沿海普及率较高，东北较低（图 3-16）。

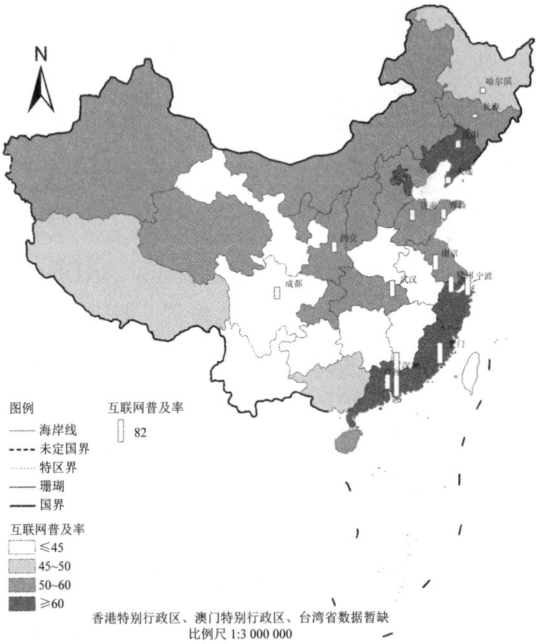

图 3-16　2016 年中国 15 个副省级城市的互联网普及率空间分布图

［数据来源：利用《2017 年中国城市统计年鉴》中的各城市的互联网宽带接入用户数（万人）去除其年末总人口数获得］

（4）万人专利授权数：平均为 42 件，小幅增长，四成城市达平均；深圳领跑；六成城市有增加；城际差异大，且呈缩小趋势，具有西南—东北分异特征

如表 3-1、图 3-17 所示，2016 年全国 15 个副省级城市万人专利授权数的均值为 42.43 件，较 2015 年增加了 15.74%，有 6 个城市达到或超过平均水平。其中，深圳的万人专利授权数最高，达到 194.92 件，继续领跑；其次宁波、广州、厦门、西安和南京的万人专利授权数也较高，均在 43 件以上；而沈阳、哈尔滨、杭州和长春的万人专利授权数都较低，均在 20 件以下，其中，长春的万人专利授权数最低，只有不到 3 件。

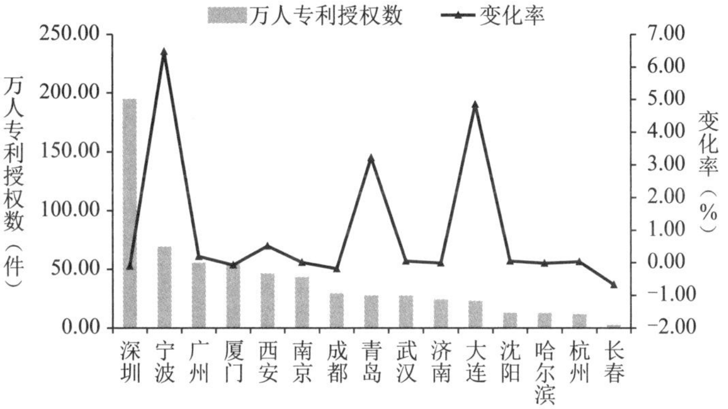

图 3-17　2016 年中国 15 个副省级城市万人专利授权数及其年变化率

（数据来源：《中国国家知识产权局官网》）

如图 3-17 所示，与 2015 年相比较，9 个副省级城市 2016 年的万人专利授权数有所增加，平均增幅为 1.71%；6 个副省级城市 2016 年的万人专利授权数有所下降，平均降幅为 0.18%。因此，总体来看，2016 年副省级城市的万人专利授权数有所增加，但整体增幅较小。

如表 3-1 所示，2016 年 15 个副省级城市万人专利授权数的变异系数为 1.05，在社会经济环境的 5 个评价指标中偏高，但比 2015 年降低了 0.35，表明万人专利授权数的城际差异较大，且呈缩小趋势。同时，从空间分布来看，万人专利授权数表现出明显的西南—东北分异特征（图 3-18）。

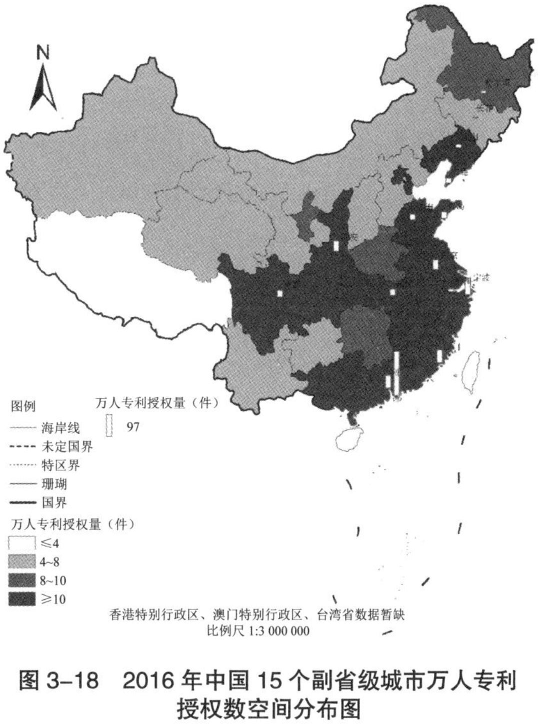

图 3-18　2016 年中国 15 个副省级城市万人专利授权数空间分布图

（数据来源：《中国国家知识产权局官网》）

2. 社会经济环境综合评价

将前述 4 个指标的数据进行归一化处理（其中经济发展水平取 GDP 和人均 GDP 归一化处理后的平均值）后，加和计算，得到全国副省级城市社会经济环境综合评价结果（表 3-3、图 3-19、图 3-20）。依据综合评价得分高低，将 15 个城市分为三个梯队，分别从梯队成员、空间分布、各指标的相对状况等角度对各个梯队进行分析。

表 3-3　2016 年中国 15 个副省级城市旅游发展的社会经济环境综合评价结果

城市	社会经济环境综合评价		经济发展水平		年客运总量		互联网普及率		万人专利授权数	
	分值	排序	分值	排序	分值	排序	分值	排序	分值	排序
沈阳	36.67	13	6.55	15	14.73	3	9.98	12	5.41	12
大连	40.88	12	14.93	9	7.43	9	7.88	13	10.63	11
长春	14.69	15	8.48	13	6.21	10	0.00	15	0.00	15
哈尔滨	17.46	14	7.35	14	0.00	15	4.84	14	5.27	13
南京	91.27	4	32.04	5	9.42	7	28.59	7	21.23	6
杭州	83.29	8	34.08	4	13.26	5	31.18	4	4.77	14
宁波	103.93	3	24.98	8	4.31	13	40.09	3	34.54	2
厦门	86.99	6	12.17	11	5.79	11	41.88	2	27.15	4
济南	45.59	11	13.23	10	2.38	14	18.63	9	11.35	10
青岛	61.24	9	26.88	7	5.38	12	15.83	11	13.15	8
武汉	89.30	5	34.75	3	11.51	6	30.06	5	12.98	9
广州	224.72	2	68.21	2	100.00	1	28.98	6	27.53	3
深圳	308.89	1	99.83	1	9.06	8	100.00	1	100.00	1
成都	85.05	7	29.26	6	13.44	4	19.58	8	22.78	5
西安	59.83	10	9.25	12	18.38	2	18.19	10	14.01	7

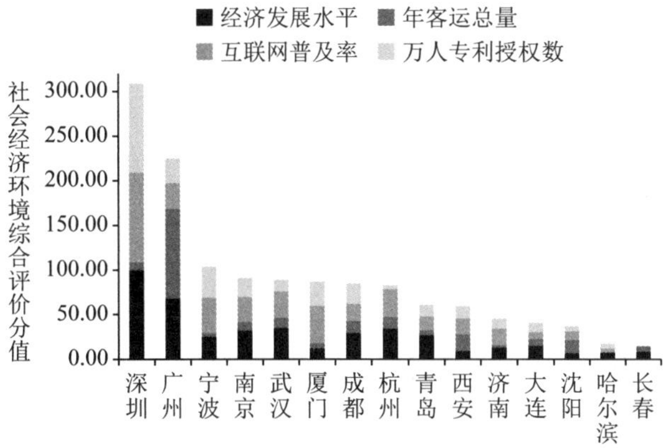

图 3–19　2016 年我国 15 个副省级城市旅游发展的社会经济环境综合评价结果

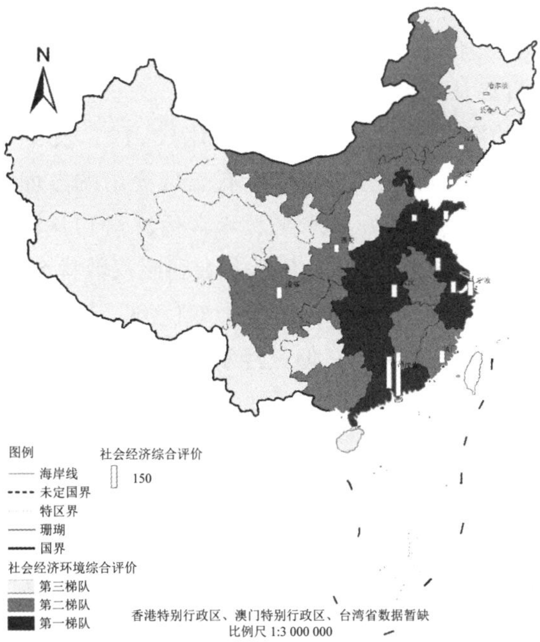

图 3–20　2016 年我国 15 个副省级城市旅游发展的社会经济环境综合评价空间分布图

（1）社会经济环境第一梯队：成员变化不大，多为沿海城市；深圳经济—信息—创新三优，广州经济—交通—创新三优，宁波信息—创新双优，武汉经济—信息双优，南京经济单优

如图 3–19 所示，社会经济环境第一梯队包括深圳、广州、宁波、南京和武汉，综合评价分值都高于 85 分。从空间分布来看，多为沿海城市（图 3–20）。与 2015 年相比，梯队成员变化不大，宁波是新晋升成员。

从这些副省级城市的组成要素来看，如图 3–19、表 3–3 所示，社会经济环境第一梯队城市的表现各异：深圳属于经济发展水平、信息化、创新能力三优型，其经济发展水平、互联网普及率和万人专利授权数排名均为第1位，优势十分突出，但年客运总量排名第8位，处于第二梯队；广州属于经济发展水平、交通、创新能力三优型，其经济发展水平、年客运总量和万人专利授权数排名分别为第2位、第1位和第3位，优势也较为明显，但互联网普及率排名第6位，处于第二梯队；宁波属于信息化和创新能力双优型，其互联网普及率和万人专利授权数排名分别为第3和第2，但经济发展水平排名第8位，位于第二梯队，年客运总量排名第13位，位于第三梯队，是明显的短板；武汉属于经济发展和信息化双优型，其经济发展水平和互联网普及率排名分别为第3位和第5位，但年客运总量和万人专利授权数排名分别为第6位和第9位，均处于第二梯队；南京属于经济单优型，其经济发展水平排名第5位，但年客运总量、互联网普及率和万人专利授权数排名分别为第7位、第7位和第6位，均位于第二梯队。

（2）社会经济环境第二梯队：有一定变化，分布分散；杭州经济—交通—信息三优，厦门信息—创新双优，成都交通—创新双优

如图3–19所示，社会经济环境第二梯队包括厦门、成都、杭州、青岛和西安，综合评价分值为55~88分，分布分散（图3–20）。与2015年相比较，梯队成员有一定变化，厦门从第一梯队掉入，青岛从第二梯队晋升而来。

从这些副省级城市的组成要素状况来看，如图3–19、表3–3所示，社会经济第二梯队城市虽然整体表现一般，但也有一些城市有表现突出的方面：杭州属于经济发展水平、交通和信息化三优型，其经济发展水平、年客运总量和互联网普及率的排名分别为第4位、第5位和第4位，表现突出，但其万人专利授权数排名为第14位，位于第三梯队，是明显的短板；厦门属于信息化和创新能力双优型，其互联网普及率和万人专利授权数排名为第2位和第4位，表现突出，但其经济发展水平和年客运总量均处于第二梯队；成都属于交通和创新能力双优型，其年客运总量和万人专利授权数排名分别为第4位和第5位，但其经济发展水平和互联网普及率均位于第二梯队。

（3）社会经济环境第三梯队：成员较稳定，多为东北城市；沈阳交通单优

如图3–19所示，社会经济环境第三梯队包括济南、大连、沈阳、哈尔滨和长春，综合评价分值低于50分，主要为东北部城市（图3–20）。与2015年相比，梯队成员较为稳定，济南从第二梯队掉入。

从这些副省级城市的组成要素状况来看，如图3–19、表3–3所示，社会经济环境第三梯队城市在各方面表现都较弱，得分较低，排位靠后，只有沈阳的年客运总量排名第3位，进入第一梯队，属于交通单优型。

（三）旅游政策环境

1. 旅游政策环境单因子分析

（1）旅游管理机构设置：2/3城市设置旅游发展委员会，城际差异较小且较稳定，华南相对滞后

与省域旅游政策环境一样，通过各副省级城市政府官网查找了其旅游管理机构的设

置情况，并给设置了市级旅游发展委员会的城市赋值 2，而给设置了市旅游局的城市赋值 1，给无以上机构设置城市赋值 0，以此为依据分析副省级城市旅游管理机构设置状况。

如表 3–1、图 3–21 所示，截至 2018 年 6 月，全国 15 副省级城市中，南京、杭州、长春、哈尔滨、厦门、济南、青岛、大连、宁波和武汉成立了旅游发展委员会，与 2017 年的 7 个城市相比，增加了 42.86%；其他副省级城市也在酝酿设置旅游发展委员会。

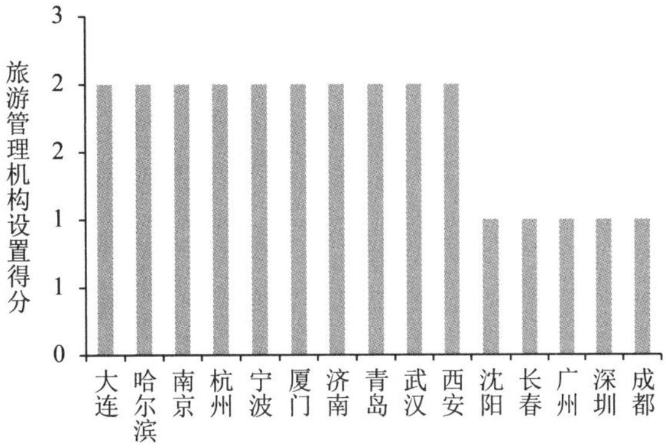

图 3–21　2018 年中国 15 个副省级城市旅游管理机构设置情况示意图

（数据来源：各副省级城市相关政府官网；1= 设置了旅游局，2= 设置了旅游发展委员会）

如表 3–1 所示，2018 年 15 个副省级城市旅游管理机构设置情况变异系数为 0.28，很小，而且比 2017 年减小了 0.05，表明旅游管理机构设置的城际差异较小，且较稳定。华南旅游管理机构设置相对滞后（图 3–22）。

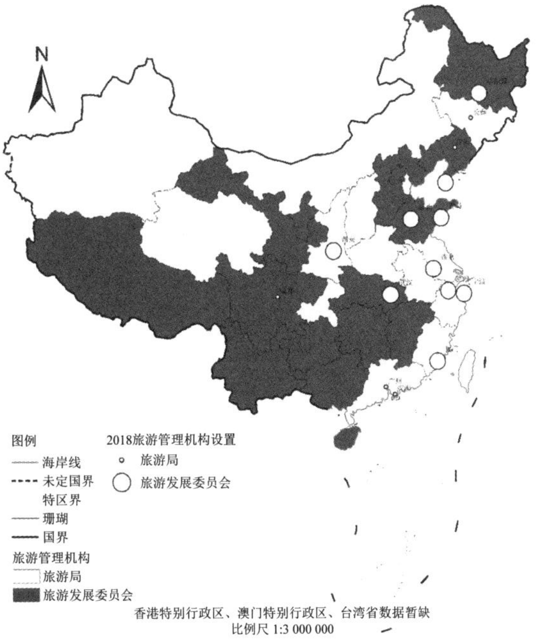

图 3–22　2018 年中国 15 个副省级城市旅游管理机构设置情况空间分布图

（数据来源：各副省级城市相关政府官网）

（2）政府工作报告提及“旅游”次数：平均为 10 次，小幅减少，半数以上城市达平均；西安一枝独秀；3 市增加，10 市减少，其他不变；城际差异明显，且有所减小；西部相对重视

本报告搜集各副省级城市 2017 年的政府工作报告，统计其提及“旅游”的次数，以此反映政府对旅游业的重视程度。如表 3–1、图 3–23 所示，2017 年全国 15 个副省级城市工作报告提及“旅游”次数的平均值为 9.73，较 2016 年减少了 2 次，降幅为 16.67%，8 个城市达到或超过均值。其中，西安政府工作报告提及“旅游”次数最多，达到 21 次，继续一枝独秀，其次是青岛、成都和厦门，都提及了 12 次以上，哈尔滨、宁波、济南和广州也提及了 10 次以上；而其他城市政府工作报告提及“旅游”次数都小于 10 次，尤其是长春，只提及了 2 次。

与 2016 年相比，如图 3–23 所示，2017 年 2 个副省级城市政府工作报告提及“旅游”次数有所增加，平均增幅为 43.17%；有 10 个副省级城市政府工作报告提及“旅游”次数有所减少，平均降幅为 28.73%；其他城市没有变化。因此，总体来看，副省级城市政府重视旅游发展的程度有所减小。

如表 3-1 所示，2017 年 15 个副省级城市政府工作报告提及“旅游”次数的变异系数为 0.47，较大，且比 2016 年降低了 0.2，表明政府重视旅游程度的城际差异较大，且呈缩小态势。西部城市政府工作报告提及“旅游”次数相对较多，反映西部政府更加重视旅游发展（图 3-24）。

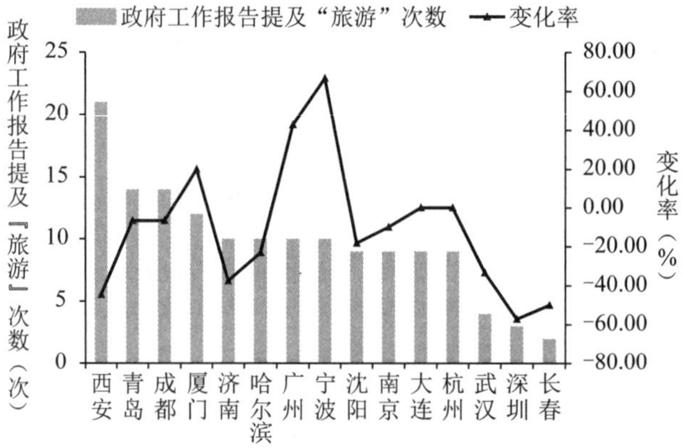

图 3-23　2017 年中国 15 个副省级城市政府工作报告提及“旅游”的次数及年变化率

（数据来源：各副省级城市政府官网）

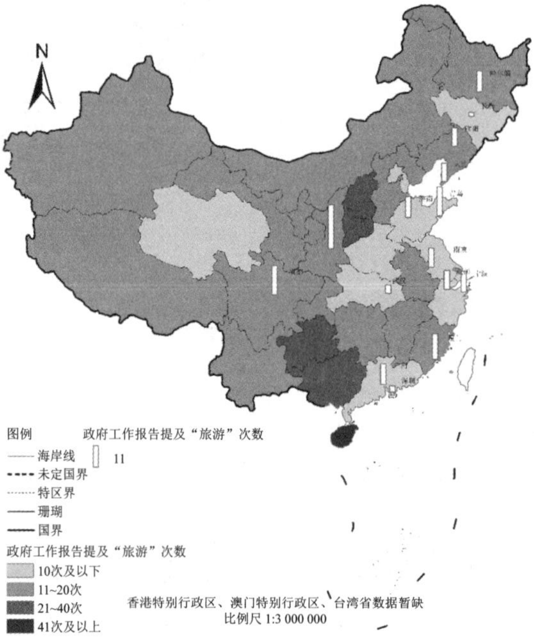

图 3-24　2017 年中国 15 个副省级城市政府工作报告提及“旅游”次数空间分布图

（数据来源：各副省级城市政府官网）

2. 旅游政策环境综合评价

对各个副省级城市 2017 年旅游管理机构设置情况和政府工作报告提及“旅游”次数进行归一化处理后，加和计算，得到 15 个副省级城市旅游政策环境综合评价结果（表 3-4、图 3-25、图 3-26）。依据综合评价得分高低，将 15 个城市分为三个梯队，分别从梯队成员、空间分布、各指标的相对状况等角度对各个梯队进行分析。

表 3-4　2017 年中国 15 个副省级城市旅游政策环境综合评价结果

城市	旅游政策环境综合评价		旅游管理机构设置情况		政府工作报告提及“旅游”次数	
	分值	排序	分值	排序	分值	排序
沈阳	20.59	8	0.00	4	20.59	6
大连	14.71	10	0.00	4	14.71	9
长春	0.00	15	0.00	4	0.00	15
哈尔滨	26.47	7	0.00	4	26.47	5
南京	117.65	2	100.00	1	17.65	7
杭州	114.71	3	100.00	1	14.71	9
宁波	5.88	13	0.00	4	5.88	13
厦门	17.65	9	0.00	4	17.65	7
济南	135.29	1	100.00	1	35.29	2
青岛	32.35	5	0.00	4	32.35	3
武汉	5.88	13	0.00	4	5.88	13
广州	8.82	11	0.00	4	8.82	11
深圳	8.82	11	0.00	4	8.82	11
成都	32.35	5	0.00	4	32.35	3
西安	100.00	4	0.00	4	100.00	1

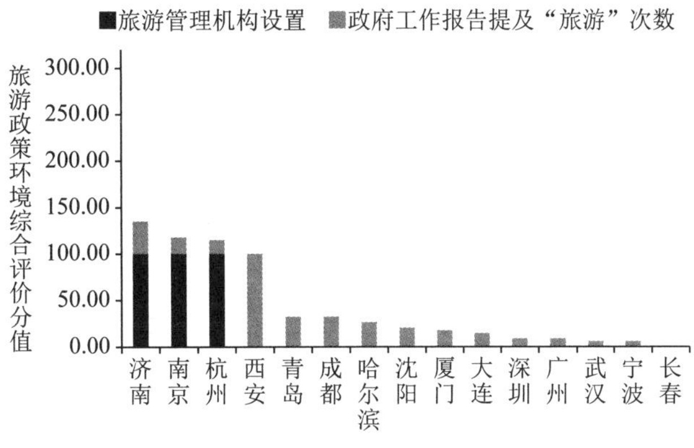

图 3-25　2017 年中国 15 个副省级城市旅游政策环境综合评价结果

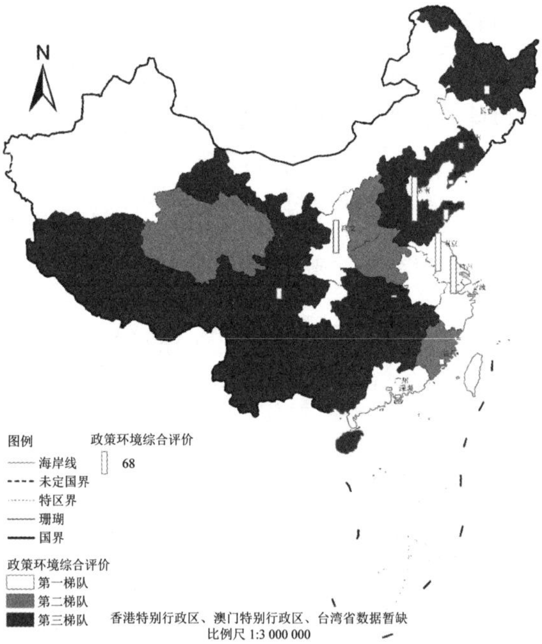

图 3-26 2017 年中国 15 个副省级城市旅游政策环境综合评价空间分布图

（1）旅游政策环境第一梯队：成员较稳定，济南均衡，南京和杭州机构设置单优，西安政府重视单优

如表 3-4、图 3-25 所示，旅游政策环境第一梯队包括济南、南京、杭州和西安（青岛和成都分数相同，且与西安差距较大，所以都归入第二梯队），综合评价分值都大于 100 分，为华北、东南和西部城市（图 3-26）。与 2016 年相比，梯队成员较为稳定，青岛和成都从第一梯队掉入第二梯队。

从这些副省级城市的组成要素状况来看，如图 3-25、表 3-4 所示，旅游政策环境第一梯队城市的表现各异：济南属于均衡型，其政府管理机构设置和政府工作报告提及“旅游”次数的排名都居前 2 位，表现突出，没有短板；南京和杭州属于机构设置单优型，它们在旅游机构设置方面都排第 1 名，优势突出，但其政府工作报告提及“旅游”次数的排名分别为第 7 位和第 9 位，还需加强。

（2）旅游政策环境第二梯队：成员稳定，多北部城市；青岛、成都和哈尔滨政府重视旅游

如表 3-4、图 3-25 所示，旅游政策环境第二梯队包括青岛、成都、哈尔滨、沈阳、厦门和大连，综合评价分值介于 14~35 分，多为北部城市（图 3-26）。与 2016 年相比，梯队成员较稳定，成都和青岛从第一梯队落入。

从这些副省级城市的组成要素状况来看，如图 3-25、表 3-4 所示，旅游政策环境第二梯队城市均设置了旅游局；而在政府工作报告提及“旅游”次数方面，青岛、成都和哈尔滨排名第 3 位、第 3 位和第 5 位，较为突出。

（3）旅游政策环境第三梯队：成员基本稳定；多为东南部城市；表现都较弱

如表 3–4、图 3–25 所示，旅游政策环境第三梯队包括深圳、广州、武汉、宁波和长春，综合评价分值小于 10 分，多为东南部城市（图 3–26）。与 2016 年相比，梯队成员没有变化。

从这些副省级城市的组成要素状况来看，如图 3–25、表 3–4 所示，旅游政策环境第三梯队城市均设置了旅游局，且政府工作报告提及“旅游”次数都很靠后。

二、核心产业评价

（一）住宿接待业发展

与省域分析保持一致，本报告分别选取住宿设施总数（包含星级饭店、精品酒店、汽车营地、途家公寓四种类型住宿设施的数量）、星级饭店利润、星级饭店数量增长率、星级饭店利润增长率、星级饭店全员劳动生产率作为市域住宿接待业的数量规模、经营效益、发展速度和发展效率的评价指标。这些评价指标及其基本描述统计如表 3–5 所示。

表 3–5　2017 年中国 15 个副省级城市住宿接待业评价指标的基本描述统计

类型	评价指标	平均值	最大值	最小值	标准差	变异系数
数量规模	住宿设施总数（家）*	6322	15109	1140	4416.84	0.70
	其中：星级饭店数量*	86.20	159.00	40	31.94	0.37
	精品酒店数量*	6.80	38.00	0	9.49	1.40
	汽车营地数量*	3.00	11.00	0	3.14	1.05
	途家公寓数量*	6226	15000	1100	4394.95	0.71
经营效益	星级饭店利润（亿元）	0.24	5.44	–3.47	2.37	9.78
发展速度	星级饭店数量增长率（%）*	–7.08	25.53	–32.20	13.57	–1.92
	星级饭店利润增长率（%）	130.39	1750.97	–168.68	453.01	3.47
发展效率	星级饭店全员劳动生产率（万元/人）	18.52	23.03	12.07	2.99	0.16

（数据来源：2017 年第四季度全国星级饭店统计公报，原国家旅游局官网，2018 年 4 月，http：//www.cnta.gov.cn/zwgk/lysj/201704/t20170418_822726.shtml；2016 年全国星级饭店统计公报，原国家旅游局官网，2017 年 9 月，http：//www.cnta.gov.cn/zwgk/lysj/201609/t20160902_782543.shtml；2016 年各城市精品酒店统计，携程网，2018 年 2 月，http：//hotels.ctrip.com/hotel/beijing1#ctm_ref=ctr_hp_sb_lst；2016 年各城市途家公寓统计，携程网，2018 年 2 月，http：//hotels.ctrip.com/tujia/；2018 中国露营地产业发展报告，中国露营网，2017 年 3 月，http：//www.51luying.com/portal.php?mod=view&aid=8587；2017 中国露营地数量分布图，中国露营网，2018 年 3 月，http：//www.51luying.com/serach.html；* 这些指标为 2017 年数据）

1. 发展现状

（1）数量规模：设施总数约 6300 家，有所减少；仅四成城市超平均，成都依然保持

领先，位居第一；城际差异较小，且呈缩小态势，呈西多东少的空间分异；规模较小城市较多地依赖星级饭店

基于数据可得性原则，住宿接待业总体规模由星级饭店数量、精品酒店数量、汽车营地数量、途家公寓数量四部分组成（以下合称住宿设施总数）。如表 3-5 所示，2017 年全国 15 个副省级城市的住宿设施总数平均为 6322 家，较 2016 年减少了 982 家，降幅为 13.44%；6 个城市超过平均水平。

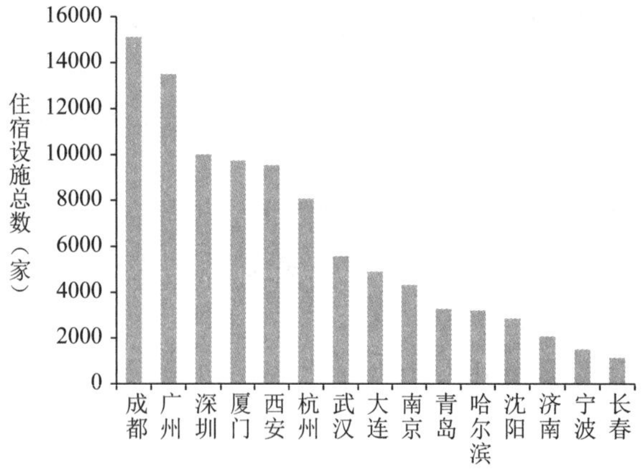

图 3-27　2017 年中国 15 个副省级城市住宿接待业规模

（数据来源：同表 3-5）

如图 3-27 所示，排名前 5 的是成都、广州、深圳、厦门和西安，住宿设施总数均超过 9000 家，尤其成都住宿设施总数达到 15109 家，遥遥领先；排名后 5 的是哈尔滨、沈阳、济南、宁波和长春，住宿设施总数都不足 3200 家，尤其宁波和长春住宿设施总数都不足 2000 家。

从住宿设施总数的城际差异来看，2017 年全国 15 个副省级城市住宿设施总数的变异系数为 0.70，较小，且比 2016 年缩小了 0.07，表明住宿设施总数的城际差异较小，且呈进一步缩小态势。同时，如图 3-28 所示，住宿设施总数呈现出一定的西部城市多、东部城市较少的空间分异格局。

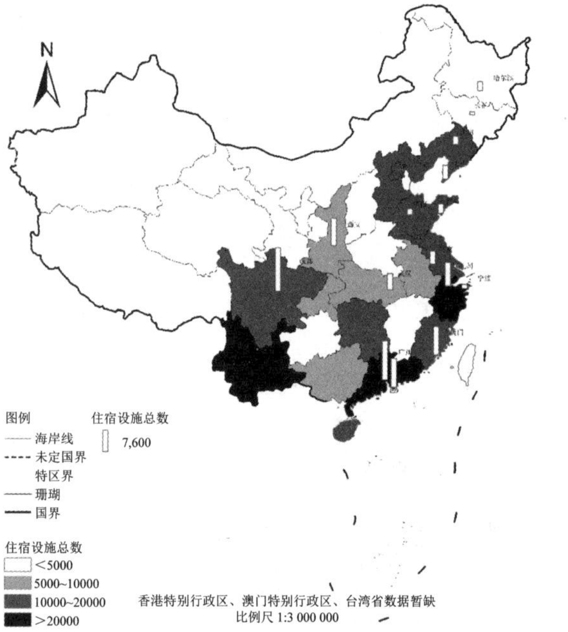

图 3-28　2017 年中国 15 个副省级城市的住宿接待业规模

（数据来源：同表 3-5）

①星级饭店数量：平均为 86 家，有所减少；近半城市超过平均值，穗杭最多；住宿设施总数越少的城市星级饭店占比越大；城际差异不大，且持续缩小，呈沿海—内陆空间分异

2017 年，全国 15 个副省级城市星级饭店数量的平均值为 86.20 家（表 3-5），较 2016 年减少了 9 家，降幅为 9.47%；7 个副省级城市超过平均水平，其中，广州和杭州星级饭店数量较多，分别有 159 家和 139 家，其次，深圳、宁波、青岛、大连和成都也较多，均超过 90 家；而厦门、沈阳、济南、哈尔滨和长春较少，都不到 65 家（图 3-29）。

从星级饭店数量占住宿设施总数的比例来看，如图 3-29 所示，所有副省级城市星级

饭店数量占比都不足10%，宁波占比最高为6.78%。另外，从星级饭店数量占比与住宿设施总数的关系来看，住宿设施总数越多的城市，星级饭店所占比例较低，住宿设施总数排名前5的城市，其星级饭店占比都不到2%；而住宿设施总数排名后5的城市，除沈阳和哈尔滨外，其星级饭店占比都超过2.5%；可见，住宿接待业数量规模小的城市较依赖星级饭店，与省域情况基本一致。

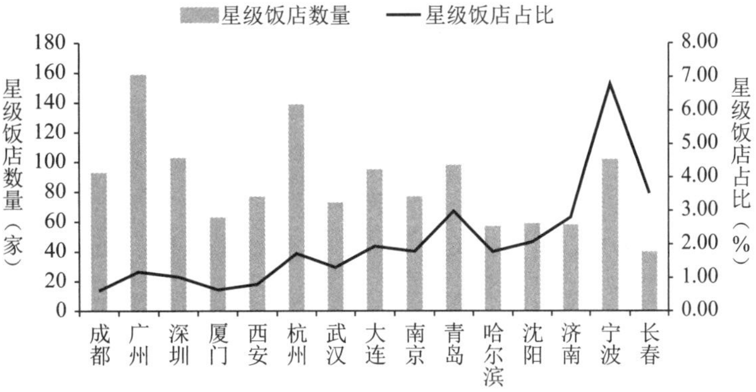

图 3-29　2017 年中国 15 个副省级城市的星级饭店数量及其占住宿设施总数的比例

（数据来源：2017 年第四季度全国星级饭店统计公报，原国家旅游局官网，2018 年 4 月，（http：//www.cnta.gov.cn/zwgk/lysj/201704/t20170418_822726.shtml）

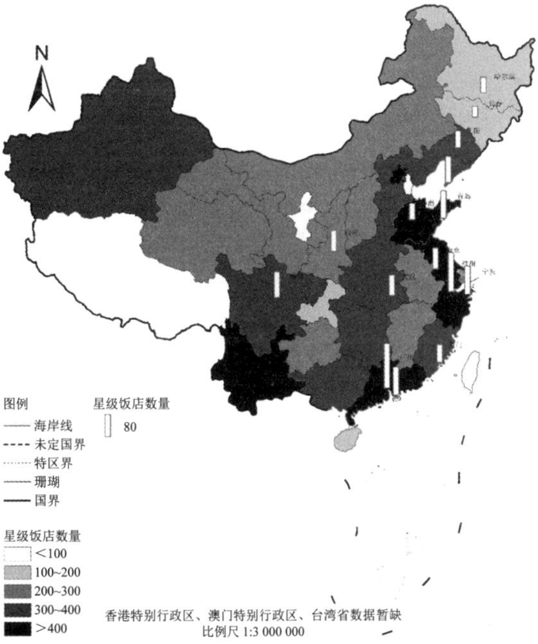

图 3-30　2017 年中国 15 个副省级城市星级饭店数量的空间分布图

（数据来源：2017 年第四季度全国星级饭店统计公报，原国家旅游局官网，2018 年 4 月，http：//www.cnta.gov.cn/zwgk/lysj/201704/t20170418_822726.shtml）

2017 年，全国 15 个副省级城市星级饭店数量的变异系数为 0.37，在四类住宿设施中最小，但较 2016 年的 0.45 有所减小，表明星级饭店数量的城际差异很小，且呈缩小趋势。同时，从空间分布来看，如图 3-30 所示，副省级城市星级饭店数量总体表现为沿海城市较多，7 个沿海城市的平均星级饭店数量为 108 家，而 8 个内陆城市的平均星级饭店数量只有 67 家，沿海—内陆空间分异格局明显。

②精品酒店数量：平均仅约 7 家，基本保持不变；仅四成城市达平均，杭州一枝独秀；占总数的比例都很小，且总数较少城市的占比较大；城际差异较大，且呈扩大态势，仍呈东南—西北空间分异

2017 年全国 15 个副省级城市精品酒店数量的平均值为 6.80（表 3-5），较 2016 年增加了 1 家，增幅为 16.67%；6 个副省级城市达到或超过平均水平，其中，杭州一枝独秀，达到 38 家，其次，武汉、成都、南京、广州和深圳也较多，都达到或超过 7 家；而大连、青岛、西安、济南和哈尔滨不足 5 家，沈阳、长春和宁波一家都没有（图 3-31）。

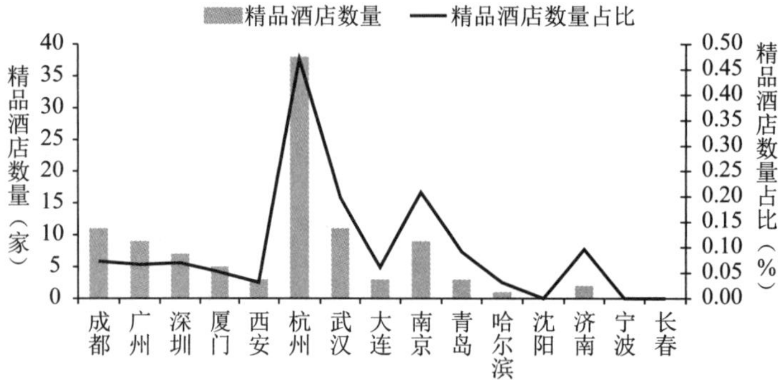

图 3-31　2017 年中国 15 个副省级城市的精品酒店数量及其占住宿设施总数的比例

（数据来源：2017 年各城市精品酒店统计，携程网，2018 年 2 月，http：//hotels.ctrip.com/hotel/beijing1#ctm_ref=ctr_hp_sb_ls）

从精品酒店数量占住宿设施总数的比例来看，如图 3-31 所示，各副省级城市精品酒店数量的占比都很小，不超过 0.50%，其中，杭州和南京最高，分别为 0.47% 和 0.21%，而其他城市精品酒店数量的占比都不超过 0.20%。另外，从精品酒店数量占比与住宿设施总数的关系来看，住宿设施总数排前 5 位、中间 5 位和后 5 位的城市的精品酒店数量占比的平均值分别为 0.06%、0.21% 和 0.03%；总体上仍表现为住宿设施总数较少的城市，其精品酒店数量占比较大。

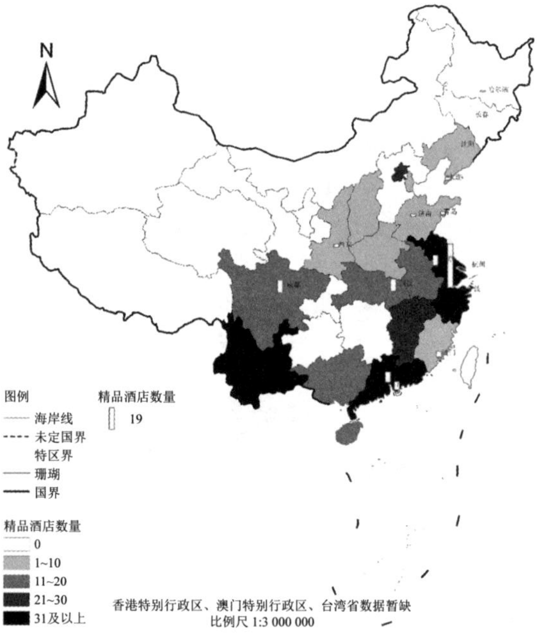

图 3-32　2017 年中国 15 个副省级城市精品酒店数量的空间分布图

（数据来源：2017 年各城市精品酒店统计，携程网，2018 年 2 月，http：//hotels.ctrip.com/hotel/beijing1#ctm_ref=ctr_hp_sb_lst）

2017 年全国 15 个副省级城市精品酒店数量的变异系数为 1.40，在四类住宿设施中较高，且较 2016 年增加了 0.50，表明精品酒店数量的城际差异较大，且呈扩大态势。同时，如图 3-32 所示，精品酒店较多的城市多分布于东南部，西部、东北城市的精品酒店都较少，表现出较明显的东南—西北分异格局。

③汽车营地数量：平均仅 3 家，过半城市达平均，杭州最多；城际差异较大，且呈扩大趋势，呈南北分异

2017 年全国 15 个副省级城市汽车营地数量的平均为 3 家（表 3-5），较 2016 年增加了 1 家，增幅为 50%；7 个副省级城市达到或超过平均水平，其中，杭州最多，有 11 家，其次，南京、厦门、深圳和成都也都达到或超过 5 家；而沈阳和广州都仅有 1 家汽车营地，长春、哈尔滨、武汉和西安均一家汽车营地都没有（图 3-33）。

2017 年全国 15 个副省级城市汽车营地的变异系数为 1.05，在四类住宿设施中较大，而且较 2016 年增大了 0.06，表明汽车营地数量的城际差异较大，且呈扩大趋势。同时，

如图 3–34 所示，除武汉以外的南部城市汽车营地较多，北部城市较少。

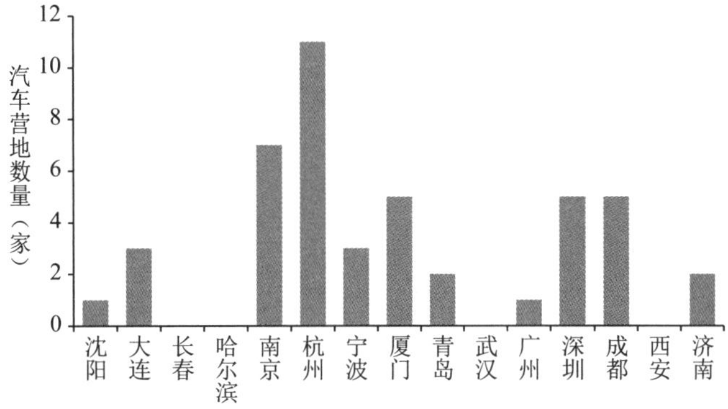

图 3–33　2017 年中国 15 个副省级城市的汽车营地数量

（数据来源：2017 中国露营地数量分布图，中国露营网，2018 年 3 月，http：//www.51luying.com/serach.html）

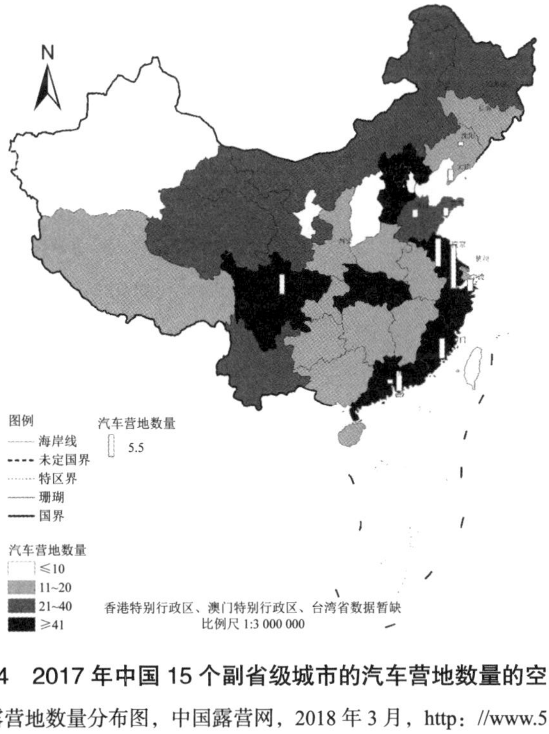

图 3–34　2017 年中国 15 个副省级城市的汽车营地数量的空间分布

（数据来源：2017 中国露营地数量分布图，中国露营网，2018 年 3 月，http：//www.51luying.com/serach.html）

④途家公寓数量：平均 6226 家，四成城市达平均，成都最多；城际差异较小，且呈缩小趋势，南、西、东部城市较多

2017 年全国 15 个副省级城市途家公寓数量的平均值为 6226（表 3–5），较 2016 年减少了 974 家，降幅为 15.64%；6 个副省级城市达到或超过平均水平，其中，成都数量最多，达到 15000 家，其次，广州、深圳、厦门和西安也较多，都超过 9000 家；而宁波和长春较少，都不足 2000 家（图 3–35）。

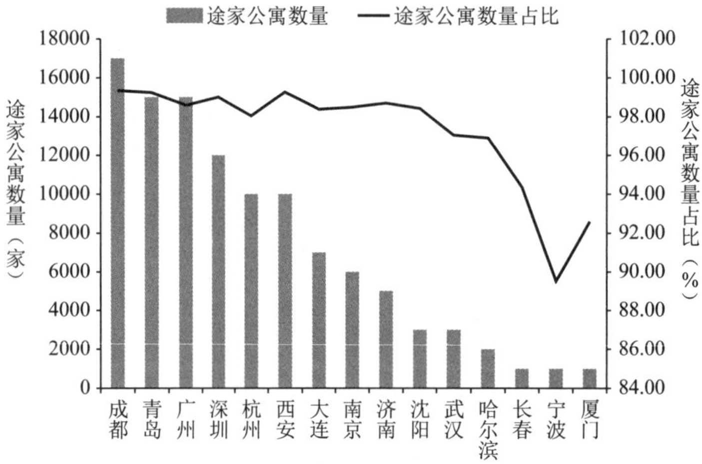

图 3-35　2017 年中国 15 个副省级城市的途家公寓数量及其占住宿设施总数的比例

（数据来源：2017 年各城市途家公寓统计，携程网，2018 年 2 月，http：//hotels.ctrip.com/tujia/）

从途家公寓数量占住宿设施总数的比例来看，如图 3-35 所示，各副省级城市途家公寓数量的占比都超过 90%，其中，成都、厦门和西安最高，都达到或超过 99%。另外，从途家公寓数量占比与住宿设施总数的关系来看，住宿设施总数排前 5 位、中间 5 位和后 5 位的城市的精品酒店数量占比的平均值分别为 99.06%、97.76% 和 96.52%；总体上仍表现为住宿设施总数越多的城市，其途家公寓数量占比越大。

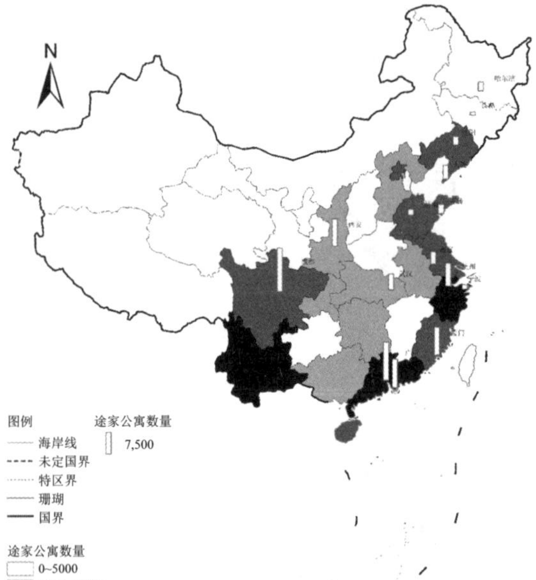

图 3-36　2017 年中国 15 个副省级城市途家公寓数量的空间分布图

（数据来源：2017 年各城市途家公寓统计，携程网，2018 年 2 月，http：//hotels.ctrip.com/tujia/）

2017 年全国 15 个副省级城市途家公寓的变异系数为 0.71，较 2016 年减少了 0.07，表明途家公寓数量的城际差异较小，且有缩小态势。同时，如图 3-36 所示，途家公寓较多的城市主要分布在华南和西部地区，华东经济发达城市次之，东北和华中地区城市的途家公寓分布较少。

（2）经营效益：平均 0.24 亿元，继续保持增长态势，但仅三成城市盈利，广州、深圳表现突出；城际差异很大，但呈显著缩小态势，仍呈西南—东北空间分异

由于精品酒店、汽车营地、途家公寓均未系统披露其经营效益数据，因此，本报告选择 2016 年星级饭店利润评价副省级城市住宿接待业的经营效益。

2016 年，全国 15 个副省级城市星级饭店利润平均为 0.24 亿元，较 2015 年增加了 0.14 亿元，保持增长态势；但就单个城市来看，只有广州（5.44 亿元）、深圳（4.69 亿元）、厦门（2.3 亿元）、南京（1.12 亿元）、哈尔滨（0.44 亿元）五市利润为正；而其他城市都处于亏损状态，其中，宁波（–1.39 亿元）、沈阳（–2.18）大连（–3.47 亿

元）亏损达1亿元以上（图3–37）。

2016年全国15个副省级城市中，星级饭店利润最多的达到5.44亿元，最少的仅有–3.47亿元，变异系数高达9.78，而且比2015年减少了11.10，可见，星级饭店利润的城际差异很大，但呈显著缩小态势。同时，如图3–38所示，15个副省级城市星级饭店利润的空间分布表现为华南和西部地区城市较高，浙江及东北地区部分城市较差，呈现明显的西南—东北空间分异。

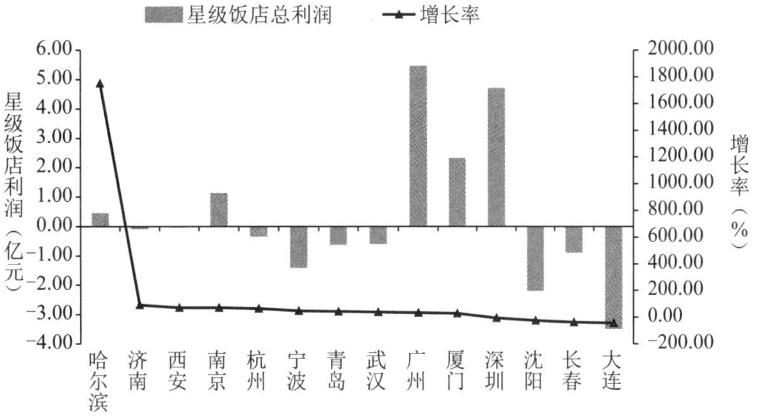

图3–37 2016年中国15个副省级城市的星级饭店利润

（数据来源：2016年全国星级饭店统计公报，原国家旅游局官网，2017年9月，http：//www.cnta.gov.cn/zwgk/lysj/201609/t20160902_782543.shtml；注：成都星级饭店总利润的增长率为12276.99%，属于特异值，图中以0替代）

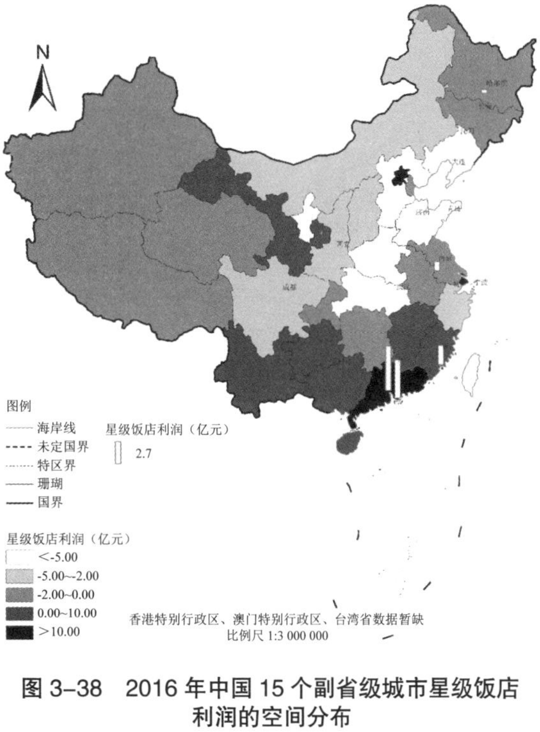

图3–38 2016年中国15个副省级城市星级饭店利润的空间分布

（数据来源：2016年全国星级饭店统计公报，原国家旅游局官网，2017年9月，http：//www.cnta.gov.cn/zwgk/lysj/201609/t20160902_782543.shtml）

2. 发展潜力

（1）发展速度：数量继续呈负增长，且幅度加大，而利润反降为增；城际差异较大，且数量的城际差异显著扩大，而利润的却呈缩小态势；空间分异不明显

为了保持住宿业发展评价的延续性，并基于数据的可获得性，本报告选择2017年星级饭店数量增长率和2016年星级饭店利润增长率评价副省级城市住宿接待业的发展速度，但在综合评价中，为了保持与其他数据一致，都使用2016年的增长率数据。

①星级饭店数量增长率：继续负增长，且幅度加大，近八成城市负增长；沈阳反降为增，表现突出；较前五年增速整体放缓；城际差异很大，且呈扩大态势，空间分异不明显

如表3–5、图3–39所示，2017年15个副省级城市星级饭店数量的平均增长率

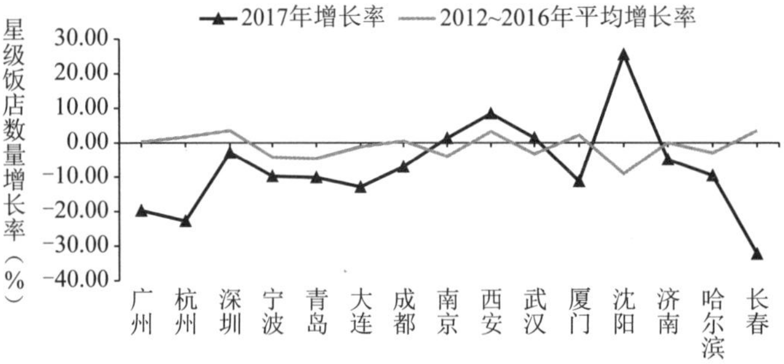

图 3-39　2017 年中国 15 个副省级城市星级饭店数量增长率

（数据来源：2016 年第四季度全国星级饭店统计公报，原国家旅游局官网，2017 年 4 月，http：//www.cnta.gov.cn/zwgk/lysj/201704/t20170418_822726.shtml。注：济南由于缺失 2011、2012 年数据，其 2012~2015 年平均增长率为 2014~2015 年的平均增长率）

为 -7.08%，降幅较 2016 年增加了 0.22 个百分点。沈阳、西安、武汉和南京 4 个副省级城市星级饭店数量实现增长，增幅分别为 25.53%、8.45%、1.39% 和 1.32%；而长春、杭州、广州、大连等 11 个城市的星级饭店数量都呈下降态势，且平均降幅超过 12%，其中，长春的降幅最大，达到 32.20%。

与 2012~2016 年的平均增长率相比较，如图 3-39 所示，2017 年 11 个城市星级饭店数量的增长率都有所降低，长春、杭州、广州和厦门的降低幅度都较大；只有沈阳、南京、西安和武汉 4 个城市 2017 年星级饭店数量的增长率有所提高，沈阳表现最为突出，增长率从 -9.08% 提高到了 25.53%。因此，总体来看，副省级城市星级饭店数量的增长处于继续放缓状态。

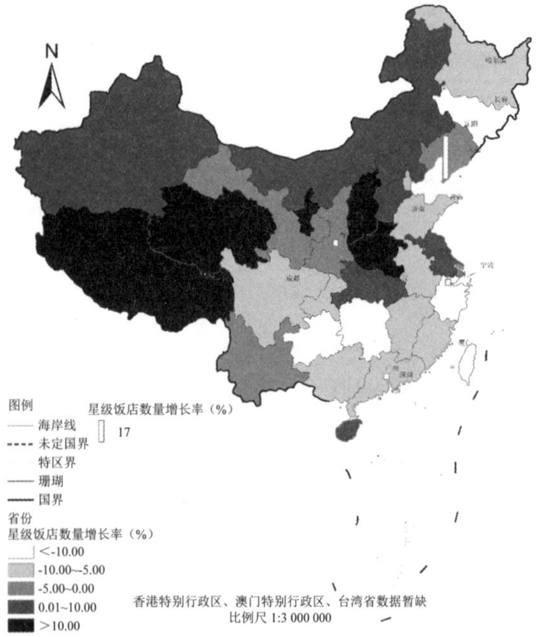

图 3-40　2017 年中国 15 个副省级城市星级饭店数量增长率的空间分布图

（数据来源：2016 年第四季度全国星级饭店统计公报，原国家旅游局官网，2017 年 4 月，http：//www.cnta.gov.cn/zwgk/lysj/201704/t20170418_822726.shtml）

2017 年 15 个副省级城市星级饭店数量增长率的变异系数的绝对值为 1.92（表 3-5），在住宿接待业评价指标中较大，且较 2016 年 1.82 的变异系数有所增加，可见，星级饭店数量增长率的城际差异仍然较大，且呈扩大趋势。同时，从空间分布来看，如图 3-40 所示，2017 年星级饭店数量增长率没有明显的空间分异规律。

②星级饭店利润增长率：平均 14.63%[①]，有很大提高；六成城市超平均，哈尔滨、济南表现突出；城际差异较大，但呈缩小态势，空间分布无规律

如表 3-5、图 3-39 所示，2016 年 15 个副省级城市星级饭店利润增长率的均值为 14.63%，比 2015 年提高了 5.88 个百分点；9 个城市超过平均水平，除哈尔滨以外，济南、

① 由于成都 2015 年星级饭店利润增长率高达 12276.99%，异常，所以不纳入本分析之中。

西安、南京、杭州、宁波、青岛、武汉、广州八个城市2016年星级饭店利润增长，而且增长幅度较大，都超过30%；而深圳、沈阳、长春、大连和成都五个城市星级饭店利润呈负增长，尤其大连和成都降幅都较大，分别为43.50%和168.68%。可见，副省级城市星级饭店的经营效益总体较2015年有所好转，但仍有部分城市经营效益恶化。

2016年15副省级城市星级饭店利润增长率的变异系数为3.47，在住宿接待业评价指标中较大，且较2015年减少了0.36，表明星级饭店利润增长率的城际差异较大，但呈缩小态势。同时，如图3–41所示，2016年15个副省级城市星级饭店利润增长率的空间分布没有明显规律。

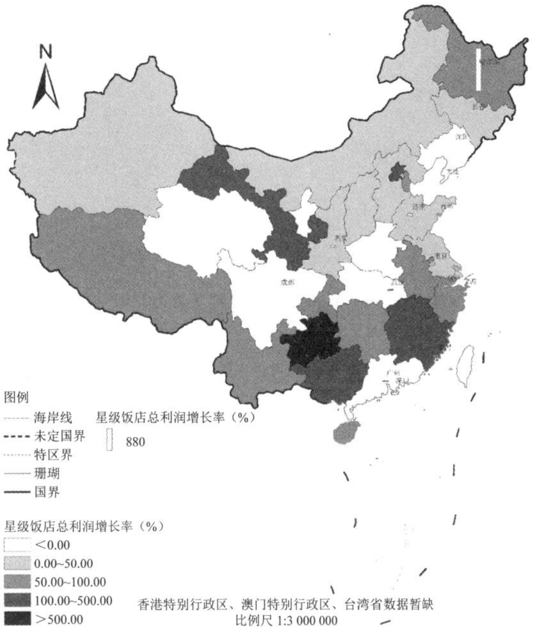

图3–41　2016年中国15个副省级城市星级饭店利润增长率的空间分布图

（数据来源：2016年全国星级饭店统计公报，原国家旅游局官网，2017年9月，http：//www.cnta.gov.cn/zwgk/lysj/201609/t20160902_782543.shtml）

（2）发展效率：平均约19万元/人，略有下降；六成城市达平均，广州最佳；效率较高的利润也较高；城际差异很小，且持续缩小，呈东南—西北分异

本报告选择2016年星级饭店全员劳动生产率评价副省级城市住宿接待业的发展效率。如表3–5、图3–42所示，2016年全国15个副省级城市星级饭店全员劳动生产率平均为18.52万元/人，较2015年下降了0.45万元/人，降幅为2.37%；9个副省级城市达到或超过平均水平，其中，深圳位居第一，达到23.03万元/人；其次，广州、南京、杭州和宁波也比较高，都超过20万元/人；而西安、沈阳和长春都较低，均不到15万元/人。

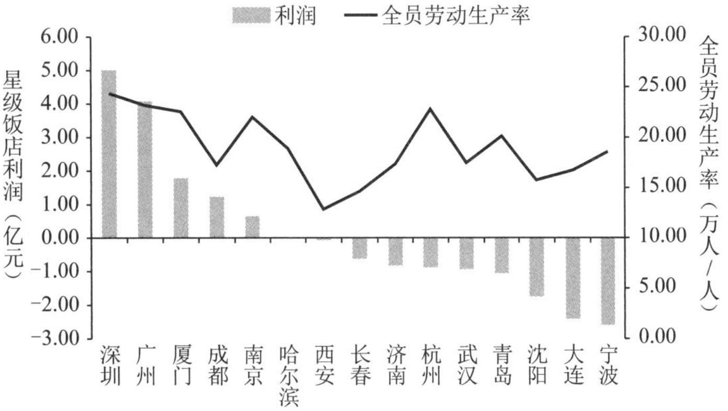

图3–42　2016年中国15个副省级城市星级饭店全员劳动生产率

（数据来源：2016年全国星级饭店统计公报，原国家旅游局官网，2017年9月，http：//www.cnta.gov.cn/zwgk/lysj/201609/t20160902_782543.shtml）

从与星级饭店利润的关系来看，如图3–42所示，总体上星级饭店全员劳动生产率较高的城市，其星级饭店利润也较高，星级饭店全员劳动生产率排名前5的城市星级饭店

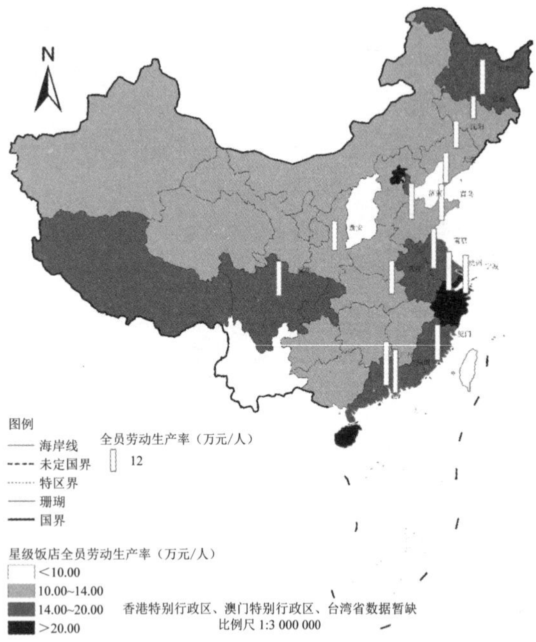

图 3–43　2016 年中国 15 个副省级城市星级饭店全员劳动生产率

（数据来源：2016 年全国星级饭店统计公报，原国家旅游局官网，2017 年 9 月，http：//www.cnta.gov.cn/zwgk/lysj/201609/t20160902_782543.shtml）

的平均利润为 1.91 亿元，而排中间 5 位和后 5 位的城市，其星级饭店的平均利润分别只有 0.24 亿元和 –1.42 亿元，总体呈现出全员劳动生产率较高的城市利润也较高。但是，杭州、宁波虽然全员劳动生产率都超过 20 万元 / 人，较高，但利润却为负，很低；表明其在成本控制等方面还有很大的提升空间。

2016 年 15 个副省级城市星级饭店全员劳动生产率的变异系数为 0.16，在住宿接待业的评价指标中最小，且比 2015 年减小了 0.02，表明星级饭店全员劳动生产率的城际差异很小，且持续缩小。同时，如图 3–43 所示，东部沿海和中部城市较高，西部和东北城市较低，表现为东南—西北分异特征。

3. 发展评价

分别对住宿设施总数（星级饭店数量、精品酒店数量、汽车营地数量、途家公寓数量之和）、星级饭店利润、星级饭店发展速度（星级饭店数量增长率和利润增长率的均值）、星级饭店全员劳动生产率进行归一化处理后，加总计算，得到 15 个副省级城市的住宿接待业综合评价结果（表 3–6、图 3–44、图 3–45）。依据综合评价得分高低将其分为 3 个梯队，然后分别从梯队成员及其空间分布、各指标的相对状况等角度进行分析。

（1）住宿接待业第一梯队：成员有所变化，多东部沿海城市；广州、深圳规模—效益—效率三优，哈尔滨效益—速度双优，厦门规模—效益双优，成都规模单优

住宿接待业第一梯队副省级城市包括广州、深圳、哈尔滨、厦门和成都（图 3–44），综合评价得分介于 188~300 分，主要分布在东部沿海地区（图 3–45）。与 2015 年相比，梯队成员有所变化，厦门和哈尔滨为新晋升成员。

从第一梯队副省级城市各要素的组成情况来看：广州和深圳属于规模、效益、效率三优型，其中广州的经营效益和发展效率都排第 1 名，数量规模也有不俗表现，排名第 2，也在第一方阵，但是其发展速度表现一般，排名第 9 位，相对较弱，需大力提升；深圳的经营效益和发展效率都排第 2 名，紧随广州之后，数量规模排名第 3 位，但其发展速度较慢，排名第 11 位；哈尔滨属于效益、速度双优型，其发展速度领跑在前，排名第 1 位，经营效益排名第 5 位，也在第一梯队，但其数量规模和发展效率相对较弱，有较大

的提升空间；厦门为规模、效益双优型，其数量规模和经营效益分别排名第 4 位和第 3 位，而其发展速度和发展效率排名相对较差，分别为第 10 位和第 9 位；成都为规模单优型，其数量规模表现抢眼，排名第 1 位，但其他三个方面都较弱，有待进一步提升。

表 3-6　2016 年中国 15 个副省级城市住宿接待业综合评价分值及排序

副省级城市	住宿接待业综合评价		发展现状				发展潜力			
			数量规模		经营效益		发展速度		发展效率	
	分值	排序	分值	排序	分值	排序	分值	排序	分值	排序
沈阳	55.15	14	12.24	12	14.48	14	6.44	13	21.99	13
大连	70.76	13	26.92	8	0.00	15	6.34	14	37.50	12
长春	36.56	15	0.00	15	29.18	12	7.38	12	0.00	14
哈尔滨	216.35	3	14.80	11	43.88	5	100.00	1	57.66	7
南京	169.24	7	22.79	9	51.52	4	12.45	4	82.48	5
杭州	175.66	6	49.67	6	35.35	8	12.27	5	78.38	3
宁波	110.58	12	2.61	14	23.34	13	11.17	8	73.45	8
厦门	195.99	4	61.59	4	64.76	3	10.52	10	59.12	4
青岛	124.64	10	15.34	10	32.10	10	11.32	7	65.88	6
武汉	130.59	9	31.74	7	32.44	9	12.49	3	53.92	9
广州	299.42	1	88.47	2	100.00	1	10.94	9	100.00	2
深圳	261.92	2	63.53	3	91.58	2	8.35	11	98.45	1
成都	188.62	5	100.00	1	29.41	11	0.00	15	59.22	11
西安	143.87	8	60.06	5	38.72	6	11.51	6	33.58	15
济南	120.19	11	6.67	13	38.16	7	13.68	2	61.68	10

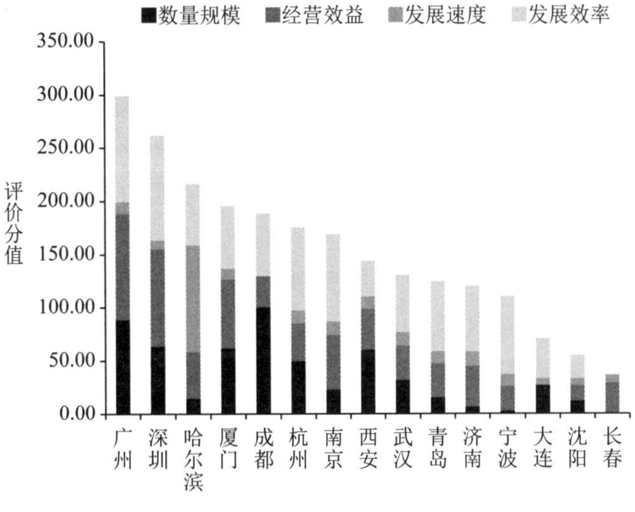

图 3-44　2016 年中国 15 个副省级城市住宿接待业综合评价结果示意图

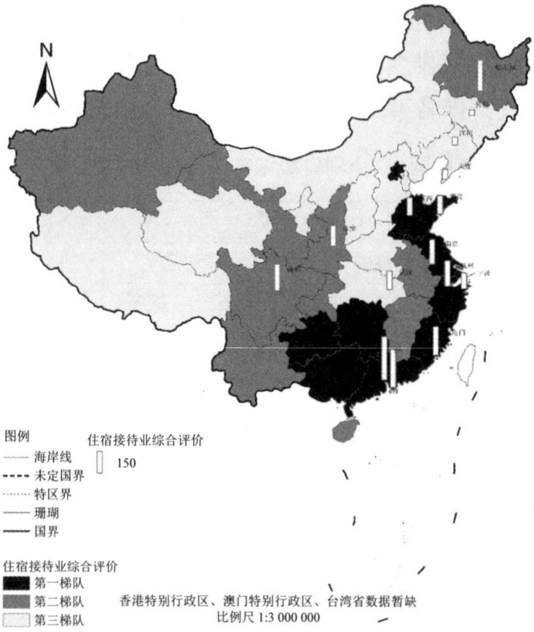

图 3-45　2016 年中国 15 个副省级城市住宿接待业综合评价的空间分布图

（2）住宿接待业第二梯队：成员变化大，多内陆城市；杭州速度—效率双优型，南京效益—速度—效率三优，西安规模单优，武汉速度单优，青岛均衡

住宿接待业第二梯队副省级城市包括杭州、南京、西安、武汉和青岛（图 3-44），综合评价得分介于 124~176 分，多内陆城市（图 3-45）。与 2015 年相比，梯队成员变化大，杭州和青岛都从第一梯队掉入，武汉从第三梯队晋升而至。

从第二梯队副省级城市住宿接待业的各组成要素来看，它们虽然整体表现一般，但也有表现很突出的方面。例如，杭州属于速度和效率双优型，发展速度和发展效率分别排第 5 名和第 4 名，在第一梯队行列，而数量规模和经营效益排名都在第二梯队，有较大发展空间；南京属于效益、速度、效率三优型，经营效益和发展速度都排名第 4 位，发展效率排名第 3 位，均表现不俗，而数量规模排名第 9 位，仍有上升空间；西安属于规模单优型，数量规模排名第 5 位，经营效益和发展速度均排第 6 名，也处在第二梯队的前列，但发展效率排名第 13 位，落后于整体排名，需大力改进。武汉为速度单优型，发展速度排名第 3 位，发展较快，数量规模和经营效益分别排名第 7 位和第 9 位，不落后于整体排名，但发展效率排名第 13 位，落后于整体排名，有待进一步改善；青岛属于均衡型，其四个方面的排名都处于第二梯队，没有明显的优势，也没有明显的短板。

（3）住宿接待业第三梯队：梯队成员相对稳定，多东北、华东城市；整体很弱，但济南速度单优，宁波效率单优，大连有一定规模，沈阳、长春较均衡

住宿接待业第三梯队副省级城市包括济南、宁波、大连、沈阳和长春（图 3-44），综合评价得分都低于 121 分，主要为东北、华东城市（图 3-45）。与 2015 年相比，梯队成员梯队成员相对稳定，只有济南从第二梯队掉入。

第三梯队副省级城市虽然整体表现较弱，但部分城市也有相对较强的方面：济南属于速度单优型，其发展速度排名第 2 位，处于第一梯队，经营效益和发展效率均排名第 7 位，高于其整体排名，但其数量规模是短板；宁波属于效率单优型，发展效率排名第 5 位，发展速度排名第 8 位，高于其整体排名，但其数量规模和发展效益排名靠后，有较大的提升空间；大连规模数量相对较好，排名第 8 位，高于其整体排名，而其他三方面都很弱，亟待改进；沈阳、长春各方面发展较均衡，排名基本处于较后的位置，需全面发展和提升。

（二）旅游目的地发展

本报告分别选取景区旅游企业的数量、利润、数量增长率、利润增长率、全员劳动生产率作为我国副省级城市旅游目的地的数量规模、经营效益、发展速度和发展效率的评价指标。这些评价指标及其基本描述统计如表 3–7 所示。

表 3–7　2016 年中国 15 个副省级城市旅游目的地发展的评价指标及其描述统计

类型	评价指标	平均值	最大值	最小值	标准差	变异系数
数量规模	景区旅游企业数量（家）	15.43	34.00	1.00	10.86	0.70
经营效益	景区旅游企业利润（亿元）	1.58	6.02	–0.84	2.22	1.41
发展速度	景区旅游企业数量增长率（%）	2.71	100.00	–66.67	46.43	17.16
	景区旅游企业利润增长率（%）	739.39	11316.02	–1746.10	3088.61	4.18
发展效率	景区全员劳动生产率（万元/人）	32.69	90.11	12.46	22.64	0.69

［数据来源：《中国旅游统计年鉴 2017（副本）》《中国旅游统计年鉴 2016（副本）》］

1. 发展现状

（1）数量规模：平均为 15 家，有所下降；一半以上城市达平均，西安独占鳌头；城际差异不大，且呈缩小趋势，华东城市数量多，东北城市数量少

如表 3–7 和图 3–46 所示，2016 年，全国 14 个副省级城市景区旅游企业数量平均为 15 家[①]，较 2015 年少一家，西安、杭州、广州、青岛、宁波、深圳、大连和南京 8 个副省级城市达到或超过平均水平，其中，西安的景区旅游企业数量最多，达 34 家；沈阳、哈尔滨和长春的景区旅游企业数量较少，分别只有 2 家、1 家、1 家。

如表 3–7 所示，2016 年全国 15 个副省级城市景区旅游企业数量的变异系数为 0.70，较小，而且比 2015 年下降了 0.02，表明景区旅游企业数量的城际差异不大，且呈缩小趋势。同时，从空间分布来看，如图 3–47 所示，景区旅游企业较多的城市多为华东城市。

① 因副省级城市景区数量统计发布口径不一，在本报告中与《中国旅游统计年鉴》相关指标保持一致，采用其中景区旅游企业数量规模反映各个城市旅游景区发展规模。

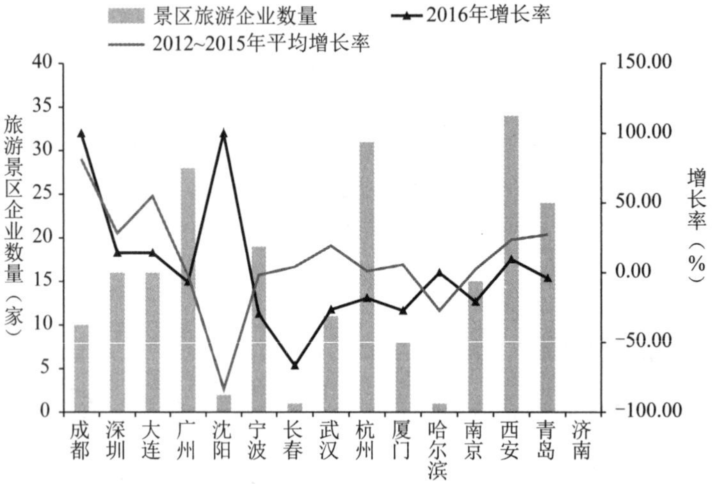

图 3-46　2016 年中国副省级城市景区旅游企业数量及其增长率

（数据来源：《中国旅游统计年鉴副本》2013~2016）；

注：沈阳缺失 2012 年、2013 年数据，济南缺失 2012~2016 年数据

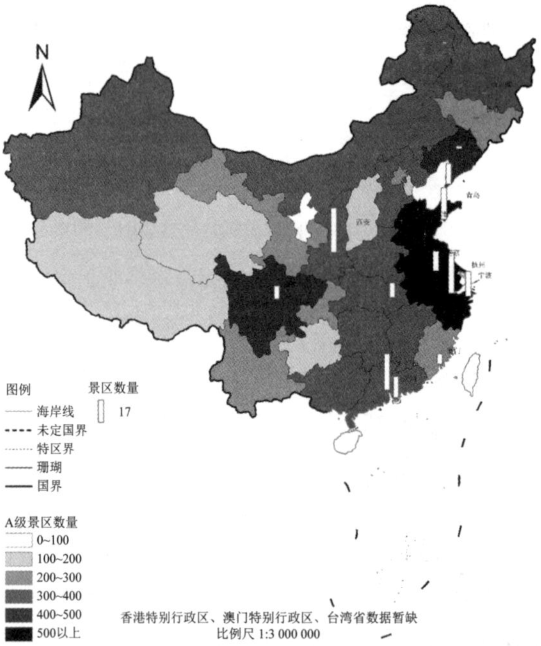

图 3-47　2016 年中国 15 个副省级城市景区旅游企业数量的空间分布图

（数据来源：《中国旅游统计年鉴副本》2015，2016，2017；注：济南数据缺失）

（2）经营效益：平均1.58亿元，小幅降低；三成城市达平均，广州独领风骚；城际差异较大，但呈缩小态势，空间分异特征不明显

如表3-7所示，2016年，全国14个[①]副省级城市的旅游景区利润平均为1.58亿元，较2015年减少了0.14亿元，降幅为8.14%；只有5个城市达到或超过平均水平，其中，如图3-48所示，广州景区旅游企业利润达到6.02亿元，独领风骚，其次，深圳、大连、成都和青岛的景区利润较高，均超过平均水平，而宁南京、沈阳和西安，不仅排名靠后，而且均出现一定程度的亏损，尤其西安亏损高达0.84亿元。

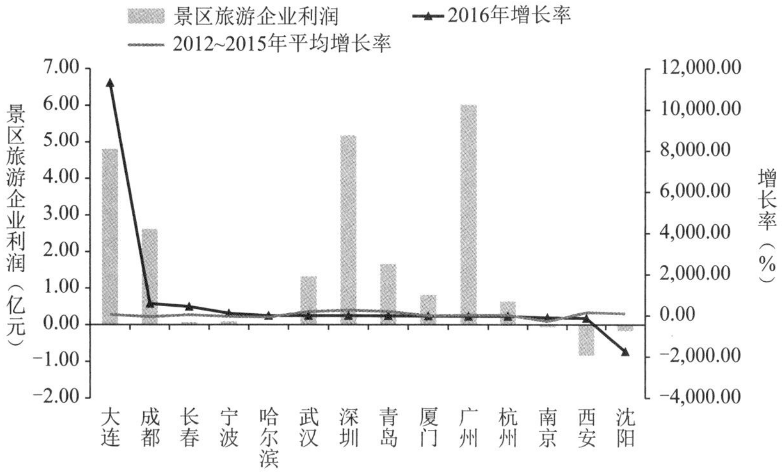

图3-48 2016年中国副省级城市的景区旅游企业利润及其增长率

（数据来源：《中国旅游统计年鉴副本》2012~2017年；注：济南缺失2011、2012、2013、2014、2015、2016年数据，沈阳缺失2011、2012、2013年数据）

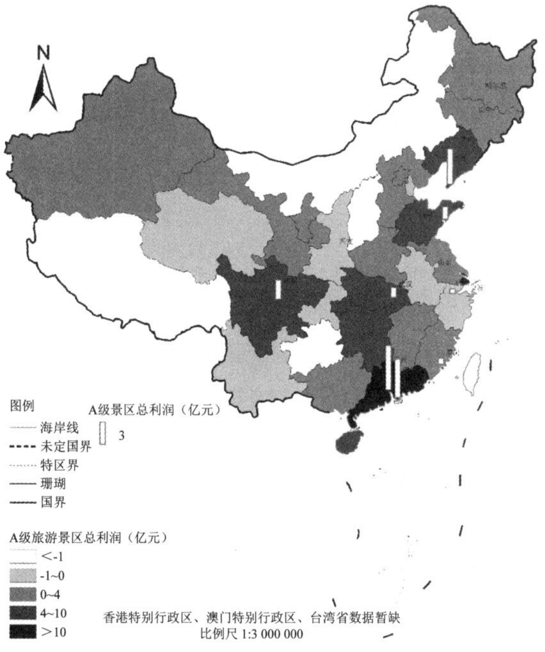

图3-49 2016年中国副省级城市景区旅游企业利润的空间分布图

（数据来源：《中国旅游统计年鉴副本》2016，2017；注：济南数据缺失）

2016年副省级城市景区利润的变异系数为1.41（表3-7），变化较大，但比2015年减小了0.15，表明景区旅游企业利润的城际差异较大，但呈缩小态势。同时，如图3-49所示，从空间角度分析，14个副省级城市景区旅游企业利润的空间分布没有明显的分异特征。

2. 发展潜力

（1）发展速度：数量和利润增幅均大幅提高，且利润增速提高幅度更大；城际差异都较大，且都呈扩大态势

①景区旅游企业数量增长率：平均约3%，大幅降低；仅5个城市超平均，成都和沈

① 济南数据缺失，不纳入计算；下同。

阳领跑在前，六成城市负增长；较前 3 年总体增幅提高；城际差异大，且呈大幅增加态势；空间分异特征不明显

如表 3–7 所示，2016 年 15 个副省级城市景区旅游企业数量的平均增长率为 2.71%，较 2015 年减少了 34.50%。如图 3–46 所示，仅成都、沈阳、深圳、大连和西安这 5 个城市达到或超过平均水平，其中，成都和沈阳增幅最大，都达到了 100%；深圳和大连增幅也超过 14.29%；而长春、宁波、厦门、武汉、南京、杭州、广州和青岛的景区旅游企业数量都有所减少，尤其长春降幅最大，达到了 66.67%。

与 2012~2015 年平均增长率相比较，如图 3–46 所示，仅有成都、深圳、大连、广州这 4 个城市 2016 年景区旅游企业数量的增长率高于其前 3 年的平均增长率，平均提高了 135.55%，尤其是成都高出 318.57%，表现十分突出；而其他 9 个城市 2016 年景区旅游企业数量的增长率都有所降低，平均降低了 17.30%；因此，总体来看，副省级城市景区旅游企业数量处于加速增长态势。

2016 年副省级城市景区旅游企业数量增长率的变异系数 17.16（表 3–7），相对较大，且比 2015 年增加了 13.88，表明景区旅游企业数量增长率的城际差异大，且呈大幅增加趋势。同时，从空间分布来看，如图 3–50 所示，2016 年景区旅游企业数量增长率空间分异特征不明显。

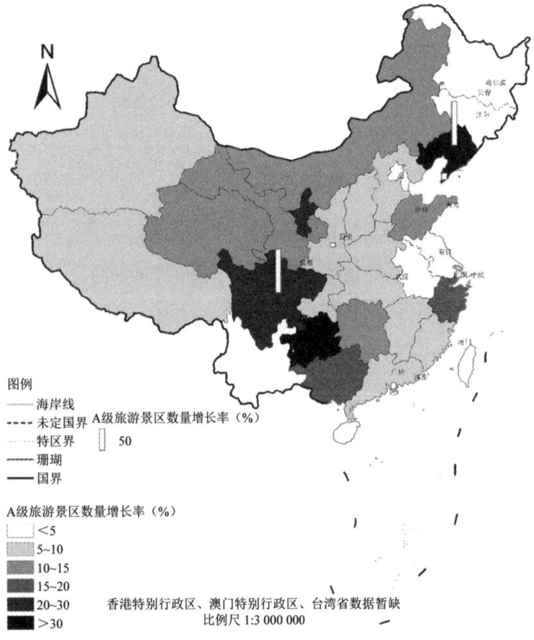

图 3–50　2016 年中国副省级城市景区旅游企业数量增长率的空间分布图

（数据来源：《中国旅游统计年鉴副本》2016，2017；注：沈阳、济南缺失 2013 年数据）

② 景区旅游企业利润增长率：平均约 –74.20%，大幅下降；超过六成城市达平均，长春增幅最大；较前三年总体增幅提高；城际差异显著，且呈扩大态势，空间分异不明显

如表 3–7 所示，2016 年 14 个副省级城市景区旅游企业利润的平均增长率为 –74.20%①，较 2015 年下降了 197.19 个百分点；10 个城市达到或超过平均水平，其中，如图 3–48 所示，长春和宁波不仅都扭亏为盈，而且增幅较大，都超过 100%，尤其长春呈爆发式增长，增幅达 438.85%；而武汉、深圳、青岛、厦门、广州、杭州、南京、西安和沈阳景区旅游企业利润都呈负增长，其中沈阳、西安和南京降幅较大，分别达到 1746.10%、124.07% 和 107.55%。

与 2012~2015 年的平均增长率相比较，如图 3–48 所示，成都、长春、宁波和哈

① 由于大连 2016 年景区利润增长率高达 11316.02%，异常，所以不纳入本分析之中。

尔滨 4 个城市 2016 年旅游景区利润的增长率有所提高，平均提高了 318.79 个百分点；其他 9 城市景区旅游企业利润的增长率都有所降低，平均降低了 303.52 个百分点。因此，总体来看，与前 3 年的平均水平相比较，副省级城市景区旅游企业利润的增速变化不大。

2016 年各副省级城市景区旅游企业利润增长率的变异系数为 4.18（表 3–7），较大，且比 2015 年增加了 1.54，表明景区旅游企业利润增长率的城际差异较大，且呈扩大态势。从空间分布来看，如图 3–51 所示，2016 年 13 个副省级城市景区旅游企业利润增长率的分布无明显特征。

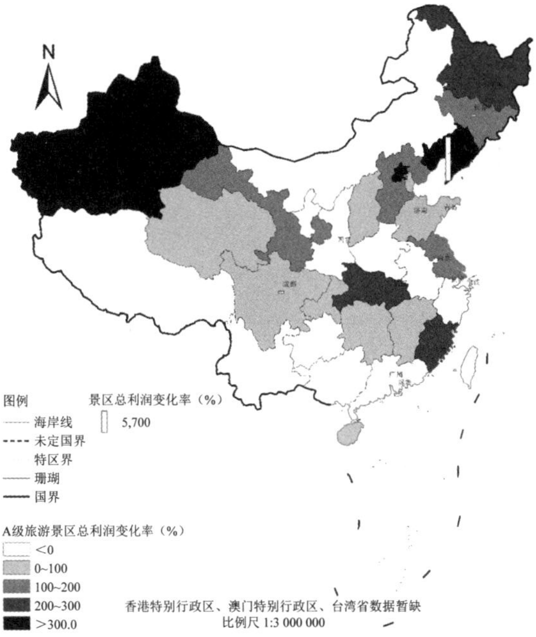

图 3–51　2016 年中国副省级城市景区旅游企业利润增长率的空间分布图

（数据来源：《中国旅游统计年鉴副本》2016，2017；注：沈阳、济南缺失 2013 年数据）

（2）发展效率：平均为 33 万元 / 人，与 2015 年相比有所增加；一半城市达平均，青岛高居榜首；生产率越高的城市利润也越高；较前四年总体继续提升；省际差异很小，但呈扩大态势，空间分异特征不明显

如表 3–7 所示，2016 年，全国 14 个副省级城市景区全员劳动生产率的平均值为 32.69 万元 / 人，较 2015 年增加 6.54 万元 / 人；3 个城市达到或超过平均水平，其中，如图 3–52 所示，景区全员劳动生产率排名前三的副省级城市是青岛、成都、厦门，均超过 40 万元 / 人，其中，青岛高居榜首，达到 90.11 万元 / 人；排名后三位的是哈尔滨、沈阳和南京，均未超过 15 万元 / 人。

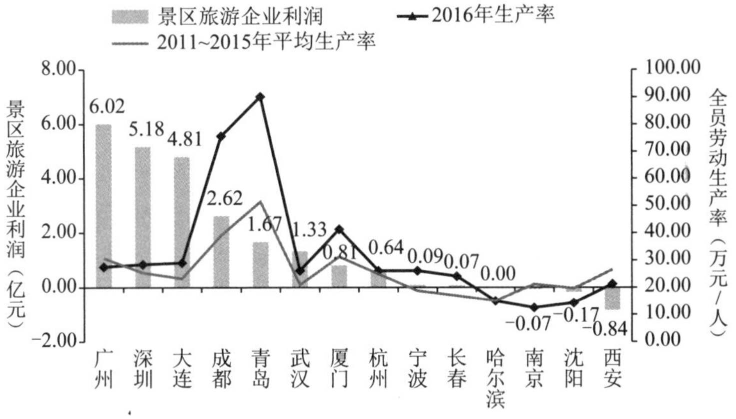

图 3–52　2016 年中国副省级城市的景区全员劳动生产率

（数据来源：《中国旅游统计年鉴副本》2012~2017；注：沈阳、济南数据缺失）

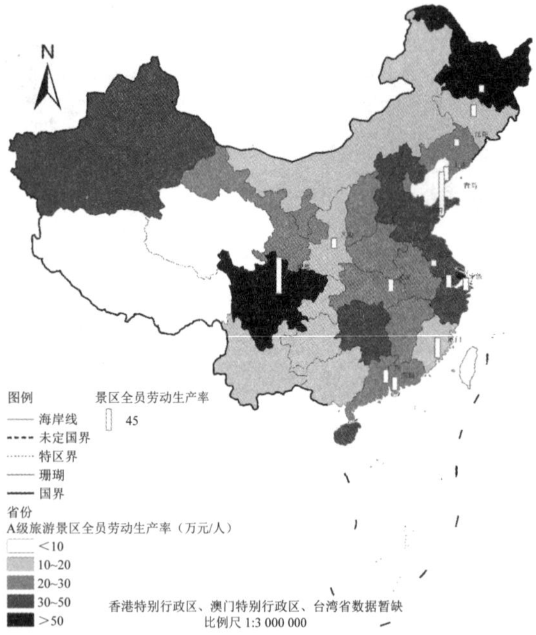

图 3-53　2016 年中国副省级城市景区旅游企业全员劳动生产率的空间分布图

（数据来源：《中国旅游统计年鉴副本》2016，2017；注：济南数据缺失）

从与景区旅游企业利润的关系来看，景区全员劳动生产率排前 5 位、中间 5 位和后 4 位的城市的平均利润分别为 3.02 亿元、1.63 亿元、-0.27 亿元，表明景区全员劳动生产率高的城市利润也高，反之则低（图 3-52），但是，全员劳动生产率很高的成都、青岛和厦门利润却较低，因此，这些城市的景区应加强成本控制，提高利润。

与各城市 2011~2015 年的平均全员劳动生产率相比较，如图 3-52 所示，有 9 个城市 2016 年的景区全员劳动生产率有所提升，增幅平均为 12.76%，其中，青岛、成都和厦门的增幅最大，分别达到 38.63%、36.47% 和 10.10%；4 个城市 2016 年的景区全员劳动生产率有所下降，降幅平均为 5.61%，其中，南京和沈阳的降幅较大，分别为 8.72%、5.41%。因此，总体来看，与前 5 年的平均水平相比较，2016 年副省级城市的景区全员劳动生产率呈继续提升态势。

2016 年副省级城市景区全员劳动生产率的变异系数仅为 0.69（表 3-7），很小，但比 2015 增加了 0.25，表明景区全员劳动生产率的城际差异很小，但呈扩大趋势。同时，从空间分布来看，如图 3-53 所示，副省级城市全员劳动生产率高的城市在华北、西部、华南、东北都有分布，没有明显的集聚特征。

3. 发展评价

分别对前述衡量副省级城市旅游目的地发展状况的数量规模、经营效益、发展速度（景区旅游企业数量增长率与利润增长率的均值）、发展效率的 4 个指标进行归一化处理后，加和计算，得到全国 15 个[①] 副省级城市旅游目的地综合评价结果（表 3-8、图 3-54 和图 3-55）。依据综合评价得分高低将其分为 3 个梯队，然后分别从梯队成员及其空间分布、各指标的相对状况等角度进行分析。

① 虽然济南部分数据缺失，不能参与综合评价，但本报告仍将其纳入梯队之中。

表 3-8　2016 年中国 15 个副省级城市旅游目的地综合评价分值及排序

城市	旅游目的地综合评价		发展现状				发展潜力			
			数量规模		经营效益		发展速度		发展效率	
	分值	排序	分值	排序	分值	排序	分值	排序	分值	排序
沈阳	15.17	14	3.03	12	9.85	13	0.00	14	2.29	13
大连	249.13	1	45.45	6	82.35	3	100.00	1	21.33	4
长春	43.85	12	0.00	13	13.31	10	15.55	3	14.99	10
哈尔滨	28.19	13	0.00	13	12.27	11	12.69	6	3.23	12
南京	65.44	11	42.42	8	11.32	12	11.69	13	0.00	14
杭州	142.34	6	90.91	2	21.58	8	12.25	11	17.59	8
宁波	99.04	8	54.55	5	13.58	9	13.33	4	17.59	8
厦门	94.85	9	21.21	11	24.12	7	12.32	10	37.21	3
青岛	218.88	2	69.70	4	36.62	5	12.56	7	100.00	1
武汉	92.03	10	30.30	9	31.62	6	12.47	8	17.64	7
广州	213.69	3	81.82	3	100.00	1	12.37	9	19.50	6
深圳	166.54	5	45.45	6	87.76	2	12.73	5	20.59	5
成都	176.95	4	27.27	10	50.49	4	17.89	2	81.30	2
西安	123.20	7	100.00	1	0.00	14	11.80	12	11.40	11
济南	数据缺失									

（1）旅游目的地第一梯队：成员较稳定，多沿海城市；大连、成都和深圳效益—速度—效率三优，青岛规模—效益—效率三优，广州规模—效益双优

如表 3-8、图 3-54 所示，副省级城市旅游目的地第一梯队包括大连、青岛、广州、成都和深圳，都为旅游快速发展的城市，为全国城市的领跑者，综合评价得分介于 166~250 分，多沿海城市（图 3-55）。与 2015 年相比，梯队成员变化不大，大连和成都为新入城市，而原来的西安和杭州则被挤出第一梯队。

从旅游目的地第一梯队城市各要素的组成情况来看，如表 3-8 和图 3-54 所示：大连、成都和深圳都属于效益、速度、效率三优型，其中大连的经营效益、发展速度和发展效率分别排名第 3、第 1 和第 4，均处于第一梯队，发展速度表现较为抢眼；成都的经营效益、发展速度和发展效率分别排名第 4 位、第 2 位和第 2 位，而其规模数量则排名第 10，相对靠后，有待进一步发展；深圳的各要素发展较为均衡，且其经营效益、发展速度和发展效率表现不俗，分别排名第 2 位、第 5 位和第 5 位；青岛为规模、效益、效率三优型，其发展效率较为突出，排名第 1，数量规模和经营效益分别排名第 4 位和第 5 位，但其发展速度相对较差，排名第 7 位；广州属于规模、效益双优型，其经营效益最好，排名第 1 位，数量规模排名第 3 位，但其他两个方面都排在第二梯队，有较大的提升空间。

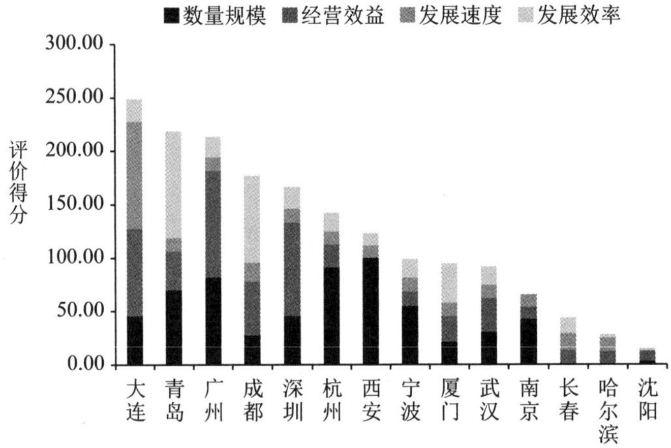

图 3-54　2016 年中国 14 个副省级城市旅游目的地综合评价结果示意图

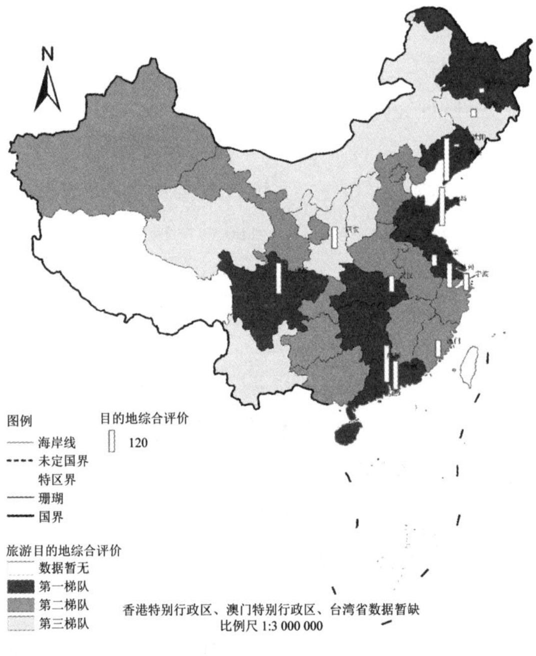

图 3-55　2016 年中国 14 个副省级城市旅游景区综合评价的空间分布图

（2）旅游目的地第二梯队：成员变化较大，多分布于南部；杭州和西安规模单优，宁波规模—速度双优，厦门效率单优，武汉较均衡

如表 3-8、图 3-54 所示，副省级城市旅游目的地第二梯队包括杭州、西安、宁波、厦门和武汉，综合评价得分介于 92~143 分，多为南部城市（图 3-55）。与 2015 年相比，梯队成员也有较大变化，杭州和西安从第一梯队掉落到该梯队。

从旅游目的地第二梯队城市各要素的组成情况来看，杭州和西安属于规模单优型，其中西安数量规模排名第 1 位，但其他三个方面排名较靠后，尤其是经营效益表现最弱，排名第 14 位，有较大发展空间；而杭州数量规模排名第 2 位，进入第一梯队，而其他方面都表现一般；宁波为规模、速度双优型，其数量规模排名第 5 位，发展速度排名第 4 位，但其发展效益和发展效率分别排名第 9 位和第 8 位，应进一步提升发展质量。厦门为效率单优型，其发展效率排名相对靠前，位列第 3 位，而其他方面都表现一般；武汉各要素发展较为均衡，且各要素基本排名均在第二梯队行列。

（3）旅游目的地第三梯队：成员有变，多为东北城市；各方面都很弱，只有长春速度单优，哈尔滨速度相对较优

如表 3–8、图 3–54 所示，副省级城市旅游目的地第三梯队包括南京、长春、哈尔滨和沈阳，综合评价得分介于 15~66 分，多分布在东北地区（图 3–55）。与 2015 年相比，南京从第二梯队掉入。

从旅游目的地第三梯队城市各要素的组成情况来看，整体都很弱，只有长春的速度较优，其发展速度虽排名第 3 位，但其他方面也排名相对落后，有较大提升空间。哈尔滨的发展速度在第三梯队中相对较优，排名第 6 位，远高于其整体排名，但其他方面也有待提升发展。

（三）旅行社业发展

本报告分别选取旅行社数量、旅行社利润、旅行社数量增长率、旅行社利润增长率、旅行社全员劳动生产率作为衡量 2016 年中国 14 个副省级城市①旅行社业的数量规模、经营效益、发展速度和发展效率的评价指标。这些评价指标及其基本描述统计如表 3–9 所示。

表 3–9　2016 年中国 14 个副省级城市旅行社业发展评价指标及其基本描述统计

类型	评价指标	平均值	最大值	最小值	标准差	变异系数
数量规模	旅行社数量（家）	384.57	692.00	188.00	156.48	0.41
经营效益	旅行社利润（亿元）	0.59	2.80	−0.84	0.99	1.67
发展速度	旅行社数量增长率（%）	19.54	206.32	0.00	53.89	2.76
	旅行社利润增长率（%）	129.47	1422.38	−185.31	415.35	3.21
发展效率	旅行社全员劳动生产率（万元/人）	110.78	234.90	48.60	51.39	0.46

（数据来源：《中国旅游统计年鉴副本 2017》《中国旅游统计年鉴副本 2016》，济南数据缺失）

1. 发展现状

（1）数量规模：平均为 384 家，小幅增加；四成城市达平均，杭州最多；城际差异较小，且呈缩小态势，沿海城市较多

如表 3–9 和图 3–56 所示，2016 年 14 个副省级城市旅行社数量的均值为 384，较 2015 年增加了 31 家，增幅为 8.78%；6 个城市达到或高于平均水平，其中，杭州最多，

① 由于济南市数据缺失，故仅对 14 个副省级城市进行统计分析。

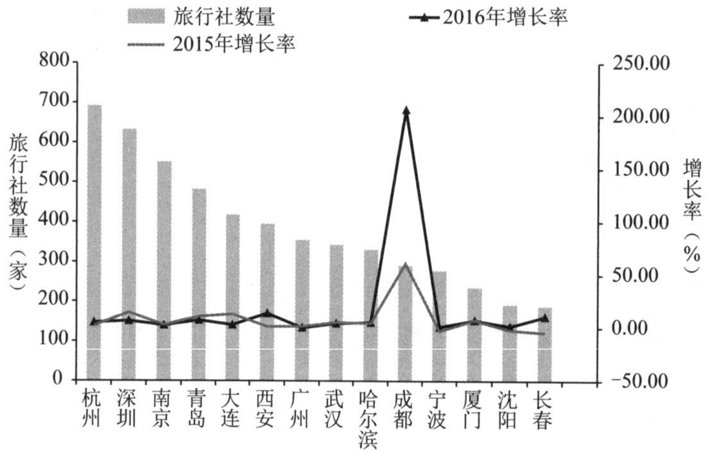

图 3-56　2016 年中国 14 个副省级城市旅行社数量及其增长率

［数据来源：《中国旅游统计年鉴（副本）》（2016、2017 年），济南数据缺失］

有 692 家，其次为深圳和南京，都超过 550 家，分别有 633 家和 551 家；而长春最少，只有 188 家。

2016 年全国 14 个副省级城市旅行社数量的变异系数为 0.41，在旅行社业的 5 个评价指标中最小（表 3-9），且比 2015 年减少了 0.06，表明旅行社数量的城际差异较小，但呈进一步缩小态势。从副省级城市旅行社数量的空间分布来看，如图 3-57 所示，旅行社数量较多的城市多分布于沿海地区，中西部、东北地区副省级城市旅行社数量较少。

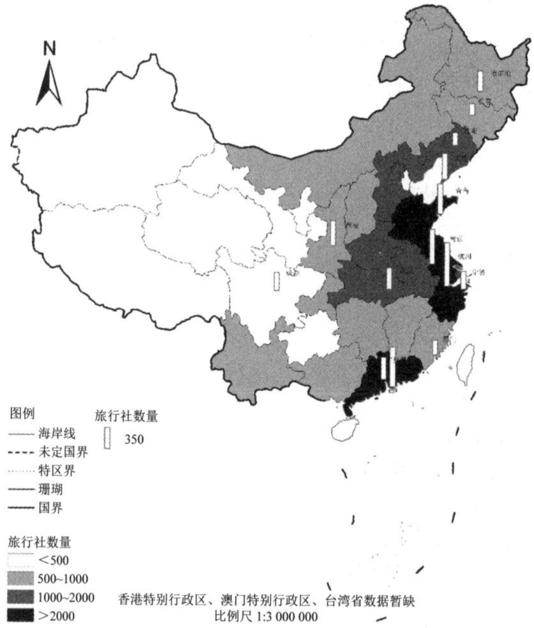

图 3-57　2016 年中国 14 个副省级城市旅行社数量的空间分布图

（数据来源：《中国旅游统计年鉴副本 2016》《中国旅游统计年鉴副本 2017》，济南数据缺失）

（2）经营效益：利润平均仅 0.59 亿元，有所增加；仅四个城市达平均，广州最强；城际差异较大，且有扩大趋势，空间分异不明显

如表 3-9 和图 3-58 所示，2016 年 14 个副省级城市旅行社利润的均值为 0.59 亿元，

较 2015 年增加了 0.04 亿元，增幅为 7.27%；仅有 4 个城市达到或高于平均水平，其中，广州盈利能力最强，实现了 2.80 亿元的利润；而武汉、大连和西安的旅行社则出现了亏损现象，其中武汉亏损最为严重，利润只有 -0.84 亿元。

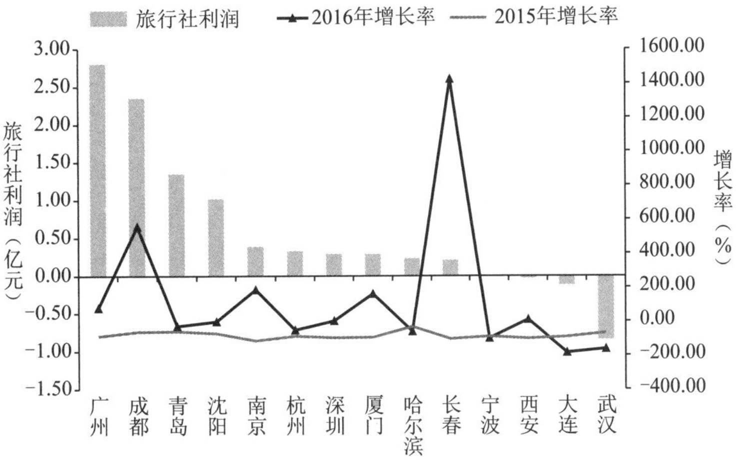

图 3-58　2016 年中国 14 个副省级城市旅行社的利润及其增长率

（数据来源：《中国旅游统计年鉴副本》2016、2017 年，济南数据缺失）

2016 年全国 14 个副省级城市旅行社利润的变异系数为 1.67，在旅行社业的 5 个评价指标中较高，而且较 2015 年上升了 0.43，表明旅行社利润的城际差异较大，且呈扩大趋势。从副省级城市旅行社利润的空间分布来看，如图 3-59 所示，没有明显的空间分异特征。

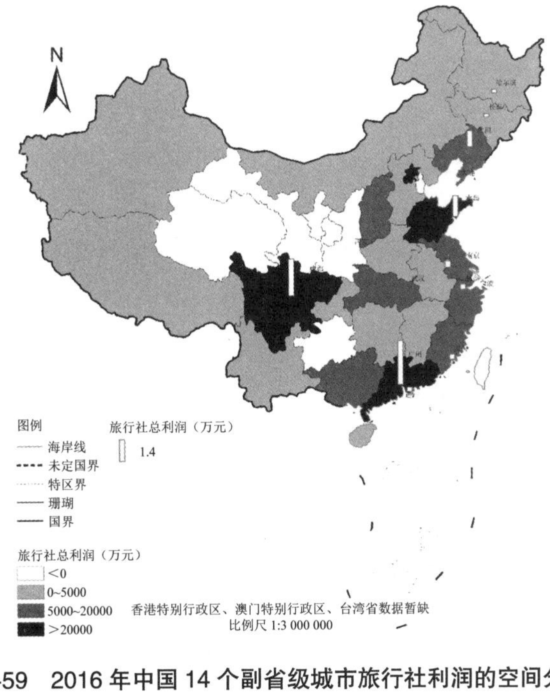

图 3-59　2016 年中国 14 个副省级城市旅行社利润的空间分布图

（数据来源：《中国旅游统计年鉴副本 2016》《中国旅游统计年鉴副本 2017》）

2. 发展潜力

（1）发展速度：多数城市旅行社数量增长，成都增幅最大；城际差异大，沿海城市稍高；近半成城市利润正增长，长春增长幅度最大，城际差异较大，空间分异不明显

①旅行社数量增长率：约 20%，较上年有较大提高；仅两个城市达平均，成都增幅最大；城际差异大，且呈扩大态势，沿海城市稍高

如表 3–9 和图 3–58 所示，2016 年全国 14 个副省级城市旅行社数量增长率的平均值为 19.54%，较 2015 年提高了 11.44 个百分点；除广州外，所有副省级城市旅行社数量增长率都为正值，表明旅行社增长较快。其中，仅成都达到平均水平，且增幅最大，达到 206.32%，遥遥领先。

与 2015 年旅行社数量增长率相比较，成都、长春、西安、宁波、沈阳、杭州、哈尔滨 7 个城市增长率有所提高，增加了 26.27 个百分点，其中成都提高幅度最大，达到 145.30 个百分点；而其他 7 个城市较 2015 年的增长率都有所降低，平均降幅 3.39 个百分点，其中大连的降幅最大，达到 10.04 个百分点。因此，总体来看，2016 年副省级城市旅行社数量的增长率较 2015 年有所提高。

2016 年全国 14 个副省级城市旅行社数量增长率的变异系数为 2.76（表 3–9），在旅行社业的 5 个评价指标中相对较大，且较 2015 年上升了 0.75，表明旅行社数量增长率的城际差异大，但呈扩大趋势。在空间分布上，如图 3–60 所示，大体上呈现出沿海城市增长率高、内陆城市增长率低的特点。

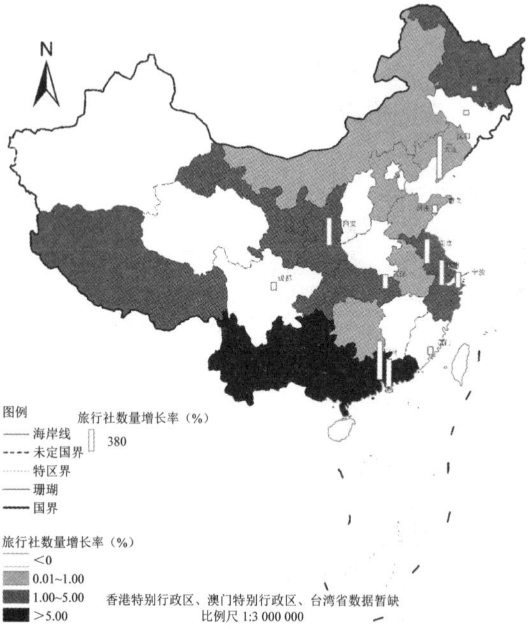

图 3–60　2016 年中国 14 个副省级城市旅行社数量增长率的空间分布图

（数据来源：《中国旅游统计年鉴副本》2016，2017）

②旅行社利润增长率：平均约 129%，近半成城市正增长，长春增长幅度最大；城际差异较大，且呈扩大态势，空间规律不明显

如表 3–9 和图 3–58 所示，2016 年全国 14 个副省级城市旅行社利润增长率的平均值为 129.47%，较 2015 年增加了 213.15 个百分点；近半成副省级城市正增长，其中，长春呈井喷式增长，其增长率高达 1422.38%，此外，成都、南京、厦门增长率也都超过 150%，而大连、武汉和宁波的降幅也较大，均超过了 100%，同时，与 2015 年相比较，长春、成都、南京、厦门等 10 个副省级城市旅行社增长率都有所提高，增幅均值为 320.99%，而大连、武汉、宁波和哈尔滨 4 个城市的降幅均值为 56.42%。

2016 年全国 14 个副省级城市旅行社利润增长率的变异系数的绝对值为 3.21（表 3–9），在旅行社业的 5 个评价指标中最大，且比 2015 年增加了 2.95，表明旅行社利润增长率的城际差异较大，且呈扩大态势。在空间分布上，如图 3–61 所示，没有明显的空间布局规律。

（2）发展效率：平均约 111 万元 / 人，有所降低；四成城市达平均，沈阳表现突出；生产率较高的城市利润较高；城际差异较小，但呈扩大态势，空间分布无明显规律

如表 3–9 和图 3–62 所示，2016 年全国 14 个副省级城市的全员劳动生产率平均为 110.78 万元 / 人，较 2015 年提高了 10.38 万元 / 人，增幅为 8.57%；沈阳、南京、深圳、广州、厦门和青岛 6 个城市达到平均水平，其中，沈阳的全员劳动生产率最大，达到 234.90 万元 / 人，是唯一超过 200 万元 / 人的城市；而长春、杭州、大连、哈尔滨、武汉、宁波和西安全员劳动生产率较小，都不足 100 万元 / 人，其中，长春的全员劳动生产率最小，只有 48.60 万元 / 人。

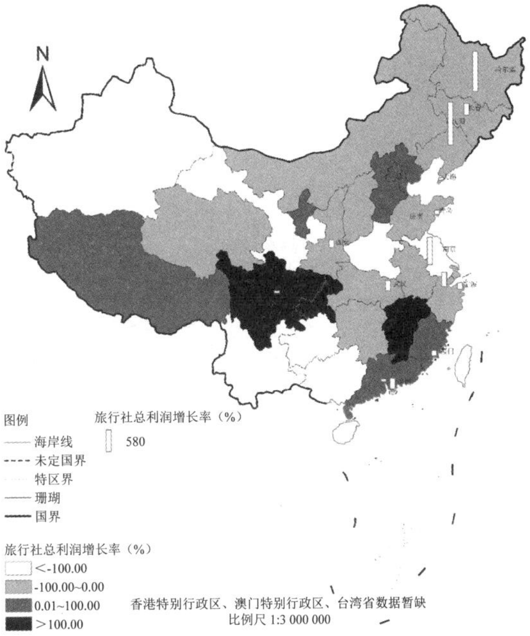

图 3–61　2016 年中国 14 个副省级城市旅行社利润增长率的空间分布图

（数据来源：《中国旅游统计年鉴副本》2016，2017）

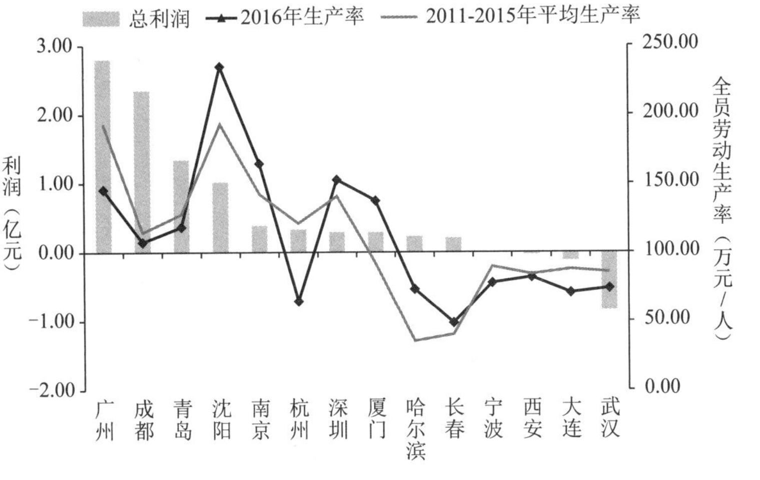

图 3–62　2016 年中国 14 个副省级城市旅行社的全员劳动生产率

（数据来源：《中国旅游统计年鉴副本》2012~2017）

从与各副省级城市旅行社利润的关系来看，旅行社全员劳动生产率排前 5 位、中

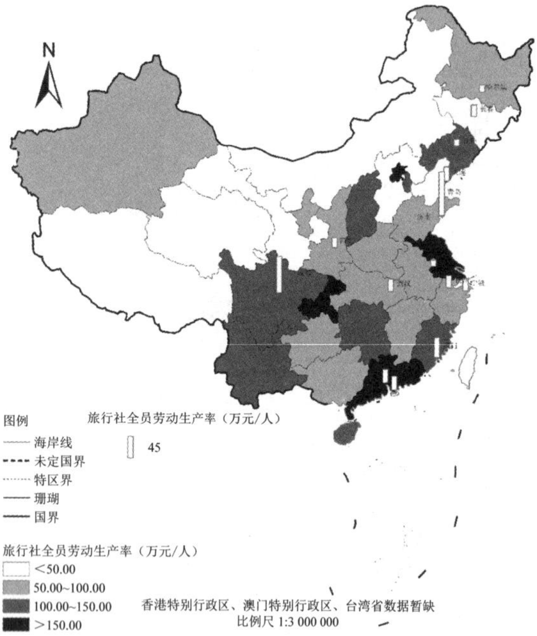

图 3-63　2016 年中国 14 个副省级城市旅行社全员劳动生产率的空间分布图

［数据来源：《中国旅游统计年鉴（副本）》（2016，2017）］

间 5 位和后 4 位的城市的平均利润分别为 0.96 亿元、0.56 亿元和 0.16 亿元，可见，旅行社全员劳动生产率较高的城市，其旅行社利润也相对较高。但是，南京虽然旅行社全员劳动生产率表现突出，但利润相对一般，因此，需在保证人员管理优势的基础上，加强其他成本控制。

与各城市 2011~2015 年的平均全员劳动生产率相比较①，有 6 个城市 2016 年的旅行社全员劳动生产率有所提升，增幅平均为 27.99%，其中，厦门的增幅最大，达到 45.63%；有 8 个城市 2016 年的旅行社全员劳动生产率有所下降，降幅平均为 20.43%，其中，杭州和广州的降幅较大，分别为 56.44% 和 47.82%。因此，总体来看，与前 5 年的平均水平相比较，2015 年副省级城市的旅行社全员劳动生产率总体呈继续提升态势。

2016 年，全国 14 个副省级城市旅行社全员劳动生产率的变异系数为 0. 46（表 3-9），较小，但比 2015 年增加了 0.02，表明旅行社全员劳动生产率的城际差异较小，但呈扩大态势。同时，从空间分布来看，如图 3-63 所示，副省级城市旅行社全员劳动生产率的空间分布没有呈现出明显的区域集中性。

3. 发展评价

分别对旅行社数量、旅行社利润、旅行社发展速度（旅行社数量增长率和利润增长率的均值）、旅行社全员劳动生产率进行归一化处理，然后加总求和，得到全国 14 个副省级城市的综合评价结果（表 3-10、图 3-64、图 3-65）。依据综合评价得分高低，将 14 个副省级城市分为三个梯队，分别从梯队成员、空间分布、各指标的相对状况等角度对各个梯队进行分析。

① 由于 2012 年旅行社全员劳动生产率的数据缺失，因此这里实际上是各城市 2011 年、2013 年、2014 年和 2015 年的平均全员劳动生产率。

表 3-10　2016 年中国 15 个副省级城市旅行社业发展综合评价分值及排序

副省级城市	旅行社业发展综合评价		发展现状				发展潜力			
			数量规模		经营效益		发展速度		发展效率	
	分值	排序	分值	排序	分值	排序	分值	排序	分值	排序
沈阳	163.16	6	0.79	13	51.11	4	11.25	8	100.00	1
大连	77.40	12	45.63	5	19.89	13	0.00	14	11.87	12
长春	128.84	8	0.00	14	28.84	10	100.00	1	0.00	14
哈尔滨	78.82	11	28.37	9	29.41	9	7.86	11	13.17	11
南京	190.89	3	72.02	3	33.79	5	22.83	3	62.24	2
杭州	149.06	7	100.00	1	32.15	6	8.37	10	8.53	13
宁波	61.63	13	17.86	11	23.04	11	5.07	12	15.66	9
厦门	109.54	9	9.33	12	31.03	8	21.59	4	47.60	5
青岛	165.71	5	58.33	4	60.07	3	9.90	9	37.41	6
武汉	45.73	14	30.75	8	0.00	14	1.42	13	13.55	10
广州	201.24	1	33.13	7	100.00	1	16.11	5	51.99	4
深圳	186.94	4	88.29	2	31.08	7	11.79	7	55.78	3
成都	198.11	2	20.44	10	87.59	2	58.54	2	31.54	7
西安	93.87	10	41.07	6	22.28	12	12.62	6	17.89	8
济南	数据缺失									

（1）旅行社业第一梯队：成员较稳定，多沿海城市；广州效益—速度—效率三优，成都效益—速度双优，南京规模—效益—速度—效率四优，深圳规模—效率双优，青岛规模—效益双优

如表 3-10、图 3-64 所示，旅行社业第一梯队成员包括广州、成都、南京、深圳和青岛，综合评价分值均在 165 分以上，多为沿海城市（图 3-65）。与 2015 年相比，南京和成都是新进成员。

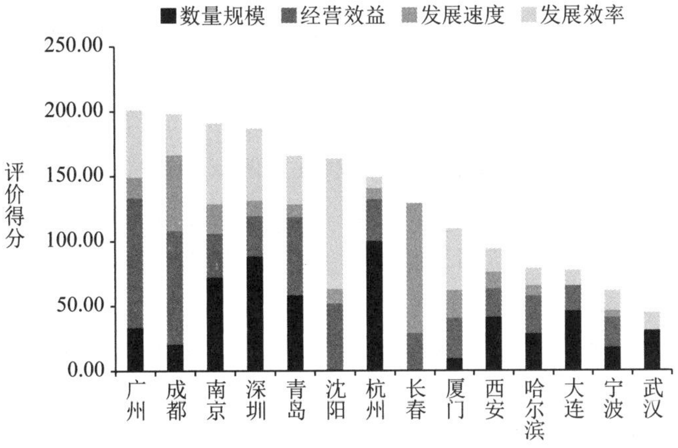

图 3-64　2016 年中国 14 个副省级城市旅行社业发展综合评价结果示意图

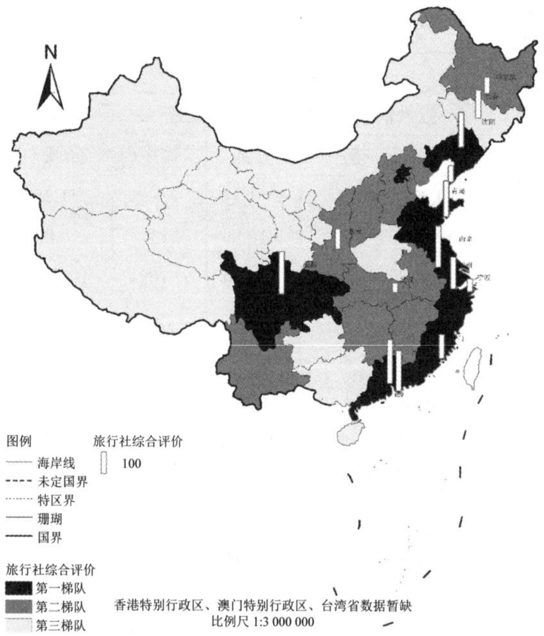

图 3–65　2016 年中国 14 个副省级城市旅行社业发展综合评价的空间分布图

从第一梯队城市旅行社业各要素的组成情况来看，5 个城市的优势各不相同。广州为效益、速度、效率三优，其经营效益排名第 1 位，表现抢眼，且其发展速度、发展效率分别排名第 5 和第 4，都很强，而其数量规模排名第 7 位，表现相对较弱；成都属于效益、速度双优型，其经营效益和发展速度较强，都排名第 2 位，然而其数量规模和发展效率相对较弱，分别排名第 10 和第 7，需要注重现状调整、扩大旅行社数量规模，并进一步提高其发展效率；南京为规模、效益、速度、效率四优型，其数量规模和发展速度均排名第 3 位，且其经营效益和发展效率也有表现较好，分别都排名第 5 位和第 2 位，都处于第一梯队，各项发展较为均衡；深圳为规模、效率双优型，其数量规模表现突出，排名第 2 位，发展效率表现也很好，排名第 3 位，其经营效益和发展速度稍差，均排名第 7 位；青岛为规模、效益双优型，其数量规模和经营效益分别排名第 4 和第 3，但其发展速度和发展效率排名靠后，有待进一步改善。

（2）旅行社业第二梯队：成员均发生变化，分散分布；沈阳效益—效率双优，杭州规模单优，长春速度单优，厦门速度—效率双优，西安相对均衡

如表 3–10 和图 3–64 所示，旅行社业第二梯队包括沈阳、杭州、长春、厦门和西安，综合评价得分介于 93~164 分，分布分散（图 3–65）。与 2015 年相比，成员都发生了变化，没有一个城市保留在列。

从第二梯队城市旅行社业各要素的组成情况来看，沈阳属于效益、效率双优型，其经营效益和发展效率分别排名第 4 位和第 1 位，进入第一梯队，而其数量规模和发展速度分别排名第 13 位和第 8 位，表现一般；杭州属于规模单优型，其数量规模排名第 1 位，表现十分突出，但其发展速度和发展效率分别排名第 10 位和第 13 位，成为明显的短板；

长春属于速度单优型，其发展速度表现抢眼，排名第1，但其数量规模、经营效益和发展效率分别排名第14位、第10位和第14位，发展较不均衡；厦门属速度、效率双优型，其发展速度和发展效率分别排名第4位和第5位，而数量规模排名第12位，有很大改进空间；西安各方面相对较为均衡，有待进一步培育其核心竞争力。

（3）旅行社业第三梯队：成员变化较大，分布分散；哈尔滨、宁波较均衡，大连、武汉规模较优

如表3–10、图3–64所示，旅行社业第三梯队成员包括哈尔滨、大连、宁波和武汉，综合评价得分在79分以下，分布较分散（图3–65），既有东北的哈尔滨、长春，也有东部的宁波，还有中部的武汉。与2015相比，哈尔滨、大连和武汉是从第二梯队掉入的新成员。

从第三梯队城市旅行社业各要素的组成情况来看，哈尔滨和宁波分别位于第三梯队的首位和倒数第二位，虽然各指标得分都不高，但各方面相对较为均衡；大连和武汉都属于规模较优型，其中大连数量规模排名第5位，处于第一梯队，而武汉数量规模排名第8，也远高于其整体排名，但其他三方面都较弱，均排名在第10位或更靠后的位置，有待进一步发展。

三、旅游需求分析

与省域旅游需求分析一样，本报告从旅游需求现状和潜力两方面分析副省级城市的旅游需求，并分别选用旅游接待总人次、旅游总收入从规模和效益角度反映旅游需求现状，选取旅游接待总人次增长率、旅游总收入增长率和人均花费反映旅游需求的潜力。这些评价指标及其基本描述统计如表3–11所示。

表3–11 2016年中国15个副省级城市旅游需求评价指标及其基本描述

类型	评价指标	平均值	最大值	最小值	标准差	变异系数
旅游需求现状	旅游接待总人次（万人次）	10268.37	23096.00	5695.74	5461.15	0.53
	旅游总收入（亿元）	1568.34	3217.05	583.70	738.84	0.47
旅游需求潜力	旅游接待总人次增长率（%）	9.43	17.26	–2.49	4.91	0.52
	旅游总收入增长率（%）	14.87	26.73	4.15	5.86	0.39
	入境游客人均花费（美元/人）	764.74	946.85	573.35	117.31	0.15

（数据来源：《中国旅游统计年鉴2017》；注：入境旅游收入以1∶6.489的美元兑元汇率换算）

（一）旅游需求现状

1. 旅游接待总人次：平均约1亿人次，三成达平均；武汉、成都表现都很抢眼；入境游客占比低，占比较高城市具有明显的沿海分布特征；城际差异较大，中西部城市多，沿海、北部城市少

如表3–11和图3–66所示，2016年，我国15个副省级城市旅游接待总人次的平均值为

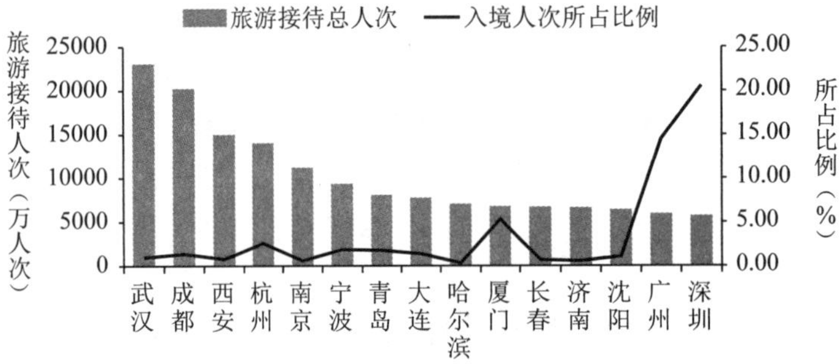

图 3-66　2016 年中国 15 个副省级城市的旅游接待总人次及入境旅游接待人次的占比

（数据来源：《中国旅游统计年鉴 2017》）

10268.37 万人次，较 2015 年增加 884.22 万人次，增幅为 9.43%；5 个城市达到或超过平均水平，分别是武汉、成都、西安、杭州、南京，其中武汉、成都旅游接待人次数突破 2 亿人次，表现抢眼；西安、杭州、南京三市紧随其后，旅游接待总人次突破 1 亿人次，表现不俗；厦门、长春、济南、沈阳、广州、深圳旅游接待人次均在 7000 万人次以下，排位较后，表现一般。

如图 3-66 所示，目前 15 个副省级城市仍以国内旅游接待为主，入境旅游接待人次远低于国内旅游接待人次，入境人次占比均值为 3.6%，不过相较于 31 省域入境接待人次的平均水平 1.07%，高出很多，体现出副省级城市在对外知名度、影响力及接待能力上，均为各省的代表。副省级城市中，深圳、广州入境接待人次占比较高，分别为 20.56%、14.51%，远高于其他城市；此外厦门、杭州、宁波、青岛、大连、成都、沈阳 7 个城市入境接待人次占比大于 1%，其余城市在 1% 以下，由此可以看出，入境游客占比较高的城市在空间上表现出明显的沿海分布特征。

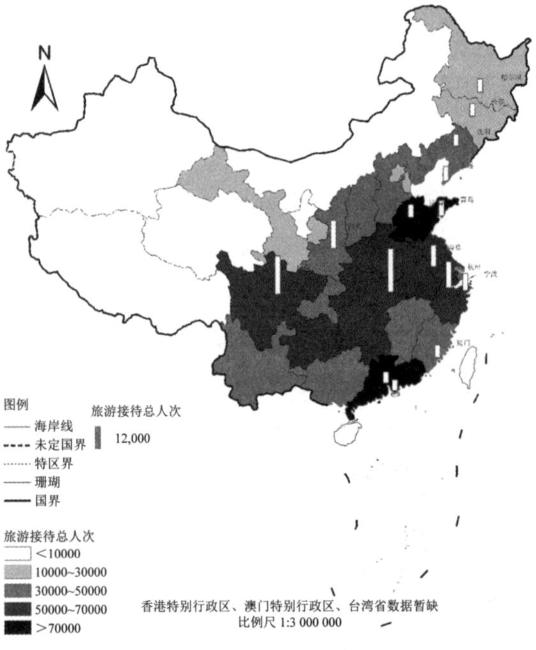

图 3-67　2016 年中国 15 个副省级城市旅游接待总人次的空间分布图

（数据来源：《中国旅游统计年鉴 2017》）

2016 年，全国 15 个副省级城市旅游接待总人次的变异系数为 0.53，在旅游需求的 5 个评价指标中最高（表 3-11），表明旅游接待总人次的城际差异较大。同时，从空间分布来看，如图 3-67 所示，从以武汉、成都、西安为代表的中部、西南城市向沿海、北部城市递减。

2. 旅游总收入：平均约 1500 亿元，三成达平均，广州率先跨入 3000 亿元；入境旅游收入占比较低，深圳、厦门突出，沿海城市占比较高；占 GDP 比重几乎都超过 10%；城际差异较大且呈扩大趋势，东南沿海及中部城市高

如表 3-11、图 3-68 所示，2016 年全国 15 个副省级城市旅游总收入均值为 1568.34

亿元，只有 5 个城市达到或超过平均水平，其中广州旅游总收入迈入3000亿元，遥遥领先，成都、武汉、杭州 3 市紧随其后，收入超过 1500 亿元，四市旅游总收入之和占比高达 44.27%；而厦门、济南、沈阳较为落后，旅游总收入都不到 1000 亿元。

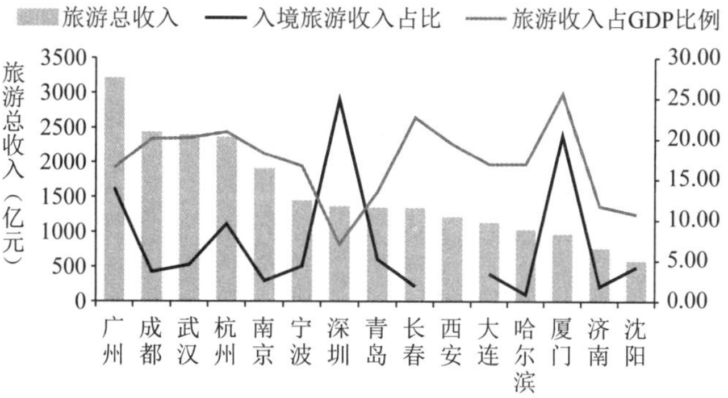

图 3–68　2016 年中国 15 个副省级城市的旅游总收入

（数据来源：《中国旅游统计年鉴 2017》）

从副省级城市旅游旅游总收入的构成来看，2016 年副省级城市旅游总收入的绝大多数来自于国内旅游收入，入境旅游收入占比均值仅 7.22%，但较入境旅游接待人次占比高出很多；其中深圳、厦门占比超过 20%，排位靠前，其次广州表现不俗，占比超过 10%，其余城市占比均在 10% 以下，入境旅游占比较高的城市与入境旅游接待人次较高城市的空间分布规律一致，即具有沿海分布特征。

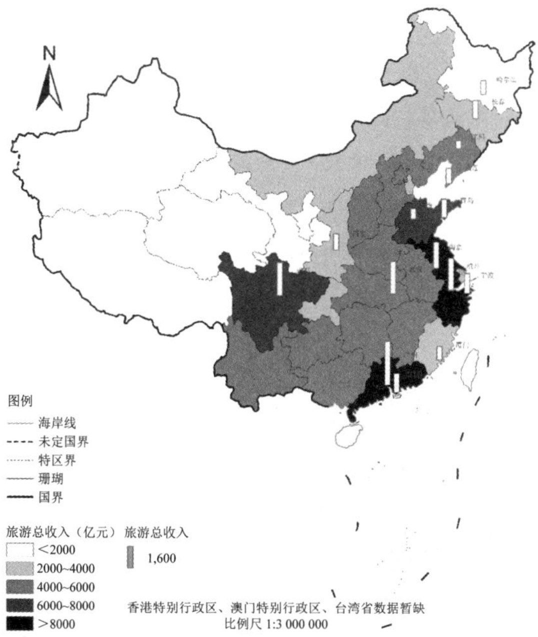

图 3–69　2016 年中国 15 个副省级城市旅游总收入的空间分布图

（数据来源：《中国旅游统计年鉴 2017》）

从旅游收入占 GDP 的比重来看，如图 3–68，2016 年副省级城市旅游总收入占 GDP 比重平均为 17.11%，除深圳外，其余 14 城占比均超过 10%，其中厦门、长春、杭州、武汉、成都五市占比超过 20%，深圳占比最低，仅为 7.02%。因此，可以说旅游业已成为副省级城市发展的重要产业。

2016 年全国 15 个副省级城市旅游总收入的变异系数为 0.47，在旅游需求 5 个评价指标中处于较高水平，且较 2015 年提高了 0.05，表明城际差异较大且显示出扩大趋势。与旅游接待人次空间分布不同，旅游总收入较高地区主要分布在东南沿海及中部地区（图 3–69）。

（二）旅游需求潜力

1. 旅游接待总人次增长率：平均为10%，七成达到或超过平均水平；旅游总人次处于中等水平的城市增长率较高；近10年副省级城市接待人次增长趋缓；城际差异较大但呈现缩减趋势，沿海高、内陆低

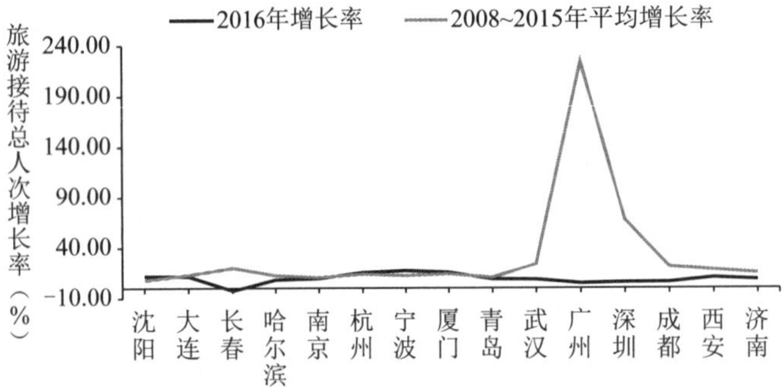

图3-70　2016年中国15个副省级城市旅游接待总人次增长率及2008~2015年平均增长率

（数据来源：2008~2017年《中国旅游统计年鉴》）

2016年，全国15个副省级城市旅游接待总人次增长率平均为9.43%（表3-11），较2015年下降了3.06%；宁波、厦门、杭州、沈阳、大连、西安、南京7个城市总人次增长率高于平均水平，其中宁波、厦门、杭州增长率超过15%，宁波最高，达到17.3%；此外，除长春呈负增长（-2.5%）外，其余城市增长率均大于0（图3-70）。

与接待总人次的关系来看，接待总人次排名前5位、中间5位和后5位城市的接待人次平均增长率分别为9.34%、12.46%、8.84%，表现为"中间高、两头低"的特征。

与2008~2015年各副省级城市旅游接待总人次的平均增长率相比较，如图3-70所示，仅沈阳、杭州、宁波、厦门4市2016年旅游接待总人次增长率高于前8年平均水平，其余城市均呈现下降趋势，平均降幅为32.36%，可见，副省级城市旅游接待总人次的增长持续趋缓。

2016年，副省级城市旅游接待总人次增长率的变异系数为0.52，在旅游需求5个评价指标中较高（表3-11），但较2015年下降了0.18，表明旅游接待总人次增长率的城际差异较大，但呈缩小趋势。根据图3-71，2016年副省级城市旅游接待总人次增长率在空间上呈现出沿海高、内陆低的分布特征。

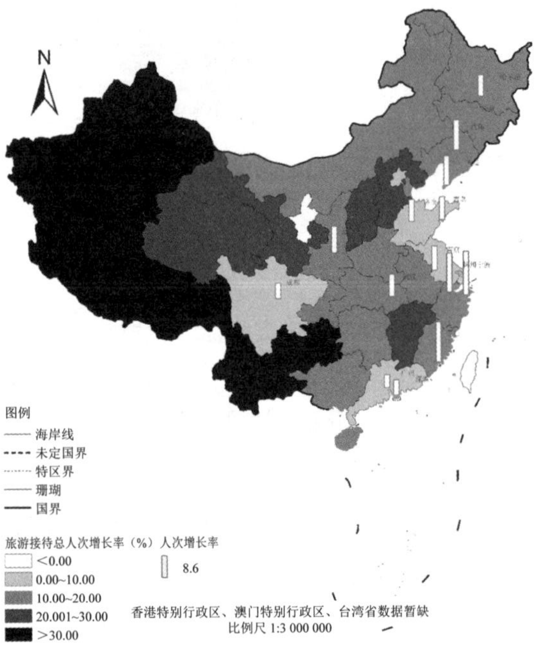

图3-71　2016年中国15个副省级城市旅游接待总人次增长率的空间分布图

（数据来源：《中国旅游统计年鉴2017》）

2. 旅游总收入增长率：平均约 15%，三成达平均，厦门、长春、宁波表现突出；旅游总收入处于中等水平的城市增长率较高；整体趋缓；城际差异较小，且稳定，沿海及中部城市较高

2016 年全国 15 个副省级城市旅游总收入增长率的平均值为 14.87%，与 2015 年的 14.84% 相比变化不大，5 个城市达到或超过平均水平，其中：如图 3-72 所示，厦门、长春和宁波的增长率较高，均超过 20%，分别 26.73%、25.25% 和 21.01%；武汉、深圳增长率较低，低于 10%。此外，旅游总收入平均增长率高于旅游接待人数平均增长率，表明副省级城市旅游业发展呈现内涵式增长态势。

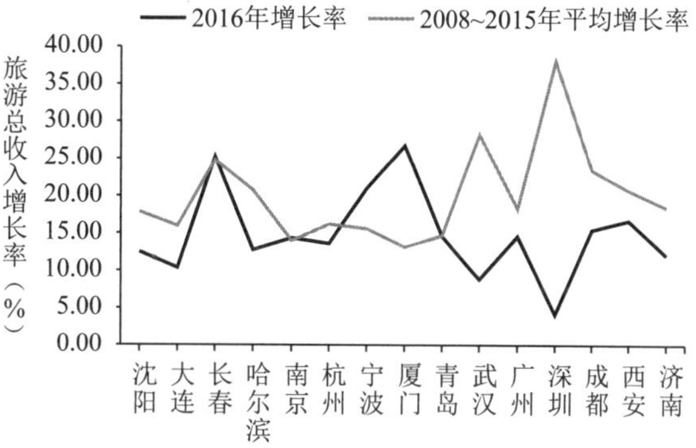

图 3-72 2016 年中国 15 个副省级城市旅游总收入增长率及 2008~2015 年平均增长率

（数据来源：2009~2017 年《中国旅游统计年鉴》）

从与旅游总收入的关系来看，旅游收入排名前 5 位、中间 5 位及后 5 位城市的旅游总收入平均增长率分别为 16.41%、16.11% 和 11.99%，表现为“中间高，两头低”的特征。

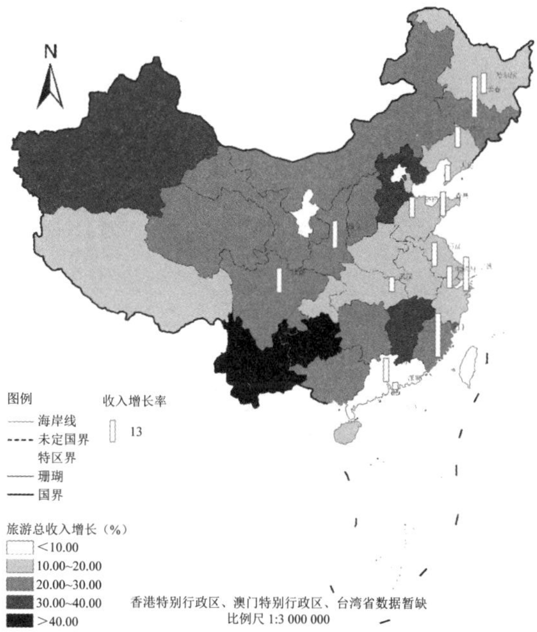

图 3-73 2016 年中国 15 个副省级城市旅游总收入增长率的空间分布图

（数据来源：《中国旅游统计年鉴 2017》）

与 2008~2015 年各副省级城市旅游总收入的平均增长率相比较，如图 3-72 所示，8 年平均增长率均值为 20.02%，高于 2016 年平均增长率；副省级城市中仅厦门、宁波、长春、南京高于 8 年平均水平，厦门表现突出，高出 8 年平均水平 13 个百分点；其余城市增长率均低于 8 年平均水平，其中武汉、深圳降幅较大，分别下降了 19.37% 及 33.92%。

2016 年全国 15 个副省级城市旅游总收入增长率的变异系数为 0.39，在旅游需求的 5 个评价指标中较小（表 3-11），与 2015 年变异系数（0.41）相比变化不大，表明旅游总收入增长率的城际差异较小，且较稳定。同时，如图 3-73 所示，2016 年副省级城市旅游总收入增长率在空间上呈现出沿海及中部城市较高的特征。

3. 入境游客人均花费：平均 765 美元 / 人，增幅较大；多数城市提高，宁波增幅最大；城际差异较小且呈缩减趋势，东北及中部城市较高

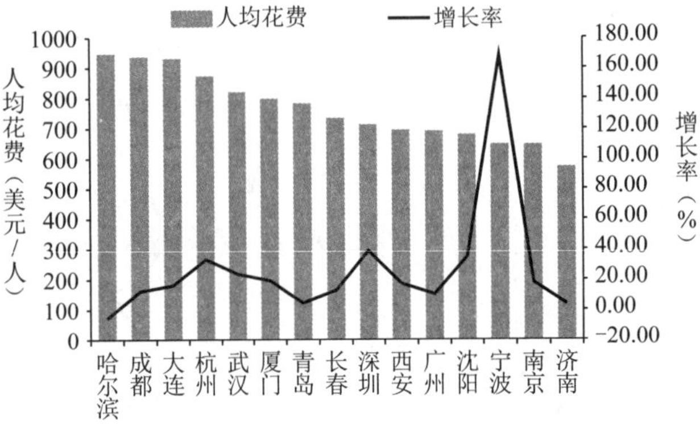

图 3–74　2016 年中国 15 个副省级城市入境游客人均花费及增长率

（数据来源：《旅游抽样调查资料》2017）

2016 年全国 15 个副省级城市入境游客人均花费的平均值为 764.74 美元 / 人，较 2015 年提高 124.16 美元 / 人，增幅 19.38%，7 个城市均达到或超过平均水平，如图 3–74 所示，哈尔滨、成都、大连入境游客人均花费均突破了 900 美元 / 人，表现突出；而济南人均花费最低，仅有 573.35 美元 / 人；其他城市人均花费保持在 600~800 美元 / 人。

与 2015 年相比，除哈尔滨外，其余 14 个城市人均花费均有所增加，均值为 27.13%。其中宁波市增幅最大，达到 168.03%，主要是由于入境游客平均停留天数由 2015 年的 1.3 天提高至 2016 年的 3.4 天；其次深圳、沈阳、杭州、武汉 4 城增幅超过 20%；青岛、济南、哈尔滨表现较差，增幅均在 10% 以下，哈尔滨呈负增长。

2016 年全国 15 个副省级城市入境游客人均花费的变异系数仅为 0.15，在旅游需求的 5 个评价指标中最低（表 3–11），而且与 2015 年相比，降低 0.13%，表明入境游客人均花费的城际差异很小，且呈缩减趋势。同时，从空间分布来看，如图 3–75 所示，15 个副省级城市 2016 年入境游客人均花费呈现东北及中部城市较高的特征。

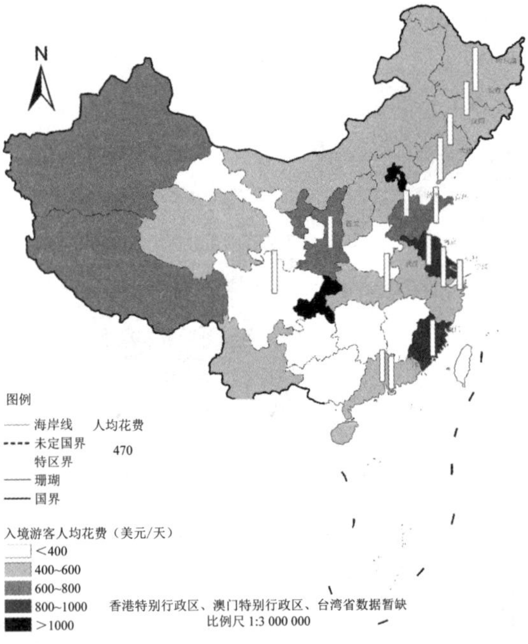

图 3–75　2016 年中国 15 个副省级城市入境游客人均花费的空间分布图

（数据来源：《旅游抽样调查资料》2017）

（三）旅游需求综合评价

将前述旅游接待总人次、旅游总收入、旅游接待总人次增长率、旅游总收入增长率以及入境游客人均花费 5 个指标分别进行归一化处理后，加和计算，得到全国 15 个副省级城市旅游需求综合评价结果（表 3–12、图 3–76）。

1. 旅游需求第一梯队：成员略有变动，多为中部及沿海城市；杭州均衡，武汉、成都现状优，厦门、宁波潜力大

如表 3–12、图 3–76 所示，旅游需求第一梯队为成都（345.39）、杭州（328.42）、武汉（312.98）、厦门（273.71）、宁波（248.57），得分为 240~350，多为中部及沿海城市。与 2015 年相比，成员发生一定的变化，厦门及宁波由原来的第三梯队晋升，长春、广州跌出第一梯队。

从旅游需求第一梯队城市各要素的组成情况来看，如图 3–76 所示，它们整体表现较强，但不同城市各有优势与劣势：杭州属均衡性，其旅游需求现状及旅游需求潜力排名分别为第 3 位和第 2 位，十分靠前；武汉、成都属现状优胜型，其旅游需求现状排名居于副省级城市前两位，旅游需求潜力排位相对靠后（第 9、第 6 位）；厦门、宁波为潜力优胜型，其旅游需求潜力排名分别为第 1 位、第 4 名，而其旅游需求现状排位比较靠后（第 13 位、第 7 位）。

表 3–12　2016 年中国 15 个副省级城市旅游需求综合评价结果

城市	综合评价		旅游需求现状		旅游需求潜力	
	得分	排名	得分	排名	得分	排名
沈阳	142.59	13	4.05	15	138.54	10
大连	227.99	7	32.67	10	195.32	3
长春	170.81	12	34.54	9	136.27	11
哈尔滨	217.82	8	24.84	12	192.98	5
南京	207.58	10	82.00	5	125.57	12
杭州	328.42	2	115.62	3	212.80	2
宁波	248.57	5	53.89	7	194.68	4
厦门	273.71	4	20.78	13	252.93	1
青岛	203.68	11	42.70	8	160.98	7
武汉	312.98	3	168.90	1	144.08	9
广州	217.17	9	101.41	4	115.77	13
深圳	109.92	14	29.81	11	80.11	15
成都	345.39	1	154.19	2	191.21	6
西安	230.65	6	77.47	6	153.17	8
济南	103.41	15	12.18	14	91.23	14

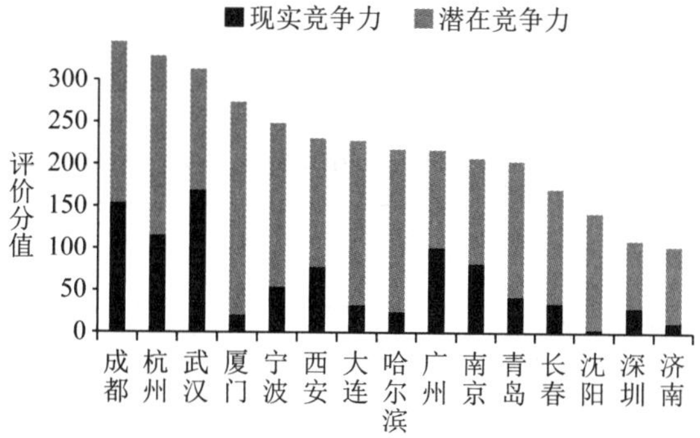

图 3–76　2016 年中国 15 个副省级城市旅游需求综合评价

2. 旅游需求第二梯队：成员变动，多为东北及沿海城市；大连、哈尔滨潜力大，广州、南京现状优

如表 3–12、图 3–76 所示，旅游需求第二梯队包括西安（230.65）、大连（227.99）、哈尔滨（217.17）、广州（217.17）、南京（207.58），得分为 200~240 分，多为东北及沿海城市。与2015年相比，大连由第三梯队晋升第二梯队，广州由第一梯队跌入第二梯队，青岛、沈阳由第二梯队跌入第三梯队。

从旅游需求第二梯队城市各要素的组成情况来看，如图 3–76，它们整体表现一般，但不同城市各有优势与劣势：大连、哈尔滨为旅游需求较优，两市旅游需求潜力排名分别为第 3 位、第5位，属第一梯队；广州、南京旅游现实现状得分排位较高，分属第一梯队的第4位、第5位。

3. 旅游需求第三梯队：成员变动大，多为北部城市；青岛均衡，长春现状较优，沈阳潜力较大

如表 3–12、图 3–76 所示，旅游需求第三梯队包括青岛（203.68）、长春（170.81）、沈阳（142.59）、深圳（109.92）、济南（103.41），得分为 205~100 分，多为北部城市。与 2015 年相比，变动较大，除深圳、济南外，青岛、沈阳由原第二梯队跌入，长春由第一梯队跌入。

从旅游需求第二梯队城市各要素的组成情况来看，如图 3–76 所示，它们整体表现较差，但不同城市各有优势与劣势：青岛相对均衡，其旅游需求现状及旅游需求潜力均位于第二梯队；长春旅游需求现状较优，需求现状得分排名第 9 位，位于第二梯队，高于其整体排名；沈阳旅游需求潜力较优，需求潜力得分排名第 10 位，位于第二梯队，相对其需求现状排位靠前。

四、副省级城市旅游业发展综合评价

将本章前述副省级城市旅游业发展评价的各项指标按现实竞争力、潜在竞争力和环境竞争力进行汇总，全面评价副省级城市的旅游竞争力。其中，现实竞争力和潜在竞争力分别由旅游需求、住宿接待业、旅游目的地和旅行社业四个方面的现实竞争力和潜在竞争力合并构成，环境竞争力由自然环境竞争力、社会经济环境竞争力和旅游政策环境竞争力合并构成。评价指标详见表 3–13。

表 3–13　2016 年副省级城市旅游业发展综合评价指标体系

A层	B层	C层	D层	数据来源	备注
综合竞争力	B1现实竞争力	C1旅游需求现实竞争力	D1旅游接待总人次（万人）	《中国旅游统计年鉴2017》	
			D2旅游总收入（亿元）	《中国旅游统计年鉴2017》	
		C2住宿接待业现实竞争力	D3住宿设施总数（家）	详见表3–5	包含各类型饭店
			D4星级饭店利润（亿元）	《中国旅游统计年鉴（副本）2017》	

续表

A层	B层	C层	D层	数据来源	备注
综合竞争力	B1现实竞争力	C3旅游目的地现实竞争力	D5景区旅游企业数量（家）	《中国旅游统计年鉴（副本）2017》	
			D6景区旅游企业利润（亿元）	《中国旅游统计年鉴（副本）2017》	
		C4旅行社业现实竞争力	D7旅行社数量（个）	《中国旅游统计年鉴（副本）2017》	
			D8旅行社利润（亿元）	《中国旅游统计年鉴（副本）2017》	
	B2潜在竞争力	C5旅游需求潜在竞争力	D9旅游接待总人次增长率（%）	《中国旅游统计年鉴2017》	
			D10旅游总收入增长率（%）	《中国旅游统计年鉴2017》	
			D11入境游客人均花费（美元/人）	《中国旅游统计年鉴2017》	入境游客人均停留天数与人均天花费的乘积
		C6住宿接待业潜在竞争力	D12住宿接待业发展速度（%）	据《中国旅游统计年鉴（副本）》（2016、2017）数据计算	2016年星级饭店数量和利润增长率的均值
			D13星级饭店全员劳动生产率（万元/人）	2016年全国星级饭店统计公报	
		C7旅游目的地潜在竞争力	D14旅游目的地发展速度（%）	根据《中国旅游统计年鉴（副本）》（2016、2017）数据计算	2016年A级旅游景区数量和利润增长率的均值
			D15 景区全员劳动生产率（万元/人）	《中国旅游统计年鉴（副本）2017》	
		C8旅行社业潜在竞争力	D16旅行社业发展速度（%）	据《中国旅游统计年鉴（副本）》（2016、2017）数据计算	2016年旅行社数量和利润增长率的均值
			D17旅行社全员劳动生产率（万元/人）	《中国旅游统计年鉴（副本）2017》	
	B3发展环境竞争力	C9自然环境竞争力	D18空气质量优良天数（天）	《中国统计年鉴2017》《2017年国民经济和社会发展公报》	
			D19污水集中处理率（%）	《中国统计年鉴2017》《2017年中国环境统计年鉴》	
			D20生活垃圾无害化处理率（%）	《中国统计年鉴2017》《2017年中国环境统计年鉴》	
		C10社会经济环境竞争力	D21经济发展水平	《中国统计年鉴2017》	2016年GDP和人均GDP归一化后的平均值
			D22年客运总量（万人）	《中国统计年鉴2017》	
			D23 互联网普及率（%）	《2017年中国城市统计年鉴》	
			D24万人专利授权数（件）	《中国统计年鉴2017》	
		C11旅游政策环境竞争力	D25旅游管理机构设置	各城市相关政府官网	
			D26政府工作报告提及“旅游”次数（次）	各城市政府官网	

（一）综合竞争力评价结果

将反映全国15个副省级城市2016年现实竞争力、潜在竞争力和发展环境竞争力的各项指标分别进行归一化处理后加和计算，得到全国15个副省级城市旅游综合竞争力的评价结果（表3-14、图3-77、图3-78）。依据综合评价得分高低，将15个副省级城市分为三个梯队，分别从梯队成员、空间分布、各方面竞争力的相对状况等角度对各个梯队进行分析。

表3-14　2016年中国15个副省级城市旅游综合竞争力评价结果

城市	综合竞争力		B1现实竞争力		B2潜在竞争力		B3发展环境竞争力	
	得分	排名	得分	排名	得分	排名	得分	排名
沈阳	704.94	13	92.95	14	369.26	9	242.73	12
大连	1020.69	7	251.16	9	463.23	3	306.31	11
长春	535.51	14	97.33	13	249.37	14	188.81	14
哈尔滨	747.33	12	141.66	12	429.37	4	176.30	15
南京	990.50	8	311.76	7	340.41	11	338.33	7
杭州	1288.67	3	456.23	3	409.46	6	422.99	4
宁波	918.44	11	197.95	11	385.68	8	334.82	8
厦门	1084.34	5	234.39	10	476.27	2	373.68	6
青岛	1166.89	4	290.95	8	485.87	1	390.07	5
武汉	1032.98	6	369.69	4	340.32	12	322.97	9
广州	1493.62	1	621.36	1	414.62	5	457.64	3
深圳	1447.30	2	488.70	2	352.67	10	605.92	1
成都	972.03	9	366.24	5	392.74	7	213.05	13
西安	967.37	10	335.62	6	319.28	13	312.46	10
济南	—	—	—	—	—	—	462.64	2

1. 综合竞争力第一梯队：成员较稳定，多沿海城市；广州均衡，深圳和杭州现实—发展环境双优，青岛潜在—发展环境双优，厦门潜力单优

如表3-14、图3-77所示，综合竞争力第一梯队包括广州、深圳、杭州、青岛、厦门，综合评价分值几乎都高于1000分，主要为沿海城市（图3-78）。与2015年相比，梯队成员较稳定，厦门取代了成都，成为第一梯队成员。

从综合竞争力第一梯队城市各项指标的表现来看，如图3-79所示，它们整体表现最强，但不同城市的优势不同：广州属均衡型，其现实竞争力、潜在竞争力及发展环境竞争力排名均在第一梯队；深圳和杭州的现实竞争力和发展环境竞争力表现相对更为突出；青岛为潜在竞争力和发展环境竞争力双优型，厦门为潜在竞争力单优型，其潜在竞争力排名第2位，优势突出。

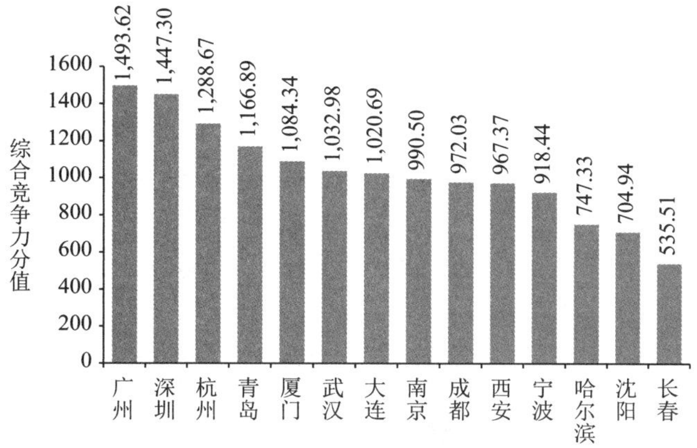

图 3–77 2016 年中国 15 个副省级城市旅游综合竞争力评价结果示意图

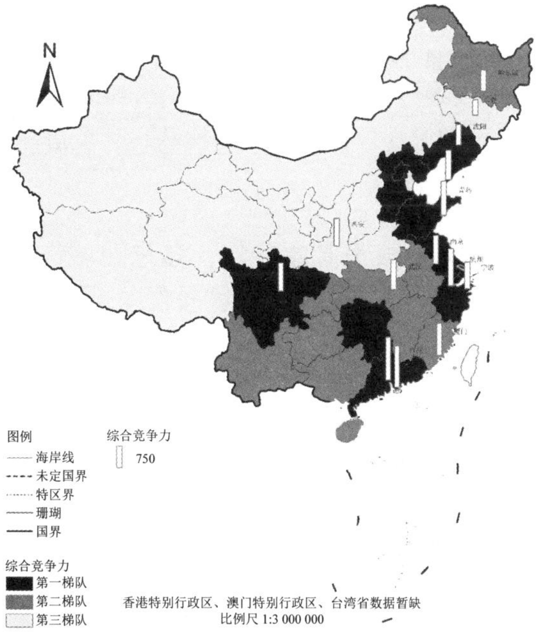

图 3–78 2016 年中国 15 个副省级城市旅游综合竞争力空间分布图

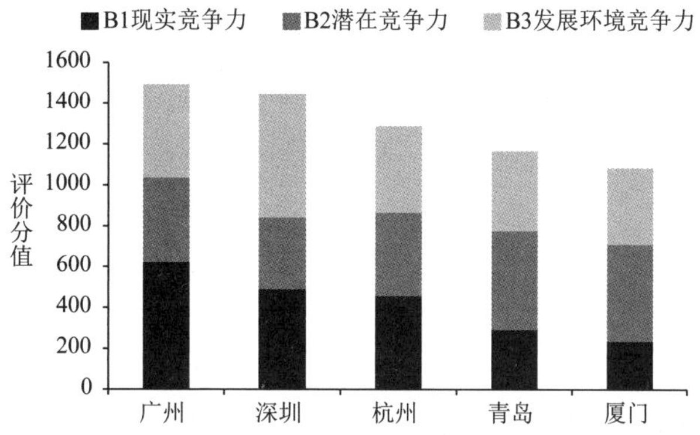

图 3–79 2016 年综合竞争力第一梯队副省级城市及要素组成示意图

2. 综合竞争力第二梯队：成员变化不大，分布分散；武汉、成都现实单优，大连潜在单优

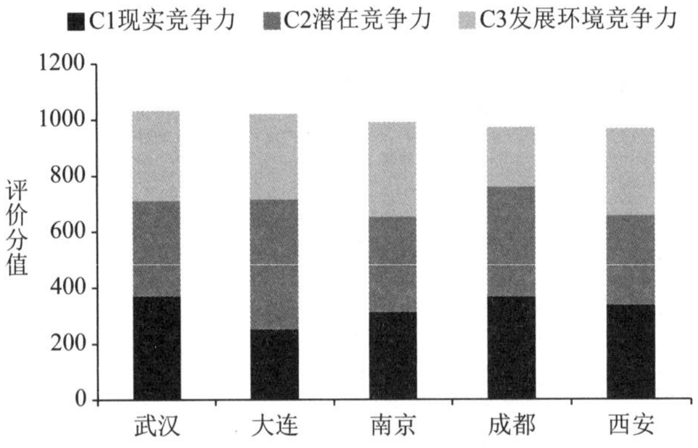

图 3-80　2016 年综合竞争力第二梯队副省级城市及要素组成示意图

如表 3-14、图 3-77 所示，综合竞争力第二梯队包括武汉、大连、南京、成都和西安，综合评分为 950~1000 分，梯队成员变化不大，成都是上年度第一梯队成员，大连为上年度第三梯队成员。

从综合竞争力第二梯队城市各项指标的表现来看，如图 3-80 所示，虽然它们的整体表现一般，但各城市也存在相对优势的领域：武汉和成都现实竞争力优势突出，其现实竞争力分别排在第 4 位和第 5 位，属于第一梯队，其余指标排名靠后；大连的潜在竞争力优势突出，排名第 3 位。

3. 综合竞争力第三梯队：成员基本稳定，多东北城市；哈尔滨、沈阳潜在较优，济南发展环境较优，宁波潜在—发展环境较优

如表3-14、图3-77所示，综合竞争力第三梯队包括宁波、哈尔滨、沈阳、长春和济南，综合评分多在 900 分以下，多为东北城市（图 3-78）。与 2015 年相比，梯队成员基本稳定，仅沈阳由第二梯队掉入本梯队。

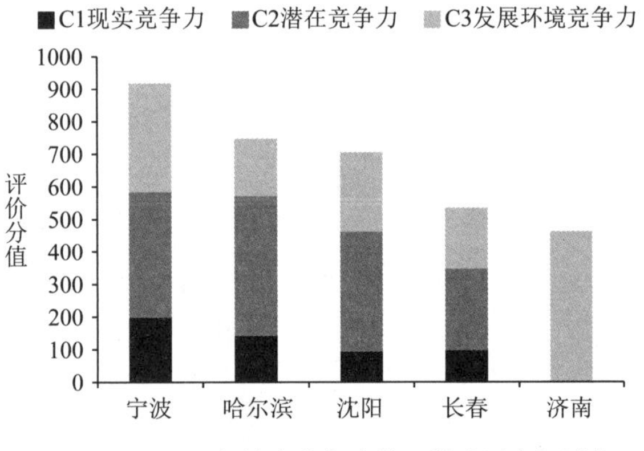

图 3-81　2016 年综合竞争力第三梯队副省级城市及要素组成示意图

从综合竞争力第三梯队城市各项指标的表现来看，如图 3-81 所示，它们整体表现较差，但各城市也存在较优的领域：哈尔滨和沈阳的潜在竞争力十分突出，分别排名第 4 位和第 9 位，跻身第一梯队和第二梯队；济南的发展环境竞争力排名第 2 位，优势突出；宁波的潜在竞争力和发展环境竞争力都比较理想，均排名第 8。

（二）现实竞争力评价结果

将全国 15 个副省级城市 2016 年旅游需求、住宿接待业、旅游目的地和旅行社业发展现状的评价指标进行归一化处理，而后加和计算，得到全国 15 个副省级城市现实争力的评价结果（表 3-15、图 3-82、图 3-83）。依据评价得分高低，将 15 个副省级城市分为三个

梯队，分别从梯队成员、空间分布、各方面竞争力的相对状况等角度对各个梯队进行分析。

1. 现实竞争力第一梯队：成员较稳定，分布较为广泛；广州均衡，深圳住宿—目的地—旅行社三优，杭州需求—目的地—旅行社三优，成都需求—住宿业双优，武汉旅游需求单优

如表 3–15、图 3–82 所示，现实竞争力第一梯队包括广州、深圳、杭州、武汉和成都，得分大多为 350~620，分布较为广泛（图 3–83）。与 2015 年相比，梯队成员较稳定，仅成都是从第二梯队晋升而来，取代了青岛。

表 3–15 2016 年中国 15 个副省级城市旅游现实竞争力评价结果

城市	B1现实竞争力		C1旅游需求现实竞争力		C2住宿接待业现实竞争力		C3旅游目的地现实竞争力		C4旅行社业现实竞争力	
	得分	排名	得分	排名	得分	排名	得分	排名	得分	排名
沈阳	92.95	14	4.05	15	26.72	14	12.88	13	49.29	10
大连	251.16	9	32.67	10	26.92	13	127.81	3	63.75	7
长春	97.33	13	34.54	9	29.18	12	13.31	12	20.31	13
哈尔滨	141.66	12	24.84	12	58.69	9	12.27	14	45.86	11
南京	311.76	7	82.00	5	74.30	7	53.74	10	101.71	4
杭州	456.23	3	115.62	3	85.02	6	112.49	4	143.09	3
宁波	197.95	11	53.89	7	25.96	15	68.13	8	49.98	9
厦门	234.39	10	20.78	13	126.35	4	45.33	11	41.94	12
青岛	290.95	8	42.70	8	47.44	10	106.32	5	94.50	5
武汉	369.69	4	168.90	1	64.18	8	61.92	9	74.70	6
广州	621.36	1	101.41	4	188.47	1	181.82	1	149.66	2
深圳	488.70	2	29.81	11	155.12	2	133.21	2	170.57	1
成都	366.24	5	154.19	2	129.41	3	77.76	7	4.88	14
西安	335.62	6	77.47	6	98.78	5	100.00	6	59.37	8
济南	—	—	12.18	14	44.83	11	—	—	—	—

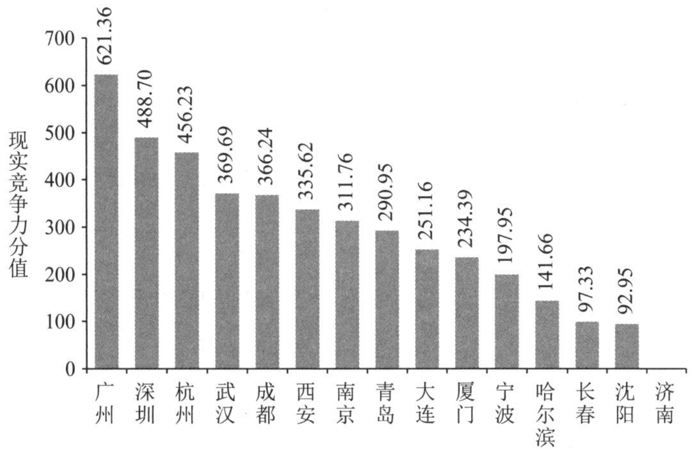

图 3–82 2016 年中国 15 个副省级城市旅游现实竞争力评价结果示意图

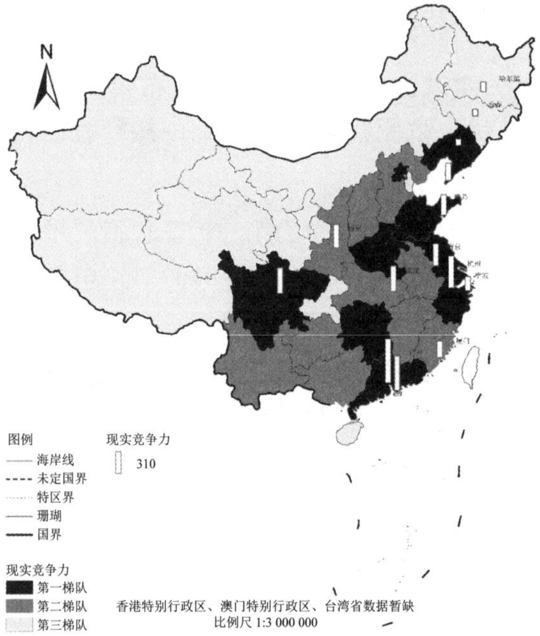

图 3-83　2016 年中国 15 个副省级城市旅游现实竞争力空间分布图

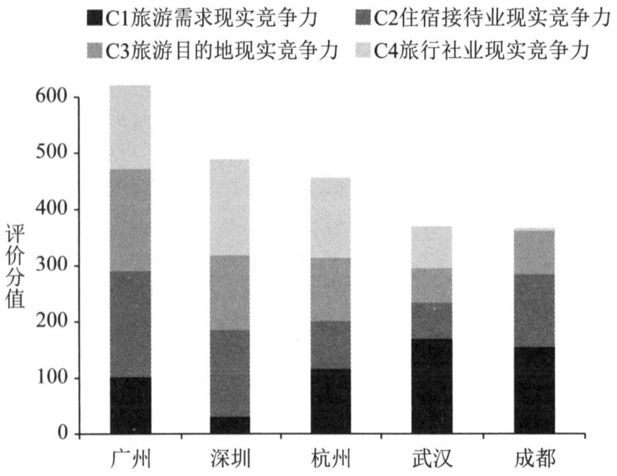

图 3-84　2016 年现实竞争力第一梯队副省级城市及要素组成示意图

从现实竞争力第一梯队城市各项指标的表现来看，如图 3-84 所示，它们整体表现最强，但不同城市各有优势，各有短板：广州属于均衡型，各项指标均位于第一梯队，特别是住宿接待业和旅游目的地都分别排名第 1 位；深圳属于住宿接待业、旅游目的地和旅行社三优型，但旅游需求排名第 11 位，位于第三梯队，是其短板；杭州属于旅游需求、旅游目的地和旅行社三优型，武汉为旅游需求优势型，旅游需求现实竞争力排名第 1 位；成都为旅游需求和住宿接待业双优型，但旅行社现实竞争力仅排名第 14 位，是其明显的短板。

2. 现实竞争力第二梯队：成员变化不大，分布较为分散；厦门、西安住宿单优，南京需求—旅行社双优，青岛目的地—旅行社双优

如表 3-15、图 3-82 所示，现实竞争力第二梯队包括西安、南京、青岛、大连和厦门，分值介于 230~330，分布较为分散。与 2015 年相比，梯队成员变化不大，青岛从第

一梯队掉入，厦门由第三梯队晋升。从现实竞争力第二梯队城市各项指标的表现来看，如图 3–85 所示，它们虽然整体表现一般，但部分城市也有优势的方面：厦门、西安属于住宿接待业优势型，该项指标分别排名第 4 和第 5 位，位于第一梯队；南京属于旅游需求和旅行社双优型，青岛属于旅游目的地和旅行社双优型。

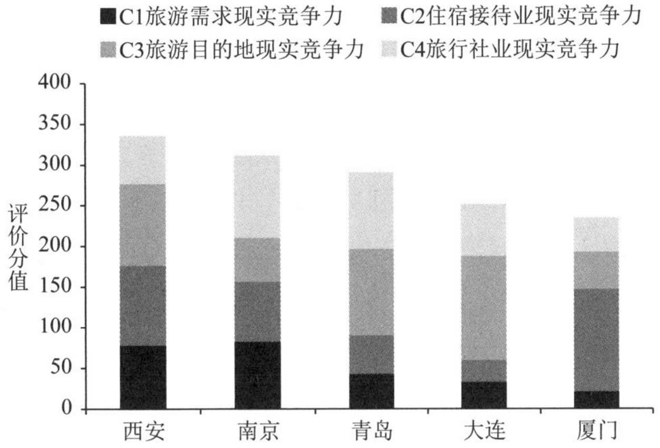

图 3–85 2016 年现实竞争力第二梯队副省级城市及要素组成示意图

3. 现实竞争力第三梯队：梯队成员较为稳定；宁波需求—目的地—旅行社较优，哈尔滨住宿较优，长春需求较优，沈阳旅行社较优

如表 3–15、图 3–82 所示，现实竞争力第三梯队包括宁波、哈尔滨、长春、沈阳和济南，多位于东北地区（图 3–83）。与 2015 年相比，梯队成员较为稳定，仅宁波是从第二梯队掉入，其余城市均为老成员。

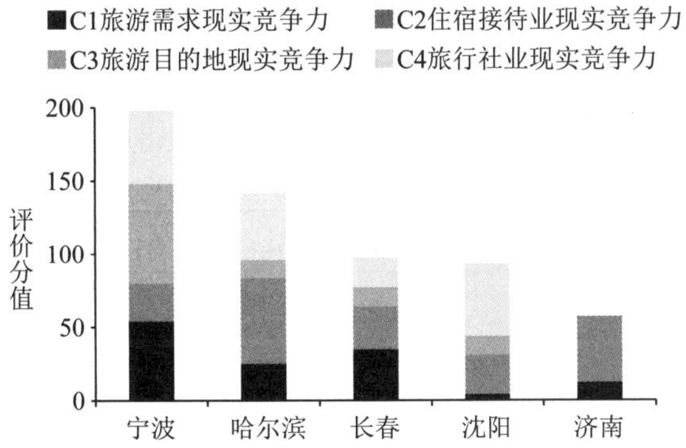

图 3–86 2016 年现实竞争力第三梯队副省级城市及要素组成示意图

从现实竞争力第三梯队城市各项指标的表现来看，如图 3–86 所示，它们整体表现都很弱，但部分城市有相对较优的领域：宁波旅游需求、旅游目的地和旅行社相对较为具有优势，均进入第二梯队，但住宿接待业过于薄弱，成为其短板；哈尔滨的住宿接待业表现较优，进入了第二梯队，长春的旅游需求较为具有优势，沈阳的旅行社业相对具有优势。

（三）潜在竞争力评价结果

将全国 15 个副省级城市 2016 年在旅游需求、住宿接待业、旅游目的地和旅行社业发展潜力的评价指标进行归一化处理，而后加和计算，得到全国 15 个副省级城市潜在竞争力评价结果（表 3–16、图 3–87、图 3–88）。依据评价得分高低，将 15 个副省级城市分为三个梯队，分别从梯队成员、空间分布、各方面竞争力的相对状况等角度对各个梯队进行分析。

1. 潜在竞争力第一梯队：成员变化较大，分布范围广；青岛目的地—旅行社双优，厦门和大连为需求—目的地双优，哈尔滨为需求—住宿业双优

如表 3–16、图 3–87 所示，潜在竞争力第一梯队包括青岛、厦门、大连、哈尔滨和广州，多沿海城市（图 3–88）。与 2015 年相比，梯队成员变化较大，厦门和哈尔滨由第二梯队晋升而来，大连则由第三梯队晋升而来。

表 3–16　2016 年中国 15 个副省级城市旅游潜在竞争力评价结果

城市	B2潜在竞争力		C5旅游需求潜在竞争力		C6住宿接待业潜在竞争力		C7旅游目的地潜在竞争力		C8旅行社业潜在竞争力	
	得分	排名	得分	排名	得分	排名	得分	排名	得分	排名
沈阳	369.26	9	138.54	10	28.43	14	2.29	14	200.00	1
大连	463.23	3	195.32	3	43.84	13	121.33	1	102.75	7
长春	249.37	14	136.27	11	7.38	15	30.54	8	75.17	12
哈尔滨	429.37	4	192.98	5	157.66	1	15.92	12	62.82	13
南京	340.41	11	125.57	12	94.94	4	11.69	13	108.20	5
杭州	409.46	6	212.80	2	90.64	5	29.84	10	76.17	10
宁波	385.68	8	194.68	4	84.62	6	30.92	7	75.46	11
厦门	476.27	2	252.93	1	69.64	9	49.52	4	104.17	6
青岛	485.87	1	160.98	7	77.20	7	112.56	2	135.13	3
武汉	340.32	12	144.08	9	66.41	10	30.11	9	99.72	8
广州	414.62	5	115.77	13	110.94	2	31.87	6	156.03	2
深圳	352.67	10	80.11	15	106.80	3	33.33	5	132.43	4
成都	392.74	7	191.21	6	59.22	11	99.19	3	43.13	14
西安	319.28	13	153.17	8	45.08	12	23.20	11	97.82	9
济南	—	—	91.23	14	75.36	8	—	—	—	—

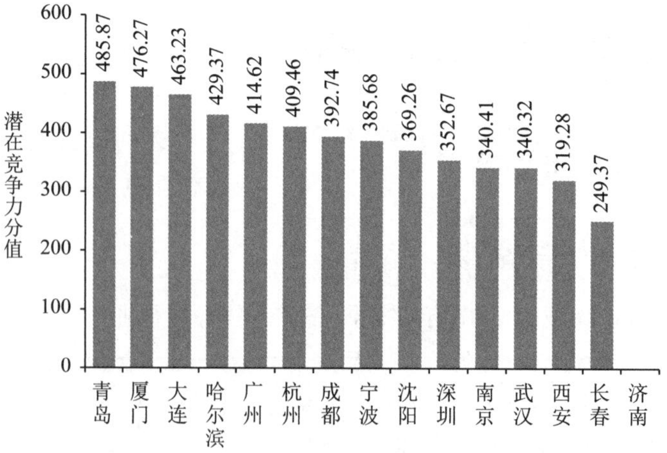

图 3–87　2016 年中国 15 个副省级城市旅游潜在竞争力评价结果示意图

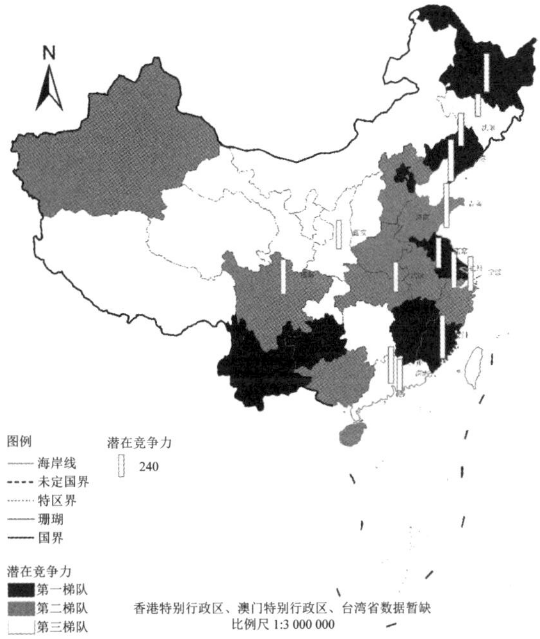

图 3-88　2016 年中国 15 个副省级城市旅游潜在竞争力的空间分布图

从潜在竞争力第一梯队城市各项指标的表现来看，如图 3-89 所示，它们整体表现最强，但优势各异：青岛属于目的地—旅行社优势型，厦门和大连属于旅游需求—旅游目的地优势型，哈尔滨属于旅游需求—住宿接待业优势型，而广州则在住宿业和旅行社业两方面表现较为优异。

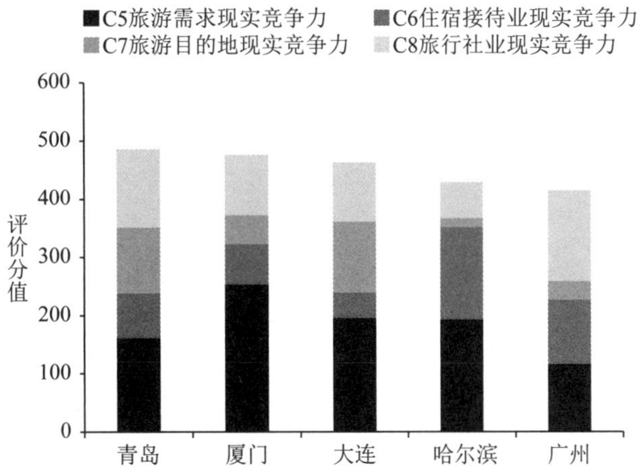

图 3-89　2016 年潜在竞争力第一梯队副省级城市及要素组成示意图

2. 潜在竞争力第二梯队：成员变化较大，多为沿海城市；杭州旅游需求—住宿业双优，成都目的地单优，宁波旅游需求单优，沈阳旅行社单优，深圳住宿—目的地—旅行社三优

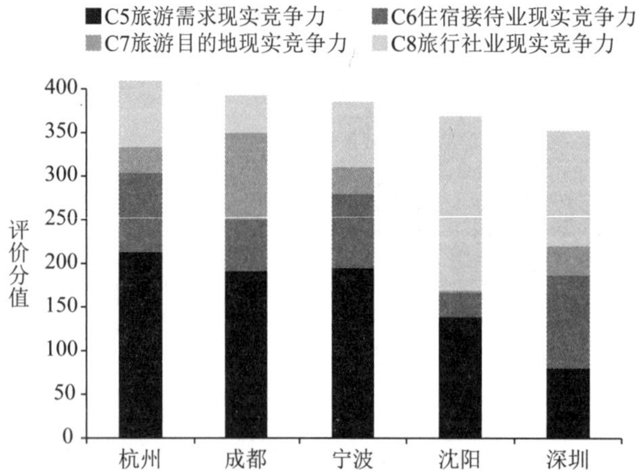

图 3-90　2016 年潜在竞争力第二梯队副省级城市及要素组成示意图

如表 3-16、图 3-87 所示，潜在竞争力第二梯队包括杭州、成都、宁波、沈阳和深圳，分布范围较广（图 3-88）。与 2015 年相比，梯队成员变化较大，仅沈阳为老队员，其余都为新成员。

从潜在竞争力第二梯队城市各项指标的表现来看，如图 3-90 所示，它们整体表现一般，但部分城市有表现突出的领域：杭州在旅游需求和住宿接待业上具有优势，均位列第一梯队；成都属于旅游目的地优势型，宁波属于旅游需求优势型，沈阳属于旅行社业优势型，深圳在住宿业—旅游目的地—旅行社业三个方面都表现比较突出，但旅游需求得分较低，成为其短板。

3. 潜在竞争力第三梯队：成员变化较大，分布较广；南京住宿—旅行社双优，武汉均衡，西安需求—旅行社较优，长春目的地较优，济南住宿较优

如表 3-16、图 3-87 所示，潜在竞争力第三梯队包括南京、武汉、西安、长春和济南，分布范围较广，与 2015 年相比，梯队成员变动较大，仅武汉和济南是老成员，其余城市均是新成员。

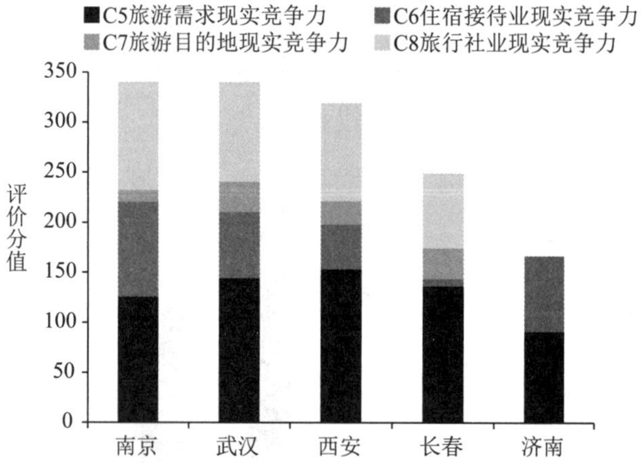

图 3-91　2016 年潜在竞争力第三梯队副省级城市及要素组成示意图

从潜在竞争力第三梯队城市各项指标的表现来看，如图 3-91 所示，武汉较为均衡，四个指标均处于第二梯队，但分数都不高，因此综合起来就落入第三梯队；长春属于旅游目的地相对优势型，济南属于住宿接待业相对优势型。

（四）发展环境竞争力评价结果

分别对反映2016年全国15个副省级城市自然环境、社会经济环境和旅游政策环境的各项指标（表3–13）数据进行归一化处理，然后加总求和，得到全国15个副省级城市的发展环境竞争力评价结果（表3–17、图3–92、图3–93）。依据综合评价得分高低，将15个副省级城市分为三个梯队，分别从梯队成员、空间分布、各方面的相对状况等角度对各个梯队进行分析。

1. 发展环境竞争力第一梯队：成员较稳定，地域范围分布较广；深圳自然—社会经济双优，济南自然—旅游政策双优，广州社会经济单优，杭州旅游政策单优，青岛自然环境单优

如表3–17、图3–92所示，发展环境竞争力第一梯队包括深圳、济南、广州、杭州和青岛，综合评分都高于390分，地域范围分布较广（图3–93）。与2015年相比，梯队成员变动不大，济南从第三梯队晋升，青岛从第二梯队晋升，取代了厦门和西安。

表3–17 2016年中国15个副省级城市旅游发展环境竞争力评价结果

城市	B3发展环境竞争力		C9自然环境竞争力		C10社会经济环境竞争力		C11旅游政策环境竞争力	
	得分	排序	得分	排序	得分	排序	得分	排序
沈阳	242.73	12	185.47	10	36.67	13	20.59	8
大连	306.31	11	250.72	5	40.88	12	14.71	10
长春	188.81	14	174.12	11	14.69	15	0.00	15
哈尔滨	176.30	15	132.36	13	17.46	14	26.47	7
南京	338.33	7	129.41	14	91.27	4	117.65	2
杭州	422.99	4	224.99	8	83.29	8	114.71	3
宁波	334.82	8	225.01	7	103.93	3	5.88	13
厦门	373.68	6	269.05	4	86.99	6	17.65	9
青岛	390.07	5	296.47	1	61.24	9	32.35	5
武汉	322.97	9	227.79	6	89.30	5	5.88	13
广州	457.64	3	224.10	9	224.72	2	8.82	11
深圳	605.92	1	288.22	2	308.89	1	8.82	11
成都	213.05	13	95.65	15	85.05	7	32.35	5
西安	312.46	10	152.63	12	59.83	10	100.00	4
济南	462.64	2	281.76	3	45.59	11	135.29	1

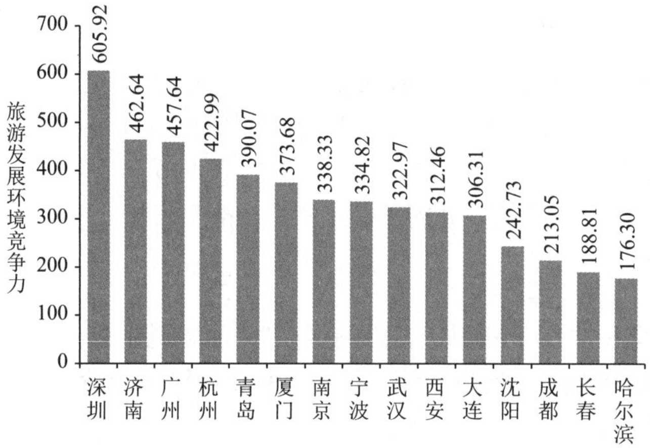

图 3-92　2016 年中国 15 个副省级城市旅游发展环境竞争力评价结果示意图

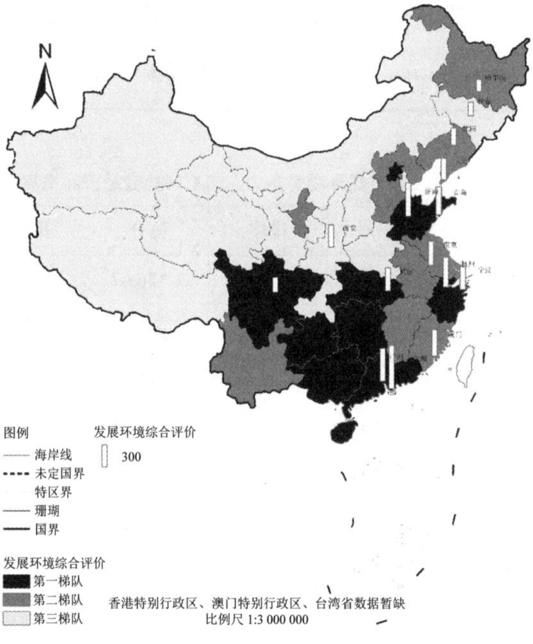

图 3-93　2016 年中国 15 个副省级城市旅游发展环境综合评价空间分布示意图

从发展环境竞争力第一梯队城市各项指标的表现来看，如图 3-94 所示，它们整体最强，但优势各异，有的短板明显：深圳属于自然、社会经济环境双优型，这两个方面的竞争力排名分别为第 2 位和第 1 位，优势突出，但其旅游政策环境竞争力排名仅在第 11 位，改进空间很大；济南为自然、旅游政策环境双优型；广州为社会经济环境单优型；杭州为旅游政策环境单优型，青岛为自然环境竞争力单优型。

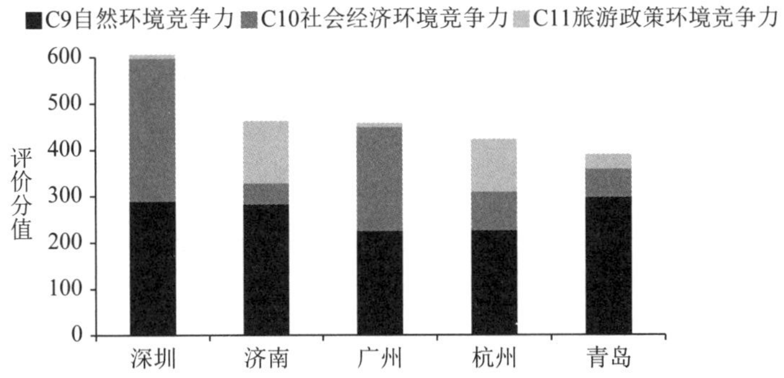

图 3–94　2016 年旅游发展环境竞争力第一梯队副省级城市及要素组成示意图

2. 发展环境竞争力第二梯队：成员变化较大，地域分布范围广；厦门自然环境单优，南京旅游政策 – 社会经济双优，宁波、武汉社会经济单优

如表 3–17、图 3–92 所示，发展环境竞争力第二梯队包括厦门、南京、宁波、武汉和西安，综合评价得分介于 310~380 分，地域分布范围广（图 3–93）。与 2015 年相比，梯队成员有一定变化，厦门和西安由第一梯队跌入，取代了青岛和大连。

从发展环境竞争力第二梯队城市各项指标的表现来看，如图 3–95 所示，它们虽然整体表现一般，但也各有相对优势：厦门的自然环境竞争力优势较为突出，该项指标排名第 4，南京在社会经济环境和旅游政策环境方面具有优势，分别排名第 4 位和第 2 位，宁波和武汉在社会经济环境方面具有优势，分别排名第 3 位和第 5 位。

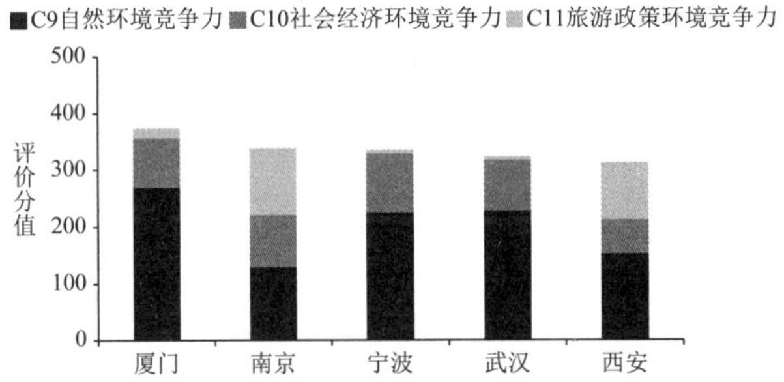

图 3–95　2016 年旅游发展环境竞争力第二梯队副省级城市及要素组成示意图

3. 发展环境竞争力第三梯队：成员较稳定，多东北城市；大连自然环境突出，沈阳自然—旅游政策较优，成都经济—政策双优，哈尔滨旅游政策单优

如表 3–17、图 3–92 所示，发展环境竞争力第三梯队成员包括大连、沈阳、成都、长春和哈尔滨，综合评价得分在 310 分以下，多东北城市（图 3–93）。与 2015 年相比，梯队成员较稳定，大连从第二梯队掉入，取代了济南的位置。

从发展环境竞争力第三梯队城市各项指标的表现来看，如图 3–96 所示，它们整体表现较弱，但各有相对较强的领域：大连自然环境优势十分突出，排名第 5 位，同时旅游政策环境也比较具有优势，排名第 10 位，但社会经济环境是其短板，仅排名第 12 位。沈阳属于自然环境—旅游政策环境双优型，成都属于社会经济环境—旅游政策环境双优型，哈尔滨属于旅游政策环境单优型。

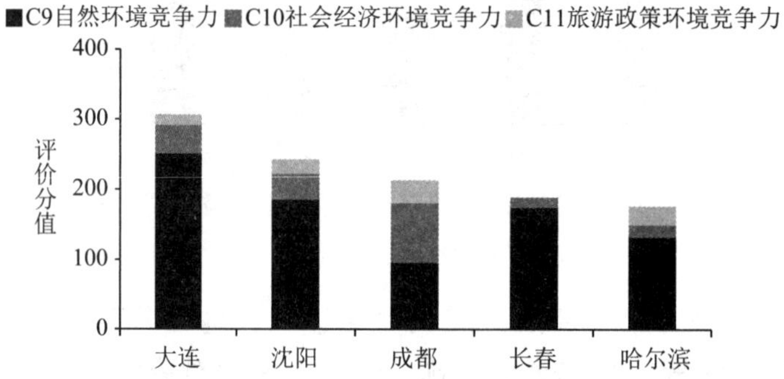

图 3–96　2016 年旅游发展环境竞争力第三梯队副省级城市及要素组成示意图

第四章　中国旅游业发展对策

一、宏观调控策略

中国特色社会主义进入新时代以来，旅游产业融合与产品创新推动了产品升级换代与产业转型升级，谱写了新时代旅游新篇章。与此同时，大力推进旅游供给侧改革、积极开创“旅游 +”新时代，既是解决旅游业发展主要矛盾的历史新征程，也是未来旅游业发展的新方向，更是实现旅游业创新建设、全域开发、绿色发展、开放合作的新思维。

（一）“旅游 +”，推动产业融合发展

旅游需求结构的根本转变和旅游业综合性强、关联度高的本质属性决定了旅游业与其他产业融合发展具有必然性与必要性。因此，创建旅游业融合发展新模式，需加快旅游业向现代化发展转变，从而实现旅游业与现代农业、新型工业、现代服务业等多种业态相互融合，不断提高旅游业发展水平和综合价值。

1.“旅游 + 现代农业”

（1）以农业为驱动，创新旅游新业态

针对各地区农业发展优势，充分利用当地的农业资源，加大对特色农业旅游工程的投入，创建科普教育基地、休闲观光农耕体验园、采摘园等具有市场潜力的多元化农业旅游景观。加快农业资源向旅游资源转变，通过旅游线路的设计和开发，形成农业旅游品牌效应，加强宣传，推动农业对旅游业产品的支撑作用。推出个性化、特色化、市场化旅游产品，做到“一村一特色”，努力打造一批具有影响力的乡村营地、乡村深度体验园、乡村旅游创客基地、特色民宿等农业旅游新兴业态。

（2）推进“互联网 +”行动，助力农业旅游多元化

加快农业信息化建设，从根本上打破农业信息技术限制，实现农业旅游数据化、信息在线化、产品精细化。实行“互联网 +”的思维模式与策略，构建网络平台与移动终端，借鉴其他旅游产品网络宣传方式，开展多样化的“线上 + 线下”农业旅游宣传活动。在农业旅游产品规划设计阶段引入“互联网 +”模式，确保后续产品开发真正融入互联网。例如在农业旅游产品开发中同步开放互联网观景平台，启动线上线下双重旅游产品

开发模式。

（3）优化农产品格局，发展观光、休闲农业

加大对休闲农业和乡村旅游重点区域的投入，加强基础设施建设，优化农产品格局，以旅游业带动农产品加工业，促进农业经济发展。重点发展观光农业和休闲农业，将科技、人文等元素融入现代农业体系，发展田园艺术景观、阳台农艺等创意农业，发展定制农业、会展农业和众筹农业等农业新业态。推进现代农业庄园发展，开展农耕、采摘、饲养等农事活动，促进农业资源综合开发利用，提高农业产品附加值。

2.“旅游 + 新型工业”

随着工业资源逐渐被纳入旅游资源的范畴，工业企业对原有价值链进行解构并向旅游业延伸，工业旅游以一种新的业态方式成为旅游业的一部分，工业企业获得新的收益来源，新的价值链体系得以重构。

（1）精细化工业旅游产品，提升产品吸引力

充分利用产业融合属性，从自身资源条件出发，区别于传统旅游资源，注重开发产品的“知识性、趣味性、科普性和体验性”。运用现代科技手段，在确保核心技术安全的前提下，营造丰富多彩和多角度的视觉效果来刺激感官。同时，重视工业资源的文化内涵挖掘，完善工业旅游和相关旅游的要素配套，在主打开发“游、购、娱”的基础上通过自设、引进、合作、外包、加盟等多种途径，提高游客直观的体验感受，拉长停留时间，积聚人气，促进消费，以形成良性循环产业。

（2）丰富工业旅游开发模式，加大产业融合深度

鼓励工业企业因地制宜发展工业旅游，支持老工业城市和资源型城市通过发掘工业遗产、丰富工业旅游的开发模式，促进传统产业转型升级。但需要注意的是，传统工业旅游以消耗工业产业资源获得增长，已不能适应现代工业旅游多元化的可持续发展模式。因此发展现代工业旅游必须从工业资源、企业、生产流程、工业地域等多方面进行全方位考虑，更好地释放开发潜能，提升开发模式内涵。

3.“旅游 + 现代服务业”

旅游业本身作为一种生活性服务业，受到生产性服务业、专业服务业、信息服务业、创意服务业的显著影响，但旅游业内部结构的升级和功能的强化也会带动一系列服务业的转型升级，因此需要加强旅游业与其他服务业的融合发展，共同推动文化旅游、会展旅游、商务旅游等多元现代化旅游服务业的蓬勃发展。

（1）促进旅游与文化产业融合发展，建设文化旅游示范区

挖掘文物保护单位、博物馆、非物质文化遗产的旅游资源，联合实践活动发展体验旅游、研学旅行和传统村落休闲旅游。鼓励旅游业与文化创意产品开发、数字文化产业相融合。发展文化演艺旅游，推动旅游实景演出，打造传统节庆旅游品牌，建设“多彩民族”文化旅游示范区。

（2）促进旅游与健康医疗融合发展，建设养生度假示范基地

支持有医疗资源优势的地区结合本地特色景观，建设健康医疗旅游示范基地。启动中医药健康旅游示范区、示范基地和示范项目，发展中医药健康旅游。开发温泉旅游，建设综合性康养旅游基地。制定老年旅游专项规划和服务标准，拓展多元化老年旅游产品。引导社会资本投资建设非营利性乡村养老机构，完善景区无障碍旅游设施，丰富老年旅游保险产品。

（3）促进旅游与教育融合发展，建设研学旅游示范基地

研学旅行作为青少年爱国主义和革命传统教育、国情教育的重要载体，已纳入中小学生综合素质教育范畴。通过开展文物古迹和古生物化石等研学旅行专题，成立游学联盟、给予研学旅行价格优惠，从而鼓励中小学生参与境外研学旅行活动；同时在加强组织管理和完善安全保障机制的前提下，培养学生的社会责任感、创新精神和实践能力。

（4）促进旅游与体育融合发展，建设体育旅游示范基地

编制体育旅游发展纲要，建成一批具备吸引力的体育旅游目的地和示范基地，创新体育旅游精品赛事和线路，为旅游者开放共享特色体育场馆、设施和基地。支持实力较强的地方举办具有影响力的体育旅游活动。积极培育拥有国际知名度和市场竞争力的体育旅游企业，营造优质品牌形象。

（二）创新驱动，增强旅游业发展新动能

现代旅游产业体系和旅游经济运行机制系统具有显著创新性，这就要求创建现代旅游机制必须因地制宜、灵活处理，且在合理范围内拥有适当调整运行机制的权力。创新能力作为引领旅游业发展的驱动机制，有助于升级转变现代旅游业发展模式，促进旅游产品向个性化、生活化、实用化方向发展。

1. 理念创新，构建发展新模式

（1）创新旅游发展模式，提升旅游服务质量

围绕旅游者多样化和个性化需求为核心，构建旅游业发展新模式。以旅游业为主线，实现农业、林业、木业、工业、科技等多元产业相互融合发展。突出资源节约和环境友好型社会的特点，实现旅游产业健康可持续发展。以现代旅游者核心需求为导向，注重提升服务质量和提供个性化旅游产品。在新型城镇化发展背景下注入旅游元素，提升城镇化旅游品质与功能。发展“反规划”模式，进行反向操作，摒弃以往先规划后保护、重开发轻保护的思维模式。

（2）创新旅游发展理念，谋划旅游发展新路径

以新的理念、新的模式、新的业态引领旅游业全面发展，强调全域旅游发展路径，推进旅游治理规范化、旅游发展全域化、旅游供给品质化、旅游参与全民化、旅游效应最大化。大力开展旅游供给侧结构性改革、全域旅游、“旅游 +”、厕所革命、旅游投资、旅游消费、乡村旅游、旅游扶贫、旅游安全、诚信旅游、文明旅游、红色旅游、旅游外

交等各项重点工作，实现世界旅游强国梦。

2. 产品创新，扩大旅游新供给

由于国家经济发展水平和人民生活质量的提升，旅游已跳脱出单纯的产业经济属性，成为人民大众的刚性需求，也构成人民向往“美好生活”的核心内容。因此优化旅游产品结构，创新产品体系具有重要意义。

（1）优化旅游产品结构，明确旅游产品创新方向

为适应大众化旅游发展，精品景区、休闲度假产品、乡村旅游、红色旅游、自驾车旅居车旅游、海洋及滨水旅游、冰雪旅游和低空旅游这八大旅游产品是我国当前旅游业的创新方向。需要注意的是，旅游产品开发过程中要体现梯度性，在丰富旅游产品种类的基础上，充分发挥第一梯度旅游产品的辐射带动作用，以第二梯度旅游产品为核心，承上启下，增强第三梯度旅游产品的综合竞争力。

（2）以现代科技为支撑，创新旅游产品体系

构建现代旅游体系要引入新技术、新元素，现代科学技术为旅游产品的创新带来极大优势，能够弱化资源与环境的制约作用，提升旅游产品创新效率。既要不断深化科技体制改革，建立以企业为主体、市场为导向、产学研深度融合的技术新体系，加强对中小企业创新的支持，促进科技成果转化，又要倡导文化创新，强化知识产权创造、保护和运用，利用大数据分享经济、VR、4D 打印机、机器人等新科技、新技术创新旅游业态。

3. 主体创新，打造发展新引擎

（1）联合“互联网 +”，共建智慧旅游示范区

推进互联网基础设施建设，实施“互联网 + 旅游”战略，建设国家智慧旅游城市、智慧旅游景区、智慧旅游企业、智慧旅游乡村等智慧旅游示范基地，鼓励旅游业与互联网金融业合作，健全“互联网 + 旅游”的新型消费信用体系。大力发展旅游电子商务，推动网络营销、网络预订、网上支付及咨询服务等旅游业务发展，支持互联网旅游企业整合上下游及平行企业资源、要素和技术，培养新型互联网旅游龙头企业。

（2）培育新型旅游企业，鼓励自主、联合开发

依托具有核心竞争力的旅游骨干企业，以强强联合、跨地区兼并重组、境外并购和投资合作及发行上市等途径，走规模化、品牌化、网络化经营道路，形成影响力大的旅游企业集团，并通过自主开发、联合开发、并购等方式发展知名旅游品牌。同时，加快推进中小微旅游企业向特色化、专业化发展，不断完善中小旅游企业服务体系，打造中小微旅游企业创新创业公共平台，发挥自主创新创业的孵化作用。

（三）全域开发，促进区域协调发展

如今，旅游业发展如火如荼，但也面临发展不平衡、不充分的问题。一是资源利用不充分，不能满足大众旅游市场的需求；二是地区发展不平衡，东部地区的旅游收入和

投资比例远高于中西部地区；三是城乡发展不平衡，表现在城乡出游人数、旅游人数、旅游收入、旅游投资均存在较高的差距。针对以上三点问题，提出以下解决措施。

1. 深化供给侧结构性改革，增加优质供给

当前，我国旅游业面临着人民日益增长的品质旅游需求和旅游供给暂时落后之间的矛盾，各地区在结合本地旅游资源优势的基础上，要着眼国际、国内旅游需求，进行旅游资源重点开发，建设旅游幸福产业，明确旅游业可持续发展的新方向。

（1）盘活存量资源，丰富旅游产品

进入大众旅游时代，以往的旅游需求已从单纯的走马观花向深度体验和休闲度假方式转变，新的旅游产品层出不穷。但从供给端看，现阶段我国旅游产品结构仍显单一，应向多元化、丰富化、人性化、个性化延伸，促进行、游、娱等多元素一体化纵深发展，不断升级旅游产品结构。

（2）提高公共服务水平，释放旅游产业活力

公共服务水平的落后是制约旅游产业发展的重要因素，目前我国旅游者呈现散客化、自主化的特点。自由行和自助游的旅游者人数占我国全部旅游人数的 2/3 以上，这意味着公众对旅游公共服务需求越来越大，所以提高旅游公共服务水平是旅游供给侧结构性改革的重要组成部分。

（3）规范旅游市场秩序，提升旅游者体验满意度

良好的市场秩序是提升旅游者体验满意度的基础，但部分景区旅游市场秩序有待规范，频频出现的“宰客”“欺客”现象，严重影响到旅游者的消费体验，因此加强完善旅游市场秩序，提升旅游者消费体验和满意度是旅游业供给侧结构性改革的重要内容。

2. 打造特色旅游业，推进区域协调发展

大力支持革命老区、民族地区、边疆地区、贫困地区发展特色旅游业，积极响应西部大开发战略，将东部人才、资金等资源导入旅游资源优势明显的中西部地区，形成旅游发展新格局。振兴东北老工业基地，深化改革要求，鼓励资源型地区实现转型，依托旅游业等新型产业为当地经济增长注入新活力。东部地区持续创新引领，建立更为有效的区域协调发展新机制。

（1）因地制宜，兼顾供需关系，发展特色旅游业

我国幅员辽阔，各地旅游资源丰富且各具特色。针对东中西部地区旅游业发展不平衡的现状，各地区应结合自身旅游资源特点和市场需求，因地制宜发展特色旅游业。东部地区作为国内旅游发展先导区，应增加旅游供给总量，加大旅游景区（点）的固定投资，在发展传统休闲观光旅游的基础上，延伸修学旅游、度假旅游、老年旅游、自驾车房车旅游等新兴领域。中部地区的人文、生态、民俗资源较之东部更具有后发优势，旅游资源潜力未被充分开发，有巨大的发展空间。西部地区拥有独特的自然环境和丰富的文化遗产，符合全球旅游市场需求，具有国际影响力和竞争力，应重点发展生态旅游、

探险旅游、科考旅游、沙漠旅游等旅游产品。

（2）基础设施建设先行，东中西联合发展

基础设施是发展旅游业的先决条件，必须加快中西部地区的基础设施建设，突破旅游业发展瓶颈。特别是现阶段西部地区旅游产业要素处于全面建设过程中，交通、通信等落后的基础设施仍然限制当地旅游业的发展。另外，西部地区要适时把握大开发的机遇，推进交通运输业与旅游业融合发展，吸引外资和内资，提升旅游交通服务品质，促进旅游业的发展。最后，西部地区应联合东部旅游企业，发挥东部地区资金、管理、技术上的优势，充分彰显了中西部地区自然、人文资源的独特优势，壮大中西部地区各省市旅游业发展规模。

3. 贯彻乡村振兴战略，发展乡村旅游业

以乡村观光休闲业态为特色、乡村商业休闲地产为支撑、田园乡居生活为目标，通过整合土地、完善基础设施建设、凸显文化印记，改造升级独立村，就地发展旅游产业，形成旅游综合社区发展格局。建设旅游特色城镇，挖掘城镇独特肌理、文脉与地脉，保护和传承小镇风貌，加强旅游公共服务一体化建设，打造森林小镇、滨湖度假小镇等主题鲜明的特色小镇。积极开发与现代农业、新农村建设相结合的乡村旅游产品，构建美丽乡村，促进乡村环境全面优化、乡村产业迅速活化，鼓励城市居民到乡村旅游消费，实现乡村振兴、城市与乡村协调发展。

（四）绿色发展，提升旅游生态文明价值

资源环境承载力是发展资源节约、环境友好型社会的基础，以自然规律为准则、可持续发展政策调控为手段，倡导人与自然、人与人之间的和谐共处，致力于完善协调可持续发展体系。旅游业天然具备资源节约和环境友好的属性，增强对旅游业资源节约和环境友好型产业的认识，不断深化该功能的定位，将是未来旅游业发展的重要方向。

1. 实施绿色旅游开发战略，健全绿色旅游产品体系

加强生态资源富集区基础设施和生态旅游设施建设力度，构建生态旅游协作区、生态旅游目的地、生态旅游精品线路，提升生态旅游示范区发展水平。

以水利风景区为重点，推出一批生态环境优美、文化品位较高的水利生态景区和旅游产品。深入开发森林旅游发展空间，以森林公园、湿地公园、沙漠公园、国有林场等为重点，创新森林旅游产品和设施服务，打造具备森林游憩、疗养、教育等功能全面的森林体验基地和森林养生基地。加大对能源节约、资源循环利用、生态修复等重大生态旅游技术的研发和支持力度，推进生态旅游技术成果的转化和应用，促进旅游产业生态化、低碳化发展。

2. 规范生态资源开发行为，加强保护旅游生态环境

严格遵守相关法律法规，坚持保护优先、开发服从保护的方针，对不同类型的旅游资源开发活动进行分类指导。发挥规划引领作用，强化环境影响评价约束作用，规范旅游开发行为。

推进旅游业节能减排。加强旅游企业用能计量管理，组织实施旅游业合同能源管理示范项目。实施旅游能效提升计划，降低资源消耗强度，开展旅游循环经济示范区建设。推广节能节水产品和技术，对酒店饭店、景点景区、乡村客栈等建筑进行节能和供热计量改造，建设节水型景区、酒店和旅游村镇。

3. 创新绿色发展机制，促进旅游业可持续发展

实施绿色认证制度。建立健全以绿色景区、绿色饭店、绿色建筑、绿色交通为核心的绿色旅游标准体系，推行绿色旅游产品、绿色旅游企业认证制度，统一绿色旅游认证标识，开展绿色发展教育培训，引导企业执行绿色标准。

建立旅游环境监测预警机制。对资源消耗和环境容量达到最大承载力的旅游景区，实行预警提醒和限制性措施。完善旅游预约制度，建立景区游客流量控制与环境容量联动机制。

健全绿色发展监管制度。在生态保护区和生态脆弱区，对旅游项目实施类型限制、空间规制和强度管制，对生态旅游区实施生态环境审计和问责制度，完善旅游开发利用规划与建设项目环境影响评价信息公开机制。

（五）开放合作，构建旅游开放新格局

以“一带一路”建设为重点，坚持引进来和走出去并重，遵循共商共建共享原则，加强创新能力开放合作，形成陆海内外联动、东西双向互济的开放格局。从旅游产业的视角来看，国际旅游从单一入境旅游发展成为出入境旅游并重的态势，中国已成为世界第一大出境旅游消费国，世界第四大旅游入境接待国，未来应着力推动“一带”旅游向特色旅游转型，实现“一路”旅游向休闲度假升级，建设国际旅游目的地，贯彻落实优惠政策，释放政策红利，实现旅游业国际化水平从追赶向引领转变。

1. 实施旅游外交战略

开展“一带一路”国际旅游合作，建立丝绸之路经济带城市旅游合作机制，加强与沿线国家旅游投资互惠合作，推动海上丝绸之路邮轮旅游合作，联合打造国际旅游精品线路，提升“一带一路”旅游品牌的知名度和影响力。

拓展与重点国家旅游交流，推动大国旅游合作向纵深发展，深化与周边国家旅游市场、产品、信息、服务融合发展，加强与中东欧国家旅游合作，扩大与传统友好国家和发展中国家的旅游交流，推动与相关国家城市缔结国际旅游伙伴城市。

创新旅游合作机制，完善双多边旅游对话机制，推动建立更多合作平台，倡导成立国际旅游城市推广联盟，引领国际旅游合作。支持旅游行业组织、旅游企业参与国际旅游交流活动。推进我国与周边国家跨境旅游合作区、边境旅游试验区的建设，开发具有边境特色和民族特色的旅游景区及线路。

2. 深化港澳台旅游合作

支持港澳台地区旅游业的发展，创新粤港澳区域旅游合作协调机制，推进便利化建设和一体化发展，鼓励粤港澳大湾区旅游合作，发挥粤港澳对接广西、福建等内地沿海省份的重要节点作用，开发一程多站旅游线路。深化对台旅游交流，巩固旅游在两岸人员交往中的主渠道作用，推动大陆居民赴台旅游健康有序发展，提升大陆居民赴台旅游品质、安全保障水平。

加大旅游对港澳台开放力度，依托大陆主要的自由贸易试验区，开展对港澳台旅游先行先试，探索自由贸易试验区有关涉旅政策措施相互延伸。规范赴港澳台旅游市场秩序，加强与港澳台旅游部门合作，完善旅游安全保障和预警机制，提升突发事件应急处理能力，共同打击以不合理低价组织的团队游和其他违法违规的不正当竞争行为。

3. 提升旅游业国际影响力

制定旅游业“走出去”战略规划，完善支持旅游业企业“走出去”政策服务平台，建立面向中国公民的海外旅游接待体系，推进自由贸易协定旅游服务贸易谈判，推动旅游业双向开放。制订实施国家旅游援外计划，对“一带一路”沿线国家、部分发展中国家和地区提供旅游投资、品牌、技术、管理、标准等援助。在联合国世界旅游组织、世界旅游业理事会和亚太旅游协会等国际旅游机构中发挥更为重要的作用。培养一批符合国际组织需求的旅游专门人才，创造条件输送到国际旅游机构，扩大我国在国际旅游机构中的影响力。

二、部门管理策略

（一）促进文旅产业融合

2018 年公布的国务院机构改革方案提出，将文化部和国家旅游局的职责整合，组建文化和旅游部，作为国务院组成部门，不再保留文化部和国家旅游局，这一调整体现了文旅产业深入融合发展的趋势。文旅融合发展是指基于文化资源、文化产品和文化消费的开发，逐渐突破文化产业和旅游产业边界而融合发展，形成交叉产业、新兴业态。为推动文旅产业融合发展，应进一步提升旅游产业内在文化价值，建设更具影响力的文化旅游品牌，通过文旅深度融合推动文化遗产保护性开发。

1. 健全文旅融合发展机制

随着我国产业结构高级化发展，旅游产业和文化产业逐渐成为我国社会经济发展的重要支柱，旅游为文化传播提供了有效途径，文化的注入也提高了旅游的品质，形成文化产业和旅游产业趋向融合发展的格局。因此，相关主管部门应当强化统筹协调，树立以文化促进旅游发展、以旅游开发带动文化保护的思路，在各区域成立由文化和旅游主管部门组织的协调机构，统筹协调文化产业和旅游产业的融合发展，推动文化和旅游融合走上规范化发展道路。

为推动文化旅游深度融合，各地区应以本地特色文化为基础，联动“文化 +”“旅游 +”整合相关产业形成一体化产业体系，通过协同创新方式突破产业边界，重新组织资源要素、产业链结构和商业模式，促进新业态、新消费的产生和发展。鼓励各地在保留本土特色生态环境、历史风貌和传统民俗的基础上，挖掘文化资源的旅游价值，在当地文化主题定位和游客需求引导下，整合当地文化要素打造旅游项目，引入餐饮、住宿和娱乐等服务业态，以“旅游 +”形式构建旅游产业价值链，实现旅游产业升级，让文化与游客的食、住、行、游、购、娱等环节紧密结合，促进文化与旅游的深度跨界融合，为旅游业发展注入生命力，推动文化旅游产业成为传统产业转型升级的新动能，提升旅游产业对国民经济发展的贡献。

2. 推动文化遗产保护和开发

文化遗产为旅游开发提供丰富资源，培育物质文化遗产和非物质文化遗产的旅游价值是文旅融合的重要途径，应通过本地特色文化挖掘、文化创意加工等方式，促进各地区文化遗产保护性开发，有效推动文旅产业深度融合。在发掘文化遗产的旅游价值时，要重视文化遗产的保护，各地区应编制文化遗产开发规划，加强对重要物质文化遗产的抢救、维修和保护，以传承、研究、宣传等手段维护非物质文化遗产的生命力，确保在旅游开发过程中文化遗产的合理利用及有序开发。

在文化遗产开发方面，为促进物质文化遗产和非物质文化遗产的综合开发，应统筹区域内适合旅游开发的历史建筑、人类文化遗址、历史文物等物质文化遗产和传统技艺、当地民俗和口头文学等非物质文化遗产，使“活化”的物质文化遗产成为传承区域文化的新载体，承载特色文化活动的空间，通过文化遗产的综合开发，推动非物质文化遗产融入生活，服务旅游，加快创造性转化和创新型发展。与此同时，应加强政府监管，完善事前审批和执法监督，在旅游开发过程中维护文化遗产的真实、完整和原生态，将富有当地特色的文化遗产转化为旅游产业的优势，结合旅游传承传统文化，提升区域文化软实力，打造旅游新业态，促进旅游产业转型升级。

3. 丰富旅游产品文化内涵

当前，我国部分地区旅游产品比较单一，尤其是部分旅游目的地旅游企业之间相互效仿，进行低层次的重复性旅游开发，缺乏创意和文化，造成同质化旅游产品或服务过剩。各地区应推动旅游产品和文化创意融合，依据游客的需求设计、开发旅游产品，将现代的时尚理念、文化创意和科技手段融入旅游产品，突出产品的文化创意和主题性，在地方文旅主题的引导下，建设系列化品牌化的旅游产品。

各区域在整合现有文化资源和旅游资源的基础上，应吸纳多元化资金投入，通过旅游开发的联动效应改善当地基础设施，盘活当地文化，应吸引文化创意企业及相关企业集聚，推动文化创意产业发展，围绕本地旅游资源进行创意开发。依托具有一定知名度的景区，创新文化内容的表达方式和营造震撼的空间视觉效果，建设旅游演艺项目，活化当地旅游文化。此外，还可利用主题公园的建设构建可持续发展的文化 IP，以内容创作、技术研发和工程建设等手段体现文化内涵，打造“创、研、产、销”一体化的产业链，形成“文化供给—本土品牌塑造—文化展示—文化输出”的全过程平台，让游客与本土文化之间产生情感共鸣。

4. 塑造文化旅游品牌

在文旅融合的大背景下，为提高旅游产品供给质量，满足旅游消费者对旅游产品个性化、多元化、品质化的追求，避免同质化竞争，各旅游目的地应顺应国家提出的一系列文旅融合和品牌化发展政策，着力打造具有地方特色的文旅品牌，创建品牌文化、品牌价值、品牌产品和服务以满足游客日益多元化的需求。旅游目的地的品牌主题定位是旅游形象塑造和旅游产品设计、旅游服务开发等后续文化旅游品牌建设的关键，各地应通过品牌名称、形象口号、形象标识等方式建立旅游形象系统，依据品牌的主题定位设计旅游产品和服务，开发工艺品、纪念品和特产等旅游商品。

营销是建立文化旅游品牌的重要手段。在营销手段方面，随着信息化的发展，以游客为中心、网络新媒体为载体的互联网营销模式成为提升文化旅游品牌影响力的重要手段，各地应创新旅游网络营销模式，积极发展旅游电子商务平台，利用互联网开展旅游营销信息发布、旅游产品在线预定和交易支付，综合利用广播、电视等传统媒体和微信、微博等新媒体构建旅游目的地营销体系。在营销策略方面，深入文旅融合发展，充分发挥文化对旅游产业的塑造和传播作用，透过节庆、会展、演艺、电影、电视、动漫等方式宣传旅游品牌。

（二）推动全域旅游发展

2017 年我国实现旅游总收入 5.40 万亿元，同比增长 15.1%。据测算，全国旅游业全年对 GDP 的综合贡献为 9.13 万亿元，占 GDP 总量的 11.04%，旅游直接就业 2825 万人，旅游直接和间接就业共计 7990 万人，占全国就业总人口的 10.28%，旅游业已成为我国国民经济的战略性支柱产业①。但随着大众旅游时代的到来，我国旅游业存在的有效供给不

---

① 中国证券报 . 去年全国旅游总收入增至 5.4 万亿元 上市公司业绩转暖 . 新华网，2018–2–7（http：//www.xinhuanet.com/fortune/2018–02/07/c_1122378607.htm，2018–2–7）.

足、市场秩序不规范等问题日益凸显，传统景点旅游模式已经不能满足现代大众旅游发展的需要，现实要求我国旅游业发展应采取全域旅游模式。全域旅游是指在一定区域内，以旅游业为优势产业，通过对区域内经济社会资源尤其是旅游资源、相关产业、公共服务、体制机制、生态环境等进行全方位、系统化的优化提升，促进旅游业现代化、集约化、品质化、国际化发展，以更好地满足旅游消费需求。

1. 创新旅游产品供给

创新旅游产品供给，关键是促进各产业融合发展，加快旅游供给侧结构性改革，推动封闭旅游自循环向开放“旅游+”转变，促进产业融合、产城融合，全面增强旅游发展新功能。在这一过程中，应强化旅游产品文化含量，增强旅游产品科技含量，提高旅游开发生态含量，提升旅游产品品质。大力推进旅游领域大众创业、万众创新，促进投资主体多元化，培育旅游骨干企业，扶植中小企业发展，培育壮大市场主体。

统筹城乡旅游资源，创新旅游产品供给。各旅游目的地应因地制宜地推动观光农业、休闲农业发展，培育田园艺术景观等创意农业，鼓励发展定制农业、家庭农场和会展农业等新型农业业态，推动三产融合发展，建设美丽宜居乡村。利用工业园区、工业展示区、工业历史遗迹等开展工业旅游，积极发展商务会展旅游，完善城市商业区的旅游服务功能。依托风景名胜区、历史文化名城名镇名村、特色景观旅游名镇、传统村落，探索名胜名城名镇名村“四名一体”全域旅游发展模式。

综合利用自然、人文旅游资源，创新旅游产品供给。各旅游目的地应因地制宜地开发天然氧吧、地质公园、海洋海岛旅游等生态旅游区，发展高端医疗、康复疗养、中医药特色和休闲养生等健康旅游产品。顺应自驾游热潮，加快建设自驾车房车旅游营地，推广精品自驾游线路，推动区域旅游资源综合开发。积极开发爱国主义和革命传统教育、国情教育等研学旅行体系，大力发展弘扬社会主义核心价值观的红色旅游项目，充分利用科技工程、科普场馆、科研设施等发展科技旅游。

2. 提升旅游服务水平

服务是旅游产品的核心要素，优质的旅游服务是全域旅游发展的重要基础。当前我国部分地区存在旅游资源优异，但旅游服务水平低下的现象，这实际上造成了优质旅游资源的隐性浪费。各旅游目的地应通过旅游服务标准化和旅游服务品牌建设等方式提升旅游服务水平，强化区域旅游核心竞争力，以推动全域旅游发展。

推动旅游服务标准化，提升旅游从业人员服务质量。各旅游目的地应完善服务标准，加强导游等旅游行业从业人员培训，组织服务技能竞赛，切实提高旅游从业人员服务水平，增强服务意识和服务能力，塑造规范专业、热情主动的旅游服务形象。与此同时，明确用人单位与旅游从业人员的权利与义务，构建稳定的劳动关系，为持续提升旅游从业人员服务质量奠定坚实基础。

打造旅游服务品牌，促进旅游志愿服务发展。各旅游目的地应建立优质旅游服务商目录，建设优质旅游服务品牌。依据游客个性化需求，开展以游客评价为主的旅游目的地评价机制，提升旅游服务品质，提高游客满意度。在旅游志愿服务方面，健全各级志愿服务组织，完善志愿者招募、注册、培训、管理、考核、绩效等制度，切实维护志愿者合法权益。建立志愿服务工作站，开展志愿服务公益活动，打造旅游志愿服务品牌。

3. 推动旅游景区降价

国家统计局调查显示，当前国内景区门票价格“太高”“偏高”的占72.3%，近年来，部分知名景区呈现游客人数下降的趋势，这表明高票价已制约、影响了我国旅游消费的增长①。针对这一现象，各级政府应加强监督，督促各旅游目的地要形成科学、规范、透明的价格机制，以景区资源保护、服务成本、资产折旧为依据，逐步降低国有景区门票价格，体现国有景区的公益性，以国有景区为突破口，推动景区盈利模式转型。

为了鼓励景区降价，一是要完善相关制度，给予各地区一定自主权，既对成本构成、降价时间、景区类型和实施主体有明确规定和制度安排，又综合考虑地方实际情况，给予各区域一定的定价自主权。二是要促进景区旅游综合开发，搭建休闲度假、特种旅游等多种业态，完善食、住、行、游、购、娱多种要素，将传统景区建设为功能复合、要素配套的旅游产业聚集区。三是要联合区域内各景点、乡村旅游区和特色旅游城镇，发挥重点国有景区的吸引带动作用，促进全域旅游发展。

4. 维护旅游市场秩序

有序的旅游市场秩序是促进全域旅游发展的重要基础，各地应通过加强旅游市场监管、整治旅游市场秩序、建设旅游投诉举报平台和设立行业协会等手段，维护旅游市场秩序，促进旅游供给品质化，推动全域旅游发展。

在旅游市场监管方面，各地应加快建立权责明确、执法有力、行为规范、保障有效的旅游市场综合监管机制，统一旅游市场监督检查事中事后监管程序。保障事实认定的准确性和执法程序的合法性，维护旅游者、旅游经营者和旅游从业人员的合法权益。进一步推广全国旅游监管服务平台，结合大数据监管和开放式服务，推动市场监管常态分析和科学研判的实现，促进旅游市场监管的社会化、扁平化、实时化、常态化和智能化，为全域旅游的高质量发展提供有力的支撑。

在旅游市场秩序整治方面，文化和旅游部应组织各级相关部门，在全国范围内开展旅游市场秩序整治行动，针对行业热点问题，聚焦行业顽疾，采取更加具体和精确的有效性措施，重点整治侵害游客合法权益的突出问题，维护旅游市场秩序。完善旅游投诉举报平台的建设，加大对涉嫌违法违规投诉案件的查处力度，提高旅游投诉处理效率，缩短投诉案件平均结案时间，推动旅游投诉处理体系和处理能力的现代化。

在行业协会建设方面，以行业协会为中介促进政府和企业间的交流，从政府的角度

① 新华社．摆脱门票经济依赖，迈向全域优质发展．中国政府网，2018-6-30（http：//www.gov.cn/xinwen/2018-06/30/content_5302361.htm，2018-6-30）.

来说，通过行业协会宣传各级政府提出的政策法规，反馈行业内各主体的意见，有利于为政府有关部门制定促进行业发展的政策提供有效信息。从企业的角度来说，将行业协会建设成为各行业主体交流的平台，有利于维护会员单位的正当权益，营造公平的行业环境。整体而言，行业协会的建设有利于规范行业标准，促进行业自律，提升游客的满意度，促进旅游行业有序发展，推动全域旅游发展。

5. 注重全域环境保护

在推动全域旅游发展的过程中，应牢固树立“绿水青山就是金山银山”的理念，坚持保护优先，合理有序开发，防止破坏环境，抛弃盲目开发，构建合理有序的生活空间、生产空间、生态空间格局，实现经济效益、社会效益、生态效益相互促进、共同提升。强化对自然生态、田园风光、传统村落、历史文化、民族文化等资源的保护，在重点旅游村镇实行改厨、改厕、改客房、整理院落和垃圾污水无害化、生态化处理，全面优化旅游环境。

在优化自然环境的同时，应注重文化挖掘和传承，构筑具有地域特征、民族特色的城乡建筑风貌，依法保护名胜名城名镇名村的真实性和完整性，严格规划建设管控，保持传统村镇原有肌理，延续传统空间格局，在此基础上，积极开展主要旅游线路沿线风貌集中整治。营造良好的社会环境，要树立“处处都是旅游环境，人人都是旅游形象”的理念，面向目的地居民开展旅游知识宣传教育，强化居民旅游参与意识、形象意识和责任意识。倡导绿色旅游消费，实施旅游能效提升计划，降低资源消耗，推广使用节水节能产品和技术，推进节水节能型景区、酒店和旅游村镇建设。

（三）深化旅游开放合作

2017 年中国入出境旅游总人数 2.7 亿人次，同比增长 3.7%，入境旅游人数 13948 万人次，比上年同期增长 0.8%，中国公民出境旅游人数达 13051 万人次，比上年同期增长 7.0%。全年国际旅游收入 1234 亿美元，比上年同期增长 2.9%①，中国入境旅游已进入持续增长的新阶段，但在入境旅游市场中，仍然存在“以港澳台游客为主，外国游客占比较小”的现象，国际旅游市场有待进一步开拓，未来中国入境旅游市场持续增长潜力较大。在推动中国旅游国际开放合作的同时，也应认识到旅游是传播文明、交流文化、增进友谊的桥梁，通过文旅融合，以生活化、社会化、多渠道的方式提升中华民族的文化自觉与文化自信。

1. 提高旅游开放水平

随着全球化的发展，游客的全球流动日益频繁，为充分利用国际旅游市场，吸引国际游客，应进一步提高我国旅游开放水平。因此，需完善入境过境免签政策，通过逐步

① 人民网 . 2017 年旅游市场全线飘红 旅游对 GDP 综合贡献破 9 万亿元 . 人民网，2018-2-6（http：//travel.people.com.cn/n1/2018/0206/c41570-29809143.html，2018-2-6）.

扩大免签国家范围，延长免签停留时间和放宽免签人数限制的方式，吸引外国游客赴中国旅游，促进入境旅游市场发展，形成更加开放的格局。在完善政策的基础上，综合运用多媒体、多平台、多渠道宣传入境旅游免签政策，加强对涉外旅游企业管理和服务人员的培训，提高对外国旅游团的服务水平，加大旅游对外开放力度，吸引优质国际客源，优化客源结构，增加旅游消费。

提高边境地区旅游开放水平，充分利用我国边境地区丰富且独特的旅游资源，构建全方位开放新格局。建立边境旅游试验区，解决我国边境旅游开放过程中存在的管理体制落后、旅游线路老化、游客停留时间短和消费少、交通基础设施不完善等问题。通过改革工作机制体制，完善基础设施建设，健全综合交通运输体系，建设旅游重点项目，明确旅游发展规划等措施，推动内蒙古满洲里、广西防城港边境旅游试验区建设，并推广试验区建设经验。

2. 加强国际旅游合作

“一带一路”辐射区域的国际旅游总量占全球旅游 70% 以上，仅中国与丝路沿线国家双向旅游交流规模就超过 2500 万人次，推动“一带一路”沿线国家旅游合作是我国加强国际旅游合作的重要途径。开发“一带一路”沿线丰富的旅游资源，应通过创新旅游合作机制、创建旅游投资保护机制、鼓励旅游设施投资合作、共建共享旅游数据、推进区域旅游联合营销等手段，深化沿线国家和地区的合作，联合打造独具特色的旅游线路，树立“一带一路”旅游品牌，促进“一带一路”沿线国家和地区间更频繁的旅游交往，强化国家间的文化交流。

为进一步加强国际旅游合作，我国发起成立了世界旅游联盟这一非政府、非营利性的世界性组织。该组织以“旅游让世界更美好”为核心理念，致力于通过旅游促进发展、减贫、和平，实现全球旅游业可持续、包容性发展。为进一步加强国际旅游合作，应将世界旅游联盟建设成为各国旅游协会、旅游企业和国际组织等主体间交流的平台，推动国际旅游业不同主体间的业务合作和经验共享。通过世界旅游联盟的建设，展示中国旅游发展过程中取得的成就，阐述中国旅游发展理念，介绍中国解决世界旅游发展难题的方案，促进世界对中国旅游发展的了解，提升中国旅游国际话语权。

3. 打造入境旅游中心

为贯彻落实国家“大力提振入境旅游”的要求，增强区域合作，整合区域旅游资源，北京、上海和陕西三省市建立了我国首个以入境旅游为主旨的省际合作机制，致力将三省市打造为我国入境旅游枢纽。三省市应联合旅游企业，整合区域内部丰富独特的旅游资源，开发具有中国特色的精神标识和自然标识，共同打造面向不同市场的旅游产品和旅游线路。联合开展境外宣传营销活动，强化三省市作为中国入境旅游枢纽的品牌和形象。建立三省市入境旅游联席会议制度，每年轮流召开联席会议，交流入境旅游发展经验。加强大数据分析的应用，推动旅游公司、旅行社和 OTA 等企业间的交流合作，不断提升旅游品牌竞争力。

除了北京、上海和陕西三省市外，广东、香港、澳门地区也是我国入境旅游热点区域。应结合粤港澳大湾区建设，进一步增强粤港澳旅游合作，充分利用粤港澳大湾区内各城市丰富多样、互补性强的旅游资源，打造以“美食休闲游”“寻根探祖游”“地质公园—世界遗址游”“文化历史游”“滨海风光游”为主题的世界级文化旅游线路，建设由港珠澳大桥连接的“一程多站”旅游区，创建粤港澳大湾区世界级旅游区，并基于香港、澳门的国际影响力，积极开拓国际旅游市场，打造中国入境旅游中心，建设以中华文化为主流、多元文化共存的交流合作基地。

三、行业经营策略

时至今日，旅游业已成为我国“五大幸福产业”之首，是国民经济新的增长点和转折点。旅游业的长足发展有利于改善环境和促进社会就业，文化和旅游部副部长李金早[①]指出，2017 年中国旅游业对国民经济和社会就业的综合贡献分别达 11.04% 和 10.28%，对住宿、餐饮、民航、铁路客运业的贡献超过 80%。改革开放 40 年来我国已迈入大众旅游时代，随着旅游消费结构和市场需求的升级，传统旅游行业的经营模式不再能满足民众的需求，旅游方式已从传统观赏型转向体验式发展，要求旅游行业适时调整经营策略，不断推陈出新，满足大众个性化、多层次、全方位、立体式的需求。

（一）住宿接待业

1. 优化传统高星级酒店空间格局，形成经济新增长点

传统高星级酒店拥有老品牌形象，原始资本雄厚，应优化空间分布格局，抢占中西部市场高地。中西部地区持有中国璀璨的古老文化、丰饶的自然资源和独有的少数民族历史文化，是旅游业重要的开发资源。《2017 年中国旅游经济运行分析和 2018 年发展预测》[②]报告指出东中西三大区域旅游接待量总体呈现 4∶3∶3 的格局，区域旅游产业差距逐步缩小，中西部地区旅游收入和旅游人数的增长率均超过东部地区，项目和资本源源不断流向中西部地区，发展前景大有可为。传统高星级酒店可以趁势进驻中西部地区，整合内部资源，细分市场需求，推出精品酒店、短租度假公寓、豪华野营（Glamping）等精细化产品，依托新的科技手段打造智慧酒店，联动“互联网 +”延伸产业链。

---

① 搜狐网 . 策划 | 国家旅游局长发布 2018 旅游报告，释放什么信息？搜狐网，2018-1-10（http：//www.sohu.com/a/215868609_247649）.

② Useit. 中国旅游研究院：中国旅游经济蓝皮书——2017 分析与 2018 预测 .Useit，2017-12-26（http：//www.useit.com.cn/thread-17580-1-1.html）.

2. 中高端酒店迎来机遇期，营造新型住宿新业态

随着年轻消费者的快速崛起，由于其消费观念有了新变化，更加注重旅游体验，愿意深入当地生活，进而催生出丰富的住宿新产品，诸如客栈民宿、酒店公寓和精品酒店。传统的经济型酒店店以"连锁+低价"经营模式生存，由于未能形成集团式规模化发展、树立自己品牌标杆地位、性价比不高等原因，逐渐被市场淘汰。

实际上，塑造企业品牌形象和集团式规模化经营是发展中高端酒店的必然道路。首旅酒店在其财务报告①中披露"升级改造后的中端酒店每个可用房间的收入预计将提升1.3~1.8倍"。汉庭、如家等经济型酒店正发力转向中高端市场，面向年轻住客推出主题特色酒店，加强室内个性化装饰，吸引不同类型消费群体入住，如标准间不再是过去的"标准"样式，增添卡通玩偶、会议小桌等装饰品，可以提升消费者入住的满意度。

2015年，国务院办公厅颁布《关于加快发展生活性服务业促进消费结构升级的指导意见》②，指出应强化服务民生的基本功能，形成以大众化市场为主题、适应多层次多样化消费需求的住宿业发展格局。积极发展绿色饭店、主题饭店、短租公寓、长租公寓等满足广大人民群众消费需求的细分业态。大力推进住宿业连锁化、品牌化发展，提高住宿服务的文化品位和绿色安全保障水平。推动住宿企业开展电子商务，实现线上线下互动发展，创新营销模式和服务方式。鼓励发展预订平台等支持传统产业升级的配套设施和服务体系。

3. 积极依托数字化技术，构建产业现代化体系

"十三五"旅游规划③指出产业现代化是旅游业发展的必然趋势，应借助物联网、云计算、大数据等科学信息技术推动传统住宿接待业转型为现代化服务业。住宿接待业应积极建设标准化在线旅游供应商管理平台，提高资源联接效率和自动化程度，利用新技术、新模式为旅行者提供差异化服务，使用数据统计分析旅行者消费行为，以优质的增值服务加深旅行者的体验经历，满足旅行者多层次、全方位的需求。反过来，旅行者黏性和使用频度的提高进一步促进住宿接待业深入挖掘更多优质服务和多元化产品，最终形成正向反馈机制。

传统住宿接待业升级智慧住宿接待业。游客通过在线平台实时观测房源信息，随时随地接受预订，抵达酒店后通过二维码享受自助登记、入住和酒店服务控制等一站式服

---

① 新华网．报告称未来数年中国中高端酒店行业竞争将白热化．新华网，2017-6-5（http：//www.xinhuanet.com/fortune/2017-06/05/c_129625375.htm）．

② 中国政府网．国务院办公厅关于加快发展生活性服务业促进消费结构升级的指导意见 国办发〔2015〕85号．中国政府网，2015-11-22（http：//www.gov.cn/zhengce/content/2015-11/22/content_10336.htm）．

③ 中国政府网．国务院关于印发"十三五"旅游业发展规划的通知 国发〔2016〕70号．中国政府网，2016-12-26（http：//www.gov.cn/zhengce/content/2016-12/26/content_5152993.htm）．

务。游客入住期间可以在微博、微信等平台与预订平台进行良好互动，通过在平台上分享住宿经验，对平台进行口碑传播。退宿结算时游客经由支付宝、微信平台进行快捷支付，节省时间成本。未来住宿接待业要继续投入生物识别技术，完善管家服务、智能设备系统以及云管理体系，进一步巩固住房安保问题。

（二）旅游目的地

1. 大力发展全域旅游，以“旅游 +”模式提升综合效益

“十三五”旅游规划指出旅游业是国民经济战略性支柱产业，同时全域旅游已成为国家战略。为遵循市场内在规律，发挥市场在资源配置中的决定性作用，更好地发挥政府职能作用，2017 年原国家旅游局创建 506 家国家全域旅游示范区，覆盖全国 31 个省级单位，实现“景点模式”向“全域旅游”模式转化，挖掘当地特色资源，积极推进“旅游 + 新型城镇化”发展特色旅游城镇；通过“旅游 + 新型工业化”模式发展旅游装备制造业、户外用品和特色旅游商品；推动“旅游 + 农业现代化”模式发展乡村旅游、休闲农业等现代农业新型态；以“旅游 + 信息化”打造旅游信息化最前沿的产业；经由“旅游 + 生态化”模式促进生态旅游发展；整合“旅游 + 林业”“旅游 + 水利”“旅游 + 文化”“旅游 + 体育”“旅游 + 健康”等双重或多重复合产业资源，走产业融合发展道路。

“全域旅游”作为一个完整的区域旅游目的地，不单单是让游客走马观花欣赏景点，更是要让游客与居民进行良好互动，深入体验当地生活。发展“旅游 +”模式，要加强公共基础设施的投入，激发产业活力，鼓励全民参与，形成紧密的全域旅游网络，这一举措能够为当地营造良好的旅游品牌形象，延长旅游产品和服务的生命周期，显著提高旅游目的地综合效益和可持续发展。

2. 创建乡村旅游，形成城乡均衡化格局

发展乡村旅游行业，要落实乡村振兴战略。“十三五”旅游规划指出要实施乡村旅游后备箱行动，推动农副土特产品通过旅游渠道销售，增加农民收入。实施乡村旅游创客行动计划，支持旅游志愿者、艺术和科技工作者驻村帮扶、创业就业，推出一批乡村旅游创客基地和以乡情教育为特色的研学旅行示范基地。创新乡村旅游组织方式，推广乡村旅游合作社模式，使亿万农民通过乡村旅游实现创收。

文化和旅游部副部长李金早在《2018 年旅游报告》中提出要积极推动农村闲置农房开发乡村旅游，盘活农村沉睡资产，拓宽农民增收渠道。一方面，推动采摘园、农家乐、民俗游等传统乡村旅游产品提质升级，结合乡村智慧旅游将“零星散种”的农家乐、牧家乐、渔家乐等编织成网；另一方面，发展度假乡村、现代农业庄园等新业态新产品，着力提升旅游吸引力，延伸产业链条，促进乡村旅游高质量发展，不断增强亿万农民的获得感和幸福感。

3. 释放红色景区资源，培育红色旅游品牌

李金早在《2018 年旅游报告》中指出要大力推动红色旅游再上新台阶，截至 2017 年年底设立红色旅游经典景区 300 个，推出百条红色旅游精品线路，逐步开展全域红色旅游示范城市和红色示范小镇创建活动。“十三五”旅游规划鼓励发展红色旅游工程，既丰富我国精神面貌又培育旅游新增长点。一是红色旅游景区要整合周边自然生态、传统文化和特色乡村等旅游资源，打造一批复合型旅游产品，形成覆盖更加全面、内涵更加丰富、特色更加鲜明的景区体系。二是着力培育红色旅游精品线路，结合建党、建军等中国重大纪念日，创建研学旅游路线作为学生走出课堂的社会实践活动。三是支持红色旅游景区民众发展餐饮住宿业、种植业、特色手工业等新业态，开发特色旅游商品，营造具有红色内涵的旅游品牌。

4. 增强国内主题公园品牌实力与竞争力

国内发展主题公园可以向家庭亲子游倾斜，积极挖掘家庭型旅游资源。“十三五”旅游规划指出要推动娱乐业健康发展，精细划分景区娱乐模式，借助“景区 + 游乐”“景区 + 剧场”“景区 + 演艺”等组合模式吸引家庭亲子游的驻留。在有序引进国际主题游乐品牌的基础上，结合本土实际和资源，推动本土主题游乐企业集团化、国际化发展。积极提升主题公园的旅游功能，建立一批特色鲜明、品质高、信誉好的品牌主题公园。

同时，大力推动高科技旅游设施设备，有利于提升国内企业竞争力，实现景区创收。《世界旅游经济趋势报告（2018）》① 指出，到 2020 年，人工智能将为全球旅游业收入贡献 470 亿美元，此前加拿大魁北克将 VR/AR（增强现实技术）成功嵌套入“幻光森林”旅游项目中，游客人数由 6000 人猛增到 7.2 万人，获得了巨大的成功。我国宋城、上海迪士尼和华侨城等国内著名企业正积极打造“沉浸式”互动体验新技术，应用于旅游业的发展，借助高科技装备吸引群体消费，创造更多的效益。

5. 积极开拓海外旅游目的地，提供优质出境旅游产品

“十三五”旅游规划指出，旅游业已成为全球作为参与国际市场分工、提升国际竞争力的重要手段，各国都在积极采取政策措施，瓜分市场份额，争夺客户资源。我国旅游业的发展在国际中具有显著的地位，国内企业应及时把握好国内国外两种市场资源，于国外，鼓励向国际旅游投资，引进国际先进旅游企业，借鉴对方优秀的开发与管理理念。在国内则要坚持创新境外旅游产品，降低出境游成本，提升综合竞争力。

深入国际市场目的地旅游业的建设，旨在扩大旅游业对外开放的领域格局，持续放宽签证限制，优化边境游政策。积极与世界旅游组织、亚太旅游协会等世界级机构合作，联合开展“旅游年”项目，从规划、培训以及发展绿色旅游等多个维度构建不同类别、

① 人民网 .2018 年中国旅游将呈现三大发展趋势 . 人民网，2017-11-24（http：//travel.people.com.cn/n1/2017/1124/c41570-29665841.html）.

多主题的永久性合作平台。加强 21 世纪海上丝绸之路参与国及地区间的密切联系，实现互联互通、优势互补的合作机制，开辟“一程多站”的邮轮旅游航线，共同推进海洋旅游发展。

（三）旅行社

1. 打破低价竞争，增加旅游新产品供给

“十三五”旅游规划指出要开展转型治理行动，依法打击不合理低价游、强迫或变相强迫旅游消费行为。为避开低成本价格战，旅行社可寻求新的收入来源，通过创新营销模式获得高收益，强调产品与服务差异化特征，为旅行社树立优质品牌形象。

当前，游客消费行为趋向成熟化，更加注重私人空间，偏爱深度式体验经历，越来越多的散客选择个性化的定制游产品，但因网上预订服务信息分散，单独预订住宿和交通又得不到价格上的优惠，难以组成理想的自助游路线。旅行社可凭借自身批发采购和信息整合的优势，根据游客的需求量体裁衣打造一条龙服务，提供路线方案、签证办理、酒店预订、接送服务等一整套产品。另外，旅行社可针对商务、会议旅行者提供高档次的商务、会议和度假酒店场地，为客户提供委托代办等服务。旅行社要深入市场细分旅游者层次类别，结合本身的优势提供专门化的服务和多元化的产品，提升总体服务水平，增加附加值服务，以高品质服务获得游客的满意度。

“十三五”旅游规划提出支持有实力的旅行社跨省（区、市）设立分支机构，将旅行社服务延伸到社区和农村。我国正步入小康社会，乡村居民生活水平日益提升，乡村人口出游的比例日渐攀升，“村村通、户户通”工程极大地改善农村公路网，旅行社应抓住这一机遇，填补乡村旅行社的空缺，促进乡村旅游业繁荣发展，增强农民的幸福感。

2. 依托自驾游市场，延伸自驾车旅居车租赁业务

传统旅行社在互联网时代到来前一直处于旅游业的核心地位，整合资源能力强大，能够打通供需方渠道，把旅游目的地交通、酒店、景区、餐饮、购物娱乐等服务统一打包整合推广给消费者。传统旅行社产品多，主要以直销兼零售的方式赚取利润，特别是周末游和自驾游等产品的热销，为旅行社打开定制游的市场空间。

“十三五”旅游规划提出要加快推进自驾车旅居车计划，计划到 2020 年修建 2000 个自驾车旅居车营地，将旅居车列入汽车行业发展规划，建立营地零配件和维修渠道，延伸自驾车旅居车产业链。旅行社应适时抓住机遇，向有关部门申请汽车租赁许可证，大力发展自驾车旅居车租赁业务，实行异地还车业务。同时构建精细化管理平台，借助北斗民用卫星导航系统为出行者提供自驾游线路，实时跟踪导航，完善交通联系、安全救援、汽车维修保养和咨询服务等一体化管理平台，不断积累用户数据，分析出行和消费行为模式，通过延伸增值服务及配套产品覆盖自驾游全方面的需求。

3. 传统旅行社加码线上，开辟线上客源市场

传统旅行社可以结合线上平台营销，向游客推出灵活便捷的无线端产品。利用线上方便快捷的优势，密切联系上下游，将带团人数和行程提前发给上游，让上游企业，如酒店、景区事先做好充足的接待准备，减少团客的等待时间，提高翻台率。在行程中，团客可以通过无线终端跟旅行社和导游互动，服务供应商要即时回应游客，实时提供信息服务，积极做反馈。

做好在线售后服务，巩固和扩大客源。通过节假日慰问客人，给客人寄去明信片或者举行游客招待会等活动，以低成本、效果好的方式与游客保持良好的联系，实时跟踪售后服务，关注游客的新需求，不断升级自身的产品和服务。

在线订阅服务可以降低传统旅行社经销模式成本，提高企业经营利润。此外，传统旅行社还可以通过"互联网+"营造优质品牌形象，积极向市场推广，多方渠道获取客户资源，扩大交易量，完善产业链，增强市场竞争力。

（四）在线旅游业

1. 打造一站式旅游综合型服务平台

《2017 年中国旅游互联网化研究报告（简版）》[①] 指出，大多数企业将技术服务置于底层互联网基础设施构建上，在产品创新方面未能发挥其有效作用，在线旅游企业应该在"数据＋技术"驱动下释放产品创新力。

随着国内在线旅游消费市场规模的扩大，数字化和互联网技术为旅游市场提供更多的可能性，通过数字化技术为游客创造个性化旅游模式，按照游客个人情况细分产品需求，采用一对一在线旅游互动模式，提供下单前的咨询到旅游结束后的售后服务。服务供应商应积极构建一站式旅游综合型服务平台，为游客量身定制旅游路线及产品，诸如提供旅游路线、机票、酒店预订、自助旅行预订和旅行度假服务，并增添附加值服务包括各地旅游景点资讯、旅游优惠和目的地指南等，满足游客在不同环节的个性化需求，提高游客对平台的满意度。借助大数据平台，积累游客数据，有效分析游客的感知特征、信息搜索行为、出行计划决策等消费习惯，为消费者提供针对性和有效性较强的旅游产品。

2. 突破单一销售渠道，拓宽航企盈利新模式

传统航企以单一销售机票的方式获取利润，营收范围有所局限，可以在原有主营业务的基础上，联合上游供应商、线上网络平台中间商和自身客户端推出的服务形成垂直产业链，发挥协同效应，拓宽航企盈利模式。

---

① 品途商业评论.《2017 年中国旅游互联网化研究报告》：互联网重构旅游新生态.品途商业评论，2017-7-19（https://www.pintu360.com/a33622.html）.

2015年5月，国资委提出三大航空公司“提直降代”，即直销机票比例在原先基础上提升至50%，机票代理费在2014年的基础上下降50%。过后不久，三大航空公司将机票佣金率下调至0[①]。此举意在调整市场格局，规范市场秩序。然而，为改善收益，航企不应只是满足线上线下售票，可以借鉴美国航空公司的先进做法，从传统承运服务向旅游相关服务拓展，增加盈利渠道，满足大众多层次的消费需求。借助互联网与旅行社平台，改变其分销和产品组合模式，整合旅游与非旅游产品，打包出售更多附加值服务，如美国航空销售独家产品、旅游套餐以及旅游服务。此外，航企还可以通过APP向顾客提供预订功能、航班实时信息、天气预报、旅游产品服务等信息，为用户出行提供便捷资讯和安全服务。

3. 利用移动端APP丰富用户体验度

积极丰富APP的三大功能[②]，包括“预订型”“工具型”和“分享型”。预订型指游客随时随地预订出行路线、酒店、租车等服务，内嵌服务提醒功能诸如航班实时信息；工具型则提供全方位导航指引，包括地图、语音解说等功能，使用拍照功能拍摄周边环境，即时显示周边景点、商铺等详细信息及评价；分享型可以加深用户旅游过程的全体验，通过拍摄照片记录足迹，生成带时间轴的照片墙，还可以边走边向社交网络好友直播分享路途趣闻，一改过去结束一天行程后再编辑文字上传游记的传统方式。

APP的应用在满足出行者需求体验的基础上，也给旅游业带来良好的发展机会，在线平台应结合用户消费行为、出行行为等后台数据为客户提供最优质的服务，满足出行者的需求，获得客源市场，提高获利能力。

4. 短租平台应对市场需求，积极升级经营策略

伴随中产阶级的崛起和消费需求结构的升级，休闲度假产品日益受到大众的青睐，尤以在线短租行业的发展最受瞩目，在线短租平台相对于酒店可以提供更多丰富的房屋资源和多样化的住宿体验，对比传统房租租赁则具有灵活的租期。国内短租平台供需方良莠不齐，缺乏完善的信用体系，因此建立健全市场信用体系和相关法律法规极为重要。

当前，市场信用体系尚未成熟，可通过C2C重运营方式把控房源质量，短租平台应主动挖掘房源，帮助房东改善房屋，并体现差异化经营方式，积极做好房东服务培训工作及完善反馈机制；也可以通过B2C全托管方式释放地产内存，提供管家服务，供需端要做好安全举措，以二代身份证信息验证机制或接入芝麻信用提升双方责任感和安全感。在市场信用体系成熟之后，则重点建立“人”的生态圈实现房东与房客之间的信任关系，

---

① 艾瑞网.2016年中国在线旅游行业监测报告.艾瑞网，2016-5-10（http://report.iresearch.cn/report/201605/2585.shtml）.

② 高云娇，王晨.APP应用对旅游行业的影响分析［J］.产业与科技论坛，2014（12）：115-116.

在线短租行业可以结合平台或微博、微信等渠道分享房东和房客的故事，丰满品牌形象，积累客户的黏性和依赖性。

除旅游外，求职、求医、求学等都对短租有多方面的需求，短租平台应细分市场需求层次，升级精细化管理理念，积极推出有品质且多元化的短租产品，促进在线短租行业的可持续发展。

第二篇　专题报告

专题一　基于在线旅游评论的区域旅游发展研究

一、研究背景及意义

（一）互联网时代日益鼎盛

2017 年 10 月 18 日上午，在中国共产党第十九次全国代表大会上，习近平总书记代表第十八届中央委员会向大会做了题为“决胜全面建成小康社会 夺取新时代中国特色社会主义伟大胜利”的报告，报告中 8 次提到了互联网相关内容，其中包括强调互联网建设管理运用不断完善，要推动互联网、大数据、人工智能和实体经济深度融合，善于运用互联网技术和信息化手段开展工作以及网络强国等内容，可见互联网已经越来越深刻地改变着世界。

中国互联网络信息中心（CNNIC）发布的第 42 次《中国互联网络发展状况统计报告》显示：截至 2018 年 6 月 30 日，我国网民的数量已经达到 8.02 亿人，互联网普及率为 57.7%，2018 年上半年新增网民 2968 万人，较 2017 年末增长 3.8%；我国手机网民规模达 7.88 亿，网民通过手机接入互联网的比例高达 98.3%。从图专 1-1 可以看出，近 10

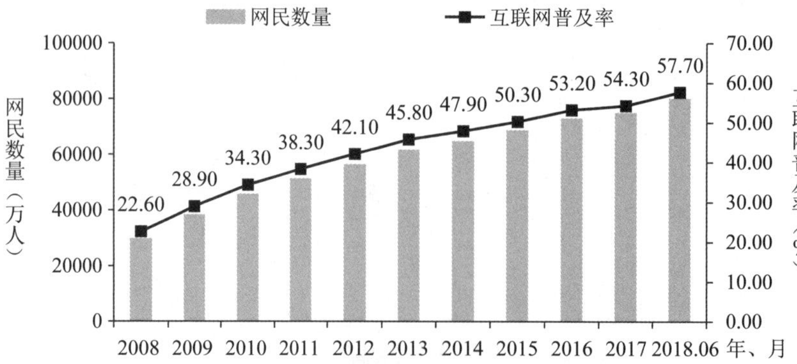

图专 1-1　2008~2018 年中国网民发展规模和互联网普及率

（数据来源：CNNIC. 中国互联网络发展状况统计报告 2008~2018. CNNIC，2018 年 8 月 20 日，http：//www.cnnic.net.cn/gywm/xwzx/rdxw/20172017_7047/201808/t20180820_70486.htm，2018-8-20）

年来，中国网民的数量不断快速增加，网民的规模日益壮大，互联网的普及率也在持续上升，表明互联网已经逐渐成为民众生活中不可或缺的组成部分。

（二）互联网作用日趋强大

互联网自诞生至今不断发展完善。互联网兴起之前，人们获取信息的渠道相对固定、内容相对单薄、接收也相对被动，往往受限于多种条件。如今随着互联网的日益普及和开发利用，极大地改善了信息传播的环境，提高了信息传播的效率和信息交流的速度，汇聚了众多有价值的信息资源，转变了人们采集信息的方式与途径；同时互联网的作用日趋强大，互联网金融、电子商务、在线旅游、大数据、人工智能等词汇层出不穷，一种无限延展的方式深入社会生活的各个领域，提供着各种各样的服务功能，如今人们只需一台电脑甚至一部手机便可以解决诸多问题。可见互联网功能的日趋完善，不断为人们的工作和生活提供着方便和快捷。

（三）在线旅游平台正发挥积极作用

随着互联网的普及和功能的日趋完善，人们越来越倾向于将更多精力投入移动终端的使用上，网络平台开始成为人们获取信息的多元化途径之一。对于做出即将外出旅游这一决策的游客而言，对旅游目的地的一切信息都感到陌生，但通过在线旅游平台可以阅读到历史旅游者融合自身体验、发自内心真情实感的旅游评论，便可以获取相关的旅游经验，从而完善自己的旅游计划，具有很好的指导意义和实践价值。因此，在线旅游平台作为人们获取旅游信息的重要来源之一，已经成为一种传递旅游信息的网络口碑，帮助并影响着旅游者的决策行为。如图专 1–2 所示，在主要在线旅游平台（马蜂窝、携程、去哪儿等）上分享旅游经历的用户总占比达 42.3%，可见游客越来越重视在线旅游平台带给他们的作用和意义。

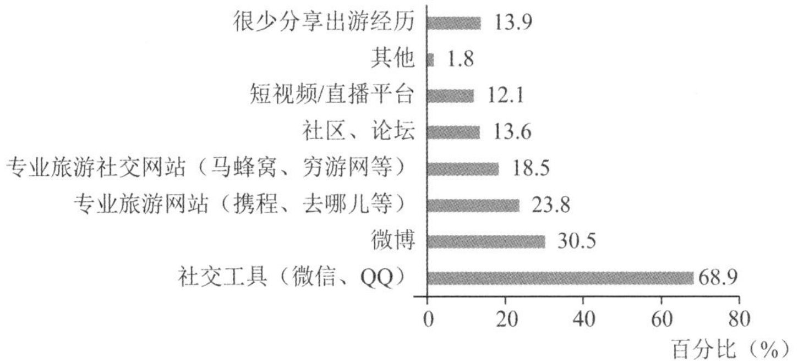

图专 1–2　2017 年去哪儿网用户分享旅游经历平台分布

（数据来源：艾瑞咨询 . 2018 年中国在线旅游平台用户洞察报告 . 艾瑞咨询，2018–6–11，http：//report.iresearch.cn/report_pdf.aspx?id=3225，2018–6–11）

个体意识在互联网时代得到前所未有释放，其本身的性格、偏好、对旅游目的地的体验、旅游产品、旅游项目的期望各不相同，只有抓住用户才能赢得市场，因此通过数据挖掘技术对用户的在线旅游评论进行分析，不仅可以为用户提供更优质的服务，还可以获得用户的旅游行为特征，探知旅游发展的趋势与区域分布特征，更好地帮助景区开发出能够满足用户多样化需求的旅游产品，及时反馈给酒店、旅行社等旅游相关企业提升服务质量，提供给政府部门进行客源市场细分与精准营销。最终使得从广角度、多层次去把握日新月异的旅游趋势成为可能，有力推动旅游的建设和发展，以期实现旅游业发展的综合提升。

二、研究方法与数据来源

（一）研究方法

本研究以旅游消费者行为理论为指导，通过大数据挖掘，严格控制信息计量标准，对 2017~2018 年度旅游景区、城市和省域的关注度、满意度和推荐积分进行综合打分、排名，得到在线旅游评论 TOP200 的景区、TOP50 的城市以及 34 个省域的推荐积分排名。具体评价指标及方法为：

关注度：通过有效评论数进行测定和计算，与目的地相关的有效评论信息总量越多，则该目的地的在线旅游关注度越高。

满意度：通过自然语言处理对评论信息进行情感分析，满意度为目的地评论中正面印象数占总印象数的百分比，即：

满意度 = 正面印象数 /（正面印象数 + 负面印象数）× 100

正面印象数占比越高，则该目的地的在线旅游满意度越高。

推荐积分：推荐积分为关注度和满意度的综合值，推荐积分越高则该目的地的在线旅游竞争力越强，其计算公式如下：

$$I_i = \begin{bmatrix} 80\% \times \dfrac{\log R_i}{\log(\Sigma R_i)} \times \left(1 + \dfrac{E_i}{R_i} - \dfrac{\Sigma E_i}{\Sigma R_i}\right) \\ + 20\% \times \dfrac{\log E_i}{\log(\Sigma E_i)} \times (1 + \dfrac{P_i}{P_i + N_i} - \dfrac{\Sigma P_i}{\Sigma(P_i + N_i)}) \end{bmatrix} \times 100$$

公式中，I_i：景点、城市或省域 i 的推荐积分；R_i：景点、城市或省域 i 的评论数据量；E_i：景点、城市或省域 i 的有效评论数据量；P_i：景点、城市或省域 i 的正面印象数据量；N_i：景点、城市或省域 i 的负面印象数据量。

（二）数据来源

本研究在武汉酷犬数据科技有限公司的技术支持下，利用大数据挖掘技术获取携程、同程、百度旅游、去哪儿、驴妈妈、马蜂窝、大众点评和途牛这八大主要在线旅游平台的用户评论信息数据，并进行定量分析。共获取了 2017 年 7 月 1 日至 2018 年 6 月 30 日上述八大平台上的用户评论信息 1900205 条，其中，有效评论数 1069879 条，在各在线旅游平台的分布见图专 1–3。

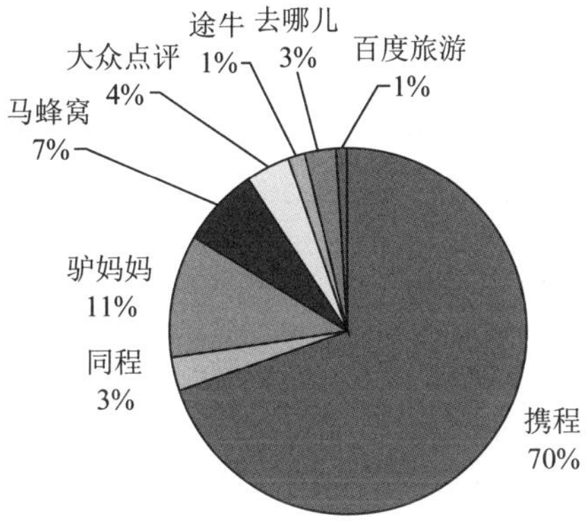

图专 1–3　2017~2018 年度有效用户在线评论数据来源的百分比构成

（数据支持：武汉酷犬数据科技有限公司）

三、研究结果与分析

（一）推荐积分 TOP200 景区

收集文化和旅游部发布的 34500 多个景点的用户评论信息，提取出评论数据量排名靠前的 1000 个景区。而后，根据上述公式计算这 1000 个景区的推荐积分和满意度，并按照推荐积分从高到低进行排序（当推荐积分相同时，则按满意度分值排序），得到 2017~2018 年度"推荐积分 TOP200"的景区排行榜（表专 1–1）。

表专 1–1　2017~2018 年度推荐积分 TOP200 的景区及其推荐积分和满意度

序号	景区名称	景区类型	所在城市	所在省份	推荐积分	满意度
1	上海迪士尼乐园	主题乐园类	上海市	上海市	92.50	78.95
2	珠海长隆海洋王国	主题乐园类	珠海市	广东省	89.47	88.82
3	上海野生动物园	主题乐园类	上海市	上海市	88.23	91.53
4	长隆野生动物世界	主题乐园类	广州市	广东省	87.98	89.40
5	亚龙湾热带天堂森林公园	自然风光类	三亚市	海南省	87.86	86.04
6	中华恐龙园	主题乐园类	常州市	江苏省	87.40	85.80
7	冰雪大世界	主题乐园类	哈尔滨市	黑龙江省	85.03	87.74
8	长隆欢乐世界	主题乐园类	广州市	广东省	83.67	90.52
9	蜈支洲岛	自然风光类	三亚市	海南省	83.67	82.92
10	香港迪士尼乐园	主题乐园类	香港特别行政区	香港特别行政区	82.07	86.67
11	东方明珠	人文历史类	上海市	上海市	81.77	82.68

续表

序号	景区名称	景区类型	所在城市	所在省份	推荐积分	满意度
12	上海海洋水族馆	主题乐园类	上海市	上海市	80.33	83.43
13	中南百草原	自然风光类	湖州市	浙江省	79.68	97.61
14	鹿回头山顶公园	自然风光类	三亚市	海南省	79.49	89.74
15	分界洲岛	自然风光类	陵水黎族自治县	海南省	79.41	89.45
16	海洋公园	主题乐园类	香港特别行政区	香港特别行政区	79.35	90.19
17	天涯海角	自然风光类	三亚市	海南省	78.72	84.49
18	成都大熊猫繁育基地	自然风光类	成都市	四川省	78.68	84.42
19	杭州烂苹果乐园	主题乐园类	杭州市	浙江省	78.57	91.63
20	罗蒙环球乐园	主题乐园类	宁波市	浙江省	78.47	89.14
21	呀诺达雨林文化旅游区	自然风光类	三亚市	海南省	78.41	90.38
22	上海欢乐谷	主题乐园类	上海市	上海市	78.32	90.60
23	凯蒂猫家园	主题乐园类	湖州市	浙江省	78.04	83.33
24	瘦西湖	自然风光类	扬州市	江苏省	77.95	85.55
25	广东科学中心	人文历史类	广州市	广东省	77.91	93.87
26	鼋头渚	自然风光类	无锡市	江苏省	77.45	79.39
27	姑婆山国家森林公园	自然风光类	贺州市	广西壮族自治区	77.35	92.48
28	云台山风景名胜区	自然风光类	焦作市	河南省	77.22	93.50
29	西岛	自然风光类	三亚市	海南省	77.17	89.65
30	南山竹海	自然风光类	常州市	江苏省	76.75	90.81
31	天目湖御水温泉	休闲度假类	常州市	江苏省	76.56	89.51
32	南山文化旅游区	人文历史类	三亚市	海南省	76.45	86.51
33	灵山大佛	人文历史类	无锡市	江苏省	75.97	87.24
34	北京野生动物园	主题乐园类	北京市	北京市	75.78	90.11
35	长鹿旅游休博园	休闲度假类	佛山市	广东省	75.71	90.30
36	东部华侨城	休闲度假类	深圳市	广东省	75.68	85.52
37	上海动物园	主题乐园类	上海市	上海市	75.67	92.26
38	苏迪糖果乐园	主题乐园类	苏州市	江苏省	75.65	90.52
39	青岛海底世界	主题乐园类	青岛市	山东省	75.38	87.51
40	鼓浪屿景区	自然风光类	厦门市	福建省	75.34	85.62
41	上海科技馆	人文历史类	上海市	上海市	75.08	92.10
42	西溪湿地公园（东区）	自然风光类	杭州市	浙江省	75.03	91.23
43	西岭雪山	自然风光类	成都市	四川省	75.01	90.40
44	长隆水上乐园	主题乐园类	广州市	广东省	74.97	89.74
45	青岛海昌极地海洋世界	主题乐园类	青岛市	山东省	74.89	82.54
46	嬉戏谷	主题乐园类	常州市	江苏省	74.69	85.96
47	发现王国主题公园	主题乐园类	大连市	辽宁省	74.65	89.88
48	天津海昌极地海洋世界	主题乐园类	天津市	天津市	74.63	85.87
49	秦兵马俑	人文历史类	西安市	陕西省	74.58	78.69
50	龙达温泉生态城	休闲度假类	天津市	天津市	74.57	89.66
51	厦门科技馆	人文历史类	厦门市	福建省	74.44	92.47
52	横店影视城	主题乐园类	金华市	浙江省	74.35	82.77

续表

序号	景区名称	景区类型	所在城市	所在省份	推荐积分	满意度
53	长风海洋世界	主题乐园类	上海市	上海市	74.25	83.86
54	西塘风景区	人文历史类	嘉兴市	浙江省	73.98	86.52
55	北京汽车博物馆	主题乐园类	北京市	北京市	73.93	94.24
56	岭南印象园	人文历史类	广州市	广东省	73.90	89.88
57	淹城野生动物园	主题乐园类	常州市	江苏省	73.69	86.46
58	外滩	自然风光类	上海市	上海市	73.38	85.95
59	成都欢乐谷	主题乐园类	成都市	四川省	73.21	89.11
60	拙政园	人文历史类	苏州市	江苏省	73.20	76.99
61	天目湖涵田半山温泉	休闲度假类	常州市	江苏省	72.86	93.28
62	锦江乐园	主题乐园类	上海市	上海市	72.81	88.79
63	方特梦幻王国	主题乐园类	芜湖市	安徽省	72.69	88.10
64	总统府景区	人文历史类	南京市	江苏省	72.67	78.51
65	宝墨园	人文历史类	广州市	广东省	72.62	92.94
66	苏州乐园四季悦温泉	休闲度假类	苏州市	江苏省	72.62	87.28
67	丽江古城	人文历史类	丽江市	云南省	72.52	87.95
68	第一市场	休闲度假类	三亚市	海南省	72.44	89.86
69	乔波冰雪世界	主题乐园类	绍兴市	浙江省	72.42	82.62
70	淹城春秋乐园	人文历史类	常州市	江苏省	72.40	91.23
71	碧水湾温泉	休闲度假类	广州市	广东省	72.30	95.58
72	凤凰古城	人文历史类	湘西土家族苗族自治州	湖南省	72.28	89.74
73	宏村景区	人文历史类	黄山市	安徽省	72.19	80.41
74	圣亚海洋世界	主题乐园类	大连市	辽宁省	72.12	79.97
75	慕田峪长城	人文历史类	北京市	北京市	72.00	90.81
76	老虎滩海洋公园	主题乐园类	大连市	辽宁省	72.00	87.27
77	世外桃源	人文历史类	桂林市	广西壮族自治区	71.92	89.64
78	上海星期8小镇	主题乐园类	上海市	上海市	71.78	88.68
79	美林湖温泉大酒店	休闲度假类	广州市	广东省	71.24	95.30
80	恩施大峡谷	自然风光类	恩施土家族苗族自治州	湖北省	71.06	87.94
81	陕西历史博物馆	人文历史类	西安市	陕西省	71.03	73.41
82	大小洞天	自然风光类	三亚市	海南省	70.98	88.96
83	善卷洞	自然风光类	无锡市	江苏省	70.94	91.48
84	颐和园	人文历史类	北京市	北京市	70.90	89.76
85	广州塔	人文历史类	广州市	广东省	70.78	77.51
86	海泉湾	自然风光类	珠海市	广东省	70.77	91.61
87	宜兴竹海	自然风光类	无锡市	江苏省	70.74	90.50
88	杜甫草堂	人文历史类	成都市	四川省	70.71	90.87
89	广州星期8小镇	自然风光类	广州市	广东省	70.61	93.65
90	虎丘	主题乐园类	苏州市	江苏省	70.61	85.39
91	两江四湖	自然风光类	桂林市	广西壮族自治区	70.59	91.04

续表

序号	景区名称	景区类型	所在城市	所在省份	推荐积分	满意度
92	胡里山炮台	人文历史类	厦门市	福建省	70.51	88.25
93	东方绿舟	休闲度假类	上海市	上海市	70.34	93.35
94	深圳野生动物园	主题乐园类	深圳市	广东省	70.34	89.19
95	宋城	人文历史类	杭州市	浙江省	70.30	82.77
96	同里古镇	人文历史类	苏州市	江苏省	70.25	84.05
97	北京欢乐谷	主题乐园类	北京市	北京市	70.17	87.38
98	碧峰峡野生动物园	主题乐园类	雅安市	四川省	70.15	93.33
99	东平国家森林公园	自然风光类	上海市	上海市	70.14	89.71
100	天颐温泉	休闲度假类	苏州市	江苏省	70.07	90.22
101	上海汽车博物馆	主题乐园类	上海市	上海市	69.96	92.23
102	绍兴柯岩风景区	自然风光类	绍兴市	浙江省	69.92	84.86
103	中山陵风景区	自然风光类	南京市	江苏省	69.89	86.45
104	亚马逊丛林水乐园	主题乐园类	三亚市	海南省	69.83	93.23
105	泉城海洋极地世界	主题乐园类	德州市	山东省	69.77	91.23
106	天目湖山水园	休闲度假类	常州市	江苏省	69.67	87.17
107	青城山	人文历史类	成都市	四川省	69.60	89.55
108	台儿庄古城	人文历史类	枣庄市	山东省	69.56	83.46
109	小梅沙海洋世界	主题乐园类	深圳市	广东省	69.54	85.66
110	云曼温泉	休闲度假类	杭州市	浙江省	69.53	89.06
111	溱湖国家湿地公园	自然风光类	泰州市	江苏省	69.48	93.06
112	古北水镇	休闲度假类	北京市	北京市	69.22	83.99
113	方特东方神画	主题乐园类	芜湖市	安徽省	69.21	91.30
114	广州鳄鱼公园	主题乐园类	广州市	广东省	69.18	89.62
115	天津欢乐谷	主题乐园类	天津市	天津市	69.18	87.28
116	世界之窗	人文历史类	深圳市	广东省	69.13	81.98
117	湍口众安氡温泉	休闲度假类	杭州市	浙江省	69.12	89.19
118	八达岭长城	人文历史类	北京市	北京市	69.07	79.46
119	厦门大学	人文历史类	厦门市	福建省	69.06	92.18
120	武隆天生三桥风景区	自然风光类	重庆市	重庆市	69.05	85.96
121	无锡动物园（太湖欢乐园）	主题乐园类	无锡市	江苏省	69.03	88.88
122	南湖梦幻岛	主题乐园类	成都市	四川省	68.97	93.98
123	黄姚古镇	人文历史类	贺州市	广西壮族自治区	68.89	76.26
124	槟榔谷	人文历史类	保亭黎族苗族自治县	海南省	68.86	85.62
125	武夷山	自然风光类	南平市	福建省	68.84	89.05
126	南昆山云顶温泉	休闲度假类	惠州市	广东省	68.77	93.94
127	大唐芙蓉园	人文历史类	西安市	陕西省	68.72	85.40
128	三亚千古情景区	人文历史类	三亚市	海南省	68.68	86.04
129	武汉欢乐谷	主题乐园类	武汉市	湖北省	68.64	86.71
130	深圳欢乐谷	主题乐园类	深圳市	广东省	68.62	85.01
131	顾村公园	自然风光类	上海市	上海市	68.61	84.64

续表

序号	景区名称	景区类型	所在城市	所在省份	推荐积分	满意度
132	北京海洋馆	主题乐园类	北京市	北京市	68.56	86.34
133	宽窄巷子	人文历史类	成都市	四川省	68.56	77.74
134	龙谷湾恐龙公园	主题乐园类	崇左市	广西壮族自治区	68.54	93.27
135	芦笛岩	自然风光类	桂林市	广西壮族自治区	68.47	92.18
136	都江堰	人文历史类	成都市	四川省	68.46	88.06
137	西安城墙	人文历史类	西安市	陕西省	68.40	87.91
138	碧峰峡	自然风光类	雅安市	四川省	68.39	90.63
139	三水温泉度假村	休闲度假类	佛山市	广东省	68.38	90.68
140	荔波小七孔景区	自然风光类	黔南布依族苗族自治州	贵州省	68.38	82.54
141	大连森林动物园	主题乐园类	大连市	辽宁省	68.33	91.55
142	中国航海博物馆	人文历史类	上海市	上海市	68.32	93.04
143	刘公岛	自然风光类	威海市	山东省	68.32	89.99
144	南京海底世界	主题乐园类	南京市	江苏省	68.32	86.70
145	南宫温泉	休闲度假类	北京市	北京市	68.29	93.73
146	南湾猴岛	自然风光类	陵水黎族自治县	海南省	68.25	80.04
147	象山景区	自然风光类	桂林市	广西壮族自治区	68.24	69.83
148	黄鹤楼	人文历史类	武汉市	湖北省	68.23	77.35
149	御温泉	休闲度假类	珠海市	广东省	68.22	84.34
150	南沙百万葵园	主题乐园类	广州市	广东省	68.19	88.08
151	太阳岛雪博会	主题乐园类	哈尔滨市	黑龙江省	68.16	85.50
152	漓江	自然风光类	桂林市	广西壮族自治区	68.09	92.97
153	哈尔滨极地馆	主题乐园类	哈尔滨市	黑龙江省	68.05	80.96
154	长隆国际马戏大剧院	主题乐园类	广州市	广东省	68.02	88.21
155	成都动物园	主题乐园类	成都市	四川省	68.00	88.63
156	海南热带野生动植物园	主题乐园类	海口市	海南省	67.96	90.94
157	狮子林	人文历史类	苏州市	江苏省	67.96	84.93
158	龙凤山庄影视度假村	休闲度假类	东莞市	广东省	67.92	89.55
159	白马涧龙池景区	自然风光类	苏州市	江苏省	67.91	92.74
160	张家界国家森林公园	自然风光类	张家界市	湖南省	67.89	85.92
161	南浔古镇	人文历史类	湖州市	浙江省	67.84	85.04
162	金沙遗址博物馆	人文历史类	成都市	四川省	67.82	92.41
163	汤山紫清湖旅游区	自然风光类	南京市	江苏省	67.80	92.45
164	曾厝垵	休闲度假类	厦门市	福建省	67.80	84.19
165	天门山国家森林公园	自然风光类	张家界市	湖南省	67.71	88.42
166	鼎湖山	自然风光类	肇庆市	广东省	67.70	88.97
167	西湖	自然风光类	杭州市	浙江省	67.68	85.60
168	上海自然博物馆	人文历史类	上海市	上海市	67.67	91.97
169	斯麦乐巧克力乐园	主题乐园类	嘉兴市	浙江省	67.60	93.30
170	上海辰山植物园	自然风光类	上海市	上海市	67.57	91.91
171	沙家浜	人文历史类	苏州市	江苏省	67.56	86.06

续表

序号	景区名称	景区类型	所在城市	所在省份	推荐积分	满意度
172	乌镇	自然风光类	嘉兴市	浙江省	67.55	82.60
173	云澜湾温泉国际	休闲度假类	嘉兴市	浙江省	67.54	90.22
174	雷琼海口火山群世界地质公园	自然风光类	海口市	海南省	67.51	87.81
175	泸沽湖	自然风光类	丽江市	云南省	67.49	89.30
176	张公洞	自然风光类	无锡市	江苏省	67.46	90.02
177	世纪公园	自然风光类	上海市	上海市	67.42	92.06
178	花舞人间	休闲度假类	成都市	四川省	67.38	93.30
179	南京红山森林动物园	自然风光类	南京市	江苏省	67.23	90.34
180	呀路古热带植物园	自然风光类	北京市	北京市	67.16	91.21
181	锦绣中华民俗村	人文历史类	深圳市	广东省	67.16	89.14
182	玉龙雪山	自然风光类	丽江市	云南省	67.09	90.14
183	天适樱花悠乐园	主题乐园类	广州市	广东省	67.02	89.74
184	上海环球金融中心	人文历史类	上海市	上海市	67.02	84.15
185	涠洲岛	自然风光类	北海市	广西壮族自治区	67.02	77.35
186	黄果树瀑布	自然风光类	安顺市	贵州省	67.01	81.23
187	上海大自然野生昆虫馆	主题乐园类	上海市	上海市	66.83	87.68
188	恐龙谷温泉	休闲度假类	常州市	江苏省	66.83	86.02
189	武侯祠	人文历史类	成都市	四川省	66.79	81.56
190	豫园	人文历史类	上海市	上海市	66.78	83.05
191	尚湖风景区	自然风光类	苏州市	江苏省	66.72	93.12
192	银杏湖生态旅游区	自然风光类	南京市	江苏省	66.72	88.96
193	海湾国家森林公园	自然风光类	上海市	上海市	66.71	86.13
194	武汉海昌极地海洋世界	主题乐园类	武汉市	湖北省	66.51	84.01
195	白水寨风景名胜区	自然风光类	广州市	广东省	66.33	87.80
196	大奇山国家森林公园	自然风光类	杭州市	浙江省	66.28	92.72
197	大理崇圣寺三塔	人文历史类	大理白族自治州	云南省	66.27	91.95
198	黄山风景区	自然风光类	黄山市	安徽省	66.27	84.02
199	青岛啤酒博物馆	主题乐园类	青岛市	山东省	66.24	92.03
200	方特东方神画	主题乐园类	济南市	山东省	66.18	91.39

（数据支持：武汉酷犬数据科技有限公司）

1. 主题乐园类景区依旧领先，休闲度假类增幅明显，自然风光类稳步增长

从景点类型看，2017~2018 年度推荐积分 TOP200 的景区中，主题乐园类景区 65 个，自然风光类景区 62 个，人文历史类景区 49 个，休闲度假类景区 24 个，分布占 32.50%、31.00%、24.50%、12.00%。与上一年度相比，主题乐园类景区数量上依旧保持领先，热度稍有下降，进入 TOP200 的数量从 76 个减少到了 65 个，减少了 14.47%；自然风光类景区数量上有所增加，从 57 个增加到 62 个；人文历史类景区数则变动不大；而休闲度假类景区数从 19 个增加到 24 个，增加了 26.32%，增幅较高。

2. 东南—西北分异明显；集中于长三角、京津和珠三角以及苏粤沪浙

从地域分布看，推荐积分 TOP200 景区的地域分异十分显著。首先，表现为明显的东南—西北分异特征，即所有的 TOP200 景区都分布在大致以胡焕庸线为界的东南半壁，而西北部的内蒙古、甘肃、青海、西藏和新疆没有一个热点景区分布。其次，表现为明显的集中分布特征，即在东南半壁，TOP200 景区集中分布在长三角、京津、珠三角三个区域，形成三个明显的聚集区，而其他省市都只有零星分布。最后，表现为省域分布差异明显，即热点景区集中分布于江苏、广东、上海和浙江，拥有的 TOP200 景区数分别为 33 个、29 个、23 个和 18 个，分别占 16.50%、14.50%、11.50% 和 9.00%，合计占比达到 51.50%，集中度较高。

（二）推荐积分 TOP50 城市

对前述提取出的 1000 个旅游景点以其所在的城市为单位进行归总，得到分布有景点的 365 个城市，而后以各个城市为单元，根据上述公式计算这 365 个城市的推荐积分和满意度，并按照推荐积分从高到低对城市进行排序（当推荐积分相同时，则按满意度分值排序），得到 2017~2018 年度“推荐积分 TOP50”的城市排行榜（表专 1–2）。

表专 1–2　2017~2018 年度推荐积分 TOP50 的城市及其推荐积分和满意度

序号	城市名称	所在省份	推荐积分	满意度
1	上海市	上海市	95.12	86.03
2	广州市	广东省	90.84	89.54
3	北京市	北京市	89.72	88.72
4	三亚市	海南省	89.29	87.25
5	苏州市	江苏省	86.48	86.05
6	常州市	江苏省	86.45	88.07
7	成都市	四川省	85.05	87.86
8	杭州市	浙江省	84.98	87.90
9	珠海市	广东省	82.74	88.92
10	无锡市	江苏省	82.47	86.66
11	南京市	江苏省	82.31	87.74
12	厦门市	福建省	82.07	89.09
13	青岛市	山东省	81.97	87.51
14	宁波市	浙江省	81.63	88.23
15	深圳市	广东省	81.19	86.70
16	湖州市	浙江省	81.08	87.62
17	重庆市	重庆市	80.96	86.32
18	桂林市	广西壮族自治区	80.04	85.45
19	大连市	辽宁省	79.99	88.15
20	哈尔滨市	黑龙江省	79.34	87.90
21	西安市	陕西省	78.97	83.59
22	天津市	天津市	78.63	87.22

续表

序号	城市名称	所在省份	推荐积分	满意度
23	香港特别行政区	香港特别行政区	78.12	87.18
24	武汉市	湖北省	76.41	86.38
25	清远市	广东省	76.25	84.96
26	惠州市	广东省	75.83	89.78
27	嘉兴市	浙江省	75.53	86.32
28	台北市	台湾省	75.13	89.76
29	佛山市	广东省	74.90	89.03
30	金华市	浙江省	74.68	84.74
31	扬州市	江苏省	74.55	87.05
32	济南市	山东省	74.26	89.07
33	丽江市	云南省	74.22	89.05
34	绍兴市	浙江省	73.78	85.33
35	福州市	福建省	73.54	90.20
36	黄山市	安徽省	73.41	85.08
37	郑州市	河南省	73.17	87.43
38	烟台市	山东省	72.88	87.13
39	陵水黎族自治县	海南省	72.64	86.57
40	昆明市	云南省	72.59	88.66
41	临沂市	山东省	72.25	89.54
42	沈阳市	辽宁省	72.09	89.94
43	芜湖市	安徽省	71.89	88.61
44	东莞市	广东省	71.80	88.78
45	秦皇岛市	河北省	71.78	86.43
46	长沙市	湖南省	71.68	88.58
47	威海市	山东省	71.64	89.34
48	贺州市	广西壮族自治区	71.52	84.56
49	张家界市	湖南省	71.07	85.93
50	大理白族自治州	云南省	70.90	87.09

（数据支持：武汉酷犬数据科技有限公司）

1. 半数省会城市入选；几乎所有副省级城市入选；九成半为优秀旅游城市

从上榜城市的所在省域来看，2017~2018 年度推荐积分 TOP50 城市来自 23 个省域，以广东省和浙江省居多，分别占据 7 席和 6 席，其中：19 个城市为省会城市，占 TOP50 城市的比例为 38%，占全国 34 个省会城市的 56%；而其他 31 个城市均为非省会城市，其中包括五个副省级城市，分别为大连市、青岛市、宁波市、厦门市和深圳市；15 个副省级城市中，除了长春市以外，都进入 TOP50 城市；另外，除了香港特别行政区、台北市、陵水黎族自治县外，TOP50 城市都是中国优秀旅游城市，占 TOP50 城市的比例为 94%。

2. 八成城市持续入围，两成城市强势崛起；两市大幅进步，七市略有退步

与 2016~2017 年度相比较，2017~2018 年度推荐积分 TOP50 城市有 41 个为老成员，占 82%，有 9 个为新入选成员，分别是清远、台北、福州、陵水黎族自治县、临沂、沈阳、东莞、贺州、张家界；被挤出 TOP50 的城市分别是丽水、镇江、衢州、北海、黔西南布依族苗族自治州、漳州、连云港、德州、南宁，TOP50 城市的变化率为 18%。41 个稳定成员中，哈尔滨和惠州的名次都提高了 10 名以上，而扬州、济南、烟台、芜湖、秦皇岛、长沙、大理白族自治州的名次下降了 5 名以上，其他城市的名次相对稳定。

3. 分布具有明显的东南—西北分异特征；集中分布于长三角以及粤浙苏鲁

从地域分布来看，推荐积分 TOP50 城市的分布也存在明显的地域分异。首先，呈现出明显的东南—西北分异特征，即 TOP50 城市全部分布在以胡焕庸线为界的东南半壁，而广大的西北地区没有 1 个城市分布；其次，具有明显的集中分布区，即在东南部地区 TOP50 城市较集中地分布于长三角地区，仅上海、浙江和江苏三省市就拥有 12 个 TOP50 城市，占 24%；最后，省域分布不平衡，广东省和浙江省分别有 7 个和 6 个 TOP50 城市，是热点城市最为集中的省域，其次江苏省和山东省分别拥有 5 个 TOP50 城市，云南省拥有 3 个 TOP50 城市，而其他 18 个省域都只有 1~2 个 TOP50 城市，还有 11 个省域 1 个 TOP50 城市都没有。

4. 上海、广州、北京、三亚和苏州推荐积分排前五，福州、沈阳、惠州、台湾和广州满意度排前五

2017~2018 年度推荐积分排名前五位的城市分别为上海、广州、北京、三亚和苏州，推荐积分都在 86 分以上，但是，除了广州、北京以外，它们的满意度得分都小于 88 分，排名较为靠后，分别为第 42 名、第 28 名和第 41 名；可见，这些城市的游客满意度还有较大提升空间。而满意度排名前五位的福州、沈阳、惠州、台湾和广州，除了广州以外，推荐积分得分都在 75 分左右，排名分别为第 35 名、第 42 名、第 26 名和第 28 名，表明它们的游客关注度还很低，有待提高。

（三）省域推荐积分排名

同样，对前述提取出的 1000 个旅游景点以其所在的省域为单位进行归总，而后以各个省域为单元，根据前述公式分别计算各个省域四个季度的在线旅游推荐积分和满意度，最后求出各个省域四个季度的推荐积分、满意度积分的平均值，从而得到其全年的推荐积分均值、满意度均值（表专 1–3）。根据各省域的推荐积分高低将其分成三个梯队，分别从梯队成员、空间分布、要素组成对各梯队进行分析。

表专 1-3　2017~2018 年度全国 34 个省域推荐积分、满意度评价结果

序号	省域	推荐积分					核心吸引物		满意度
		均值	2017年第三季度	2017年第四季度	2018年第一季度	2018年第二季度	TOP50城市	TOP200景区	均值
1	广东省	93.26	92.70	93.28	96.23	90.83	7	29	88.53
2	江苏省	92.07	92.31	91.98	90.17	93.82	5	33	87.25
3	上海市	90.21	90.61	89.16	90.40	90.65	1	23	86.14
4	浙江省	89.94	91.13	90.29	89.72	88.60	6	18	87.14
5	海南省	85.64	84.67	84.31	88.72	84.84	2	16	87.53
6	山东省	85.41	88.06	84.95	82.39	86.24	5	7	88.16
7	北京市	84.62	86.62	85.06	84.16	82.63	1	10	88.84
8	四川省	82.70	81.56	82.19	85.73	81.32	1	14	87.28
9	福建省	81.81	81.64	82.66	83.26	79.67	2	6	88.88
10	广西壮族自治区	80.45	78.73	80.12	84.41	78.53	2	9	86.31
11	辽宁省	78.79	84.16	79.07	74.32	77.62	2	4	88.94
12	云南省	78.78	78.79	80.66	79.89	75.77	3	4	87.86
13	安徽省	77.97	78.59	79.22	75.96	78.11	2	4	87.22
14	湖北省	77.73	78.74	78.14	76.28	77.76	1	4	86.99
15	河南省	77.03	78.06	78.30	75.89	75.86	1	1	86.95
16	河北省	77.02	79.89	77.12	75.10	75.95	1	0	88.09
17	陕西省	76.27	77.75	75.26	74.99	77.09	1	4	84.50
18	湖南省	76.15	76.61	75.34	73.04	79.61	2	3	88.70
19	重庆市	75.13	75.69	74.02	76.23	74.59	1	1	86.31
20	江西省	73.23	71.34	75.43	75.07	71.09	0	0	88.60
21	天津市	72.84	75.19	71.65	71.32	73.21	1	3	87.28
22	贵州省	72.59	73.79	73.61	70.12	72.85	0	2	85.98
23	香港特别行政区	72.53	73.22	71.42	72.97	72.49	1	2	87.29
24	黑龙江省	71.62	72.02	67.88	80.93	65.66	1	3	88.84
25	山西省	69.94	71.01	71.05	66.83	70.86	0	0	87.41
26	台湾省	69.71	69.99	70.74	68.98	69.14	1	0	89.76
27	甘肃省	65.58	70.92	65.82	59.24	66.32	0	0	88.16
28	吉林省	64.57	67.59	65.11	61.25	64.34	0	0	91.50
29	内蒙古自治区	63.84	68.83	66.48	57.62	62.42	0	0	87.89
30	新疆维吾尔自治区	61.14	66.68	61.92	55.58	60.37	0	0	87.70
31	澳门特别行政区	60.15	62.96	63.35	57.99	56.28	0	0	86.97
32	宁夏回族自治区	59.14	63.66	60.00	54.34	58.56	0	0	87.81
33	青海省	58.99	65.50	60.30	52.31	57.86	0	0	83.31
34	西藏自治区	58.02	61.50	58.25	54.25	58.09	0	0	86.37

（数据支持：武汉酷犬数据科技有限公司）

1. 推荐积分第一梯队：9 省域排名相对稳定；多为东部沿海省市；广东、山东、北京和福建均衡，其他省市满意度有待提高

如表专 1–3 所示，2017~2018 年度推荐积分第一梯队（推荐积分排名前 10 位）省市区包括广东省、江苏省、上海市、浙江省、海南省、山东省、北京市、四川省、福建省和广西壮族自治区，推荐积分都在 80 分以上；与前一年度相比较，梯队成员基本稳定，只有广西壮族自治区为新晋成员，而湖北省被挤出第一梯队。从空间分布来看，第一梯队大多为东部沿海省域，只有四川、广西壮族自治区属于中西部省域。从第一梯队各省市的要素组成来看，虽然推荐积分都很高，但除了广东、山东、北京和福建以外，其他省市的满意度都不高，得分都在 88 分以下，排名更是在 15 名以外，有很大的发展空间。

2. 推荐积分第二梯队：成员排名变化不大；多为中西部省市；辽湘赣满意度显著提高，另 5 省域满意度提升空间较大

如表专 1–3 所示，2017~2018 年度推荐积分第二梯队（排名第 11~20 位）省市区包括：辽宁省、云南省、安徽省、湖北省、河南省、河北省、陕西省、湖南省、重庆市和江西省，推荐积分除了江西省外均高于 75 分；与前一年度相比较，梯队成员相对稳定，只有湖北省和江西省从前一年度的第一梯队掉入和第三梯队晋升，而原来第二梯队的广西壮族自治区晋升到第一梯队，天津市掉入到第三梯队。从空间分布来看，第二梯队多为中西部省市区，只有河北、江西和辽宁为华北、华东和东北沿海省域。从第二梯队各省市区的组成要素来看，第二梯队省市区的推荐积分相对较高，处于中等水平，辽宁省、湖南省和江西省的满意度提升明显，均跻身第一梯队，而除了河北省和云南省仍保持在第二梯队外，其余 5 省的满意度都处于第三梯队，还有较大提升空间。

3. 推荐积分第三梯队：成员基本稳定；多为西部省域；吉林和台湾满意度最高，但关注度有待同步提升

第三梯队（排名 20 位外）的省市区包括天津市、贵州省、香港特别行政区、黑龙江省、山西省、台湾省、甘肃省、吉林省、内蒙古自治区、新疆维吾尔自治区、澳门特别行政区、宁夏回族自治区、青海省和西藏自治区，推荐积分都低于 73 分；与前一年度相比较，梯队成员基本稳定，只有天津市为从第二梯队掉入的新成员。从空间分布来看，第三梯队除了台湾省、香港特别行政区、澳门特别行政区、山西省和天津市外，都为西部省域。从第三梯队各省市区的组成要素来看，第三梯队省市区虽然推荐积分都很低，但吉林省、台湾省的满意度都很高，分别占据所有省域中的第一名和第二名，因此，应在保持满意度的基础上，同步增大关注度。

四、研究结论与讨论

（一）自然风光、休闲度假类数量稳步攀升

2017~2018 年度 TOP200 景区推荐积分中，主题乐园高达 65 个，占据数量上的绝对优势，是在线旅游评论用户中提及最多的景区类型。其中，推荐积分排名前 10 的景区中，主题乐园类景区占比 80%，同时也表明主题乐园备受在线旅游评论用户的青睐。此外，在 2017~2018 年度 TOP200 景区推荐积分中，自然风光、休闲度假类景区数量保持稳步攀升，均增加了 5 个。

从整体来看，主题乐园、自然风光和休闲度假类景区所占比重较大，将近七成。究其原因，一方面，这几类景区类型完全不同于人文历史类景区，无须过高的知识门槛，对不具备相关知识储备的游客或不具备完善的智能语音讲解系统的景区而言，这几类景区更能够在旅游活动中通过提供不同种类丰富的项目带给游客舒适感和娱乐感，极大地增加游客的参与性和体验性，并且受众广泛，适合不同类别的消费人群；另一方面，旅游消费需求逐渐聚焦美好生活，从以前的“有没有”向如今的“好不好”转变，选择度进一步提高，面向品质生活和时尚消费的新需求不断增强，可见休闲度假的趋势更加明显。因而，随着大众休闲新时代的到来，这几类景区会依旧火爆，成为在线旅游评论中持续的热点。

（二）景区、城市和省域推荐积分与满意度排名未呈双优趋势

2017~2018 年度 TOP200 景区推荐积分排行榜中，排名前 10 位的景区满意度排名十分靠后，均未进前 10 位；2017~2018 年度 TOP50 城市推荐积分排行榜中，排名前 10 位的城市除了广州市满意度位居第 5 外，其他城市满意度排名也较为靠后；在 2017~2018 年度省域推荐积分排行榜中，排名前 10 位的省域，仅有 3 个省域的满意度同等地维持在前 10 位，另外 7 个省域满意度排名靠后。

由此可见，推荐积分靠前的景区、城市和省域获得了在线旅游评论用户的一致认可，但其满意度水平仍有较大的提升空间。因此，各景区、城市和省域不仅要立足自身良好的资源优势下，打造强势品牌，焕发并保持市场生命力，还需进一步完善旅游发展要素，加强提供优质的旅游服务，加大城市旅游环境的整治力度，力求为游客打造高质量旅游体验，多项措施并举共同提升整体满意度水平。在未来，期待出现越来越多的推荐积分和满意度排名双优的景区、城市和省域，充分向大众展示中国旅游业全面提升的综合实力。

（三）区域旅游发展不平衡，东强西弱格局亟待打破

无论是推荐积分 TOP200 景区排行榜、TOP50 城市排行榜还是省域排行榜，都主要表现为区域旅游发展不平衡，呈现东强西弱的格局。其中又主要以东部三大经济区之间旅游流为主，区域内部旅游流主要以长三角内部流动强度最高。总体而言，东部沿海地区明显优于中西部地区，表现出明显的东南—西北分异以及东部沿海集聚特征。这是取

决于东部地区的基础条件、经济发展水平、市场化程度及资金支持等较中西部地区而言，都是具备相当大的优势；同时东部旅游目的地的接待能力、旅游产品的丰富度、旅游活动的创新能力和服务水平也是遥遥领先于中西部。

中西部尤其西部地区虽然起步较晚，但却多拥有较好的自然和人文资源，拥有得天独厚的条件，构成旅游发展的天然基础；并且随着我国“西部大开发”“一带一路”等政策的实施和扶持，中西部区域的旅游资源已经得到合理、有效的开发。为了进一步缓解东强西弱的格局，中西部区域应首要解决较为突出的问题，包括出游交通、硬件基础设施、服务配套设施、旅游人才的培训等方面，逐步攻克各个难题，平稳推动中西部的旅游业发展。

（四）游客满意度总体趋好，旅游综合服务能力显著提升

与全年游客平均满意度 87.46 相比较，2017~2018 年度黄金周期间（即 2017 年“十一”黄金周和 2018 年春节黄金周期间）游客的平均满意度为 87.60。较前一年度相比，满意度均有所提升，且今年黄金周游客平均满意度略高于全年平均满意度。

如图专 1–4 所示，34 个省域中有 19 个省域的黄金周游客平均满意度高于其全年平均满意度，青海的黄金周游客平均满意度明显低于全年平均满意度，其他各省域的黄金周平均满意度与全年平均满意度相差无几。可见，在“十一”和春节黄金周这两个出游高峰时期，各景区、城市和省域的管理更趋科学化，服务更趋人性化，已经相对地减缓了以前由于黄金周期间区域性的旅游热潮而带来的交通拥挤、住宿紧张、景区超载、服务质量下降、安全隐患增多等一系列旅游质量问题。相比较前一年度，黄金周游客平均满意度追上全年平均满意度，这其中离不开游客在出游方式和旅游消费习惯上已经更趋成熟和理性，出游线路分布更为广泛，更离不开各景区、城市和省域在提升旅游综合服务水平、完善服务设施上不断推陈出新所做出的巨大努力。

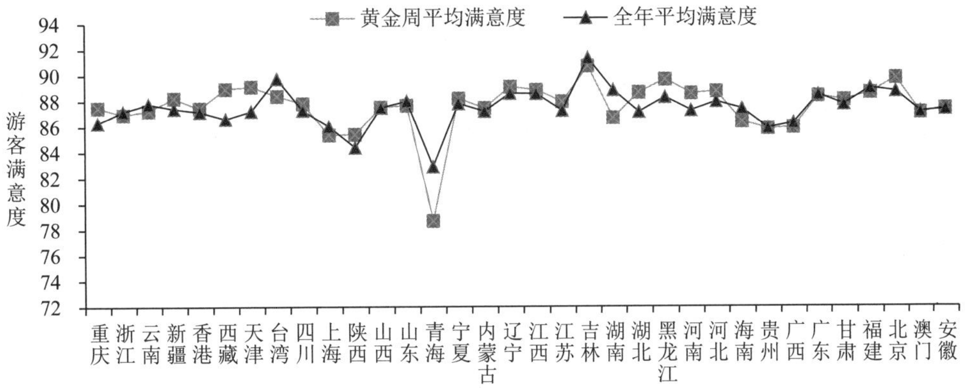

图专 1–4　2017~2018 年度中国 34 个省域黄金周与全年游客平均满意度对比图

（数据来源：武汉酷犬数据科技有限公司）

专题二　长江经济带旅游合作研究

一、长江经济带旅游合作的背景

"长江经济带"概念源于20世纪80年代，是兼顾自然地理、人文脉络、经济区整体功能和行政区完整性等诸多因素的经济区形式，"长江经济带"承东启西，是我国国土开发和经济布局"T"形空间结构战略中极其重要的一级发展轴。2013年之前理论界和学术界将长江经济带范围界定为四川省、重庆市、湖北省、湖南省、江西省、安徽省、江苏省、浙江省、上海市七省二市，随着2013年7月21日，习近平总书记考察湖北时提出建设长江经济带，2013年12月，国家发展与改革委员会正式将"长江经济带"范围确定为上海、江苏、浙江、安徽、江西、湖北、湖南、重庆、四川、云南和贵州的九省二市，总面积约205万平方公里，占全国21.28%。

长江经济带是近年来国家促进区域经济发展的重大战略。2013年7月21日，习近平总书记考察湖北时指出，"长江流域要加强合作，发挥内河航运作用，把全流域打造成黄金水道"。2013年9月21日，李克强总理在国家发改委呈报件上批示，"沿海、沿江先行开发，再向内陆地区梯次推进，这是区域经济发展的重要规律。请有关方面抓紧落实，深入调研形成指导意见，依托长江这条横贯东西的黄金水道，带动中上游腹地发展，促进中西部地区有序承接沿海产业转移，打造中国经济新的支撑带"。2014年3月5日，李克强在《2014政府工作报告》中首次提出"要依托黄金水道，建设长江经济带"。2014年4月25日，习近平主持中央政治局会议，提出推动京津冀协同发展和长江经济带发展。2014年4月28日，国务院总理李克强在重庆召开座谈会与长江沿线11省市的主要负责人讨论长江经济带建设。2014年9月25日，国务院发布《关于依托黄金水道推动长江经济带发展的指导意见》(国发〔2014〕39号)。同年12月中央经济工作会议指出，未来几年要重点实施"一带一路"，京津冀协同发展，长江经济带三大战略。至此，长江经济带建设发展上升为国家战略。

在党中央、国务院对长江经济带提出了生态优先、绿色发展的战略方向的背景下，旅游业低能耗、低污染、高附加值的产业特性使其符合当前经济发展方式转型升级的总体思路，长江经济带旅游业发展迎来了重要的战略机遇期。然而，长期以来，长江经济带存在着区域旅游发展不平衡等问题。

作为新常态下经济发展的新增长点，旅游业对中国经济社会发展全局具有重要的战略意义。旅游业是稳增长的重要引擎，是调结构的重要突破口，是惠民生的重要抓手，是生态文明建设的重要支撑，是繁荣文化的重要载体，是对外交往的重要桥梁，在国民经济和社会发展中的重要战略地位更加凸显。在长江经济带规划建设中，国务院《关于依托黄金水道推动长江经济带发展的指导意见（国发〔2014〕39 号）》的 8 个部分核心内容中有 4 个部分涉及“旅游业”；15 次出现“旅游”，2 次出现“休闲”。其中核心内容的 4 个部分中提出：旅游交通是长江经济带综合性立体交通走廊的重要组成部分；旅游业是“创新驱动促进产业转型升级”的现代服务业中四大核心产业之一；旅游业与区域社会经济发展的深度融合，成为中西部（特别是西部）地区新型城镇化的核心推动力。旅游业成为“培育全方位对外开放新优势”的重要先导先行产业。可以预见，在新常态下，长江经济带统一旅游市场和综合协调发展模式的建立，可提高资源配置效率，并将推动区域旅游业协同发展和纵深推进。这不仅为在全国范围内统筹旅游发展提供有效的腾挪空间，也为中、西部旅游业发展相对落后的地区提供了契机。

二、旅游合作对促进长江经济带旅游发展的重要意义

（一）旅游合作是破解长江经济带旅游发展障碍的必由之路

长江经济带旅游发展现存问题的本质在于体制问题，由于“行政区经济”的部分特性，导致了区域旅游发展的一系列障碍。长江经济带旅游协同发展的关键，在于破除阻碍长江经济带区域旅游发展的一系列障碍，包括制度性障碍和非制度性障碍，制度性障碍是根本，非制度性障碍是表现。最根本的制度性障碍是由于“行政区经济”部分特性所导致的区域壁垒。

本报告并非要批判行政区体制的弊端，实际上，正是由于行政区的稳定和主动作为，国家才能长治久安，才能实现经济发展和社会进步，行政区是国家管治的有力手段。本报告的初衷是在“行政区经济”的既有体制下，在旅游及相关领域进行一定的权益让渡，凝聚共识，实现整体效益最优。而要规避不同区域行政壁垒的影响，实现这一初衷，就必然需要行政区之间的合作。在旅游业而言，就要进行充分的区域旅游合作。因此，区域旅游合作是破解区域旅游发展障碍的必由之路。

（二）旅游合作是长江经济带旅游分工的必然结果

对于长江经济带旅游发展来说，区域旅游合作是旅游分工深化发展的必然产物。旅游业发展一般需经历需求增加、市场形成、产业合理分工和全面合作等阶段，目前长江经济带中西部地区基本处于产业合理分工的初级阶段。近年来，伴随着全国旅游的不断升温，中西部各省为追求旅游经济利益盲目上马旅游项目，导致了区域旅游分工的无序

发展。由于缺乏区域旅游合作，各自为政的旅游开发造成了整体不经济。因此，随着地区旅游分工的深化，各省必然会依据自身在分工体系中的定位，通过寻求区域旅游合作避免重复建设，实现利益最大化。

（三）旅游合作是提升长江经济带旅游竞争力的必然要求

长江经济带旅游业正在经历一个由单个景点到区域的竞争发展过程，区域旅游合作已成为未来提升旅游竞争力的根本性策略。长江经济带内部各省市以城市合作为中心，尤其是依托中心城市展开了联合宣传推广、旅游线路对接、促进客源互动、规范市场管理等多层次、各具特色的区域旅游合作。同时，长江经济带沿线次区域与城市之间合作不断加深，推进了旅游产业发展与对外交流。旅游合作主要有长三角区域合作联席会议、渝鄂两省市长江三峡区域旅游合作，以及以“长江经济带，中游四省游”为主题的长江中游城市群四省会城市旅游合作等。总体而言，长江经济带的旅游合作主要集中在东部、中部、西部区域内部，形成了长三角地区、长江中游地区、成渝地区三个区域旅游合作高地。然而，针对长江经济带整体而言，还没有形成统一对外的主题形象与主打产品。长江经济带整体竞争力的提升需要各省市进行充分的旅游合作，拓展发展空间，形成整体形象与产品体系，实现新的增长。区域旅游合作是提升长江经济带旅游竞争力的必然要求。

（四）旅游合作是贯穿长江旅游大通道的必然选择

地处长江中上游的内陆省份湖南、四川、云南、贵州等地区生态环境良好，自然和人文旅游资源异常丰富，对游客极具吸引力。以上海为龙头，浙江、江苏为核心的长江中下游地区人口众多，是长江乃至全国旅游主要的客源地。长江经济带上、中、下游各地区在旅游产业链中承担着不同的功能，将长江上、中、下游旅游通道打通，对未来整体旅游经济发展具有深远的意义，而旅游通道的打通则必须要开展上、中、下游的区域旅游合作。

三、长江经济带旅游合作历程

从长江经济带内部区域旅游合作来看，20 世纪 80 年代是区域旅游合作的发动期，20 世纪 90 年代是区域旅游合作的整合期，进入 21 世纪，区域旅游合作进入了高潮期。据此，可将长江经济带区域旅游合作历程分为初始阶段、发展阶段和提升阶段。

（一）初始阶段（20 世纪 80 年代）：小尺度、内容单一化合作

该阶段是以旅游业某个领域为内容，在空间区位优势的推动下的单一化旅游合作。在区域旅游合作初期，区域之间出于利益驱动，利用周围资源的互补性而展开合作。该合作主要发生在近邻空间，因为近邻空间有其他区域无法比拟的时间优势和空间

优势。但该合作是区域之间自发的比较松散的合作，合作范围小，合作领域狭窄，合作内容也比较单一。该合作一般由民间组织或企业组织完成，双方的合作关系不够稳定，易受到双方其他因素的影响而出现波动，是区域之间开展大规模旅游业合作的前奏和铺垫。

（二）发展阶段（20 世纪 90 年代）：中尺度、行业综合型合作

该阶段是以旅游行业为主要内容，以企业为主体，在市场推动下进行的全行业合作，是区域旅游合作发展到一定阶段的产物。随着经济的不断发展，市场的扩大，单一化的旅游合作已不能满足市场的需求。在市场的驱动下，旅游合作在初期的合作领域狭小、合作内容和途径单一的基础上不断扩大、提升而形成较为普遍的旅游业区域合作。例如，1992 年，上海、江苏、浙江联合推出“江浙沪游”的概念，从此长三角区域旅游合作开始高速发展，区域旅游合作范围不断扩大，合作层次不断升级，区域旅游合作进入行业综合型合作阶段。20 世纪 90 年代中期，湖北、湖南、江西、河南四省联合发起建设“华中大旅游圈”，1995 年四省 12 个城市在武汉召开了“大旅游协作研讨会”，探讨了构建华中大旅游圈、共谋区域旅游联合发展之策，合作进行了“华中大旅游圈跨世纪发展战略研究”等课题研究，合作重点集中于旅游资源整合、旅游宣传促销、客源共享、旅游线路设计、组织与推广等领域。云南、贵州、四川、重庆等西南省市区域也在 20 世纪 90 年代中期开始展开旅游合作，其合作平台有“西南五省区旅游协调会”，合作重点是健全旅游产业信息网络，加强旅游规划、旅游资源开发、商品开发、交通基础设施建设和旅游促销等方面的合作。

（三）提升阶段（21 世纪以来）：大范围、多元化全方位合作

该阶段是众多产业参与、主体多元化、综合机制协调下的全方位旅游业区域合作。此时的区域旅游合作已不仅是旅游业的合作，而是包括与旅游业相关的众多行业之间的合作，区域合作主体呈现多元化，包括企业、民间组织、政府等。随着合作的不断深入，交流、沟通与整合的过程促使政府的地位和作用不断凸显。例如，2002~2003 年，原国家旅游局等六部委和重庆、湖北、湖南、贵州、四川五省市共同编制了《长江三峡区域旅游发展规划》，共同建设世界一流水平的旅游目的地。在规划的指导下，湖北、重庆两地在省级层面展开合作，签署了共同建设长江三峡无障碍旅游区的合作文件。2003 年，在政府的推动下，长江三角洲 15 个城市及安徽省黄山市签署了《长江三角洲旅游城市合作（杭州）宣言》，构建中国首个无障碍跨省市旅游区，实现长三角旅游市场的联动开发。2007 年，长三角地区旅游高层联席会议在上海召开，审议并通过了《关于全面推进长三角地区旅游合作的若干意见》，长三角区域旅游合作范围进一步巩固在“江浙沪”两省一市的省级范围，并辐射江西、安徽、福建、山东等省。这标志着区域旅游合作进入了多元化全方位合作阶段。

四、长江经济带旅游合作现状

目前，长江经济带内部各省市以城市合作为中心，尤其是依托中心城市展开了联合宣传推广、旅游线路对接、促进客源互动、规范市场管理等多层次、各具特色的区域旅游合作。同时，长江经济带沿线次区域与城市之间合作不断加深，推进了旅游产业发展与对外交流。总体而言，长江经济带的旅游合作主要集中在东部、中部、西部区域内部，形成了长三角地区、长江中游地区、成渝地区三个区域旅游合作高地。

（一）长江下游地区旅游合作

长江下游地区旅游合作的历史相对较长，合作基础扎实，合作机制较为完善，合作主体的参与意识较强，内部合作的空间架构呈现网络状结构，尤其是长三角地区，是国内旅游合作最为成熟的地区。目前长江下游区域旅游合作领域进一步在市场开发、服务规范、智慧旅游、乡村旅游等方面展开，在区域旅游品牌的塑造、旅游资源和产品的整合和保护、旅游信息的交流与一体化、区域旅游的便利设施等多个方面达成共识，朝着无障碍旅游区和区域旅游一体化的目标迈进。

（二）长江中游地区旅游合作

近年来，长江中游地区旅游合作各方在旅游资源整合、旅游宣传促销、客源共享、旅游线路设计、组织与推广、旅游安全与市场规范等领域做了大量工作，强化了“中三角”旅游合作区建设。随着“武汉共识”的达成和“长沙宣言”的签署，湘鄂赣皖联袂打造长江经济带“中四角”的合作越来越密切和频繁。

除了跨省的合作之外，长江中游地区各省域内部的旅游合作也开展得有声有色。江西省为进一步完善赣东北、赣西旅游区域合作发展机制，颁布实施了《赣东北旅游合作发展规划》，积极协调大武功山旅游合作，制定了《昌九旅游一体化工作方案》，推进昌九旅游一体化发展。湖北省持续推进落实《武汉城市圈旅游资源联动共享实施方案》，促进了圈内旅游资源整合、旅游线路集成、旅游品牌扩张、旅游企业重组和旅游市场监管等协作联动。

（三）长江上游地区旅游合作

长江上游地区旅游合作主要集中在四川和重庆之间，云南、贵州参与的合作机制较少，而四川和重庆的旅游合作也多聚焦于会议模式和共同组织营销活动。“长江三峡游”一直是长江上游地区旅游合作的典范，目前，以“长江三峡”为主题的旅游合作在品牌建设、形象推广、联合执法等方面也取得了新的进展。2015 年 9 月 17 日，长江三峡区域旅游合作鄂渝轮值主席会议暨三峡城市群区域旅游合作与发展论坛在湖北宜昌举行，鄂渝两省市旅游局在会上签署了 2015 年鄂渝长江三峡区域旅游合作备忘录，将联手打造区域旅游合作典范，建设长江旅游经济带。

（四）全长江流域的旅游合作

与以往相比，目前出现的一个重要变化是长江经济带旅游合作的范围更加宽泛，11省市突破东、中、西部的地域限制，形成了加强旅游合作的共识。2015年10月11日，“合作共赢，共话未来”长江经济带旅游产业合作论坛在上海举行，长江经济带11省市旅游部门领导齐聚上海，进行了深入交流，并共同签署了长江经济带旅游产业合作宣言。这标志着长江经济带沿线省市将整合旅游资源，强化旅游服务，提升旅游质量，共建黄金旅游区域。

除了上述11省市全员参与的旅游合作机制之外，覆盖长江上、中、下游部分省市的旅游合作也逐步受到重视。2015年5月10日，由江苏、上海、安徽、湖北和重庆五省市旅游局联合举办的“长江旅游带联合促销活动”在南京启动。此次联合促销是五省市共同推广长江经济带旅游资源、促进省市间产品共创、平台共建、客源互送的首次尝试，未来将共同打造旅游城市、精品线路、度假休闲区和生态旅游目的地，发展特色旅游，规划建设“长江旅游带”。

（五）跨区域的旅游合作

上海是长江经济带的龙头，是长江经济带最主要的客源地之一，为充分开拓上海的客源市场，长江经济带中西部省市甚至跨越中间间隔省市，跳跃式地直接与上海开展旅游合作。这其中表现较突出的是湖北和重庆。

2015年6月26日，上海市政府和湖北省政府在武汉签订《推进长江经济带旅游合作发展框架协议》，两地将在共建旅游市场、共创旅游产品、联合开展监督等方面加强合作。而重庆利用“长江三峡”品牌深耕上海市场，2014年6月21~24日，重庆市精心设计的冠有“重庆非去不可”名称的大模型动车在上海展出，并在上海徐汇区、杨浦区、长宁区、松江大学城等多地举办推介活动，同时还启动了第五届中国长江三峡国际旅游节“库区20年，感恩全国行”子活动，不但为上海市民带去重庆的地方特色表演，更带去上亿元的旅游优惠政策。

五、长江经济带旅游合作存在的问题

无论从国际视野，还是从国内发展来看，旅游业均具有鲜明的区域性。此种区域性既与资源、要素等旅游供给的区域性分布有关，也同旅游需求的区域性相关，空间上表现为向心的中心地理结构。在市场经济条件下，区域旅游竞争是普遍的，但由于旅游资源禀赋的空间互补性、旅游活动的空间连续性以及区域文化内涵的相对一致性，和博弈区域的旅游合作同样是必然的。改革开放以来，长江经济带区域旅游合作在经历了20世纪80年代的内容单一化合作阶段、80年代末至90年代的行业综合型合作阶段后，目前已进入了区域旅游合作的高潮期，正处于多元化全方位合作的提升阶段。尽管长江经济带推进区域旅游合作的努力已取得了可喜的成就，但进一步的发展仍然面临着一些突出的矛盾和问题。

（一）合作偏重于务虚，各自为政的局面尚未根本扭转

目前，长江经济带许多地区都提出了加强区域旅游合作，打造“无障碍旅游区”的意愿和构想，但合作主要仍是重形式、重研讨、重宣言、重宣传，尽管有时会采取一定的行动推进合作进程，但合作机制难以持久，往往举办数次合作便告中断。例如湖北、湖南、安徽、江西、河南、山西中部六省建立了中部地区旅游协作年会以推进中部地区的旅游合作，但年会主要在2004~2006年运作较好；又如2005年赣湘红色旅游区域合作高峰论坛签订了《“10+1”赣湘红色旅游区域合作宣言》，并主推韶山—安源—井冈山红色旅游专线，但无论是从两地政府营销的旅游专线，还是两地旅行社推出的红色旅游专线，上述红色旅游专线均未得到足够重视，两地红色旅游专线更多集中在省内，仍表现出各自为政的局面。再如湖北、河南、安徽三省签署了《大别山区域六市政府红色旅游合作协议》和《鄂豫皖三省六市36县大别山红色旅游区域联合宣言》，这些协议和宣言虽然对大别山旅游合作起到一定的推动作用，但主要还是停留在书面或宣传上，未专门成立组织或机构去落实，实质性的合作未得到有效实施。其原因主要是宣言仍停留在地区旅游行政管理层面上，缺乏具体的、可操作的、实实在在的政策、措施和手段。

（二）合作偏重于政府，旅游企业的积极性和主动性尚未发挥

区域旅游合作固然需要政府的努力，没有政府的介入和相关政策，合作就缺乏必要的基础和条件。但区域旅游合作还需落实到旅游企业的行为上，只有政府的积极性而没有企业的积极性，合作难以深入持久。目前长江经济带的旅游合作基本上均为政府主导型，企业定位不清晰和角色边缘化是比较突出的问题。以区域旅游合作最为成熟的长三角为例，长三角自1988年开始举办江浙沪旅游年，创建了区域旅游合作品牌，随后，将这一机制不断延展，先后举办了长三角城市15+1（黄山）高峰论坛、江浙沪＋安徽3+1旅游合作协议，这一机制将长三角区域旅游合作的空间范围从江浙沪延展到江浙沪＋安徽全境，合作内容也从旅游年的营销活动扩展到全面合作。而在此过程中，其倡议或主持者均为各省市旅游局。并且，通过梳理近10年来长江经济带各省的区域旅游合作项目，发现其倡议者或主持者90%以上均为各地政府和旅游局，许多旅游企业对区域合作采取了观望的态度，部分旅游企业虽参与了区域合作活动，却往往缺乏自身的积极性、主动性和创造性。其原因主要在于各地政府对外地旅游企业有一定的准入限制，该现象在旅行社行业尤为明显。旅行社导游在不同省域的带团资格有时并未得到完全互认，不同省域导游也存在着享受不到同城待遇的问题，这些都影响了旅行社跨省域开展业务的积极性。

（三）合作受制于现行体制和地方保护主义，领域和空间急待拓展

“行政区经济”壁垒和地方保护主义的存在，分割了统一的市场，不仅限制了区域旅游竞争，而且也阻碍了区域旅游合作，两者均有损市场效率。例如，限制外地的旅游车辆进入本地景区，限制外地旅行社在本地开展业务，用对外歧视性的政策偏袒保护本地的旅游企业。再如，对区域性的旅游资源进行分割使用，造成资源的不合理配置和功能性、结构性、低水平的重复建设，使区域旅游产品缺乏整体的特色、区域旅游经济难以形成竞争的合力。大别山的旅游开发利用便体现出这一问题。大别山位于湖北、安徽、河南三省交界处，是长江经济带上重要的旅游支撑点，但大别山部分知名旅游景区至今仍未得到统筹开发。如大别山天堂寨景区位于湖北罗田县和安徽金寨县交界处，两地都对自己属地内的部分进行了开发、经营、管理，由于属地管理的问题，至今仍是一块牌子两个景区，资源的分割开发制约了其整体提升和优化。安徽旅游集团公司曾计划跨界收购湖北天堂寨景区，但最终不了了之。其原因便包括隐形的边界屏蔽效应和地方保护主义。位于湖北英山县和安徽霍山县交界处的大别山主峰景区也存在类似的问题，同一个名称，游客其实看到的是两个不同的景区，影响了大别山主峰景区的市场美誉度。

（四）合作缺乏有效的推进机制，利益关系有待理顺

以行政力量推动区域旅游经济的分工协作，提升区域旅游经济的整体形象，增进区域的整体利益并实现各地自身利益的扩张，是目前长江经济带甚至是全国推进区域旅游合作的一种有效方法。但仅此仍然不够，各地优势的互补或叠加，一般会给各方都带来较“单打独斗”所能获得的更大利益；然而，由于资源禀赋、区位、分工等条件的差异，各方所能获得的利益不可能完全一样。这种错综复杂的利益关系，单靠行政机制难以理顺，必须以多种机制共同协调。如果合作的行为缺乏有效的激励和约束，合作的利益得不到合理的分享和补偿，则区域旅游合作必将难以为继。长江经济带旅游合作是在政府推动下进行的，区域旅游合作中的纠纷，解决的方式主要以行政协调手段为主。同时，长江经济带旅游合作主要发生在资源禀赋相似、区位相近的行政区域，如长三角内部、中部六省之间、成渝都市圈内部，而这三大区域分别属于东中西部地区，社会经济分异明显，旅游收益十分错综复杂，同样收益的分配也面临着多种问题，需要完善且能获得各方认同的机制设计才能促进政策的落地实施，一旦收益分享和补偿不到位，则会导致消极应付甚至是拒绝参与，之所以上述三大区域之间的旅游合作推进困难，进展缓慢，相互之间的利益关系还未理顺是重要原因之一。

六、加强长江经济带旅游合作的对策建议

（一）建立“政府主导、企业主体、非政府组织主动”的旅游合作机制

长江经济带旅游合作实质是建构一种多元主体参与的公共治理架构，政府、企业及其联盟、非政府组织都置于旅游合作网络之中，以交易、援助及互惠关系、共同利益、共同价值追求与行为模式，通过相互依赖及共享项目联结在一起，形成具有共同利益导向和目标诉求的相互依存的网络。参与合作的地方政府是合作区域旅游公共服务的供给者，在引领、调控与规范层面上为长江经济带旅游合作提供公共服务供给，营造良好的市场秩序和事业环境；企业是商务经济运行层面上的合作主体，通过资金、技术、人才、品牌等资源要素的区域性互动与组合，实现旅游经济利益的最大化；非政府组织则发挥其非强制力、非营利性方式，沟通政府与企业发展的利益诉求，为区域旅游合作发展提供战略性决策及相关方案的供给，进一步推进旅游合作发展的理论集成和实践模式创新。

（二）以基金会的形式凝聚旅游合作各方权益

旅游合作各种事务成本需要承办方或合作伙伴成员给予资助，可采取基金会模式，将合作伙伴成员的相关权益转化为基金会的份额，按照份额分摊年度基金认缴额度，将合作伙伴的相关权益集聚到基金会里，构筑“长江经济带旅游合作发展基金”，以资助旅游合作区域认知共同体的发展事务，维系合作发展的可持续性。旅游合作发展基金会工作的主要任务是面向旅游合作区域认知共同体内的伙伴成员，包括政府、企业、社会团体和个人募集资金；管理旅游合作发展基金；推进旅游合作项目进展；开展旅游合作发展的理论、实践研究与交流活动；资助长江经济带旅游合作发展重大现实性命题的战略研究等。

（三）强化旅游合作的机构能力建设

在基金会模式下，长江经济带旅游合作的运作模式可借鉴“APEC 模式及其机制”。一是凸显合作成员的平等地位，实行组织领导权的年度轮值制度。会议主办权、举办地及主席角色的认定是轮流制的。轮办方即是主席，其所在的省市也是会议举办地。二是随着轮值主席位置及角色在成员间的轮换，会议的常设机构秘书处也应该是流动的，跟随着轮值主席的变化而变化。三是无论是轮值主席还是秘书处，其活动的职权都是赋权的，是在上一轮年度会议机制上达成共识的基础上开展的赋权性公共服务行动。四是年度性会议是合作伙伴成员之间的双边或多边活动的协调平台，协调长江经济带旅游合作发展过程中出现的新问题、新挑战、新矛盾，务实推进合作项目的进展。

（四）构建完善的旅游合作保障机制体系

规划统筹机制。在充分尊重相关利益、关切各方利益的共识基础上，制定出超越覆

盖长江经济带地区各行政主体以及各功能区的跨区域规划。为此可建立长江经济带旅游发展委员会，全面负责长江经济带旅游发展总体规划，负责旅游资源的开发，旅游产品和旅游线路的设计，旅游设施的建设。

证件互认机制。逐步突破旅游人才资格认证的属地化管理格局，实现资格认证的异地认同制，互认导游和旅游企业资质，给予合作区内旅游企业同城待遇。

信息共享机制。通过旅游信息平台的建设促进区域信息共享，包括发挥各省市旅游网优势，相互间实施网站友好链接；建构长江经济带旅游合作网，共同搭建网络信息平台；建立长江经济带旅游信息协作交流、通报制度；搭建电子商务合作平台，提供优质的旅游信息服务，实现网上服务交易。

交通互通机制。长江经济带相邻各省应合作投资建设省际短途旅游交通线路，将高速公路主干线尤其是跨省干线，通过出口和支线延伸至景点，形成以交通干线为主轴、支线为次轴，贯穿著名旅游景点的“点—轴”格局，为完善整个旅游交通网络和实现游客自由通行奠定基础。

市场一体机制。清理和整合与长江经济带旅游合作市场体系建设不相适应的政策和地方规定，形成资源共享、要素自由流动的体制环境，建立区域旅游一体化人才、物流、土地、金融等市场要素的信息和交易平台。

标准统一机制。构筑覆盖旅游服务基础标准、服务质量标准、服务资质标准、服务信息标准、服务安全、卫生标准、服务环境保护标准和保护旅游消费者权益标准的八大标准体系，从制度上为区域旅游合作与一体化进程提供有力保障。

开放合作机制。通过一系列旅游合作机制，达成一系列合作开发协议，旅游开发主体之间分工合理及利益分配公正，共享旅游资源就能得到合理开发，从而实现旅游收益多方共赢。同时，长江经济带各省域还应加强在旅游资源与产品开发上的协作，引进先进的旅游经营理念和管理方法，增强旅游促销力度，联合开发设计旅游线路和产品，合作建立适应于多元化市场需求的旅游产品体系。

专题三　台湾地区旅游市场研究报告

一、引言

（一）研究背景

旅游是指居民以愉悦身心和增广见闻为目的，离开日常生活居住地，在外从事自然风景与人为景观设施欣赏、文化体验、美食品尝与购物的非例行性往返活动。旅游市场的发展与一地经济的表现息息相关。当地区经济表现良好时，民众所得随之提升，民众有更多的收入可用于旅游消费；当地区经济表现不佳时，民众所得会受到影响，民众因考量基本民生必需品的消费需求，旅游可能受到排挤而减少支出。

近 20 年来台湾地区旅游业蓬勃发展，各类型旅游产业如雨后春笋般出现，2001 年后台湾实施周休二日后，除了为周末休闲注入新流，也为台湾带来广大的商机，台湾旅游也被认为是极具发展潜力的市场。

2000 年，台中月眉育乐世界开幕、2002 年，花莲远雄海洋公园投入营运，同年日月潭涵碧楼加入海外旅游饭店的行列，2005 年礁溪老爷进入宜兰旅游市场，2007 年，日月潭云品酒店（原日月潭中信饭店）正式开幕营业，皆显示出旅游相关从业者对于台湾地区旅游市场的发展充满信心与希望。

1987 年 11 月 2 日，台湾开放台湾民众赴大陆探亲，开启两岸民间交流。1993 年，也准许大陆人民来台探病、奔丧、参访，开启双向交流的大门。但在 2000 年后台湾内部政治环境发生变化，台湾旅游市场也开始有不同的改变。

本专题希望从全台湾的角度检视台湾地区旅游市场现况及过去历史与未来可能的发展，同时企盼两岸加深旅游交流，加强经济与社会联系，造福两岸人民。

（二）研究内容

首先，本专题将从台湾地区旅游市场做整体分析，将从台湾地区旅游市场宏观环境切入，了解台湾整体旅游环境，再分析台湾旅游市场中发展的各个阶段及特色，同时针对台湾现阶段发展状况、特色与问题，分析台湾地区旅游市场发展模式。

其次，本专题针对台湾地区旅游市场用户进行分析，首先从人口统计特征方向了解台湾旅游市场用户的性别、职业、受教育程度、居住区域等人口特征；再从旅游用户的消费行为分析，如来台目地、消费行为与偏好等方向进行研究。

再次，本专题将从台湾地区旅游行业角度分析，从台湾旅游行业分类、行业规模、行业特征、各行业中领导者及台湾旅游行业发展趋势进行分析。

最后，本专题将探讨两岸关系变化对台湾地区旅游市场的影响，这部分将从2000年台湾政治局势发生变化开始讨论，将分成2000年以前两岸旅游市场从萌芽到发展、2000~2016年两岸旅游市场蓬勃发展及2016年后两岸旅游市场急冻三阶段分析。

（三）研究意义

本项研究首度将台湾地区旅游市场纳入研究范围，对两岸旅游市场的交流与认识具有相当意义，同时希望借由本项研究对台湾地区旅游市场有更进一步的认识，更进一步促进未来两岸的交流与互动。

（四）研究方法

本项研究采取文献分析法，搜集台湾地区官方相关统计资料及一般探讨台湾地区旅游市场相关议题的文献，整理过去文献对于台湾旅游发展的研究成果。资料来源包括台湾地区官方统计资料、论文、书籍及网络资源等。

二、台湾地区旅游市场整体分析

（一）宏观环境分析

台湾地区从20世纪50年代开始发展旅游业，开始有计划地进行旅游市场规划，台湾旅游业从无到有、从弱到强，走出了一条自身发展旅游的特色之路。本节对台湾旅游业发展历程及发展特点进行了分析，在此基础上对其发展趋势做了探讨。

1. 从政治取向到经济取向

旅游业政策从政治取向走向经济取向转变发生在20世纪60~70年代，此时旅游业作为吸引游客的手段，其政治属性较为明显，此时的旅游业主要以接待海外游客来台旅游为主。

直至1979年台湾有条件地开放台湾居民到海外旅游，1987年有条件地开放台湾居民赴大陆探亲，台湾旅游业才开始进入较快发展的步伐。虽然台湾地区自20世纪80年代就已经认识到旅游业将成为台湾经济成长的主要来源，台湾行政主管部门也在1981年把旅游业列入九项“施政重点”。但在当时环境下，制造业依然是台湾经济发展的首要支柱，对旅游也并未受到太多关注。

进入 21 世纪，台湾行政主管部门再度关注旅游业。2004 年颁布的《服务业发展纲领及行动方案》，首次将“观光及运动服务业”正式确定为重点发展产业，并确立了“以发展会议展览服务业为先导，优先改善观光投资经营环境，发展运动休闲产业和规划包装及营销休闲农业，建立台湾永续发展的观光服务产业”的发展方针。

2008 年，马英九执政后，推出一系列改善两岸关系，发展经济的措施。其在《九二共识》基础上恢复两岸协商等执政理念的指导下，逐步开放大陆居民赴台观光，同时台湾行政主管部门把观光旅游列入优先推动的六大新兴产业之一，帮助台湾扩大内需，成为台湾地区经济发展动力之一。2011 年，又放开了大陆居民赴台自由行，由此带动了大陆人到台湾旅游的高潮，台湾旅游业由此进入一个新发展阶段。

2. 旅游收支盈余由顺差转为逆差，海外旅游竞争力变弱

伴随着台湾旅游业发展政策的变化，其旅游业海外收支变化可分为三个不同的阶段。第一阶段为 1956~1982 年，台湾旅游贸易呈现净顺差趋势。此期间台湾旅游业以海外旅游接待为主，大力吸引海外游客来台，海外游客共计为台湾创造外汇收入达 2.925 亿美元。20 世纪 60 年代中期后，旅游业创造外汇能力不断增强。此一时期，台湾地区外贸顺差中有极大一部分是海外旅游接待贡献的。

第二阶段为 1983~1991 年，台湾旅游贸易开始由顺差转逆差。这是因为从 1983 年起，台湾通过开放台湾居民出岛旅游，把大量的外汇以旅游支出的形式重新输入海外市场，这在一定程度上缓和了贸易保护主义压力。据统计，1984~1990 年，台湾旅游贸易创造外汇累计仅 117 亿美元，而同期出岛旅游支出则超过 200 亿美元。

第三阶段为 1992 年至今，台湾旅游贸易逆差不断扩大。随着台湾民众收入水平持续提高，台湾地区出岛旅游人数不断增多，旅游费用的支出持续增大。直到 1997 年受亚洲金融危机的冲击，台湾经济持续低迷、民众收入水平有所下降，居民出岛赴海外旅游支出才有所减少，旅游贸易的逆差呈缩减趋势，但每年还是有至少 30 亿美元的旅游贸易逆差。

3. 旅游客源市场早期长时间以日本、港澳特别行政区为主，大陆后来居上

台湾旅游客源市场常年主要分布于日本、香港特别行政区、澳门特别行政区，长期以来三地进入台湾旅游客源均占全体赴台游客的 60% 以上。而日本赴台旅游人数近年增长已逐渐趋缓，2017 年以旅游为目的赴台旅游人数为 189.88 万人次，占全部旅台人数 1073.96 万人次的 17.68%。东南亚、欧洲、澳大利亚和新西兰等地的客源份额近年来稳中有升。

随着大陆开放民众赴台自由行的地区大断增加，赴台湾旅游、探亲的大陆游客逐年上升，2015 年达到最高值 418.41 万人次，占比为 40.1%，但在 2016 年后两岸关系急冻，到了 2017 年全年大陆赴台旅客降为 273.25 万人次。

（二）发展阶段分析

本研究关于台湾地区旅游政策的分析，主要是因为每个时期台湾旅游政策皆呈现不同重点与特色。本研究以台湾地区过去重要旅游政策内容为经，影响旅游政策之因素为纬来说明。本研究将台湾旅游政策发展从 1945 至今划分为 6 个阶段。

第一阶段为 1945~1955 年休养生息期：台湾地区旅游发展与旅游政策，该时期为“二战”后日本战败离开台湾时期，也是台湾战后重生且社会不稳定的时期。本阶段初期台湾社会残破、政治不稳定，为政府对旅游业主要以休养生息为主不作为时期；后期则是旅游政策主要受政治引导，吸引外台湾人及侨胞到台湾了解台湾环境。

第二阶段为 1956~1970 年民间导入期：当时台湾已较前期稳定，在台湾行政主管部门支持下成立“台湾旅游协会”，为台湾第一个旅游组织，其时台湾尚无专门统筹旅游单位。此外《发展旅游条例》1969 年公布实施，乃政府第一个规范旅游发展的法律层级旅游法规。此阶段主要是受经济发展、民众需求以及为发展旅游奠基，旅游政策主要致力于成立旅游公私部门及组织，以利旅游之发展。

第三阶段为 1971~1979 年官方导入期：1971 年台湾交通部旅游局正名（原名为交通部观光事业局），此期间台湾民间运动风起云涌，1979 年开放台湾人出岛旅游，开起双向旅游时代。此阶段旅游政策主要是因应台湾民众出岛旅游的需求，开放台湾人出岛旅游。这时期可能是台湾旅游政策转变最大的时期，也可能是影响后续台湾旅游发展最为巨大的时期。

第四阶段为 1980~1987 年发展期：此一时期是台湾社会发展风起云涌的时代，风景区于此时期开始纷纷设立，宣布开放台湾人赴大陆探亲、旅游。此阶段前期主要是因应台湾民众日渐富裕后对旅游的强烈需求，旅游游憩区纷纷开放设立；后期则基于人道与促进两岸交流，开放台湾人赴大陆探亲旅游。

第五阶段为 1988~2000 年成熟期：此期间旅游政策主要是顺应台湾政治与经济发展，以及民众岛内外旅游需求日益增强，旅游政策着重于维护旅游秩序和质量、建设发展台湾旅游、因应周休二日的到来。多项旅游政策持续影响至今。

第六阶段为 2000 年到现在动荡期：台湾旅游贸易已经呈现逆差，台湾人出岛旅游市场蓬勃发展，两岸关系此时也发生变化，2001 年两岸推动小三通，扩大了两岸旅游市场发展；此后由于两岸关系和缓，两岸旅游市场蓬勃发展，2016 年达到最高峰；近期，两岸关系急冻，台湾旅游市场也开始萎缩。

（三）发展现状分析

台湾旅游市场可以分成赴台旅游、台湾人出岛旅游及台湾人岛内旅游三类市场，本章分别说明各市场的结构现状。

来台旅游市场自形成以来，其间虽经亚洲金融风暴及“九二一”大地震影响，但在台湾积极重建、加强海外旅游宣传推广下，2000 年赴台旅客人数达 260 万人次以上，表专 3-1 显示，到 2015 年，赴台旅客突破 1000 万人次，2017 年赴台旅客人数 1074 万人次，较上年增长 0.46%；但由于大陆游客减少，旅游外汇收入 123.15 亿美元，较上年减少 7.92%；赴台旅客人均消费 1147 美元，较上年减少 8.31%，赴台旅客人均每日消费 179.45 美元，较上年减少 6.91%。

表专 3-1　2015~2017 年赴台旅游市场相关指标值

指标	2017年	2016年	2015年
赴台旅客人次（人次）	10739601	10690279	10439785
旅游外汇收入（不含海外机票费）（亿美元）	123.15	133.74	143.88
赴台旅客人均消费（美元）	1147	1251	1378
赴台旅客平均停留夜数（夜）	6.39	6.49	6.63
赴台旅客人均每日消费（美元）	179.45	192.77	207.87
旅游目的旅客人次（人次）	7648509	7560753	7505457
旅游目的旅客人均每日消费（美元）	185.44	197.65	214.04
业务目的旅客人次（人次）	744402	732968	758889
业务目的旅客人均每日消费（美元）	215.92	220.21	232.80
赴台旅客整体满意度（%）	98	98	97
旅客来台重游比率（%）	41	37	34

注：赴台旅客人次、赴台旅客平均停留夜数、旅游目的旅客人次与业务目的旅客人次资料来源为内政部移民署。

就主要目的而言，旅游目的旅客以未请旅行社安排、代订住宿地点及机票，抵达后未曾参加本地旅行社安排的旅游行程者最多，占 37.49%；自行规划行程，请旅行社安排或代订住宿地点（及机票）次之，占 32.84%。业务目的旅客以抵达后未曾参加本地旅行社安排的旅游行程者为主，占 66.13%。

表专 3-2　2017 年受访旅客旅行方式——依赴台主要目的分析

单位：人

旅行目的	总计	旅行方式				
		参加旅行社规划的行程，由旅行社包办	自行规划行程，由旅行社包办	自行规划行程，请旅行社安排或代订住宿地点（及机票）	未请旅行社安排、代订住宿地点及机票，抵达后曾参加本地旅行社安排的旅游行程	未请旅行社安排、代订住宿地点及机票，抵达后未曾参加本地旅行社安排的旅游行程
全体	7320	1401	183	2292	53	3391
	100.00	19.14	2.50	31.31	0.72	46.33
观光	5290	1401	129	1737	40	1983
	100.00	26.48	2.44	32.84	0.76	37.49
业务	868	—	15	278	1	574
	100.00	—	1.73	32.03	0.12	66.13
海外会议或展览	85	—	4	41	—	40
	100.00	—	4.71	48.24	—	47.06
探亲或访友	905	—	5	184	11	705
	100.00	—	0.55	20.33	1.22	77.90

续表

旅行目的	总计	旅行方式				
		参加旅行社规划的行程，由旅行社包办	自行规划行程，由旅行社包办	自行规划行程，请旅行社安排或代订住宿地点（及机票）	未请旅行社安排、代订住宿地点及机票，抵达后曾参加本地旅行社安排的旅游行程	未请旅行社安排、代订住宿地点及机票，抵达后未曾参加本地旅行社安排的旅游行程
求学	36	—	5	8	—	23
	100.00	—	13.89	22.22	—	63.89
医疗	25	—	1	6	—	18
	100.00	—	4.00	24.00	—	72.00
其他	111	—	24	38	1	48
	100.00	—	21.62	34.23	0.90	43.24

注：– 表示无调查样本。

受访旅客近 3 年赴台次数以第 1 次比率最高，占 59.17%，其中旅游目的旅客首次赴台比率为 68.20%，业务目的旅客首次赴台比率为 35.14%，海外会议或展览目的首次赴台比率为 54.12%。

表专 3–3　2017 年受访旅客近 3 年首次赴台比率——依赴台主要目的分析

单位：%

目的类别	首次赴台比率
全体	59.17
观光	68.20
业务	35.14
海外会议或展览	54.12
探亲或访友	31.60
求学	55.56
医疗	40.00
其他	50.45

在台湾人出岛旅游部分，1979 年台湾地区开放出岛旅游以来，出岛人数在 1987 年突破 100 万人次，受台湾开放前往大陆探亲政策及经济持续增长影响，台湾人出岛旅游人数除在 1998 年因受金融风暴影响，人数略减外，均呈正增长，至 2000 年高达 733 万人次。近年来随着岛内游憩环境开发、建设，以及人民休闲观念的提升，加上自 1998 年实施隔周休二日后，台湾人休闲时间增加，岛内旅游人次已逐年增加，依据台湾地区主要游憩区游客人数统计，2000 年台湾民众岛内旅游人数已达 9600 万人次。2017 年台湾人岛内旅游次数计 18345 万人次，较 2016 年减少 3.64%。依据调查结果显示，2017 年平均每人岛内旅游次数为 8.70 次，较 2016 年的 9.04 次减少，推估 2017 年 12 岁以上台湾人岛内旅游总次数约为 18345 万人次，若含未满 12 岁的随行儿童，则总人次达 21364 万人次。2017 年台湾人从事岛内旅游的比率为 91.0%，较 2016 年的 93.2% 减少 2.2 个百分点。

表专 3-4　台湾人岛内平均旅游次数

单位：次

年份	第1季	第2季	第3季	第4季	全年
2017年	2.59	1.87	2.09	2.15	8.70
2016年	2.40	2.05	2.44	2.15	9.04

表专 3-5　台湾人从事岛内旅游的比率

单位：%

年	第1季	第2季	第3季	第4季	全年
2017年	72.7	67.8	67.5	71.2	91.0
2016年	68.3	63.8	71.1	69.1	93.2

2017 年台湾人以利用周末或星期日从事旅游最多，占 58.3%；与 2016 年比较，周末或星期日增加 1.4 个百分点，法定假日则减少 0.8 个百分点。另以旅游目的观察，2017 年台湾人主要因旅游、休憩、度假目的旅游者占 80.7%，而有 18.1% 是以探访亲友为目的，与 2016 年比较，旅游目的并无显著差异。

表专 3-6　岛内旅游所利用日期

单位：%

利用的日期	2017年	2016年
合计	100.0	100.0
法定假日	11.1	11.9
周末或星期日	58.3	56.9
平常日	30.6	31.2

注：2016 年台湾地区法定假日为 33 天，2017 年台湾地区法定假日则为 28 天。

表专 3-7　岛内旅游目的

单位：%

旅游目的		2017年	2016年
合计		100.0	100.0
旅游休憩度假	小计	80.7	81.2
	纯观光旅游	66.9	67.4
	健身运动度假	5.5	5.4
	生态旅游	3.2	3.3
	会议或学习性度假	0.7	0.7
	宗教性旅游	4.5	4.4
商（公）务兼旅行		1.1	1.1
探访亲友		18.1	17.7
其他		0.1	0.0

注："0.0" 表示百分比小于 0.05。

旅游 1 天的比率占 69.5%：2017 年约有 58.0% 的人次是在居住地区内从事旅游活动。就居住地区来看，不论居住在何地的台湾人，皆以在居住地区内从事旅游较多。69.5% 的人次是旅游 1 天，有 19.6% 是 2 天，8.1% 是 3 天，而有 2.8% 的人次是 4 天及以上；平均旅游天数为 1.49 天，较 2016 年的 1.44 天长。

表专 3–8　旅游天数

单位：%

旅游天数	2017年	2016年
合计	100.0	100.0
1天	69.5	71.8
2天	19.6	18.5
3天	8.1	7.4
4天及以上	2.8	2.3
平均每次旅游天数	1.49天	1.44天

台湾人选择参加或规划旅游地点时，以交通便利为主要考虑因素：台湾人选择旅游地点时的考虑因素，以交通便利的重要度排名第 1 位，品尝美食、没去过、好奇排名第 2 位。与 2016 年比较，有主题活动及配合同行儿童的喜好分别增加 1.8 个及 1.2 个百分点，交通便利则减少 2.9 个百分点。

表专 3–9　选择旅游地点时的考虑因素（重要度）

单位：%

考虑因素	2017年		2016年	
交通便利	40.0	（1）	42.9	（1）
品尝美食	14.3	（2）	14.3	（2）
没去过、好奇	13.1	（2）	13.2	（2）
有主题活动	12.1	（4）	10.3	（4）
配合同行儿童的喜好	7.4	（5）	6.2	（5）
配合长辈的喜好	3.6	（6）	3.1	（6）
新景点新设施	2.6	（6）	2.8	（6）
参观展览	2.8	（6）	3.3	（6）
民俗节庆活动	1.0	（9）	1.4	（9）
保健医疗	0.5	（9）	0.3	（10）
配合旅游卡	0.3	（9）	—	
其他	2.2		2.1	

注：1. 按选择考虑因素重要度的排序给予权重，并计算重要度百分比。

2.（　）内数字表示排名，名次相同者表示在 5% 显著水平下，无显著差异。

3.2016 年及 2017 年考虑因素为交通便利者中，各有 9.9% 及 9.1% 为考虑大众运输交通接驳方便。

4.2017 年新增“配合旅游卡”选项。

5.“—”代表无该项样本。

6. 其他包含有优惠券、每年固定行程等。

爱河、旗津及西子湾游憩区及淡水八里为台湾人到访比率较高的据点：就各旅游地区来看，到北部地区旅游以淡水八里到访比率最高，到中部地区旅游以逢甲商圈及日月潭到访比率较高，到南部地区旅游以爱河、旗津及西子湾游憩区到访比率较高，到东部地区旅游以七星潭到访比率最高。就 2017 年人次分析，若以旅游地区来看，到北部地区旅游者最多。若以地点来看，台湾人以到访爱河、旗津及西子湾游憩区及淡水八里的比率较高。

表专 3–10　旅游地区

单位：%

旅游地区	2017年	2016年
北部地区	36.3	37.9
中部地区	31.8	30.7
南部地区	30.4	29.4
东部地区	5.0	4.7
离岛地区	1.0	1.0

注：1. 旅游地区可复选。

2. 北部地区：台北市、基隆市、新北市、宜兰县、桃园市、新竹县、新竹市。

中部地区：苗栗县、台中市、彰化县、南投县、云林县。

南部地区：嘉义县、嘉义市、台南市、高雄市、屏东县。

东部地区：台东县、花莲县。

离岛地区：金门县、连江县、澎湖县。

表专 3–11　岛内旅游主要到访地点

2017年			2016年		
岛内旅游主要到访据点	到访比率（%）	总人次（万人次）	岛内旅游主要到访据点	到访比率（%）	总人次（万人次）
爱河、旗津及西子湾游憩区	4.02	738	爱河、旗津及西子湾游憩区	3.99	760
淡水八里	3.21	589	淡水八里	3.82	726
礁溪	2.91	533	日月潭	3.12	594
逢甲商圈	2.62	480	礁溪	2.96	563
日月潭	2.58	474	安平古堡	2.62	499
安平古堡	2.54	465	逢甲商圈	2.54	484
台中一中街商圈	2.19	401	溪头	2.32	441
溪头	2.04	373	台中一中街商圈	2.06	393
鹿港天后宫	1.76	323	罗东夜市	1.93	367
罗东夜市	1.74	319	奇美博物馆	1.67	317

注：1. 地点的到访比率 = 有去过该地点的样本人次 / 总样本人次。

2. 本文地点为单一地点，特指受访者有具体回答旅游地点名称者。

3. 该地点总人次 = 该地点到访比率 × 台湾人岛内旅游总人次。

台湾人旅游主要利用的交通工具仍为自驾车：依本调查结果显示，旅客旅游时主要利用交通工具仍以自驾车的比率（64.6%）最高，其次依序是搭乘游览车（11.7%）及公民营客运（9.7%）。与2016年比较，利用游览车及高铁的比率较2016年各增加0.8个百分点。

表专3–12　旅游时主要利用交通工具

单位：%

交通工具	2017年		2016年	
驾汽车	64.6	（1）	64.4	（1）
游览车	11.7	（2）	10.9	（2）
公民营客运	9.8	（3）	9.8	（3）
机车	7.8		7.9	
台铁	7.8		7.7	
高铁	4.2		3.4	
捷运	8.5		8.5	
飞机	0.8		0.9	
船舶	1.8		1.9	
出租汽车	1.0		1.1	
出租车	1.9		1.7	
脚踏车	1.2		1.1	
旅游专车	0.1		0.1	
缆车	0.2		0.1	
其他	1.0		0.4	

注：1. 旅游时主要利用交通工具为复选

2.（　）表示前3名排序，数字相同者表示在5%的显著水平下，无显著差异。

3. 公民客运包含快捷巴士、台湾好行景点接驳公交车及其他一般公民营客运等，旅游专车则为台湾观巴、双层观光巴士等。

4. 其他交通工具包括徒步、校车、旅馆接驳车等。

98%的旅客对岛内旅游地点的整体表示满意：旅客对所到过的旅游地点的整体满意度（含非常满意及还算满意）有97.5%，不满意（含不太满意及非常不满意）有1.4%；不满意的项目以环境管理与维护、交通顺畅情形及停车场设施较高。

表专3–13　台湾人对旅游地点整体满意程度

单位：%

年	合计	满意度			不满意度			不知道/无意见
		小计	非常满意	还算满意	小计	不太满意	非常不满意	
2017年	100.0	97.5	21.4	76.1	1.4	1.3	0.1	1.1
2016年	100.0	97.3	20.9	76.4	1.8	1.6	0.2	0.9

注：1.“满意度”包含非常满意及还算满意，“不满意度”包含不太满意及非常不满意。

2. 已扣除纯粹探访亲友未去任何旅游景点者。

（四）岛内与出岛旅游比较分析

出岛旅客曾从事岛内旅游的比率为96.9%，高于没有出岛者从事岛内旅游的比率（88.2%）：2017年台湾人从事岛内旅游的比率为91.0%，从事出岛旅游的比率为32.5%；平均每人岛内旅游次数为8.70次，平均每人出岛次数为0.66次。就有无出岛旅游经历对岛内旅游的影响来看，有出岛旅游经历者，不论参与岛内旅游的比率、岛内旅游平均费用及平均旅游天数皆较无出岛旅游经历者高。就有无参与岛内旅游对出岛旅游的影响来看，有参与岛内旅游者进行出岛的比率高于没有参与岛内旅游者，而无参与岛内旅游者，出岛停留夜数则高于有参与岛内旅游者；出岛的每人每次消费支出则无影响。

表专3-14　2017年岛内、岛外旅游人次统计

	岛内旅游					出岛旅游				
	第1季	第2季	第3季	第4季	全年	第1季	第2季	第3季	第4季	全年
没旅游	27.3%	32.2%	32.5%	28.8%	9.0%	89.8%	89.2%	88.4%	88.3%	67.5%
有旅游	72.7%	67.8%	67.5%	71.2%	91.0%	10.2%	10.8%	11.6%	11.7%	32.5%
平均每人旅游次数	2.59次	1.87次	2.09次	2.15次	8.70次	0.15次	0.17次	0.17次	0.17次	0.66次
台湾人旅游人次	54643000人次	39465000人次	43916000人次	45425000人次	183449000人次	3648144人次	4101556人次	4074432人次	3830447人次	15654579人次
总人次	63386000人次（含未满12岁儿童）	46174000人次（含未满12岁儿童）	51382000人次（含未满12岁儿童）	52693000人次（含未满12岁儿童）	213635000人次（含未满12岁儿童）					

表专3-15　2017年岛内旅游比率、平均费用及旅游天数——依有无出岛旅游

出岛情形 \ 项目	岛内旅游比率（%）	平均旅游费用（新台币元）	平均旅游天数（天）
全体	91.0	2192	1.49
有从事出岛者	96.9	2652	1.58
无从事出岛者	88.2	2134	1.47

表专3-16　2017年出岛比率、平均消费支出及旅游夜数——依有无岛内旅游

岛内旅游情形 \ 项目	出岛比率（%）	每人每次平均消费支出（新台币元）	平均旅游夜数（市）
全体	32.5	47841	7.59
有从事岛内旅游者	34.6	47386	7.19
无从事岛内旅游者	11.2	49016	8.61

66%的出岛旅客未因出岛旅游而减少岛内旅游次数，而影响台湾人出岛旅游意愿的主要原因为假期长短或时间可以配合：2017年出岛旅客中，有因出岛旅游而减少岛内旅

游次数者 33.6%，较 2016 年增加 3.5 个百分点；影响台湾人出岛旅游意愿的主要原因以假期长短或时间可以配合的比率最高，有 31.9%，其次是预算充足（17.9%），与 2016 年比较，假期长短或时间可以配合及机票或团费价格便宜的比率较 2016 年分别增加 1.9 个及 1.4 个百分点；预算充足、套装行程内容具吸引力及工作或家庭照顾有适切的安排则分别较 2016 年减少 2.4 个、1.3 个及 0.9 个百分点。另就岛内外旅游间之交互关系来看，以有从事岛内旅游而未出岛旅游者为最多（59.5%），有岛内外旅游次之占 31.5%，没有岛内外旅游则占 8.0%，而以有出岛但未在岛内旅游为最少，占 1.0%。

表专 3-17　因出岛旅游而减少岛内旅游次数情形

单位：%

项目	2017年	2016年
合计	100.0	100.0
没有因出岛而减少岛内旅游	66.4	69.9
有因出岛而减少岛内旅游	33.6	30.1

表专 3-18　影响台湾人出岛旅游意愿的原因

单位：%

项目	2017年	2016年
合计	100.0	100.0
假期长短或时间可以配合	31.9	30.0
预算充足	17.9	20.3
亲友邀约	10.6	10.5
机票或团费价格便宜	9.5	8.1
套装行程内容具吸引力	8.9	10.2
工作或家庭照顾有适切的安排	5.5	6.4
身体健康状况	4.5	4.6
汇率变动	1.7	1.3
商务需要	1.0	0.9
其他	0.2	0.1
没有意愿出岛	8.3	7.6

注：其他原因包含社会情势动态、天灾、天气等。

表专 3-19　2017 年岛内外旅游交互情形

单位：%

岛内旅游 \ 出岛	没有	有	合计
没有	8.0	1.0	9.0
有	59.5	31.5	91.0
合计	67.5	32.5	100.0

出岛人次中，每月平均所得高于岛内的人次：比较岛内与出岛人次的基本特征资料

显示，台湾人从事岛内旅游以2~3月份、6月份、8~9月份及12月份居多，出岛旅游则以2月份、4~8月份及10月份最多；以性别观察：岛内外人次中，男女性的比率都约为各半；以年龄观察：岛内外人次，游客的平均年龄皆为42岁；以月收入观察：岛内人次月平均收入为新台币27747元，低于出岛的35833新台币元；以工作别观察：岛内人次中，以家庭管理、服务及销售人员、学生、技术员及助理专业人员、退休人员、事务支援人员较多，而出岛的人次则以学生、技术员及助理专业人员、服务及销售工作人员、退休人员、专业人员、家庭管理较多。

表专3-20　2017年岛内、岛外人次特性比较

特性	岛内人次	出岛人次
旅游月份	2月（8.9%）、3月（8.7%）、6月（9.5%）、8月（8.3%）、9月（9.9%）、12月（12.2%）居多	2月（8.2%）、4月（8.4%）、5月（8.8%）、6月（9.0%）、7月（9.5%）、8月（8.7%）、10月（9.0%）较多
性别	男性占49.0%、女性占51.0%	男性（49.7%）、女性（50.3%）各半
年龄	平均年龄（中位数）：42岁	平均年龄（中位数）：42岁
每月平均所得	每月平均所得（中位数）：新台币27747元	每月平均所得（中位数）：新台币35833元
工作别	家庭管理（14.7%）、服务及销售工作人员（12.0%）、学生（11.8%）、技术员及助理专业人（10.9%）、退休人员（10.9%）、事务支援人员（10.4%）较多	学生（11.6%）、技术员及助理专业人员（11.6%）、服务及销售工作人员（11.6%）、退休人员（11.5%）、专业人员（10.8%）、家庭管理（10.5%）较多

注：出岛人次旅游月份、性别、年龄为观光局官方统计资料。

台湾人从事岛内旅游目的为观光、游憩、度假者最多（80.7%），探亲访友次之（18.1%）；而出岛旅游亦以观光旅游为目的者最多（72.3%），其次为商务（15.5%）及探访亲友（10.2%）。出岛观光目的旅客选择旅游国家（地区）的主要原因，以亲友邀约（34.8%）及好奇，体验异国风情（21.3%）较高。与2016年比较，观光目的旅客选择旅游国家的主要原因并无显著差异。

表专3-21　2017年岛内、岛外旅游目的比较

岛内旅游			出岛旅游	
旅游目的		旅次比率（%）	旅游目的	旅次比率（%）
合　计		**100.0**	合　计	**100.0**
观光休憩度假	小计	80.7	观光旅游	72.3
	纯观光旅游	66.9		
	健身运动度假	5.5		
	生态旅游	3.2		
	会议或学习型度假	0.7		
	宗教旅行	4.5		
商（公）务兼旅行		1.1	商务	15.5
探访亲友		18.1	探访亲友	10.2
—		—	短期游学	2.0
其他		0.1	其他	—

注：“—”代表无该项样本。

表专 3–22 观光目的旅客选择旅游国家（地区）的主要原因

单位：%

出岛的主要原因	2017年	2016年
合计	100.0	100.0
亲友邀约	34.8	33.8
好奇，体验异国风情	21.3	22.6
离开岛内，疏解压力	11.8	12.5
旅费便宜	6.7	7.1
公司招待	4.4	4.2
购物	4.3	4.5
特殊观光活动	3.8	3.4
历史文物	3.5	3.7
旅游交通方便	3.1	2.0
游憩设施佳	2.7	1.4
品尝异国美食风味	1.6	2.7
宗教因素	0.6	1.1
其他	1.4	1.0

台湾人在岛内外旅游皆以近程旅游居多：2017 年台湾人岛内人次中，有 58.0% 属居住地区内旅游，而出岛人次中到访亚洲地区有 98%，并以到访日本（36.2%）最多。与 2016 年比较，到访日本增加 1.3 个百分点，到访大陆的比率则减少 1.5 个百分点。

表专 3–23 台湾人出岛到访国家（地区）

单位：%

到访国家（地区）			2017年		2016年	
亚洲	大陆港澳	香港	32.1	7.8（3）	32.5	6.7（3）
		大陆		23.1（2）		24.6（2）
		澳门		2.7		2.9
	东南亚	泰国	13.0	3.0	13.1	3.4
		马来西亚		2.8		2.5
		新加坡		2.3		2.3
		印度尼西亚		1.0		1.3
		菲律宾		1.0		1.1
		越南		3.2		2.9
		柬埔寨		0.5		0.5
		缅甸		0.2		0.2
	东北亚	日本	41.9	36.2（1）	40.7	34.9（1）
		韩国		5.8		5.9（3）
	中南亚	印度	0.4	0.4	0.0	0.0
	其他	其他	1.1	1.1	1.0	1.0
美洲		美国	4.9	3.7	5.5	4.4（3）
		加拿大		2.3		1.1
		其他		0.4		0.4

续表

到访国家（地区）		2017年		2016年	
欧洲	英国	5.6	0.8	6.2	1.0
	荷兰		0.5		0.6
	比利时		0.4		0.3
	法国		1.1		1.0
	德国		1.2		2.0
	瑞士		0.3		1.1
	奥地利		0.6		1.3
	捷克		0.6		1.0
	匈牙利		0.2		0.2
欧洲	意大利	5.6	0.8	6.2	0.9
	希腊		0.2		0.1
	西班牙		0.6		0.3
	其他		1.4		1.7
大洋洲	澳大利亚	2.0	1.7	1.6	1.3
	新西兰		0.4		0.2
	帛琉		0.0		0.1
	其他		0.0		—
非洲	南非	0.2	0.0	0.3	0.1
	其他		0.2		0.2

注：1. 到访国家可复选。

2. “—” 代表无该项样本。

3.（　）内数字表示前 3 名的排序，数字相同者表示经过检定后无显著差异，因此排名相同。

北部地区台湾人为岛内、出岛旅游主要客源：以台湾人居住地区分析，岛内旅游以居住于北部地区者最多（占 45.0%），其次是中部地区（占 25.7%）及南部地区（占 27.1%），而出岛旅游亦以居住于北部地区者（占 54.0%）最多，中部地区（占 20.8%）、南部地区（占 21.2%）次之，显见北部地区台湾人为岛内、出岛旅游的主要客源。

表专 3–24　2017 年岛内、岛外旅游人次分布（按居住地区分）

居住地区	岛内旅游人次百分比（%）	出岛旅游人次百分比（%）
合计	100.0	100.0
北部地区	45.0	54.0
中部地区	25.7	20.8
南部地区	27.1	21.2
东部地区	1.5	2.1
离岛地区	0.7	1.9

岛内外旅游均以个人旅游方式出游居多：台湾人参与岛内旅游以个人旅游方式为主（87.1%），参与出岛旅游亦以个人旅游方式为主（69.4%），而出岛旅游为团体的比率为30.6%，较岛内旅游的12.9%高。而选择旅行社的原因皆以亲友推荐、价格合理及过去参加过该旅行社的行程居多。

表专3–25　2017年岛内、岛外旅游方式比较

单位：%

项目	岛内旅游	出岛旅游
合计	100.0	100.0
个人旅游	87.1	69.4
团体旅游	12.9	30.6

注：岛内旅游的“个人旅游”系指自行规划旅游且主要利用交通工具非游览车者；

出岛旅游的“个人旅游”系指购买自由行或参加机加酒行程、委托旅行社代办部分出岛事项及未委托旅行社全部自行安排者。

表专3–26　每人每次出岛行前与回岛后之平均支出比较

单位：元（新台币）

费用	2017年	2016年
合计	1973	2251
出岛前准备相关物品花费	1278	1537
来回机场、港口的交通费	648	671
回岛后相关支出	47	13

注：1. 出岛前准备相关物品花费包含在岛内购买旅行装备、衣物、药品及送给岛外亲友的礼品等。

2. 回岛后相关支出包含相机修理、行李箱修理或洗衣费等因回岛后所发生的相关支出。

三、台湾地区旅游环境分析

（一）行业分类

根据台湾2016年所颁布的《行业标准分类》第10次修订可知，旅行及相关服务业为从事旅行及相关服务的行业，如安排及贩售旅游行程（食宿、交通、参观活动等）、提供导游及领队服务、提供旅游咨询及相关代订等服务；根据《发展观光条例》第27条之规定，关于旅行业业务范围如下所示：接受委托代售海、陆、空运输事业之客票或代旅客购买客票。接受旅客委托代办出、入台湾及签证手续。招揽或接待观光旅客，并安排旅游、食宿及交通。设计旅程、安排导游人员或领队人员。提供旅游咨询服务。其他经主管机关核定与岛内外观光旅客旅游有关之事项。依其业务范围，主管机关得按其性质，区分为综合、甲种、乙种旅行社。

目前全台湾旅行社共有3925家，如果扣除分公司，只计算总公司，共有3057家，其中较大型的综合旅行社总公司共137家，甲种旅行社2654家，乙种旅行社266家。

在从业人员方面，目前台湾共有领有合格证照的领队共有59624人，导游40365人。

表专3-27　旅行社家数统计——依县市分

区域	县市	总计			综合			甲种			乙种		
		合计	总公司	分公司	合计	总公司	分公司	合计	总公司	分公司	合计	总公司	分公司
北台湾	台北市	1481	1366	115	170	112	58	1299	1242	57	12	12	0
	新竹县	41	27	14	7	0	7	33	26	7	1	1	0
	新竹市	75	45	30	21	0	21	49	40	9	5	5	0
	新北市	196	129	67	52	1	51	119	104	15	25	24	1
	基隆市	19	11	8	4	0	4	11	7	4	4	4	0
	桃园市	246	170	76	52	0	52	176	152	24	18	18	0
	宜兰县	55	42	13	9	0	9	34	30	4	12	12	0
	合计	2113	1790	323	315	113	202	1721	1601	120	77	76	1
中台湾	台中市	504	335	169	94	7	87	392	310	82	18	18	0
	彰化县	83	56	27	17	0	17	60	50	10	6	6	0
	云林县	34	23	11	5	0	5	25	19	6	4	4	0
	苗栗县	51	35	16	8	0	8	41	33	8	2	2	0
	南投县	33	23	10	4	0	4	27	21	6	2	2	0
	合计	705	472	233	128	7	121	545	433	112	32	32	0
南台湾	台南市	230	151	79	50	1	49	171	141	30	9	9	0
	嘉义县	17	14	3	2	0	2	9	8	1	6	6	0
	嘉义市	85	56	29	16	0	16	62	49	13	7	7	0
	高雄市	474	337	137	89	15	74	364	301	63	21	21	0
	屏东县	27	15	12	7	0	7	17	12	5	3	3	0
	合计	833	573	260	164	16	148	623	511	112	46	46	0
东台湾	台东县	39	35	4	2	0	2	10	8	2	27	27	0
	花莲县	48	37	11	5	0	5	37	31	6	6	6	0
	合计	87	72	15	7	0	7	47	39	8	33	33	0
离岛	澎湖县	125	114	11	1	1	0	45	34	11	79	79	0
	连江县	9	8	1	0	0	0	9	8	1	0	0	0
	金门县	53	28	25	5	0	5	48	28	20	0	0	0
	合计	187	150	37	6	1	5	102	70	32	79	79	0
总计		3925	3057	868	620	137	483	3038	2654	384	267	266	1

表专3-28　培训合格与领取执照领队人次统计——依语言别分

语言类别	区分	合计	男性	女性
不重复人数	培训合格	70322	34820	35502
	领取执照	59624	30351	29273
日语	培训合格	6818	3726	3092
	领取执照	5511	2850	2659

续表

语言类别	区分	合计	男性	女性
西班牙语	培训合格	204	87	117
	领取执照	188	83	105
法语	培训合格	174	58	116
	领取执照	151	51	100
阿拉伯语	培训合格	3	2	1
	领取执照	1	1	0
俄语	培训合格	3	2	1
	领取执照	2	1	1
英语	培训合格	36706	15934	20772
	领取执照	30360	13779	16574
汉语普通话	培训合格	26548	15135	11413
	领取执照	21320	12781	8539
粤语	培训合格	1	1	0
	领取执照	1	1	0
意大利语	培训合格	2	1	1
德语	培训合格	179	56	123
	领取执照	159	53	106
韩语	培训合格	22	10	12
	领取执照	18	10	8

依据台湾旅游发展条例规定，旅馆业可以分成三类。

观光旅馆业：境外观光旅馆或一般观光旅馆，对旅客提供住宿及相关服务的营利企业。

旅馆业：指观光旅馆以外，对旅客提供住宿休息及其他经主管机关核定相关的营利企业。

民宿：利用自用住宅空房，结合当地人文、自然景观、生态、环境资源及农林渔牧生产活动，以家庭副业方式经营的民宿。

目前观光旅馆及旅馆业共计 852 家，房间数共计 58748 个房间。

民宿业者共 8819 家，房间数共有 37028 个房间。

表专 3–29 台湾地区观光旅馆家数及房间数统计表——总表

地区/客房数	海外观光旅馆					一般观光旅馆					合计				
	家数	单人房	双人房	套房	小计	家数	单人房	双人房	套房	小计	家数	单人房	双人房	套房	小计
新北市	3	105	539	49	693	5	190	197	61	448	8	295	736	110	1141
台北市	27	2629	5238	1041	8908	18	1037	1194	277	2508	45	3666	6432	1318	11416
桃园市	5	558	788	109	1455	4	368	324	125	817	9	926	1112	234	2272
台中市	5	561	498	76	1135	3	280	229	29	538	8	841	727	105	1673

续表

地区/客房数	海外观光旅馆					一般观光旅馆					合计				
	家数	单人房	双人房	套房	小计	家数	单人房	双人房	套房	小计	家数	单人房	双人房	套房	小计
台南市	6	521	770	138	1429	1	17	21	2	40	7	538	791	140	1469
高雄市	10	1399	1968	336	3703	2	95	238	64	397	12	1494	2206	400	4100
宜兰县	5	260	534	99	893	3	113	158	33	304	8	373	692	132	1197
新竹县	1	261	92	33	386	1	242	105	37	384	2	503	197	70	770
苗栗县	0	0	0	0	0	1	11	174	6	191	1	11	174	6	191
南投县	3	133	175	91	399	0	0	0	0	0	3	133	175	91	399
嘉义县	0	0	0	0	0	3	95	113	28	236	3	95	113	28	236
屏东县	3	128	676	47	851	1	24	184	26	234	4	152	860	73	1085
台东县	2	143	247	69	459	1	20	259	11	290	3	163	506	80	749
花莲县	5	270	766	213	1249	0	0	0	0	0	5	270	766	213	1249
澎湖县	1	61	247	23	331	1	44	17	17	78	2	105	264	40	409
基隆市	0	0	0	0	0	1	73	64	4	141	1	73	64	4	141
新竹市	2	320	114	31	465	0	0	0	0	0	2	320	114	31	465
嘉义市	1	40	200	5	245	1	49	68	3	120	2	89	268	8	365
金门县	0	0	0	0	0	1	3	41	3	47	1	3	41	3	47
合计	79	7389	12852	2360	22601	47	2661	3386	726	6773	126	10050	16238	3086	29374

表专 3-30 2018 年 7 月民宿家数、房间数、经营人数统计表

	合法民宿			未合法民宿			小计		
县市别	家数	房间数	经营人数	家数	房间数	经营人数	家数	房间数	经营人数
新北市	239	805	324	25	148	56	264	953	380
台北市	1	5	1	3	3	3	4	8	4
桃园市	44	186	78	26	110	34	70	296	112
台中市	91	344	127	13	97	9	104	441	136
台南市	218	780	311	1	10	1	219	790	312
高雄市	61	250	73	5	23	4	66	273	77
宜兰县	1404	5435	1806	67	371	48	1471	5806	1854
新竹县	72	277	89	13	66	13	85	343	102
苗栗县	286	1024	364	1	4	1	287	1028	365
彰化县	53	215	81	11	43	10	64	258	91
南投县	650	3131	812	135	697	124	785	3828	936
云林县	66	300	71	8	24	7	74	324	78
嘉义县	192	659	344	43	187	44	235	846	388
屏东县	724	3038	935	172	1065	155	896	4103	1090
台东县	1216	5228	1610	41	166	33	1257	5394	1643
花莲县	1798	7014	1879	28	118	15	1826	7132	1894
澎湖县	656	3101	742	28	204	26	684	3305	768
基隆市	1	5	1	0	0	0	1	5	1
新竹市	0	0	0	1	0	0	1	0	0

续表

县市别	合法民宿			未合法民宿			小计		
	家数	房间数	经营人数	家数	房间数	经营人数	家数	房间数	经营人数
金门县	293	1390	465	0	0	0	293	1390	465
连江县	128	482	165	5	23	9	133	505	174
总计	8193	33669	10278	626	3359	592	8819	37028	10870

（二）行业特征

台湾“交通部秘书处”曾指出台湾旅游业特性有以下几点：

- 旅游业的商品乃是劳务的提供，淡季与旺季人员之调配弹性甚少；
- 行业销售的是无形产品，无法事先看货尝试；
- 塑造产品的良好印象是服务业的要件，而推广与人员销售更重要；
- 旅游业的交易行为的达成主要乃建立在信用上，人际关系更为争取客源的一大法宝；
- 旅行业乃以人为中心的事业，人不仅是其服务的对象，也是其事业的资产；
- 无须庞大资本，竞争激烈，因此从旅行社、旅馆业、餐饮业甚至游览车业者都常因竞争而减价，导致旅游品质低落；
- 供应商的弹性小，旅行业上游相关事业体的建筑与开发，必须经过长时期的计划且相当耗时，难因应对旅游需求的突然增加而及时回应；
- 供应商之间的竞争激烈，各旅游供应商为了争取客源，经常会采取各种竞争手段，这种情形对于旅游产品的质量有很大的影响。

（三）行业巨头

2008 年首度开放大陆居民赴台旅游后，大陆游客占整体来台旅客比例逐年上升，目前比重占到四成，是第一大来源。

而台湾旅行社多达 3057 家，有许多中小型旅行业者将全部重心放在大陆客团的情况看来，若是大陆客源减少等因素持续下去，台湾旅游业势必面对一波波倒闭、重组潮。大型旅行社则因分散化的产品线，较不会受此一因素严重冲击。目前台湾旅行社有 6 家上市大型旅行社，分别介绍如下：

1. 雄狮旅行社

雄狮有完整的事业群。以旅游为主轴，多角化经营有欣传媒，并用网络媒体、平面媒体以及达人博客等方式培养分众化客群；雄狮杏林公司则主打医疗旅游市场，而旅天下瞄准的是自由行市场；另有杰森营销公司，负责媒体公关。

雄狮虽然原本是家实体旅行社，但是其早年建立的内部科技环境，大大地帮助雄狮顺利跨入网络旅行社经营，成为台湾热门旅行社网站第一名，达到了虚实整合的综效。目前雄狮持续在大陆市场生根，有利于长期营运。

2. 凤凰旅行社

在 2006 年转为投资专门代理全球航空票务和货运业务的营利企业、提供完整的海外机票、订房等各种旅游票券销售的玉山票务，以及为菲律宾航空长滩岛包机总代理的菲美旅游。后来还吸收了运通旅行社，代理美国航空及以色列航空等业务。

凤凰目前经营策略着重在欧洲线的深化，并加强日本线、大陆线的开发，同时持续推广邮轮旅游。然而，凤凰的主要收入来源为欧洲线、其他（机票手续费及子公司收入）的部分正面临一些冲击。欧洲线的部分，首先台湾人到欧洲旅游人数本来就相对较少，加上 2015 年底法国巴黎恐怖袭击造成的阴影。然后是其他的部分，营收逐年下滑，估计是较晚投入网络旅社开发，受到其他网络旅社冲击所致。

3. 灿星旅游

为灿坤旗下的旅游公司，业务以亚洲线为主。灿坤近年持续扩充旗下餐饮品牌，包括日法坊、富士印、五食五心、乐义、喆喆蒸煮锅、纯焠牛排、90 米甜品，并持有五花马餐饮集团 40% 股权。还取得了南部知名咖连锁店金矿咖啡经营权。

灿坤曾表示不排除将餐饮和灿星旅合并上市，在取得金矿咖啡经营权后，转型的计划成真。但是结合餐饮和旅游是否发挥内效，仍待检验。在现今消费者更加重视服务质量和逐渐走向分众、专业化旅游内容的趋势来看，以网络起家的灿星旅，在实体店面上的顾客服务管理不够完善和旅游从业人员经验不足等问题，将迫切面临改善。

4. 易游网

2010 年三家航空公司退出经营，易游网改组，新的经营团队逐步扩大业务与服务范畴。目前营收比重以日本为主的东北亚线为主。而相较同业均以网络窗口结合实体店面的虚实整合策略，改组合的易飞网（原易游网）仍坚持走自己的路，以全面自动化为目标，持续投入强化在线交易系统和丰富产品线内容，并未将资源用在发展实体店面。然而，在同行业相继投入在线系统的开发，以虚实整合培养客群的威胁下，仅以网络作为销售平台的易飞网能否以更便利地服务和以更多样的产品来吸引消费者，将影响易飞网未来的发展。

5. 山富旅行社

早期欧美邮轮市场兴起时，山富就开始参与，陆续拿下几家国际邮轮公司的台湾代理权。近年国际邮轮往亚洲发展，山富也引进邮轮至基隆港。更在 2013 年拿下亚洲最大邮轮——皇家加勒比公司代理权。2014 年收购光华旅行社，强化入境业务。

6. 五福旅行社

2013 年时，曾差点被同业灿星旅并购，但是后来破局，让五福有机会重新检视公司经营体质。现在以长程线和主题旅游为发展重点，同时强化公司 IT 体质。

（四）发展趋势

台湾旅游业迄今已有近60年的发展历程，取得了长足的进步，在新的历史条件下，台湾旅游业呈现出以下发展趋势。

第一，台湾当局对旅游业的行政职能由干预型向指导型转变，市场化程度越来越高，在台湾旅游业发展初期，台湾旅游市场还未标准化，常出现恶性竞争的情况，台湾行政主管部门经常采用暂停注册的方式，对旅游业采取强硬的行政干预。如1974~1975年控制饭店业的建设，1978~1987年，长达9年地停止旅行社的申办工作。1990年后，台湾行政主管部门逐渐转向以“立法”为主要手段来引导和规范旅游业的发展，1995年新修订的《旅行业管理规则》就是这种转向的典范，促使旅行社开始建立投保责任保险及履约保险的制度，规范了旅行社的行为。

第二，进入21世纪后，随着台湾经济处于停滞状态，大力发展旅游业成为台湾的选择之一，在台湾将观光旅游作为台湾六大新兴产业之一，重点优先发展的同时，亦推出了《观光拔尖领航方案》。可以预见，在今后的发展过程中，旅游行政主管部门将以指导性的意见引导旅游业向着良性的方向发展，并根据市场的变化适时做出调整。

第三，两岸协作加强，大陆游客在台湾入境旅游中所占的比例呈越来越高的趋势，但受两岸关系变化影响明显。自两岸旅游交往打破长期以来单向、间接、民间的状态后，大陆游客对台湾旅游业的贡献持续升温，但仍有许多限制，这些都严重影响了大陆居民赴台旅游热情，一直以来，大陆赴台旅游人数都十分有限。比如2004年之前，台湾具有接待大陆赴台观光业务资格的旅行社有52家。但全年接待大陆进岛观光仅1347团（19234人次），而这已较2003年增长50.17%。随着两岸实现春节包机对飞、福建居民“金马游”先后启动，两岸旅游业务合作进入新阶段。据统计，金门游从2004年12月7日启动，到2007年6月，福建旅行社共组织赴金门旅游1668团32864人次。对金门、马祖乃至整个台湾地区的旅游经济都产生了积极的促进作用。于2008年7月4日正式启动的周末包机赴台旅游活动，给台湾旅游业迎来了巨大的发展商机。同年12月，两岸空中航线不再经港澳而直飞台湾，大大缩减了赴台的时间成本。台湾也针对大陆游客推出了包括北台湾经典六日游、中台湾休闲乐活六日游、东台湾山海恋六日游和南台湾万象风情六日游在内的四条经典线路，全线路和深度旅游成为赴台旅游的关键词，与此同时，两岸相关的旅游从业人员也骤增至50万。从统计资料可知，2010年大陆以163.07万人次首次超过日本的108.02万人次成为入台的第一客源地。2011年5月，台湾开放大陆居民赴台自由行后，入台旅游人数当年就达到178.42万人次，到2015年游客达到最高值418.41万人次，是2011年的2.35倍，极大地拉动了台湾旅游经济的发展。2016年后，两岸关系趋冷，当年大陆入台旅游人数比2015年最高值减少了67.24万人次，可见两岸关系的冷热严重影响着台湾入境旅游市场。总之，一方面随着大陆游客赴台自由行地区的不断开放，另一方面直航带来时间、成本上的利多，以及台湾深度特色线路的全面开发等，大陆民众赴台旅游已进入了全面发展时期，虽然政治原因势必对大陆游客赴台制造了障碍，但两岸加强交流是大势所趋，台湾行政主管部门应顺应民意，使两岸关系回归到好的发展轨道上来，只有这样，大陆才能成为台湾旅游业发展的坚强后盾。

四、两岸关系变化对台湾地区旅游市场的影响

（一）2000 年以前两岸旅游市场从萌芽到发展

从 1989 年台北正式宣布在大陆有三等亲的台湾居民可前往大陆之后，两岸的文化交流秩序迅速建立，从最初的人员往返，进而经贸交流，甚至再进一步是学术、文化、宗教、科技等各种文化的交流，双方接触之频繁都可用数据来说明。

（二）2000~2016 年两岸旅游市场蓬勃发展

从 2005 年 1 月至 2008 年 5 月，两岸经过谈判，谈成三次包机协议，包括两岸春节包机与四项项目包机协议，共执行 443 次往返航班。台湾早期开放第二类及第三类大陆人士赴台观光，每年来台人数约达 7 万，但由于市场杀价抢单的情况仍十分严重，导致经第三地来台的大陆观光团旅游品质不佳，低价购物团充斥，而台湾行政主管部门为避免第一类大陆人士来台之旅重蹈旅游品质不佳的覆辙，提高收费标准，也同时维护大陆人士赴台旅游品质，台湾旅行社业者承接第一类大陆人士赴台观光的业务，出现合理利润，更可有效地提升旅游品质，亦具备不小的实质效益。

自 2003 年，大陆人士来台观光比例从 30.93% 开始快速增长，至 2005 年时已达 40.9%，其间的年复合增长率达 35.54%。由于此时期大陆人士赴台主要仍以旅游为主，台湾饭店旅馆业者的营运将可望大受激励，海外观光旅馆受益程度将大于其他等级的旅馆业者，而五星级饭店业者受惠程度将更为明显。由于过去台湾的旅游产业较不受重视，因此赴台旅客人数成长速度较为缓慢，使台湾海外观光旅馆年平均住房率始终无法超越 70%，直至 2005 年才一举突破 70% 的年平均住房率。

在 2008 年之后，陆资、外资、与回流的台商资金等“三资”正悄悄地进入台湾。市场各种讯息显示，这股钱潮对房市、股市已迅速产生相当的冲击。此刻两岸大背景下，对旅游观光行业有巨大刺激效应，可能是潜力最大的行业了。由于过去几年没有发展，所以“三通”之后，相信大陆一定会有许多观光客到台湾。依台湾统计数据显示，2008 年大陆赴台湾游客仅 8 万，之后两岸从包机直航变成平日直航，大陆游客赴台观光，从每天 3000 人增长到每天 10000 人，台湾整体内需市场的消费景况发生重大改变。

2000 年台湾旅行商业同业公会就算出，每天若开放 3000 名大陆游客来台，一年等于 109.5 万人，以一趟 7 天计，每天平均花费人民币 1700 元，将创造台湾旅游产业人民币 150 亿元 / 年的商机，对整体经济成长贡献 0.5 个百分点。单是大陆游客赴台观光的效益就势必会迅速提升台湾餐饮、旅游、百货等各相关行业，如此一来金融业配合服务业整

体业绩的提升，自然也会蓬勃而起。

台湾在2008年底大陆游客的比例与人数才迅速增加。现阶段台湾的观光旅游业房产尚不能完全承受大陆观光客突然的暴增，这意味着台湾需要即刻增加观光旅游物业的投资。

开放大陆游客来台或三通，台湾的旅游业收益，如饭店宾馆、百货业等，会因为住房率提高，消费能力增加相关业绩都将大幅增长。如果，再把旅游业定义扩大到相关的其他服务业，旅游产业就成为台湾重要产业的一环。

到了2015年，大陆赴台旅客突破400万人次，赴台总旅客也超过1000万人次。

（三）2016年后两岸旅游市场急冻

2016年后，两岸关系影响了大陆游客赴台旅游，台湾旅游业产值也跟着往下掉，官方调查资料显示，2017年来台旅客平均每人消费1147美元，较2016年的1251美元减少8.31%，等于每名旅客少花费新台币3065元，以一年1000万人次旅客估算，旅游业收入因此减少新台币306.5亿元。

赴台游客中最多的是大陆旅客，2015年，赴台418万人次，为台湾创造72.3亿美元的旅游外汇收入，占赴台旅客近4成。2016年，赴台大陆旅客人次减为351万，旅游外汇54.8亿美元；2017年，赴台人次再降为273万人次，旅游外汇只剩36.93亿美元。

台湾旅行公会全联会召集人李奇岳表示，2016年后，台湾虽大力开拓新南向市场，2017年赴台的东南亚旅客成长近3成，总体旅游人数不受大陆游客影响还微幅成长0.5%，但观光市场结构变化大，导致产值降低；东南亚游客消费力只有大陆游客的7成，加上大陆游客平均来台停留7.3天、东南亚国家平均停留4.5天，一名大陆游客流失的产值，要靠两名东南亚游客才能抵得过。

赴台旅客结构出现“死亡交叉点”，但没有任何部门想办法解决产值消退的旅游数据，只是不断地说明人数增加，大玩数字游戏。台湾应“保持大客户，养大小客户”，“大客户”指的就是大陆游客，旅游业者呼吁，要保持大陆游客人数不往下掉，就必须改善两岸关系，加强民间交流，包括自由行来台开放城市的观光宣传，鼓励提高来台大陆游客的重游率，实施在台北高雄转机的大陆游客24小时免签入境，都是有效的方法。

附 录

附表一　2016年31个省域旅游竞争力分指标的评价结果

附表 1-1　各省域旅游接待总人次计算分值表

省域	得分	排序	省域	得分	排序
北京	33.39	21	湖北	69.43	7
天津	21.96	22	湖南	67.71	8
河北	56.50	11	广东	100.00	1
山西	52.69	16	广西	48.77	18
内蒙古	10.44	26	海南	5.77	28
辽宁	54.03	13	重庆	53.95	14
吉林	18.79	24	四川	76.43	4
黑龙江	16.20	25	贵州	63.85	9
上海	35.73	20	云南	52.24	17
江苏	82.35	3	西藏	1.20	30
浙江	70.40	5	陕西	53.77	15
安徽	63.33	10	甘肃	21.90	23
福建	37.17	19	青海	1.89	29
江西	56.43	12	宁夏	0.00	31
山东	85.97	2	新疆	8.34	27
河南	70.08	6			

附表 1-2　各省域旅游总收入计算分值表

省域	得分	排序	省域	得分	排序
北京	47.63	8	湖北	47.43	10
天津	29.56	21	湖南	44.67	13
河北	44.15	14	广东	100.00	1
山西	40.22	15	广西	39.63	17
内蒙古	25.28	23	海南	5.12	28
辽宁	39.99	16	重庆	24.66	24
吉林	27.10	22	四川	73.76	4
黑龙江	14.53	25	贵州	47.79	7

续表

省域	得分	排序	省域	得分	排序
上海	36.52	19	云南	44.96	12
江苏	98.00	2	西藏	2.19	29
浙江	77.44	3	陕西	35.97	20
安徽	46.82	11	甘肃	10.82	27
福建	37.08	18	青海	1.98	30
江西	47.44	9	宁夏	0.00	31
山东	72.74	5	新疆	12.55	26
河南	54.75	6			

附表 1–3　各省域住宿设施总数计算分值表

省域	得分	排序	省域	得分	排序
北京	66.39	6	湖北	48.90	9
天津	7.30	29	湖南	54.13	7
河北	40.08	14	广东	100.00	1
山西	19.01	26	广西	53.86	8
内蒙古	28.24	21	海南	11.43	28
辽宁	42.56	12	重庆	23.00	23
吉林	17.49	27	四川	48.76	10
黑龙江	21.90	24	贵州	33.75	20
上海	25.90	22	云南	66.94	5
江苏	67.49	4	西藏	0.00	31
浙江	89.67	2	陕西	34.44	19
安徽	37.74	16	甘肃	36.09	18
福建	41.46	13	青海	20.39	25
江西	36.64	17	宁夏	6.47	30
山东	81.82	3	新疆	38.98	15
河南	42.98	11			

附表 1–4　各省域星级饭店利润计算分值表

省域	得分	排序	省域	得分	排序
北京	95.61	2	湖北	0.00	31
天津	33.00	17	湖南	34.90	15
河北	22.66	28	广东	63.52	3
山西	26.59	25	广西	42.93	5
内蒙古	29.01	24	海南	45.30	4
辽宁	18.52	29	重庆	34.90	16
吉林	32.25	20	四川	29.84	23
黑龙江	35.96	13	贵州	38.43	7
上海	100.00	1	云南	36.67	10
江苏	32.66	18	西藏	36.30	11

续表

省域	得分	排序	省域	得分	排序
浙江	30.38	22	陕西	31.99	21
安徽	35.64	14	甘肃	37.76	8
福建	40.36	6	青海	36.22	12
江西	37.60	9	宁夏	23.33	27
山东	24.69	26	新疆	32.54	19
河南	16.67	30			

附表 1–5 各省域景区旅游企业数量计算分值表

省域	得分	排序	省域	得分	排序
北京	18.98	19	湖北	31.57	9
天津	5.89	26	湖南	27.77	15
河北	31.17	11	广东	26.17	16
山西	10.19	25	广西	29.87	12
内蒙古	29.77	13	海南	0.00	30
辽宁	35.46	6	重庆	16.08	23
吉林	18.98	19	四川	37.16	5
黑龙江	34.37	7	贵州	12.39	24
上海	4.40	28	云南	17.98	21
江苏	58.44	2	西藏	0.00	30
浙江	51.85	3	陕西	28.37	14
安徽	50.25	4	甘肃	20.68	18
福建	16.18	22	青海	5.29	27
江西	25.47	17	宁夏	1.80	29
山东	100.00	1	新疆	31.57	9
河南	33.17	8			

附表 1–6 各省域景区旅游企业利润计算分值表

省域	得分	排序	省域	得分	排序
北京	21.99	12	湖北	45.25	7
天津	5.54	25	湖南	78.46	5
河北	20.21	13	广东	92.82	2
山西	1.07	29	广西	13.72	19
内蒙古	0.00	30	海南	82.73	4
辽宁	45.07	8	重庆	8.86	22
吉林	11.68	20	四川	47.40	6
黑龙江	14.84	18	贵州	2.13	28
上海	100.00	1	云南	7.15	23
江苏	26.38	11	西藏	—	—
浙江	5.65	24	陕西	4.31	26
安徽	3.06	27	甘肃	29.74	10

续表

省域	得分	排序	省域	得分	排序
福建	19.84	14	青海	9.90	21
江西	16.61	17	宁夏	17.31	15
山东	89.99	3	新疆	16.77	16
河南	34.15	9			

附表 1–7 各省域旅行社数量计算分值表

省域	得分	排序	省域	得分	排序
北京	57.81	6	湖北	44.31	10
天津	13.22	26	湖南	34.01	15
河北	59.17	5	广东	89.98	4
山西	31.19	16	广西	22.15	21
内蒙古	39.56	12	海南	8.89	28
辽宁	53.76	8	重庆	20.27	22
吉林	24.41	20	四川	17.40	23
黑龙江	27.19	19	贵州	10.96	27
上海	53.90	7	云南	34.81	13
江苏	100.00	1	西藏	4.23	30
浙江	91.06	3	陕西	27.33	18
安徽	44.92	9	甘肃	16.37	24
福建	34.29	14	青海	5.46	29
江西	29.59	17	宁夏	0.00	31
山东	94.07	2	新疆	14.11	25
河南	42.05	11			

附表 1–8 各省域旅行社利润计算分值表

省域	得分	排序	省域	得分	排序
北京	100.00	1	湖北	18.23	9
天津	1.99	29	湖南	15.93	15
河北	14.51	17	广东	75.33	2
山西	17.01	11	广西	17.49	10
内蒙古	11.65	20	海南	11.08	23
辽宁	26.85	7	重庆	15.03	16
吉林	12.45	18	四川	41.94	4
黑龙江	12.08	19	贵州	0.47	30
上海	0.00	31	云南	11.53	22
江苏	27.79	6	西藏	11.58	21
浙江	19.59	8	陕西	9.66	26
安徽	16.00	13	甘肃	3.37	28
福建	33.66	5	青海	10.22	25
江西	16.06	12	宁夏	9.14	27

续表

省域	得分	排序	省域	得分	排序
山东	55.44	3	新疆	10.46	24
河南	15.95	14			

附表 1-9 各省域旅游接待总人次增长率计算分值表

省域	得分	排序	省域	得分	排序
北京	30.13	30	湖北	38.93	18
天津	35.99	24	湖南	44.55	12
河北	52.33	5	广东	32.07	29
山西	47.83	7	广西	45.55	10
内蒙古	41.00	17	海南	38.79	20
辽宁	38.82	19	重庆	41.32	16
吉林	43.09	14	四川	33.73	27
黑龙江	37.41	22	贵州	66.50	2
上海	33.42	28	云南	59.16	4
江苏	35.40	25	西藏	100.00	1
浙江	36.26	23	陕西	42.30	15
安徽	43.64	13	甘肃	47.75	9
福建	44.67	11	青海	49.83	6
江西	47.81	8	宁夏	0.00	31
山东	34.69	26	新疆	60.72	3
河南	38.18	21			

附表 1-10 各省域旅游总收入增长率计算分值表

省域	得分	排序	省域	得分	排序
北京	54.83	29	湖北	64.01	20
天津	60.75	26	湖南	78.01	8
河北	89.21	5	广东	31.59	30
山西	73.62	14	广西	80.27	6
内蒙古	69.64	15	海南	57.90	28
辽宁	60.96	25	重庆	66.77	17
吉林	75.98	11	四川	74.56	13
黑龙江	66.75	19	贵州	99.17	2
上海	61.89	22	云南	100.00	1
江苏	61.02	24	西藏	66.76	18
浙江	60.40	27	陕西	78.05	7
安徽	68.76	16	甘肃	76.05	9
福建	74.91	12	青海	76.01	10
江西	91.53	3	宁夏	0.00	31
山东	61.26	23	新疆	90.56	4
河南	62.08	21			

附表 1–11　各省域入境游客人均花费计算分值表

省域	得分	排序	省域	得分	排序
北京	26.64	2	湖北	6.78	18
天津	100.00	1	湖南	4.25	26
河北	9.93	15	广东	6.57	20
山西	6.97	17	广西	4.57	25
内蒙古	10.45	13	海南	5.09	23
辽宁	10.49	12	重庆	23.72	3
吉林	5.96	21	四川	3.20	27
黑龙江	5.74	22	贵州	3.09	28
上海	18.96	6	云南	4.68	24
江苏	19.47	5	西藏	11.25	11
浙江	9.48	16	陕西	14.45	7
安徽	6.69	19	甘肃	0.00	31
福建	21.71	4	青海	10.18	14
江西	2.33	30	宁夏	12.83	10
山东	13.94	8	新疆	13.84	9
河南	3.01	29			

附表 1–12　各省域星级饭店发展速度计算分值表

省域	得分	排序	省域	得分	排序
北京	36.35	4	湖北	0.00	31
天津	29.92	13	湖南	30.37	9
河北	29.31	16	广东	26.87	26
山西	28.10	23	广西	35.27	5
内蒙古	28.18	22	海南	30.49	8
辽宁	27.91	25	重庆	30.23	12
吉林	28.64	20	四川	24.78	28
黑龙江	30.29	10	贵州	100.00	1
上海	29.18	17	云南	29.64	15
江苏	29.03	19	西藏	29.91	14
浙江	30.25	11	陕西	27.98	24
安徽	30.69	7	甘肃	38.28	2
福建	37.03	3	青海	24.90	27
江西	32.60	6	宁夏	7.12	30
山东	28.58	21	新疆	29.10	18
河南	24.57	29			

附表 1–13　各省域星级饭店全员劳动生产率计算分值表

省域	得分	排序	省域	得分	排序
北京	69.48	2	湖北	17.52	16
天津	32.65	6	湖南	17.42	17

续表

省域	得分	排序	省域	得分	排序
河北	10.70	25	广东	29.56	7
山西	1.44	30	广西	12.17	24
内蒙古	15.29	20	海南	42.49	3
辽宁	16.67	19	重庆	20.16	10
吉林	8.61	27	四川	21.12	9
黑龙江	19.41	13	贵州	17.76	15
上海	100.00	1	云南	0.00	31
江苏	38.37	5	西藏	20.06	11
浙江	40.84	4	陕西	12.24	23
安徽	19.82	12	甘肃	6.82	29
福建	25.89	8	青海	10.19	26
江西	15.02	21	宁夏	8.06	28
山东	18.38	14	新疆	17.01	18
河南	12.83	22			

附表 1–14　各省域 A 级旅游景区发展速度计算分值表

省域	得分	排序	省域	得分	排序
北京	3.60	2	湖北	2.94	6
天津	2.09	16	湖南	2.21	14
河北	2.42	7	广东	1.75	22
山西	2.07	17	广西	1.51	24
内蒙古	1.33	26	海南	1.92	20
辽宁	100.00	1	重庆	2.26	13
吉林	2.38	11	四川	2.17	15
黑龙江	3.16	4	贵州	0.00	30
上海	2.39	10	云南	1.06	28
江苏	2.40	9	西藏	–	–
浙江	1.33	25	陕西	1.23	27
安徽	0.88	29	甘肃	2.41	8
福建	3.04	5	青海	2.29	12
江西	2.03	18	宁夏	1.76	21
山东	1.95	19	新疆	3.46	3
河南	1.73	23			

附表 1–15　各省域 A 级旅游景区全员劳动生产率计算分值表

省域	得分	排序	省域	得分	排序
北京	26.35	10	湖北	16.39	15
天津	16.17	16	湖南	31.12	7
河北	36.17	5	广东	21.90	12
山西	13.72	19	广西	6.57	28

续表

省域	得分	排序	省域	得分	排序
内蒙古	7.11	27	海南	27.14	9
辽宁	17.00	14	重庆	12.50	22
吉林	8.84	25	四川	64.18	2
黑龙江	100.00	1	贵州	4.69	29
上海	59.63	3	云南	10.69	24
江苏	26.01	11	西藏	–	–
浙江	29.12	8	陕西	11.85	23
安徽	15.22	18	甘肃	13.19	20
福建	8.77	26	青海	0.00	30
江西	17.11	13	宁夏	13.13	21
山东	41.21	4	新疆	35.45	6
河南	15.63	17			

附表 1–16　各省域旅行社业发展速度计算分值表

省域	得分	排序	省域	得分	排序
北京	81.06	10	湖北	77.97	22
天津	82.86	7	湖南	80.49	13
河北	83.59	5	广东	83.76	4
山西	80.55	12	广西	0.00	31
内蒙古	79.20	19	海南	73.81	26
辽宁	80.90	11	重庆	93.31	2
吉林	80.37	16	四川	100.00	1
黑龙江	78.09	21	贵州	44.84	29
上海	78.40	20	云南	76.48	24
江苏	69.82	27	西藏	81.80	9
浙江	79.30	18	陕西	80.09	17
安徽	80.42	14	甘肃	28.51	30
福建	83.01	6	青海	77.49	23
江西	85.69	3	宁夏	82.56	8
山东	80.38	15	新疆	76.25	25
河南	55.12	28			

附表 1–17　各省域旅行社全员劳动生产率计算分值表

省域	得分	排序	省域	得分	排序
北京	73.73	2	湖北	18.18	19
天津	34.24	12	湖南	35.61	9
河北	8.13	26	广东	62.95	4
山西	32.29	13	广西	22.04	16
内蒙古	0.00	31	海南	34.57	11
辽宁	44.10	7	重庆	70.83	3

续表

省域	得分	排序	省域	得分	排序
吉林	7.32	27	四川	43.34	8
黑龙江	13.74	22	贵州	29.27	14
上海	100.00	1	云南	34.85	10
江苏	61.27	5	西藏	5.02	29
浙江	16.58	20	陕西	18.94	18
安徽	24.45	15	甘肃	0.71	30
福建	48.34	6	青海	6.57	28
江西	13.87	21	宁夏	11.91	25
山东	21.65	17	新疆	13.00	23
河南	12.36	24			

附表 1-18　各省域空气质量优良天数计算分值表

省域	得分	排序	省域	得分	排序
北京	19.14	29	湖北	63.65	16
天津	32.87	27	湖南	67.59	15
河北	23.55	28	广东	82.27	7
山西	44.16	24	广西	89.43	5
内蒙古	60.84	19	海南	100.00	1
辽宁	60.96	18	重庆	69.67	13
吉林	68.84	14	四川	62.80	17
黑龙江	85.85	6	贵州	95.88	4
上海	57.02	20	云南	98.03	2
江苏	47.71	22	西藏	75.56	11
浙江	80.30	8	陕西	16.19	30
安徽	55.05	21	甘肃	71.70	12
福建	97.13	3	青海	79.58	9
江西	76.72	10	宁夏	45.63	23
山东	44.16	24	新疆	41.98	26
河南	0.00	31			

附表 1-19　各省域城市污水处理率计算分值表

省域	得分	排序	省域	得分	排序
北京	88.78	23	湖北	95.06	6
天津	90.95	17	湖南	100.00	1
河北	95.61	4	广东	93.49	13
山西	81.87	26	广西	75.63	28
内蒙古	93.98	11	海南	94.39	9
辽宁	94.39	9	重庆	94.80	7
吉林	91.60	15	四川	88.40	24
黑龙江	91.25	16	贵州	89.90	21

续表

省域	得分	排序	省域	得分	排序
上海	81.60	27	云南	90.44	20
江苏	61.40	29	西藏	0.00	31
浙江	93.78	12	陕西	90.94	18
安徽	90.61	19	甘肃	95.20	5
福建	92.38	14	青海	57.49	30
江西	88.80	22	宁夏	94.61	8
山东	95.88	3	新疆	84.22	25
河南	99.80	2			

附表 1-20　各省域生活垃圾无害化处理率计算分值表

省域	得分	排序	省域	得分	排序
北京	99.26	9	湖北	84.56	20
天津	78.68	24	湖南	99.63	5
河北	91.91	17	广东	86.03	19
山西	80.15	23	广西	96.32	10
内蒙古	95.96	11	海南	99.63	5
辽宁	75.37	25	重庆	100.00	1
吉林	49.63	28	四川	94.85	13
黑龙江	28.68	30	贵州	80.51	22
上海	100.00	1	云南	74.26	26
江苏	99.63	5	西藏	67.65	27
浙江	100.00	1	陕西	94.49	14
安徽	99.63	5	甘肃	0.00	31
福建	94.12	15	青海	86.40	18
江西	81.62	21	宁夏	93.75	16
山东	100.00	1	新疆	38.60	29
河南	95.59	12			

附表 1-21　各省域经济发展水平计算分值表

省域	得分	排序	省域	得分	排序
北京	65.38	4	湖北	35.19	9
天津	58.50	7	湖南	29.38	12
河北	27.87	13	广东	75.36	2
山西	11.80	26	广西	16.44	22
内蒙古	35.14	10	海南	10.99	27
辽宁	26.06	16	重庆	27.31	14
吉林	23.17	18	四川	26.72	15
黑龙江	16.06	23	贵州	9.72	29
上海	66.02	3	云南	10.44	28
江苏	86.02	1	西藏	3.98	30

续表

省域	得分	排序	省域	得分	排序
浙江	60.36	6	陕西	24.31	17
安徽	21.11	19	甘肃	3.79	31
福建	43.19	8	青海	19.55	20
江西	17.89	21	宁夏	11.95	25
山东	64.48	5	新疆	12.32	24
河南	32.88	11			

附表 1-22　各省域年旅客周转量计算分值表

省域	得分	排序	省域	得分	排序
北京	12.38	25	湖北	64.54	6
天津	12.03	26	湖南	79.08	3
河北	64.86	5	广东	100.00	1
山西	17.36	24	广西	38.10	14
内蒙古	18.14	23	海南	4.36	29
辽宁	48.51	12	重庆	25.25	18
吉林	21.19	22	四川	48.81	11
黑龙江	23.34	19	贵州	34.37	15
上海	9.45	27	云南	21.99	21
江苏	77.32	4	西藏	0.00	31
浙江	56.03	9	陕西	38.75	13
安徽	62.11	8	甘肃	31.05	16
福建	29.96	17	青海	4.62	28
江西	50.38	10	宁夏	3.79	30
山东	62.19	7	新疆	22.64	20
河南	89.00	2			

附表 1-23　各省域万人专利授权数计算分值表

省域	得分	排序	省域	得分	排序
北京	100.00	1	湖北	16.51	13
天津	77.80	3	湖南	9.17	17
河北	6.11	22	广东	51.63	6
山西	3.87	27	广西	11.89	15
内蒙古	2.45	29	海南	2.17	30
辽宁	11.62	16	重庆	20.47	10
吉林	5.62	24	四川	17.79	12
黑龙江	8.41	19	贵州	5.85	23
上海	55.85	5	云南	3.32	28
江苏	72.93	4	西藏	0.00	31
浙江	80.32	2	陕西	18.97	11
安徽	30.27	8	甘肃	6.62	21
福建	37.11	7	青海	3.99	26
江西	12.99	14	宁夏	8.20	20

续表

省域	得分	排序	省域	得分	排序
山东	22.68	9	新疆	4.40	25
河南	9.17	18			

附表 1-24　各省域旅游管理机构计算分值表

省域	得分	排序	省域	得分	排序
北京	100.00	1	湖北	100.00	1
天津	0.00	17	湖南	100.00	1
河北	100.00	1	广东	0.00	17
山西	0.00	17	广西	100.00	1
内蒙古	0.00	17	海南	100.00	1
辽宁	100.00	1	重庆	0.00	17
吉林	0.00	17	四川	100.00	1
黑龙江	100.00	1	贵州	100.00	1
上海	0.00	17	云南	100.00	1
江苏	0.00	17	西藏	100.00	1
浙江	0.00	17	陕西	0.00	17
安徽	0.00	17	甘肃	100.00	1
福建	0.00	17	青海	0.00	17
江西	100.00	1	宁夏	100.00	1
山东	100.00	1	新疆	0.00	17
河南	0.00	17			

附表 1-25　各省域政府工作报告提及“旅游”次数计算分值表

省域	得分	排序	省域	得分	排序
北京	5.97	25	湖北	11.94	14
天津	0.00	31	湖南	16.42	12
河北	20.90	8	广东	4.48	28
山西	10.45	15	广西	26.87	4
内蒙古	7.46	20	海南	100.00	1
辽宁	7.46	20	重庆	7.46	20
吉林	7.46	20	四川	19.40	9
黑龙江	25.37	6	贵州	35.82	2
上海	5.97	25	云南	10.45	15
江苏	4.48	28	西藏	26.87	4
浙江	2.99	30	陕西	8.96	19
安徽	7.46	20	甘肃	17.91	10
福建	13.43	13	青海	17.91	10
江西	22.39	7	宁夏	28.36	3
山东	10.45	15	新疆	5.97	25
河南	10.45	15			

附表二　2016年31个省域旅游竞争力分省域的评价结果

附表 2-1　北京市旅游竞争力评价指标值一览表

因子层	指标	得分	排名
A	综合竞争力	1334.88	3
B1	现实竞争力	441.81	4
C1	旅游需求现实竞争力	81.03	18
D1	旅游接待总人次	33.39	21
D2	旅游总收入	47.63	8
C2	住宿接待业现实竞争力	162.01	2
D3	住宿设施总数	66.39	6
D4	星级饭店利润	95.61	2
C3	旅游目的地现实竞争力	40.97	19
D5	景区旅游企业数量	18.98	19
D6	景区旅游企业利润	21.99	12
C4	旅行社业现实竞争力	157.81	2
D7	旅行社数量	57.81	6
D8	旅行社利润	100.00	1
B2	潜在竞争力	402.17	2
C5	旅游需求潜在竞争力	111.59	21
D9	旅游接待总人次增长率	30.13	30
D10	旅游总收入增长率	54.83	29
D11	入境游客人均花费	26.64	2
C6	住宿接待业潜在竞争力	105.83	3
D12	住宿接待业发展速度	36.35	4
D13	星级饭店全员劳动生产率	69.48	2
C7	旅游目的地潜在竞争力	29.95	10
D14	旅游目的地发展速度	3.60	2
D15	景区全员劳动生产率	26.35	10
C8	旅行社业潜在竞争力	154.79	3
D16	旅行社业发展速度	81.06	10
D17	旅行社全员劳动生产率	73.73	2

续表

因子层	指标	得分	排名
B3	发展环境竞争力	490.91	5
C9	自然环境竞争力	207.18	23
D18	空气质量优良天数	19.14	29
D19	城市污水处理率	88.78	23
D20	生活垃圾无害化处理率	99.26	9
C10	社会经济环境竞争力	177.76	4
D21	经济发展水平	65.38	4
D22	年旅客周转量	12.38	25
D23	万人专利授权数	100.00	1
C11	旅游政策环境竞争力	105.97	16
D24	旅游管理机构	100.00	1
D25	政府工作报告提及“旅游”次数	5.97	25

附表 2–2　天津市旅游竞争力评价指标值一览表

因子层	指标	得分	排名
A	综合竞争力	863.95	22
B1	现实竞争力	118.46	28
C1	旅游需求现实竞争力	51.51	22
D1	旅游接待总人次	21.96	22
D2	旅游总收入	29.56	21
C2	住宿接待业现实竞争力	40.30	29
D3	住宿设施总数	7.30	29
D4	星级饭店利润	33.00	17
C3	旅游目的地现实竞争力	11.43	29
D5	景区旅游企业数量	5.89	26
D6	景区旅游企业利润	5.54	25
C4	旅行社业现实竞争力	15.21	29
D7	旅行社数量	13.22	26
D8	旅行社利润	1.99	29
B2	潜在竞争力	394.67	4
C5	旅游需求潜在竞争力	196.74	1
D9	旅游接待总人次增长率	35.99	24
D10	旅游总收入增长率	60.75	26
D11	入境游客人均花费	100.00	1
C6	住宿接待业潜在竞争力	62.57	8
D12	住宿接待业发展速度	29.92	13
D13	星级饭店全员劳动生产率	32.65	6
C7	旅游目的地潜在竞争力	18.26	16
D14	旅游目的地发展速度	2.09	16
D15	景区全员劳动生产率	16.17	16
C8	旅行社业潜在竞争力	117.10	9

续表

因子层	指标	得分	排名
D16	旅行社业发展速度	82.86	7
D17	旅行社全员劳动生产率	34.24	12
B3	发展环境竞争力	350.83	21
C9	自然环境竞争力	202.50	26
D18	空气质量优良天数	32.87	27
D19	城市污水处理率	90.95	17
D20	生活垃圾无害化处理率	78.68	24
C10	社会经济环境竞争力	148.33	6
D21	经济发展水平	58.50	7
D22	年旅客周转量	12.03	26
D23	万人专利授权数	77.80	3
C11	旅游政策环境竞争力	0.00	31
D24	旅游管理机构	0.00	17
D25	政府工作报告提及“旅游”次数	0.00	31

附表 2-3　河北省旅游竞争力评价指标值一览表

因子层	指标	得分	排名
A	综合竞争力	1041.07	10
B1	现实竞争力	288.46	13
C1	旅游需求现实竞争力	100.65	12
D1	旅游接待总人次	56.50	11
D2	旅游总收入	44.15	14
C2	住宿接待业现实竞争力	62.75	18
D3	住宿设施总数	40.08	14
D4	星级饭店利润	22.66	28
C3	旅游目的地现实竞争力	51.38	13
D5	景区旅游企业数量	31.17	11
D6	景区旅游企业利润	20.21	13
C4	旅行社业现实竞争力	73.69	7
D7	旅行社数量	59.17	5
D8	旅行社利润	14.51	17
B2	潜在竞争力	321.80	13
C5	旅游需求潜在竞争力	151.47	6
D9	旅游接待总人次增长率	52.33	5
D10	旅游总收入增长率	89.21	5
D11	入境游客人均花费	9.93	15
C6	住宿接待业潜在竞争力	40.01	24
D12	住宿接待业发展速度	29.31	16
D13	星级饭店全员劳动生产率	10.70	25
C7	旅游目的地潜在竞争力	38.60	7
D14	旅游目的地发展速度	2.42	7

续表

因子层	指标	得分	排名
D15	景区全员劳动生产率	36.17	5
C8	旅行社业潜在竞争力	91.73	22
D16	旅行社业发展速度	83.59	5
D17	旅行社全员劳动生产率	8.13	26
B3	发展环境竞争力	430.81	13
C9	自然环境竞争力	211.07	20
D18	空气质量优良天数	23.55	28
D19	城市污水处理率	95.61	4
D20	生活垃圾无害化处理率	91.91	17
C10	社会经济环境竞争力	98.84	13
D21	经济发展水平	27.87	13
D22	年旅客周转量	64.86	5
D23	万人专利授权数	6.11	22
C11	旅游政策环境竞争力	120.90	8
D24	旅游管理机构	100.00	1
D25	政府工作报告提及“旅游”次数	20.90	8

附表 2–4　山西省旅游竞争力评价指标值一览表

因子层	指标	得分	排名
A	综合竞争力	734.22	25
B1	现实竞争力	197.97	20
C1	旅游需求现实竞争力	92.91	15
D1	旅游接待总人次	52.69	16
D2	旅游总收入	40.22	15
C2	住宿接待业现实竞争力	45.59	28
D3	住宿设施总数	19.01	26
D4	星级饭店利润	26.59	25
C3	旅游目的地现实竞争力	11.26	30
D5	景区旅游企业数量	10.19	25
D6	景区旅游企业利润	1.07	29
C4	旅行社业现实竞争力	48.20	16
D7	旅行社数量	31.19	16
D8	旅行社利润	17.01	11
B2	潜在竞争力	286.58	23
C5	旅游需求潜在竞争力	128.42	13
D9	旅游接待总人次增长率	47.83	7
D10	旅游总收入增长率	73.62	14
D11	入境游客人均花费	6.97	17
C6	住宿接待业潜在竞争力	29.54	29
D12	住宿接待业发展速度	28.10	23
D13	星级饭店全员劳动生产率	1.44	30

续表

因子层	指标	得分	排名
C7	旅游目的地潜在竞争力	15.79	19
D14	旅游目的地发展速度	2.07	17
D15	景区全员劳动生产率	13.72	19
C8	旅行社业潜在竞争力	112.84	11
D16	旅行社业发展速度	80.55	12
D17	旅行社全员劳动生产率	32.29	13
B3	发展环境竞争力	249.67	30
C9	自然环境竞争力	206.18	24
D18	空气质量优良天数	44.16	24
D19	城市污水处理率	81.87	26
D20	生活垃圾无害化处理率	80.15	23
C10	社会经济环境竞争力	33.04	27
D21	经济发展水平	11.80	26
D22	年旅客周转量	17.36	24
D23	万人专利授权数	3.87	27
C11	旅游政策环境竞争力	10.45	19
D24	旅游管理机构	0.00	17
D25	政府工作报告提及“旅游”次数	10.45	15

附表 2-5　内蒙古自治区旅游竞争力评价指标值一览表

因子层	指标	得分	排名
A	综合竞争力	740.12	24
B1	现实竞争力	173.94	24
C1	旅游需求现实竞争力	35.72	24
D1	旅游接待总人次	10.44	26
D2	旅游总收入	25.28	23
C2	住宿接待业现实竞争力	57.24	23
D3	住宿设施总数	28.24	21
D4	星级饭店利润	29.01	24
C3	旅游目的地现实竞争力	29.77	23
D5	景区旅游企业数量	29.77	13
D6	景区旅游企业利润	0.00	30
C4	旅行社业现实竞争力	51.21	14
D7	旅行社数量	39.56	12
D8	旅行社利润	11.65	20
B2	潜在竞争力	252.20	26
C5	旅游需求潜在竞争力	121.09	17
D9	旅游接待总人次增长率	41.00	17
D10	旅游总收入增长率	69.64	15
D11	入境游客人均花费	10.45	13
C6	住宿接待业潜在竞争力	43.47	22

续表

因子层	指标	得分	排名
D12	住宿接待业发展速度	28.18	22
D13	星级饭店全员劳动生产率	15.29	20
C7	旅游目的地潜在竞争力	8.44	27
D14	旅游目的地发展速度	1.33	26
D15	景区全员劳动生产率	7.11	27
C8	旅行社业潜在竞争力	79.20	27
D16	旅行社业发展速度	79.20	19
D17	旅行社全员劳动生产率	0.00	31
B3	发展环境竞争力	313.98	25
C9	自然环境竞争力	250.78	10
D18	空气质量优良天数	60.84	19
D19	城市污水处理率	93.98	11
D20	生活垃圾无害化处理率	95.96	11
C10	社会经济环境竞争力	55.74	20
D21	经济发展水平	35.14	10
D22	年旅客周转量	18.14	23
D23	万人专利授权数	2.45	29
C11	旅游政策环境竞争力	7.46	22
D24	旅游管理机构	0.00	17
D25	政府工作报告提及“旅游”次数	7.46	20

附表2-6　辽宁省旅游竞争力评价指标值一览表

因子层	指标	得分	排名
A	综合竞争力	1137.48	9
B1	现实竞争力	316.25	9
C1	旅游需求现实竞争力	94.02	14
D1	旅游接待总人次	54.03	13
D2	旅游总收入	39.99	16
C2	住宿接待业现实竞争力	61.08	19
D3	住宿设施总数	42.56	12
D4	星级饭店利润	18.52	29
C3	旅游目的地现实竞争力	80.54	8
D5	景区旅游企业数量	35.46	6
D6	景区旅游企业利润	45.07	8
C4	旅行社业现实竞争力	80.61	6
D7	旅行社数量	53.76	8
D8	旅行社利润	26.85	7
B2	潜在竞争力	396.86	3
C5	旅游需求潜在竞争力	110.27	23
D9	旅游接待总人次增长率	38.82	19
D10	旅游总收入增长率	60.96	25

续表

因子层	指标	得分	排名
D11	入境游客人均花费	10.49	12
C6	住宿接待业潜在竞争力	44.58	21
D12	住宿接待业发展速度	27.91	25
D13	星级饭店全员劳动生产率	16.67	19
C7	旅游目的地潜在竞争力	117.00	1
D14	旅游目的地发展速度	100.00	1
D15	景区全员劳动生产率	17.00	14
C8	旅行社业潜在竞争力	125.01	8
D16	旅行社业发展速度	80.90	11
D17	旅行社全员劳动生产率	44.10	7
B3	发展环境竞争力	424.37	14
C9	自然环境竞争力	230.71	18
D18	空气质量优良天数	60.96	18
D19	城市污水处理率	94.39	9
D20	生活垃圾无害化处理率	75.37	25
C10	社会经济环境竞争力	86.19	15
D21	经济发展水平	26.06	16
D22	年旅客周转量	48.51	12
D23	万人专利授权数	11.62	16
C11	旅游政策环境竞争力	107.46	15
D24	旅游管理机构	100.00	1
D25	政府工作报告提及“旅游”次数	7.46	20

附表 2–7 吉林省旅游竞争力评价指标值一览表

因子层	指标	得分	排名
A	综合竞争力	691.86	28
B1	现实竞争力	163.15	27
C1	旅游需求现实竞争力	45.89	23
D1	旅游接待总人次	18.79	24
D2	旅游总收入	27.10	22
C2	住宿接待业现实竞争力	49.74	26
D3	住宿设施总数	17.49	27
D4	星级饭店利润	32.25	20
C3	旅游目的地现实竞争力	30.66	22
D5	景区旅游企业数量	18.98	19
D6	景区旅游企业利润	11.68	20
C4	旅行社业现实竞争力	36.86	22
D7	旅行社数量	24.41	20
D8	旅行社利润	12.45	18
B2	潜在竞争力	261.18	24
C5	旅游需求潜在竞争力	125.02	15

续表

因子层	指标	得分	排名
D9	旅游接待总人次增长率	43.09	14
D10	旅游总收入增长率	75.98	11
D11	入境游客人均花费	5.96	21
C6	住宿接待业潜在竞争力	37.25	26
D12	住宿接待业发展速度	28.64	20
D13	星级饭店全员劳动生产率	8.61	27
C7	旅游目的地潜在竞争力	11.22	26
D14	旅游目的地发展速度	2.38	11
D15	景区全员劳动生产率	8.84	25
C8	旅行社业潜在竞争力	87.69	24
D16	旅行社业发展速度	80.37	16
D17	旅行社全员劳动生产率	7.32	27
B3	发展环境竞争力	267.52	29
C9	自然环境竞争力	210.08	21
D18	空气质量优良天数	68.84	14
D19	城市污水处理率	91.60	15
D20	生活垃圾无害化处理率	49.63	28
C10	社会经济环境竞争力	49.98	21
D21	经济发展水平	23.17	18
D22	年旅客周转量	21.19	22
D23	万人专利授权数	5.62	24
C11	旅游政策环境竞争力	7.46	22
D24	旅游管理机构	0.00	17
D25	政府工作报告提及“旅游”次数	7.46	20

附表 2–8　黑龙江省旅游竞争力评价指标值一览表

因子层	指标	得分	排名
A	综合竞争力	910.63	19
B1	现实竞争力	177.07	22
C1	旅游需求现实竞争力	30.73	26
D1	旅游接待总人次	16.20	25
D2	旅游总收入	14.53	25
C2	住宿接待业现实竞争力	57.86	22
D3	住宿设施总数	21.90	24
D4	星级饭店利润	35.96	13
C3	旅游目的地现实竞争力	49.21	15
D5	景区旅游企业数量	34.37	7
D6	景区旅游企业利润	14.84	18
C4	旅行社业现实竞争力	39.27	20
D7	旅行社数量	27.19	19
D8	旅行社利润	12.08	19

续表

因子层	指标	得分	排名
B2	潜在竞争力	354.59	8
C5	旅游需求潜在竞争力	109.90	24
D9	旅游接待总人次增长率	37.41	22
D10	旅游总收入增长率	66.75	19
D11	入境游客人均花费	5.74	22
C6	住宿接待业潜在竞争力	49.70	13
D12	住宿接待业发展速度	30.29	10
D13	星级饭店全员劳动生产率	19.41	13
C7	旅游目的地潜在竞争力	103.16	2
D14	旅游目的地发展速度	3.16	4
D15	景区全员劳动生产率	100.00	1
C8	旅行社业潜在竞争力	91.84	21
D16	旅行社业发展速度	78.09	21
D17	旅行社全员劳动生产率	13.74	22
B3	发展环境竞争力	378.96	18
C9	自然环境竞争力	205.77	25
D18	空气质量优良天数	85.85	6
D19	城市污水处理率	91.25	16
D20	生活垃圾无害化处理率	28.68	30
C10	社会经济环境竞争力	47.82	23
D21	经济发展水平	16.06	23
D22	年旅客周转量	23.34	19
D23	万人专利授权数	8.41	19
C11	旅游政策环境竞争力	125.37	6
D24	旅游管理机构	100.00	1
D25	政府工作报告提及“旅游”次数	25.37	6

附表 2-9 上海市旅游竞争力评价指标值一览表

因子层	指标	得分	排名
A	综合竞争力	1216.25	5
B1	现实竞争力	356.45	8
C1	旅游需求现实竞争力	72.25	21
D1	旅游接待总人次	35.73	20
D2	旅游总收入	36.52	19
C2	住宿接待业现实竞争力	125.90	3
D3	住宿设施总数	25.90	22
D4	星级饭店利润	100.00	1
C3	旅游目的地现实竞争力	104.40	4
D5	景区旅游企业数量	4.40	28
D6	景区旅游企业利润	100.00	1
C4	旅行社业现实竞争力	53.90	13

续表

因子层	指标	得分	排名
D7	旅行社数量	53.90	7
D8	旅行社利润	0.00	31
B2	潜在竞争力	483.88	1
C5	旅游需求潜在竞争力	114.27	20
D9	旅游接待总人次增长率	33.42	28
D10	旅游总收入增长率	61.89	22
D11	入境游客人均花费	18.96	6
C6	住宿接待业潜在竞争力	129.18	1
D12	住宿接待业发展速度	29.18	17
D13	星级饭店全员劳动生产率	100.00	1
C7	旅游目的地潜在竞争力	62.02	4
D14	旅游目的地发展速度	2.39	10
D15	景区全员劳动生产率	59.63	3
C8	旅行社业潜在竞争力	178.40	1
D16	旅行社业发展速度	78.40	20
D17	旅行社全员劳动生产率	100.00	1
B3	发展环境竞争力	375.92	19
C9	自然环境竞争力	238.62	16
D18	空气质量优良天数	57.02	20
D19	城市污水处理率	81.60	27
D20	生活垃圾无害化处理率	100.00	1
C10	社会经济环境竞争力	131.33	7
D21	经济发展水平	66.02	3
D22	年旅客周转量	9.45	27
D23	万人专利授权数	55.85	5
C11	旅游政策环境竞争力	5.97	26
D24	旅游管理机构	0.00	17
D25	政府工作报告提及“旅游”次数	5.97	25

附表 2–10　江苏省旅游竞争力评价指标值一览表

因子层	指标	得分	排名
A	综合竞争力	1285.38	4
B1	现实竞争力	493.10	3
C1	旅游需求现实竞争力	180.35	2
D1	旅游接待总人次	82.35	3
D2	旅游总收入	98.00	2
C2	住宿接待业现实竞争力	100.15	7
D3	住宿设施总数	67.49	4
D4	星级饭店利润	32.66	18
C3	旅游目的地现实竞争力	84.82	5
D5	景区旅游企业数量	58.44	2

续表

因子层	指标	得分	排名
D6	景区旅游企业利润	26.38	11
C4	旅行社业现实竞争力	127.79	4
D7	旅行社数量	100.00	1
D8	旅行社利润	27.79	6
B2	潜在竞争力	342.79	10
C5	旅游需求潜在竞争力	115.89	19
D9	旅游接待总人次增长率	35.40	25
D10	旅游总收入增长率	61.02	24
D11	入境游客人均花费	19.47	5
C6	住宿接待业潜在竞争力	67.41	6
D12	住宿接待业发展速度	29.03	19
D13	星级饭店全员劳动生产率	38.37	5
C7	旅游目的地潜在竞争力	28.40	12
D14	旅游目的地发展速度	2.40	9
D15	景区全员劳动生产率	26.01	11
C8	旅行社业潜在竞争力	131.09	7
D16	旅行社业发展速度	69.82	27
D17	旅行社全员劳动生产率	61.27	5
B3	发展环境竞争力	449.50	12
C9	自然环境竞争力	208.74	22
D18	空气质量优良天数	47.71	22
D19	城市污水处理率	61.40	29
D20	生活垃圾无害化处理率	99.63	5
C10	社会经济环境竞争力	236.28	1
D21	经济发展水平	86.02	1
D22	年旅客周转量	77.32	4
D23	万人专利授权数	72.93	4
C11	旅游政策环境竞争力	4.48	28
D24	旅游管理机构	0.00	17
D25	政府工作报告提及“旅游”次数	4.48	28

附表 2–11　浙江省旅游竞争力评价指标值一览表

因子层	指标	得分	排名
A	综合竞争力	1213.40	6
B1	现实竞争力	436.04	5
C1	旅游需求现实竞争力	147.84	5
D1	旅游接待总人次	70.40	5
D2	旅游总收入	77.44	3
C2	住宿接待业现实竞争力	120.05	4
D3	住宿设施总数	89.67	2
D4	星级饭店利润	30.38	22

续表

因子层	指标	得分	排名
C3	旅游目的地现实竞争力	57.50	11
D5	景区旅游企业数量	51.85	3
D6	景区旅游企业利润	5.65	24
C4	旅行社业现实竞争力	110.65	5
D7	旅行社数量	91.06	3
D8	旅行社利润	19.59	8
B2	潜在竞争力	303.57	18
C5	旅游需求潜在竞争力	106.15	27
D9	旅游接待总人次增长率	36.26	23
D10	旅游总收入增长率	60.40	27
D11	入境游客人均花费	9.48	16
C6	住宿接待业潜在竞争力	71.10	5
D12	住宿接待业发展速度	30.25	11
D13	星级饭店全员劳动生产率	40.84	4
C7	旅游目的地潜在竞争力	30.45	9
D14	旅游目的地发展速度	1.33	25
D15	景区全员劳动生产率	29.12	8
C8	旅行社业潜在竞争力	95.88	19
D16	旅行社业发展速度	79.30	18
D17	旅行社全员劳动生产率	16.58	20
B3	发展环境竞争力	473.78	6
C9	自然环境竞争力	274.08	3
D18	空气质量优良天数	80.30	8
D19	城市污水处理率	93.78	12
D20	生活垃圾无害化处理率	100.00	1
C10	社会经济环境竞争力	196.71	3
D21	经济发展水平	60.36	6
D22	年旅客周转量	56.03	9
D23	万人专利授权数	80.32	2
C11	旅游政策环境竞争力	2.99	30
D24	旅游管理机构	0.00	17
D25	政府工作报告提及“旅游”次数	2.99	30

附表 2–12　安徽省旅游竞争力评价指标值一览表

因子层	指标	得分	排名
A	综合竞争力	954.56	17
B1	现实竞争力	297.76	12
C1	旅游需求现实竞争力	110.15	10
D1	旅游接待总人次	63.33	10
D2	旅游总收入	46.82	11
C2	住宿接待业现实竞争力	73.38	14

续表

因子层	指标	得分	排名
D3	住宿设施总数	37.74	16
D4	星级饭店利润	35.64	14
C3	旅游目的地现实竞争力	53.31	12
D5	景区旅游企业数量	50.25	4
D6	景区旅游企业利润	3.06	27
C4	旅行社业现实竞争力	60.92	10
D7	旅行社数量	44.92	9
D8	旅行社利润	16.00	13
B2	潜在竞争力	290.56	21
C5	旅游需求潜在竞争力	119.09	18
D9	旅游接待总人次增长率	43.64	13
D10	旅游总收入增长率	68.76	16
D11	入境游客人均花费	6.69	19
C6	住宿接待业潜在竞争力	50.51	10
D12	住宿接待业发展速度	30.69	7
D13	星级饭店全员劳动生产率	19.82	12
C7	旅游目的地潜在竞争力	16.09	18
D14	旅游目的地发展速度	0.88	29
D15	景区全员劳动生产率	15.22	18
C8	旅行社业潜在竞争力	104.87	14
D16	旅行社业发展速度	80.42	14
D17	旅行社全员劳动生产率	24.45	15
B3	发展环境竞争力	366.24	20
C9	自然环境竞争力	245.29	13
D18	空气质量优良天数	55.05	21
D19	城市污水处理率	90.61	19
D20	生活垃圾无害化处理率	99.63	5
C10	社会经济环境竞争力	113.49	11
D21	经济发展水平	21.11	19
D22	年旅客周转量	62.11	8
D23	万人专利授权数	30.27	8
C11	旅游政策环境竞争力	7.46	22
D24	旅游管理机构	0.00	17
D25	政府工作报告提及“旅游”次数	7.46	20

附表 2-13　福建省旅游竞争力评价指标值一览表

因子层	指标	得分	排名
A	综合竞争力	1014.73	14
B1	现实竞争力	260.04	17
C1	旅游需求现实竞争力	74.25	20
D1	旅游接待总人次	37.17	19

续表

因子层	指标	得分	排名
D2	旅游总收入	37.08	18
C2	住宿接待业现实竞争力	81.82	10
D3	住宿设施总数	41.46	13
D4	星级饭店利润	40.36	6
C3	旅游目的地现实竞争力	36.02	20
D5	景区旅游企业数量	16.18	22
D6	景区旅游企业利润	19.84	14
C4	旅行社业现实竞争力	67.95	8
D7	旅行社数量	34.29	14
D8	旅行社利润	33.66	5
B2	潜在竞争力	347.38	9
C5	旅游需求潜在竞争力	141.29	8
D9	旅游接待总人次增长率	44.67	11
D10	旅游总收入增长率	74.91	12
D11	入境游客人均花费	21.71	4
C6	住宿接待业潜在竞争力	62.92	7
D12	住宿接待业发展速度	37.03	3
D13	星级饭店全员劳动生产率	25.89	8
C7	旅游目的地潜在竞争力	11.81	24
D14	旅游目的地发展速度	3.04	5
D15	景区全员劳动生产率	8.77	26
C8	旅行社业潜在竞争力	131.35	6
D16	旅行社业发展速度	83.01	6
D17	旅行社全员劳动生产率	48.34	6
B3	发展环境竞争力	407.32	16
C9	自然环境竞争力	283.63	2
D18	空气质量优良天数	97.13	3
D19	城市污水处理率	92.38	14
D20	生活垃圾无害化处理率	94.12	15
C10	社会经济环境竞争力	110.25	12
D21	经济发展水平	43.19	8
D22	年旅客周转量	29.96	17
D23	万人专利授权数	37.11	7
C11	旅游政策环境竞争力	13.43	18
D24	旅游管理机构	0.00	17
D25	政府工作报告提及“旅游”次数	13.43	13

附表 2-14　江西省旅游竞争力评价指标值一览表

因子层	指标	得分	排名
A	综合竞争力	1024.61	12
B1	现实竞争力	265.84	16

续表

因子层	指标	得分	排名
C1	旅游需求现实竞争力	103.87	11
D1	旅游接待总人次	56.43	12
D2	旅游总收入	47.44	9
C2	住宿接待业现实竞争力	74.24	12
D3	住宿设施总数	36.64	17
D4	星级饭店利润	37.60	9
C3	旅游目的地现实竞争力	42.09	18
D5	景区旅游企业数量	25.47	17
D6	景区旅游企业利润	16.61	17
C4	旅行社业现实竞争力	45.64	18
D7	旅行社数量	29.59	17
D8	旅行社利润	16.06	12
B2	潜在竞争力	307.98	17
C5	旅游需求潜在竞争力	141.66	7
D9	旅游接待总人次增长率	47.81	8
D10	旅游总收入增长率	91.53	3
D11	入境游客人均花费	2.33	30
C6	住宿接待业潜在竞争力	47.62	15
D12	住宿接待业发展速度	32.60	6
D13	星级饭店全员劳动生产率	15.02	21
C7	旅游目的地潜在竞争力	19.14	15
D14	旅游目的地发展速度	2.03	18
D15	景区全员劳动生产率	17.11	13
C8	旅行社业潜在竞争力	99.56	16
D16	旅行社业发展速度	85.69	3
D17	旅行社全员劳动生产率	13.87	21
B3	发展环境竞争力	450.79	11
C9	自然环境竞争力	247.14	11
D18	空气质量优良天数	76.72	10
D19	城市污水处理率	88.80	22
D20	生活垃圾无害化处理率	81.62	21
C10	社会经济环境竞争力	81.26	17
D21	经济发展水平	17.89	21
D22	年旅客周转量	50.38	10
D23	万人专利授权数	12.99	14
C11	旅游政策环境竞争力	122.39	7
D24	旅游管理机构	100.00	1
D25	政府工作报告提及“旅游”次数	22.39	7

附表 2–15　山东省旅游竞争力评价指标值一览表

因子层	指标	得分	排名
A	综合竞争力	1406.62	2
B1	现实竞争力	604.72	2
C1	旅游需求现实竞争力	158.72	3
D1	旅游接待总人次	85.97	2
D2	旅游总收入	72.74	5
C2	住宿接待业现实竞争力	106.51	5
D3	住宿设施总数	81.82	3
D4	星级饭店利润	24.69	26
C3	旅游目的地现实竞争力	189.99	1
D5	景区旅游企业数量	100.00	1
D6	景区旅游企业利润	89.99	3
C4	旅行社业现实竞争力	149.51	3
D7	旅行社数量	94.07	2
D8	旅行社利润	55.44	3
B2	潜在竞争力	302.05	19
C5	旅游需求潜在竞争力	109.89	25
D9	旅游接待总人次增长率	34.69	26
D10	旅游总收入增长率	61.26	23
D11	入境游客人均花费	13.94	8
C6	住宿接待业潜在竞争力	46.96	17
D12	住宿接待业发展速度	28.58	21
D13	星级饭店全员劳动生产率	18.38	14
C7	旅游目的地潜在竞争力	43.17	5
D14	旅游目的地发展速度	1.95	19
D15	景区全员劳动生产率	41.21	4
C8	旅行社业潜在竞争力	102.03	15
D16	旅行社业发展速度	80.38	15
D17	旅行社全员劳动生产率	21.65	17
B3	发展环境竞争力	499.85	3
C9	自然环境竞争力	240.04	15
D18	空气质量优良天数	44.16	24
D19	城市污水处理率	95.88	3
D20	生活垃圾无害化处理率	100.00	1
C10	社会经济环境竞争力	149.36	5
D21	经济发展水平	64.48	5
D22	年旅客周转量	62.19	7
D23	万人专利授权数	22.68	9
C11	旅游政策环境竞争力	110.45	13
D24	旅游管理机构	100.00	1
D25	政府工作报告提及“旅游”次数	10.45	15

附表 2–16　河南省旅游竞争力评价指标值一览表

因子层	指标	得分	排名
A	综合竞争力	872.17	21
B1	现实竞争力	309.79	10
C1	旅游需求现实竞争力	124.83	6
D1	旅游接待总人次	70.08	6
D2	旅游总收入	54.75	6
C2	住宿接待业现实竞争力	59.65	20
D3	住宿设施总数	42.98	11
D4	星级饭店利润	16.67	30
C3	旅游目的地现实竞争力	67.31	10
D5	景区旅游企业数量	33.17	8
D6	景区旅游企业利润	34.15	9
C4	旅行社业现实竞争力	58.00	12
D7	旅行社数量	42.05	11
D8	旅行社利润	15.95	14
B2	潜在竞争力	225.49	28
C5	旅游需求潜在竞争力	103.26	28
D9	旅游接待总人次增长率	38.18	21
D10	旅游总收入增长率	62.08	21
D11	入境游客人均花费	3.01	29
C6	住宿接待业潜在竞争力	37.39	25
D12	住宿接待业发展速度	24.57	29
D13	星级饭店全员劳动生产率	12.83	22
C7	旅游目的地潜在竞争力	17.36	17
D14	旅游目的地发展速度	1.73	23
D15	景区全员劳动生产率	15.63	17
C8	旅行社业潜在竞争力	67.48	29
D16	旅行社业发展速度	55.12	28
D17	旅行社全员劳动生产率	12.36	24
B3	发展环境竞争力	336.88	23
C9	自然环境竞争力	195.39	28
D18	空气质量优良天数	0.00	31
D19	城市污水处理率	99.80	2
D20	生活垃圾无害化处理率	95.59	12
C10	社会经济环境竞争力	131.05	8
D21	经济发展水平	32.88	11
D22	年旅客周转量	89.00	2
D23	万人专利授权数	9.17	18
C11	旅游政策环境竞争力	10.45	19
D24	旅游管理机构	0.00	17
D25	政府工作报告提及“旅游”次数	10.45	15

附表 2-17　湖北省旅游竞争力评价指标值一览表

因子层	指标	得分	排名
A	综合竞争力	1019.31	13
B1	现实竞争力	305.13	11
C1	旅游需求现实竞争力	116.87	7
D1	旅游接待总人次	69.43	7
D2	旅游总收入	47.43	10
C2	住宿接待业现实竞争力	48.90	27
D3	住宿设施总数	48.90	9
D4	星级饭店利润	0.00	31
C3	旅游目的地现实竞争力	76.82	9
D5	景区旅游企业数量	31.57	9
D6	景区旅游企业利润	45.25	7
C4	旅行社业现实竞争力	62.54	9
D7	旅行社数量	44.31	10
D8	旅行社利润	18.23	9
B2	潜在竞争力	242.73	27
C5	旅游需求潜在竞争力	109.73	26
D9	旅游接待总人次增长率	38.93	18
D10	旅游总收入增长率	64.01	20
D11	入境游客人均花费	6.78	18
C6	住宿接待业潜在竞争力	17.52	30
D12	住宿接待业发展速度	0.00	31
D13	星级饭店全员劳动生产率	17.52	16
C7	旅游目的地潜在竞争力	19.33	14
D14	旅游目的地发展速度	2.94	6
D15	景区全员劳动生产率	16.39	15
C8	旅行社业潜在竞争力	96.15	18
D16	旅行社业发展速度	77.97	22
D17	旅行社全员劳动生产率	18.18	19
B3	发展环境竞争力	471.45	7
C9	自然环境竞争力	243.27	14
D18	空气质量优良天数	63.65	16
D19	城市污水处理率	95.06	6
D20	生活垃圾无害化处理率	84.56	20
C10	社会经济环境竞争力	116.24	10
D21	经济发展水平	35.19	9
D22	年旅客周转量	64.54	6
D23	万人专利授权数	16.51	13
C11	旅游政策环境竞争力	111.94	12
D24	旅游管理机构	100.00	1
D25	政府工作报告提及“旅游”次数	11.94	14

附表 2-18 湖南省旅游竞争力评价指标值一览表

因子层	指标	得分	排名
A	综合竞争力	1182.86	8
B1	现实竞争力	357.57	7
C1	旅游需求现实竞争力	112.38	8
D1	旅游接待总人次	67.71	8
D2	旅游总收入	44.67	13
C2	住宿接待业现实竞争力	89.03	9
D3	住宿设施总数	54.13	7
D4	星级饭店利润	34.90	15
C3	旅游目的地现实竞争力	106.23	3
D5	景区旅游企业数量	27.77	15
D6	景区旅游企业利润	78.46	5
C4	旅行社业现实竞争力	49.94	15
D7	旅行社数量	34.01	15
D8	旅行社利润	15.93	15
B2	潜在竞争力	324.03	12
C5	旅游需求潜在竞争力	126.81	14
D9	旅游接待总人次增长率	44.55	12
D10	旅游总收入增长率	78.01	8
D11	入境游客人均花费	4.25	26
C6	住宿接待业潜在竞争力	47.79	14
D12	住宿接待业发展速度	30.37	9
D13	星级饭店全员劳动生产率	17.42	17
C7	旅游目的地潜在竞争力	33.34	8
D14	旅游目的地发展速度	2.21	14
D15	景区全员劳动生产率	31.12	7
C8	旅行社业潜在竞争力	116.09	10
D16	旅行社业发展速度	80.49	13
D17	旅行社全员劳动生产率	35.61	9
B3	发展环境竞争力	501.26	2
C9	自然环境竞争力	267.22	4
D18	空气质量优良天数	67.59	15
D19	城市污水处理率	100.00	1
D20	生活垃圾无害化处理率	99.63	5
C10	社会经济环境竞争力	117.62	9
D21	经济发展水平	29.38	12
D22	年旅客周转量	79.08	3
D23	万人专利授权数	9.17	17
C11	旅游政策环境竞争力	116.42	11
D24	旅游管理机构	100.00	1
D25	政府工作报告提及“旅游”次数	16.42	12

附表 2-19　广东省旅游竞争力评价指标值一览表

因子层	指标	得分	排名
A	综合竞争力	1438.10	1
B1	现实竞争力	647.82	1
C1	旅游需求现实竞争力	200.00	1
D1	旅游接待总人次	100.00	1
D2	旅游总收入	100.00	1
C2	住宿接待业现实竞争力	163.52	1
D3	住宿设施总数	100.00	1
D4	星级饭店利润	63.52	3
C3	旅游目的地现实竞争力	118.99	2
D5	景区旅游企业数量	26.17	16
D6	景区旅游企业利润	92.82	2
C4	旅行社业现实竞争力	165.31	1
D7	旅行社数量	89.98	4
D8	旅行社利润	75.33	2
B2	潜在竞争力	297.03	20
C5	旅游需求潜在竞争力	70.23	30
D9	旅游接待总人次增长率	32.07	29
D10	旅游总收入增长率	31.59	30
D11	入境游客人均花费	6.57	20
C6	住宿接待业潜在竞争力	56.43	9
D12	住宿接待业发展速度	26.87	26
D13	星级饭店全员劳动生产率	29.56	7
C7	旅游目的地潜在竞争力	23.65	13
D14	旅游目的地发展速度	1.75	22
D15	景区全员劳动生产率	21.90	12
C8	旅行社业潜在竞争力	146.72	4
D16	旅行社业发展速度	83.76	4
D17	旅行社全员劳动生产率	62.95	4
B3	发展环境竞争力	493.25	4
C9	自然环境竞争力	261.79	8
D18	空气质量优良天数	82.27	7
D19	城市污水处理率	93.49	13
D20	生活垃圾无害化处理率	86.03	19
C10	社会经济环境竞争力	226.99	2
D21	经济发展水平	75.36	2
D22	年旅客周转量	100.00	1
D23	万人专利授权数	51.63	6
C11	旅游政策环境竞争力	4.48	28
D24	旅游管理机构	0.00	17
D25	政府工作报告提及“旅游”次数	4.48	28

附表 2-20 广西壮族自治区旅游竞争力评价指标值一览表

因子层	指标	得分	排名
A	综合竞争力	931.06	18
B1	现实竞争力	268.42	15
C1	旅游需求现实竞争力	88.40	17
D1	旅游接待总人次	48.77	18
D2	旅游总收入	39.63	17
C2	住宿接待业现实竞争力	96.78	8
D3	住宿设施总数	53.86	8
D4	星级饭店利润	42.93	5
C3	旅游目的地现实竞争力	43.59	17
D5	景区旅游企业数量	29.87	12
D6	景区旅游企业利润	13.72	19
C4	旅行社业现实竞争力	39.64	19
D7	旅行社数量	22.15	21
D8	旅行社利润	17.49	10
B2	潜在竞争力	207.94	30
C5	旅游需求潜在竞争力	130.38	12
D9	旅游接待总人次增长率	45.55	10
D10	旅游总收入增长率	80.27	6
D11	入境游客人均花费	4.57	25
C6	住宿接待业潜在竞争力	47.45	16
D12	住宿接待业发展速度	35.27	5
D13	星级饭店全员劳动生产率	12.17	24
C7	旅游目的地潜在竞争力	8.08	28
D14	旅游目的地发展速度	1.51	24
D15	景区全员劳动生产率	6.57	28
C8	旅行社业潜在竞争力	22.04	31
D16	旅行社业发展速度	0.00	31
D17	旅行社全员劳动生产率	22.04	16
B3	发展环境竞争力	454.70	9
C9	自然环境竞争力	261.39	9
D18	空气质量优良天数	89.43	5
D19	城市污水处理率	75.63	28
D20	生活垃圾无害化处理率	96.32	10
C10	社会经济环境竞争力	66.44	19
D21	经济发展水平	16.44	22
D22	年旅客周转量	38.10	14
D23	万人专利授权数	11.89	15
C11	旅游政策环境竞争力	126.87	4
D24	旅游管理机构	100.00	1
D25	政府工作报告提及“旅游”次数	26.87	4

附表 2–21 海南省旅游竞争力评价指标值一览表

因子层	指标	得分	排名
A	综合竞争力	994.06	16
B1	现实竞争力	170.32	25
C1	旅游需求现实竞争力	10.89	28
D1	旅游接待总人次	5.77	28
D2	旅游总收入	5.12	28
C2	住宿接待业现实竞争力	56.73	24
D3	住宿设施总数	11.43	28
D4	星级饭店利润	45.30	4
C3	旅游目的地现实竞争力	82.73	7
D5	景区旅游企业数量	0.00	30
D6	景区旅游企业利润	82.73	4
C4	旅行社业现实竞争力	19.97	25
D7	旅行社数量	8.89	28
D8	旅行社利润	11.08	23
B2	潜在竞争力	312.20	16
C5	旅游需求潜在竞争力	101.78	29
D9	旅游接待总人次增长率	38.79	20
D10	旅游总收入增长率	57.90	28
D11	入境游客人均花费	5.09	23
C6	住宿接待业潜在竞争力	72.98	4
D12	住宿接待业发展速度	30.49	8
D13	星级饭店全员劳动生产率	42.49	3
C7	旅游目的地潜在竞争力	29.05	11
D14	旅游目的地发展速度	1.92	20
D15	景区全员劳动生产率	27.14	9
C8	旅行社业潜在竞争力	108.38	13
D16	旅行社业发展速度	73.81	26
D17	旅行社全员劳动生产率	34.57	11
B3	发展环境竞争力	511.54	1
C9	自然环境竞争力	294.02	1
D18	空气质量优良天数	100.00	1
D19	城市污水处理率	94.39	9
D20	生活垃圾无害化处理率	99.63	5
C10	社会经济环境竞争力	17.52	30
D21	经济发展水平	10.99	27
D22	年旅客周转量	4.36	29
D23	万人专利授权数	2.17	30
C11	旅游政策环境竞争力	200.00	1
D24	旅游管理机构	100.00	1
D25	政府工作报告提及“旅游”次数	100.00	1

附表 2–22　重庆市旅游竞争力评价指标值一览表

因子层	指标	得分	排名
A	综合竞争力	902.81	20
B1	现实竞争力	196.75	21
C1	旅游需求现实竞争力	78.61	19
D1	旅游接待总人次	53.95	14
D2	旅游总收入	24.66	24
C2	住宿接待业现实竞争力	57.90	21
D3	住宿设施总数	23.00	23
D4	星级饭店利润	34.90	16
C3	旅游目的地现实竞争力	24.94	25
D5	景区旅游企业数量	16.08	23
D6	景区旅游企业利润	8.86	22
C4	旅行社业现实竞争力	35.30	23
D7	旅行社数量	20.27	22
D8	旅行社利润	15.03	16
B2	潜在竞争力	361.09	7
C5	旅游需求潜在竞争力	131.81	11
D9	旅游接待总人次增长率	41.32	16
D10	旅游总收入增长率	66.77	17
D11	入境游客人均花费	23.72	3
C6	住宿接待业潜在竞争力	50.39	11
D12	住宿接待业发展速度	30.23	12
D13	星级饭店全员劳动生产率	20.16	10
C7	旅游目的地潜在竞争力	14.75	22
D14	旅游目的地发展速度	2.26	13
D15	景区全员劳动生产率	12.50	22
C8	旅行社业潜在竞争力	164.14	2
D16	旅行社业发展速度	93.31	2
D17	旅行社全员劳动生产率	70.83	3
B3	发展环境竞争力	344.97	22
C9	自然环境竞争力	264.48	6
D18	空气质量优良天数	69.67	13
D19	城市污水处理率	94.80	7
D20	生活垃圾无害化处理率	100.00	1
C10	社会经济环境竞争力	73.03	18
D21	经济发展水平	27.31	14
D22	年旅客周转量	25.25	18
D23	万人专利授权数	20.47	10
C11	旅游政策环境竞争力	7.46	22
D24	旅游管理机构	0.00	17
D25	政府工作报告提及“旅游”次数	7.46	20

附表 2–23　四川省旅游竞争力评价指标值一览表

因子层	指标	得分	排名
A	综合竞争力	1198.56	7
B1	现实竞争力	372.70	6
C1	旅游需求现实竞争力	150.19	4
D1	旅游接待总人次	76.43	4
D2	旅游总收入	73.76	4
C2	住宿接待业现实竞争力	78.60	11
D3	住宿设施总数	48.76	10
D4	星级饭店利润	29.84	23
C3	旅游目的地现实竞争力	84.57	6
D5	景区旅游企业数量	37.16	5
D6	景区旅游企业利润	47.40	6
C4	旅行社业现实竞争力	59.34	11
D7	旅行社数量	17.40	23
D8	旅行社利润	41.94	4
B2	潜在竞争力	367.09	5
C5	旅游需求潜在竞争力	111.49	22
D9	旅游接待总人次增长率	33.73	27
D10	旅游总收入增长率	74.56	13
D11	入境游客人均花费	3.20	27
C6	住宿接待业潜在竞争力	45.91	19
D12	住宿接待业发展速度	24.78	28
D13	星级饭店全员劳动生产率	21.12	9
C7	旅游目的地潜在竞争力	66.35	3
D14	旅游目的地发展速度	2.17	15
D15	景区全员劳动生产率	64.18	2
C8	旅行社业潜在竞争力	143.34	5
D16	旅行社业发展速度	100.00	1
D17	旅行社全员劳动生产率	43.34	8
B3	发展环境竞争力	458.77	8
C9	自然环境竞争力	246.05	12
D18	空气质量优良天数	62.80	17
D19	城市污水处理率	88.40	24
D20	生活垃圾无害化处理率	94.85	13
C10	社会经济环境竞争力	93.31	14
D21	经济发展水平	26.72	15
D22	年旅客周转量	48.81	11
D23	万人专利授权数	17.79	12
C11	旅游政策环境竞争力	119.40	9
D24	旅游管理机构	100.00	1
D25	政府工作报告提及“旅游”次数	19.40	9

附表 2-24 贵州省旅游竞争力评价指标值一览表

因子层	指标	得分	排名
A	综合竞争力	1027.17	11
B1	现实竞争力	209.77	19
C1	旅游需求现实竞争力	111.64	9
D1	旅游接待总人次	63.85	9
D2	旅游总收入	47.79	7
C2	住宿接待业现实竞争力	72.18	15
D3	住宿设施总数	33.75	20
D4	星级饭店利润	38.43	7
C3	旅游目的地现实竞争力	14.52	28
D5	景区旅游企业数量	12.39	24
D6	景区旅游企业利润	2.13	28
C4	旅行社业现实竞争力	11.43	30
D7	旅行社数量	10.96	27
D8	旅行社利润	0.47	30
B2	潜在竞争力	365.33	6
C5	旅游需求潜在竞争力	168.76	3
D9	旅游接待总人次增长率	66.50	2
D10	旅游总收入增长率	99.17	2
D11	入境游客人均花费	3.09	28
C6	住宿接待业潜在竞争力	117.76	2
D12	住宿接待业发展速度	100.00	1
D13	星级饭店全员劳动生产率	17.76	15
C7	旅游目的地潜在竞争力	4.69	29
D14	旅游目的地发展速度	0.00	30
D15	景区全员劳动生产率	4.69	29
C8	旅行社业潜在竞争力	74.12	28
D16	旅行社业发展速度	44.84	29
D17	旅行社全员劳动生产率	29.27	14
B3	发展环境竞争力	452.07	10
C9	自然环境竞争力	266.29	5
D18	空气质量优良天数	95.88	4
D19	城市污水处理率	89.90	21
D20	生活垃圾无害化处理率	80.51	22
C10	社会经济环境竞争力	49.95	22
D21	经济发展水平	9.72	29
D22	年旅客周转量	34.37	15
D23	万人专利授权数	5.85	23
C11	旅游政策环境竞争力	135.82	2
D24	旅游管理机构	100.00	1
D25	政府工作报告提及“旅游”次数	35.82	2

附表 2-25　云南省旅游竞争力评价指标值一览表

因子层	指标	得分	排名
A	综合竞争力	997.76	15
B1	现实竞争力	272.28	14
C1	旅游需求现实竞争力	97.20	13
D1	旅游接待总人次	52.24	17
D2	旅游总收入	44.96	12
C2	住宿接待业现实竞争力	103.62	6
D3	住宿设施总数	66.94	5
D4	星级饭店利润	36.67	10
C3	旅游目的地现实竞争力	25.13	24
D5	景区旅游企业数量	17.98	21
D6	景区旅游企业利润	7.15	23
C4	旅行社业现实竞争力	46.33	17
D7	旅行社数量	34.81	13
D8	旅行社利润	11.53	22
B2	潜在竞争力	316.55	14
C5	旅游需求潜在竞争力	163.84	5
D9	旅游接待总人次增长率	59.16	4
D10	旅游总收入增长率	100.00	1
D11	入境游客人均花费	4.68	24
C6	住宿接待业潜在竞争力	29.64	28
D12	住宿接待业发展速度	29.64	15
D13	星级饭店全员劳动生产率	0.00	31
C7	旅游目的地潜在竞争力	11.74	25
D14	旅游目的地发展速度	1.06	28
D15	景区全员劳动生产率	10.69	24
C8	旅行社业潜在竞争力	111.33	12
D16	旅行社业发展速度	76.48	24
D17	旅行社全员劳动生产率	34.85	10
B3	发展环境竞争力	408.93	15
C9	自然环境竞争力	262.73	7
D18	空气质量优良天数	98.03	2
D19	城市污水处理率	90.44	20
D20	生活垃圾无害化处理率	74.26	26
C10	社会经济环境竞争力	35.75	26
D21	经济发展水平	10.44	28
D22	年旅客周转量	21.99	21
D23	万人专利授权数	3.32	28
C11	旅游政策环境竞争力	110.45	13
D24	旅游管理机构	100.00	1
D25	政府工作报告提及“旅游”次数	10.45	15

附表 2–26 西藏自治区旅游竞争力评价指标值一览表

因子层	指标	得分	排名
A	综合竞争力	–	–
B1	现实竞争力	55.50	31
C1	旅游需求现实竞争力	3.39	30
D1	旅游接待总人次	1.20	30
D2	旅游总收入	2.19	29
C2	住宿接待业现实竞争力	36.30	30
D3	住宿设施总数	0.00	31
D4	星级饭店利润	36.30	11
C3	旅游目的地现实竞争力	0.00	31
D5	景区旅游企业数量	0.00	30
D6	景区旅游企业利润	–	–
C4	旅行社业现实竞争力	15.81	27
D7	旅行社数量	4.23	30
D8	旅行社利润	11.58	21
B2	潜在竞争力	314.80	15
C5	旅游需求潜在竞争力	178.01	2
D9	旅游接待总人次增长率	100.00	1
D10	旅游总收入增长率	66.76	18
D11	入境游客人均花费	11.25	11
C6	住宿接待业潜在竞争力	49.97	12
D12	住宿接待业发展速度	29.91	14
D13	星级饭店全员劳动生产率	20.06	11
C7	旅游目的地潜在竞争力	18.26	16
D14	旅游目的地发展速度	2.09	16
D15	景区全员劳动生产率	16.17	16
C8	旅行社业潜在竞争力	117.10	9
D16	旅行社业发展速度	82.86	7
D17	旅行社全员劳动生产率	34.24	12
B3	发展环境竞争力	350.83	21
C9	自然环境竞争力	202.50	26
D18	空气质量优良天数	32.87	27
D19	城市污水处理率	90.95	17
D20	生活垃圾无害化处理率	78.68	24
C10	社会经济环境竞争力	148.33	6
D21	经济发展水平	58.50	7
D22	年旅客周转量	12.03	26
D23	万人专利授权数	77.80	3
C11	旅游政策环境竞争力	0.00	31
D24	旅游管理机构	0.00	17
D25	政府工作报告提及“旅游”次数	0.00	31

附表 2-27　陕西省旅游竞争力评价指标值一览表

因子层	指标	得分	排名
A	综合竞争力	805.58	23
B1	现实竞争力	225.84	18
C1	旅游需求现实竞争力	89.74	16
D1	旅游接待总人次	53.77	15
D2	旅游总收入	35.97	20
C2	住宿接待业现实竞争力	66.43	17
D3	住宿设施总数	34.44	19
D4	星级饭店利润	31.99	21
C3	旅游目的地现实竞争力	32.68	21
D5	景区旅游企业数量	28.37	14
D6	景区旅游企业利润	4.31	26
C4	旅行社业现实竞争力	36.99	21
D7	旅行社数量	27.33	18
D8	旅行社利润	9.66	26
B2	潜在竞争力	287.14	22
C5	旅游需求潜在竞争力	134.81	10
D9	旅游接待总人次增长率	42.30	15
D10	旅游总收入增长率	78.05	7
D11	入境游客人均花费	14.45	7
C6	住宿接待业潜在竞争力	40.22	23
D12	住宿接待业发展速度	27.98	24
D13	星级饭店全员劳动生产率	12.24	23
C7	旅游目的地潜在竞争力	13.08	23
D14	旅游目的地发展速度	1.23	27
D15	景区全员劳动生产率	11.85	23
C8	旅行社业潜在竞争力	99.03	17
D16	旅行社业发展速度	80.09	17
D17	旅行社全员劳动生产率	18.94	18
B3	发展环境竞争力	292.60	26
C9	自然环境竞争力	201.62	27
D18	空气质量优良天数	16.19	30
D19	城市污水处理率	90.94	18
D20	生活垃圾无害化处理率	94.49	14
C10	社会经济环境竞争力	82.03	16
D21	经济发展水平	24.31	17
D22	年旅客周转量	38.75	13
D23	万人专利授权数	18.97	11
C11	旅游政策环境竞争力	8.96	21
D24	旅游管理机构	0.00	17
D25	政府工作报告提及“旅游”次数	8.96	19

附表 2-28　甘肃省旅游竞争力评价指标值一览表

因子层	指标	得分	排名
A	综合竞争力	716.71	26
B1	现实竞争力	176.72	23
C1	旅游需求现实竞争力	32.72	25
D1	旅游接待总人次	21.90	23
D2	旅游总收入	10.82	27
C2	住宿接待业现实竞争力	73.85	13
D3	住宿设施总数	36.09	18
D4	星级饭店利润	37.76	8
C3	旅游目的地现实竞争力	50.41	14
D5	景区旅游企业数量	20.68	18
D6	景区旅游企业利润	29.74	10
C4	旅行社业现实竞争力	19.74	26
D7	旅行社数量	16.37	24
D8	旅行社利润	3.37	28
B2	潜在竞争力	213.72	29
C5	旅游需求潜在竞争力	123.80	16
D9	旅游接待总人次增长率	47.75	9
D10	旅游总收入增长率	76.05	9
D11	入境游客人均花费	0.00	31
C6	住宿接待业潜在竞争力	45.11	20
D12	住宿接待业发展速度	38.28	2
D13	星级饭店全员劳动生产率	6.82	29
C7	旅游目的地潜在竞争力	15.60	20
D14	旅游目的地发展速度	2.41	8
D15	景区全员劳动生产率	13.19	20
C8	旅行社业潜在竞争力	29.22	30
D16	旅行社业发展速度	28.51	30
D17	旅行社全员劳动生产率	0.71	30
B3	发展环境竞争力	326.27	24
C9	自然环境竞争力	166.90	29
D18	空气质量优良天数	71.70	12
D19	城市污水处理率	95.20	5
D20	生活垃圾无害化处理率	0.00	31
C10	社会经济环境竞争力	41.46	24
D21	经济发展水平	3.79	31
D22	年旅客周转量	31.05	16
D23	万人专利授权数	6.62	21
C11	旅游政策环境竞争力	117.91	10
D24	旅游管理机构	100.00	1
D25	政府工作报告提及“旅游”次数	17.91	10

附表 2-29　青海省旅游竞争力评价指标值一览表

因子层	指标	得分	排名
A	综合竞争力	618.35	29
B1	现实竞争力	91.35	29
C1	旅游需求现实竞争力	3.87	29
D1	旅游接待总人次	1.89	29
D2	旅游总收入	1.98	30
C2	住宿接待业现实竞争力	56.61	25
D3	住宿设施总数	20.39	25
D4	星级饭店利润	36.22	12
C3	旅游目的地现实竞争力	15.20	27
D5	景区旅游企业数量	5.29	27
D6	景区旅游企业利润	9.90	21
C4	旅行社业现实竞争力	15.67	28
D7	旅行社数量	5.46	29
D8	旅行社利润	10.22	25
B2	潜在竞争力	257.47	25
C5	旅游需求潜在竞争力	136.02	9
D9	旅游接待总人次增长率	49.83	6
D10	旅游总收入增长率	76.01	10
D11	入境游客人均花费	10.18	14
C6	住宿接待业潜在竞争力	35.09	27
D12	住宿接待业发展速度	24.90	27
D13	星级饭店全员劳动生产率	10.19	26
C7	旅游目的地潜在竞争力	2.29	30
D14	旅游目的地发展速度	2.29	12
D15	景区全员劳动生产率	0.00	30
C8	旅行社业潜在竞争力	84.06	26
D16	旅行社业发展速度	77.49	23
D17	旅行社全员劳动生产率	6.57	28
B3	发展环境竞争力	269.54	28
C9	自然环境竞争力	223.47	19
D18	空气质量优良天数	79.58	9
D19	城市污水处理率	57.49	30
D20	生活垃圾无害化处理率	86.40	18
C10	社会经济环境竞争力	28.16	28
D21	经济发展水平	19.55	20
D22	年旅客周转量	4.62	28
D23	万人专利授权数	3.99	26
C11	旅游政策环境竞争力	17.91	17
D24	旅游管理机构	0.00	17
D25	政府工作报告提及“旅游”次数	17.91	10

附表 2-30　宁夏回族自治区旅游竞争力评价指标值一览表

因子层	指标	得分	排名
A	综合竞争力	581.71	30
B1	现实竞争力	58.06	30
C1	旅游需求现实竞争力	0.00	31
D1	旅游接待总人次	0.00	31
D2	旅游总收入	0.00	31
C2	住宿接待业现实竞争力	29.81	31
D3	住宿设施总数	6.47	30
D4	星级饭店利润	23.33	27
C3	旅游目的地现实竞争力	19.10	26
D5	景区旅游企业数量	1.80	29
D6	景区旅游企业利润	17.31	15
C4	旅行社业现实竞争力	9.14	31
D7	旅行社数量	0.00	31
D8	旅行社利润	9.14	27
B2	潜在竞争力	137.37	31
C5	旅游需求潜在竞争力	12.83	31
D9	旅游接待总人次增长率	0.00	31
D10	旅游总收入增长率	0.00	31
D11	入境游客人均花费	12.83	10
C6	住宿接待业潜在竞争力	15.18	31
D12	住宿接待业发展速度	7.12	30
D13	星级饭店全员劳动生产率	8.06	28
C7	旅游目的地潜在竞争力	14.89	21
D14	旅游目的地发展速度	1.76	21
D15	景区全员劳动生产率	13.13	21
C8	旅行社业潜在竞争力	94.47	20
D16	旅行社业发展速度	82.56	8
D17	旅行社全员劳动生产率	11.91	25
B3	发展环境竞争力	386.29	17
C9	自然环境竞争力	233.99	17
D18	空气质量优良天数	45.63	23
D19	城市污水处理率	94.61	8
D20	生活垃圾无害化处理率	93.75	16
C10	社会经济环境竞争力	23.94	29
D21	经济发展水平	11.95	25
D22	年旅客周转量	3.79	30
D23	万人专利授权数	8.20	20
C11	旅游政策环境竞争力	128.36	3
D24	旅游管理机构	100.00	1
D25	政府工作报告提及“旅游”次数	28.36	3

附表 2-31　新疆维吾尔自治区旅游竞争力评价指标值一览表

因子层	指标	得分	排名
A	综合竞争力	714.85	27
B1	现实竞争力	165.32	26
C1	旅游需求现实竞争力	20.89	27
D1	旅游接待总人次	8.34	27
D2	旅游总收入	12.55	26
C2	住宿接待业现实竞争力	71.52	16
D3	住宿设施总数	38.98	15
D4	星级饭店利润	32.54	19
C3	旅游目的地现实竞争力	48.34	16
D5	景区旅游企业数量	31.57	9
D6	景区旅游企业利润	16.77	16
C4	旅行社业现实竞争力	24.57	24
D7	旅行社数量	14.11	25
D8	旅行社利润	10.46	24
B2	潜在竞争力	339.40	11
C5	旅游需求潜在竞争力	165.12	4
D9	旅游接待总人次增长率	60.72	3
D10	旅游总收入增长率	90.56	4
D11	入境游客人均花费	13.84	9
C6	住宿接待业潜在竞争力	46.11	18
D12	住宿接待业发展速度	29.10	18
D13	星级饭店全员劳动生产率	17.01	18
C7	旅游目的地潜在竞争力	38.91	6
D14	旅游目的地发展速度	3.46	3
D15	景区全员劳动生产率	35.45	6
C8	旅行社业潜在竞争力	89.26	23
D16	旅行社业发展速度	76.25	25
D17	旅行社全员劳动生产率	13.00	23
B3	发展环境竞争力	210.12	31
C9	自然环境竞争力	164.80	30
D18	空气质量优良天数	41.98	26
D19	城市污水处理率	84.22	25
D20	生活垃圾无害化处理率	38.60	29
C10	社会经济环境竞争力	39.35	25
D21	经济发展水平	12.32	24
D22	年旅客周转量	22.64	20
D23	万人专利授权数	4.40	25
C11	旅游政策环境竞争力	5.97	26
D24	旅游管理机构	0.00	17
D25	政府工作报告提及“旅游”次数	5.97	25

附表三　2016年15个副省级城市旅游竞争力分指标的评价结果

附表 3-1　各副省级城市旅游总人次计算分值表

城市	得分	排名	城市	得分	排名
沈阳	4.1	13	青岛	13.7	7
大连	11.7	8	武汉	100.0	1
长春	5.8	11	广州	1.4	14
哈尔滨	7.9	9	深圳	0.0	15
南京	31.7	5	成都	83.8	2
杭州	48.1	4	西安	53.5	3
宁波	21.1	6	济南	5.3	12
厦门	6.2	10			

附表 3-2　各副省级城市旅游总收入计算分值表

城市	得分	排名	城市	得分	排名
沈阳	0.0	15	青岛	29.0	8
大连	20.9	11	武汉	68.9	3
长春	28.8	9	广州	100.0	1
哈尔滨	17.0	12	深圳	29.8	7
南京	50.3	5	成都	70.4	2
杭州	67.6	4	西安	23.9	10
宁波	32.8	6	济南	6.9	14
厦门	14.6	13			

附表 3-3　各副省级城市住宿设施总数计算分值表

城市	得分	排名	城市	得分	排名
沈阳	12.2	12	青岛	15.3	10
大连	26.9	8	武汉	31.7	7
长春	0.0	15	广州	88.5	2
哈尔滨	14.8	11	深圳	63.5	3
南京	22.8	9	成都	100.0	1

续表

城市	得分	排名	城市	得分	排名
杭州	49.7	6	西安	60.1	5
宁波	2.6	14	济南	6.7	13
厦门	61.6	4			

附表 3–4　各副省级城市星级饭店总利润计算分值表

城市	得分	排名	城市	得分	排名
沈阳	14.5	14	青岛	32.1	10
大连	0.0	15	武汉	32.4	9
长春	29.2	12	广州	100.0	1
哈尔滨	43.9	5	深圳	91.6	2
南京	51.5	4	成都	29.4	11
杭州	35.4	8	西安	38.7	6
宁波	23.3	13	济南	38.2	7
厦门	64.8	3			

附表 3–5　各副省级城市景区旅游企业数量计算分值表

城市	得分	排名	城市	得分	排名
沈阳	3.0	12	青岛	69.7	4
大连	45.5	6	武汉	30.3	9
长春	0.0	13	广州	81.8	3
哈尔滨	0.0	13	深圳	45.5	6
南京	42.4	8	成都	27.3	10
杭州	90.9	2	西安	100.0	1
宁波	54.5	5	济南	—	—
厦门	21.2	11			

附表 3–6　各副省级城市景区旅游企业利润计算分值表

城市	得分	排名	城市	得分	排名
沈阳	9.9	13	青岛	36.6	5
大连	82.4	3	武汉	31.6	6
长春	13.3	10	广州	100.0	1
哈尔滨	12.3	11	深圳	87.8	2
南京	11.3	12	成都	50.5	4
杭州	21.6	8	西安	0.0	14
宁波	13.6	9	济南	—	—
厦门	24.1	7			

附表 3–7 各副省级城市旅行社数量计算分值表

城市	得分	排名	城市	得分	排名
沈阳	22.9	12	青岛	59.4	4
大连	51.5	5	武汉	43.3	8
长春	20.3	13	广州	49.7	6
哈尔滨	41.5	9	深圳	78.7	3
南京	79.4	2	成都	0.0	14
杭州	100.0	1	西安	48.6	7
宁波	38.2	10	济南	—	—
厦门	24.7	11			

附表 3–8 各副省级城市旅行社利润计算分值表

城市	得分	排名	城市	得分	排名
沈阳	26.4	6	青岛	35.1	4
大连	12.2	9	武汉	31.4	5
长春	0.0	14	广州	100.0	1
哈尔滨	4.4	13	深圳	91.9	2
南京	22.4	7	成都	4.9	12
杭州	43.1	3	西安	10.7	11
宁波	11.8	10	济南	—	—
厦门	17.2	8			

附表 3–9 各副省级城市旅游接待人次增长率计算分值表

城市	得分	排名	城市	得分	排名
沈阳	73.0	4	青岛	58.5	8
大连	71.9	5	武汉	57.0	9
长春	0.0	15	广州	37.9	14
哈尔滨	54.9	11	深圳	42.8	13
南京	60.7	7	成都	43.7	12
杭州	90.6	3	西安	65.2	6
宁波	100.0	1	济南	56.1	10
厦门	92.7	2			

附表 3–10 各副省级城市旅游总收入增长率计算分值表

城市	得分	排名	城市	得分	排名
沈阳	37.1	11	青岛	46.4	6
大连	27.5	13	武汉	20.9	14
长春	93.4	2	广州	46.3	7
哈尔滨	38.1	10	深圳	0.0	15
南京	45.2	8	成都	50.1	5
杭州	41.8	9	西安	55.5	4

续表

城市	得分	排名	城市	得分	排名
宁波	74.7	3	济南	35.1	12
厦门	100.0	1			

附表 3–11　各副省级城市入境游客人均花费计算分值表

城市	得分	排名	城市	得分	排名
沈阳	28.5	12	青岛	56.2	7
大连	95.9	3	武汉	66.2	5
长春	42.8	8	广州	31.6	11
哈尔滨	100.0	1	深圳	37.3	9
南京	19.6	14	成都	97.5	2
杭州	80.4	4	西安	32.5	10
宁波	20.0	13	济南	0.0	15
厦门	60.3	6			

附表 3–12　各副省级城市星级饭店发展速度计算分值表

城市	得分	排名	城市	得分	排名
沈阳	6.4	13	青岛	11.3	7
大连	6.3	14	武汉	12.5	3
长春	7.4	12	广州	10.9	9
哈尔滨	100.0	1	深圳	8.4	11
南京	12.5	4	成都	0.0	15
杭州	12.3	5	西安	11.5	6
宁波	11.2	8	济南	13.7	2
厦门	10.5	10			

附表 3–13　各副省级城市星级饭店全员劳动生产率计算分值表

城市	得分	排名	城市	得分	排名
沈阳	22.0	14	青岛	65.9	6
大连	37.5	12	武汉	53.9	11
长春	0.0	15	广州	100.0	1
哈尔滨	57.7	10	深圳	98.4	2
南京	82.5	3	成都	59.2	8
杭州	78.4	4	西安	33.6	13
宁波	73.4	5	济南	61.7	7
厦门	59.1	9			

附表 3–14　各副省级城市 A 级旅游景区发展速度计算分值表

城市	得分	排名	城市	得分	排名
沈阳	0.0	14	青岛	12.6	7

续表

城市	得分	排名	城市	得分	排名
大连	100.0	1	武汉	12.5	8
长春	15.6	3	广州	12.4	9
哈尔滨	12.7	6	深圳	12.7	5
南京	11.7	13	成都	17.9	2
杭州	12.3	11	西安	11.8	12
宁波	13.3	4	济南	—	—
厦门	12.3	10			

附表 3–15　各副省级城市旅游景区全员劳动生产率计算分值表

城市	得分	排名	城市	得分	排名
沈阳	2.3	13	青岛	100.0	1
大连	21.3	4	武汉	17.6	7
长春	15.0	10	广州	19.5	6
哈尔滨	3.2	12	深圳	20.6	5
南京	0.0	14	成都	81.3	2
杭州	17.6	8	西安	11.4	11
宁波	17.6	8	济南	—	—
厦门	37.2	3			

附表 3–16　各副省级城市旅行社业发展速度计算分值表

城市	得分	排名	城市	得分	排名
沈阳	100.0	1	青岛	57.3	8
大连	61.7	7	武汉	55.2	10
长春	67.9	3	广州	64.7	5
哈尔滨	62.8	6	深圳	67.0	4
南京	48.5	11	成都	0.0	14
杭州	34.6	13	西安	55.4	9
宁波	39.3	12	济南	—	—
厦门	70.8	2			

附表 3–17　各副省级城市旅行社全员劳动生产率计算分值表

城市	得分	排名	城市	得分	排名
沈阳	100.0	1	青岛	77.9	3
大连	41.1	10	武汉	44.5	6
长春	7.3	13	广州	91.3	2
哈尔滨	0.0	14	深圳	65.5	4
南京	59.7	5	成都	43.1	7
杭州	41.5	9	西安	42.5	8
宁波	36.2	11	济南	—	—
厦门	33.3	12			

附表 3-18　各副省级城市空气质量优良天数计算分值表

城市	得分	排名	城市	得分	排名
沈阳	33.5	12	青岛	96.5	2
大连	62.9	7	武汉	38.2	11
长春	58.2	8	广州	69.4	5
哈尔滨	52.9	9	深圳	95.3	3
南京	29.4	13	成都	12.9	14
杭州	38.8	10	西安	0.0	15
宁波	68.8	6	济南	90.0	4
厦门	100.0	1			

附表 3-19　各副省级城市污水集中处理率计算分值表

城市	得分	排名	城市	得分	排名
沈阳	51.9	14	青岛	100.0	1
大连	87.8	5	武汉	89.6	4
长春	80.4	10	广州	85.4	7
哈尔滨	79.4	11	深圳	92.9	2
南京	0.0	15	成都	82.7	9
杭州	86.2	6	西安	78.6	12
宁波	56.2	13	济南	91.8	3
厦门	84.8	8			

附表 3-20　各副省级城市生活垃圾无害化处理率计算分值表

城市	得分	排名	城市	得分	排名
沈阳	100.0	1	青岛	100.0	1
大连	100.0	1	武汉	100.0	1
长春	35.5	13	广州	69.3	12
哈尔滨	0.0	14	深圳	100.0	1
南京	100.0	1	成都	—	—
杭州	100.0	1	西安	74.0	11
宁波	100.0	1	济南	100.0	1
厦门	84.3	10			

附表 3-21　各副省级城市经济发展水平计算分值表

城市	得分	排名	城市	得分	排名
沈阳	6.6	15	青岛	26.9	7
大连	14.9	9	武汉	34.7	3
长春	8.5	13	广州	68.2	2
哈尔滨	7.4	14	深圳	99.8	1
南京	32.0	5	成都	29.3	6
杭州	34.1	4	西安	9.2	12

续表

城市	得分	排名	城市	得分	排名
宁波	25.0	8	济南	13.2	10
厦门	12.2	11			

附表 3-22　各副省级城市年客运总量计算分值表

城市	得分	排名	城市	得分	排名
沈阳	14.7	3	青岛	5.4	12
大连	7.4	9	武汉	11.5	6
长春	6.2	10	广州	100.0	1
哈尔滨	0.0	15	深圳	9.1	8
南京	9.4	7	成都	13.4	4
杭州	13.3	5	西安	18.4	2
宁波	4.3	13	济南	2.4	14
厦门	5.8	11			

附表 3-23　各副省级城市互联网普及率计算分值表

城市	得分	排名	城市	得分	排名
沈阳	10.0	12	青岛	15.8	11
大连	7.9	13	武汉	30.1	5
长春	0.0	15	广州	29.0	6
哈尔滨	4.8	14	深圳	100.0	1
南京	28.6	7	成都	19.6	8
杭州	31.2	4	西安	18.2	10
宁波	40.1	3	济南	18.6	9
厦门	41.9	2			

附表 3-24　各副省级城市万人专利授权数计算分值表

城市	得分	排名	城市	得分	排名
沈阳	5.4	12	青岛	13.1	8
大连	10.6	11	武汉	13.0	9
长春	0.0	15	广州	27.5	3
哈尔滨	5.3	13	深圳	100.0	1
南京	21.2	6	成都	22.8	5
杭州	4.8	14	西安	14.0	7
宁波	34.5	2	济南	11.4	10
厦门	27.1	4			

附表 3-25　各副省级城市旅游管理机构设置情况计算分值表

城市	得分	排名	城市	得分	排名
沈阳	0.0	4	青岛	0.0	4
大连	0.0	4	武汉	0.0	4
长春	0.0	4	广州	0.0	4
哈尔滨	0.0	4	深圳	0.0	4
南京	100.0	1	成都	0.0	4
杭州	100.0	1	西安	0.0	4
宁波	0.0	4	济南	100.0	1
厦门	0.0	4			

附表 3-26　各副省级城市政府工作报告提及“旅游”次数计算分值表

城市	得分	排名	城市	得分	排名
沈阳	20.6	6	青岛	32.4	3
大连	14.7	9	武汉	5.9	13
长春	0.0	15	广州	8.8	11
哈尔滨	26.5	5	深圳	8.8	11
南京	17.6	7	成都	32.4	3
杭州	14.7	9	西安	100.0	1
宁波	5.9	13	济南	35.3	2
厦门	17.6	7			

附表四　2016年15个副省级城市旅游竞争力分城市的评价结果

附表 4–1　沈阳市城市旅游竞争力评价指标值一览表

因子层	指标	分值	排名
A	综合竞争力	704.94	13
B1	现实竞争力	92.95	14
C1	旅游需求现实竞争力	4.05	15
D1	旅游接待总人次	4.05	13
D2	旅游总收入	0.00	15
C2	住宿接待业现实竞争力	26.72	14
D3	住宿设施总数	12.24	12
D4	星级饭店总利润	14.48	14
C3	旅游目的地现实竞争力	12.88	13
D5	景区旅游企业数量	3.03	12
D6	景区旅游企业利润	9.85	13
C4	旅行社业现实竞争力	49.29	10
D7	旅行社数量	22.87	12
D8	旅行社利润	26.42	6
B2	潜在竞争力	369.26	9
C5	旅游需求潜在竞争力	138.54	10
D9	旅游接待总人次增长率	73.00	4
D10	旅游总收入增长率	37.07	11
D11	入境游客人均花费	28.47	12
C6	住宿接待业潜在竞争力	28.43	14
D12	住宿接待业发展速度	6.44	13
D13	星级饭店全员劳动生产率	21.99	14
C7	旅游目的地潜在竞争力	2.29	14
D14	旅游目的地发展速度	0.00	14
D15	景区全员劳动生产率	2.29	13
C8	旅行社业潜在竞争力	200.00	1

续表

因子层	指标	分值	排名
D16	旅行社业发展速度	100.00	1
D17	旅行社全员劳动生产率	100.00	1
B3	发展环境竞争力	242.73	12
C9	自然环境竞争力	185.47	10
D18	空气质量优良天数	33.53	12
D19	污水集中处理率	51.94	14
D20	生活垃圾无害化处理率	100.00	1
C10	社会经济环境竞争力	36.67	13
D21	经济发展水平	6.55	15
D22	年客运总量	14.73	3
D23	互联网普及率	9.98	12
D24	万人专利授权数	5.41	12
C11	旅游政策环境竞争力	20.59	8
D25	旅游管理机构设置	0.00	4
D26	政府工作报告提及“旅游”次数	20.59	6

附表 4–2　大连市城市旅游竞争力评价指标值一览表

因子层	指标	分值	排名
A	综合竞争力	1020.69	7
B1	现实竞争力	251.16	9
C1	旅游需求现实竞争力	32.67	10
D1	旅游接待总人次	11.74	8
D2	旅游总收入	20.94	11
C2	住宿接待业现实竞争力	26.92	13
D3	住宿设施总数	26.92	8
D4	星级饭店总利润	0.00	15
C3	旅游目的地现实竞争力	127.81	3
D5	景区旅游企业数量	45.45	6
D6	景区旅游企业利润	82.35	3
C4	旅行社业现实竞争力	63.75	7
D7	旅行社数量	51.54	5
D8	旅行社利润	12.21	9
B2	潜在竞争力	463.23	3
C5	旅游需求潜在竞争力	195.32	3
D9	旅游接待总人次增长率	71.95	5
D10	旅游总收入增长率	27.48	13
D11	入境游客人均花费	95.89	3
C6	住宿接待业潜在竞争力	43.84	13

续表

因子层	指标	分值	排名
D12	住宿接待业发展速度	6.34	14
D13	星级饭店全员劳动生产率	37.50	12
C7	旅游目的地潜在竞争力	121.33	1
D14	旅游目的地发展速度	100.00	1
D15	景区全员劳动生产率	21.33	4
C8	旅行社业潜在竞争力	102.75	7
D16	旅行社业发展速度	61.67	7
D17	旅行社全员劳动生产率	41.08	10
B3	发展环境竞争力	306.31	11
C9	自然环境竞争力	250.72	5
D18	空气质量优良天数	62.94	7
D19	污水集中处理率	87.78	5
D20	生活垃圾无害化处理率	100.00	1
C10	社会经济环境竞争力	40.88	12
D21	经济发展水平	14.93	9
D22	年客运总量	7.43	9
D23	互联网普及率	7.88	13
D24	万人专利授权数	10.63	11
C11	旅游政策环境竞争力	14.71	10
D25	旅游管理机构设置	0.00	4
D26	政府工作报告提及“旅游”次数	14.71	9

附表 4–3　长春市城市旅游竞争力评价指标值一览表

因子层	指标	分值	排名
A	综合竞争力	535.51	14
B1	现实竞争力	97.33	13
C1	旅游需求现实竞争力	34.54	9
D1	旅游接待总人次	5.77	11
D2	旅游总收入	28.76	9
C2	住宿接待业现实竞争力	29.18	12
D3	住宿设施总数	0.00	15
D4	星级饭店总利润	29.18	12
C3	旅游目的地现实竞争力	13.31	12
D5	景区旅游企业数量	0.00	13
D6	景区旅游企业利润	13.31	10
C4	旅行社业现实竞争力	20.31	13
D7	旅行社数量	20.31	13
D8	旅行社利润	0.00	14
B2	潜在竞争力	249.37	14

续表

因子层	指标	分值	排名
C5	旅游需求潜在竞争力	136.27	11
D9	旅游接待总人次增长率	0.00	15
D10	旅游总收入增长率	93.44	2
D11	入境游客人均花费	42.83	8
C6	住宿接待业潜在竞争力	7.38	15
D12	住宿接待业发展速度	7.38	12
D13	星级饭店全员劳动生产率	0.00	15
C7	旅游目的地潜在竞争力	30.54	8
D14	旅游目的地发展速度	15.55	3
D15	景区全员劳动生产率	14.99	10
C8	旅行社业潜在竞争力	75.17	12
D16	旅行社业发展速度	67.85	3
D17	旅行社全员劳动生产率	7.32	13
B3	发展环境竞争力	188.81	14
C9	自然环境竞争力	174.12	11
D18	空气质量优良天数	58.24	8
D19	污水集中处理率	80.38	10
D20	生活垃圾无害化处理率	35.51	13
C10	社会经济环境竞争力	14.69	15
D21	经济发展水平	8.48	13
D22	年客运总量	6.21	10
D23	互联网普及率	0.00	15
D24	万人专利授权数	0.00	15
C11	旅游政策环境竞争力	0.00	15
D25	旅游管理机构设置	0.00	4
D26	政府工作报告提及“旅游”次数	0.00	15

附表 4–4　哈尔滨市城市旅游竞争力评价指标值一览表

因子层	指标	分值	排名
A	综合竞争力	747.33	12
B1	现实竞争力	141.66	12
C1	旅游需求现实竞争力	24.84	12
D1	旅游接待总人次	7.85	9
D2	旅游总收入	16.99	12
C2	住宿接待业现实竞争力	58.69	9
D3	住宿设施总数	14.80	11
D4	星级饭店总利润	43.88	5
C3	旅游目的地现实竞争力	12.27	14
D5	景区旅游企业数量	0.00	13

续表

因子层	指标	分值	排名
D6	景区旅游企业利润	12.27	11
C4	旅行社业现实竞争力	45.86	11
D7	旅行社数量	41.47	9
D8	旅行社利润	4.39	13
B2	潜在竞争力	429.37	4
C5	旅游需求潜在竞争力	192.98	5
D9	旅游接待总人次增长率	54.92	11
D10	旅游总收入增长率	38.06	10
D11	入境游客人均花费	100.00	1
C6	住宿接待业潜在竞争力	157.66	1
D12	住宿接待业发展速度	100.00	1
D13	星级饭店全员劳动生产率	57.66	10
C7	旅游目的地潜在竞争力	15.92	12
D14	旅游目的地发展速度	12.69	6
D15	景区全员劳动生产率	3.23	12
C8	旅行社业潜在竞争力	62.82	13
D16	旅行社业发展速度	62.82	6
D17	旅行社全员劳动生产率	0.00	14
B3	发展环境竞争力	176.30	15
C9	自然环境竞争力	132.36	13
D18	空气质量优良天数	52.94	9
D19	污水集中处理率	79.42	11
D20	生活垃圾无害化处理率	0.00	14
C10	社会经济环境竞争力	17.46	14
D21	经济发展水平	7.35	14
D22	年客运总量	0.00	15
D23	互联网普及率	4.84	14
D24	万人专利授权数	5.27	13
C11	旅游政策环境竞争力	26.47	7
D25	旅游管理机构设置	0.00	4
D26	政府工作报告提及“旅游”次数	26.47	5

附表 4–5　南京市城市旅游竞争力评价指标值一览表

因子层	指标	分值	排名
A	综合竞争力	990.50	8
B1	现实竞争力	311.76	7
C1	旅游需求现实竞争力	82.00	5
D1	旅游接待总人次	31.67	5
D2	旅游总收入	50.34	5

续表

因子层	指标	分值	排名
C2	住宿接待业现实竞争力	74.30	7
D3	住宿设施总数	22.79	9
D4	星级饭店总利润	51.52	4
C3	旅游目的地现实竞争力	53.74	10
D5	景区旅游企业数量	42.42	8
D6	景区旅游企业利润	11.32	12
C4	旅行社业现实竞争力	101.71	4
D7	旅行社数量	79.35	2
D8	旅行社利润	22.36	7
B2	潜在竞争力	340.41	11
C5	旅游需求潜在竞争力	125.57	12
D9	旅游接待总人次增长率	60.69	7
D10	旅游总收入增长率	45.24	8
D11	入境游客人均花费	19.64	14
C6	住宿接待业潜在竞争力	94.94	4
D12	住宿接待业发展速度	12.45	4
D13	星级饭店全员劳动生产率	82.48	3
C7	旅游目的地潜在竞争力	11.69	13
D14	旅游目的地发展速度	11.69	13
D15	景区全员劳动生产率	0.00	14
C8	旅行社业潜在竞争力	108.20	5
D16	旅行社业发展速度	48.54	11
D17	旅行社全员劳动生产率	59.66	5
B3	发展环境竞争力	338.33	7
C9	自然环境竞争力	129.41	14
D18	空气质量优良天数	29.41	13
D19	污水集中处理率	0.00	15
D20	生活垃圾无害化处理率	100.00	1
C10	社会经济环境竞争力	91.27	4
D21	经济发展水平	32.04	5
D22	年客运总量	9.42	7
D23	互联网普及率	28.59	7
D24	万人专利授权数	21.23	6
C11	旅游政策环境竞争力	117.65	2
D25	旅游管理机构设置	100.00	1
D26	政府工作报告提及“旅游”次数	17.65	7

附表 4-6　杭州市城市旅游竞争力评价指标值一览表

因子层	指标	分值	排名
A	综合竞争力	1288.67	3
B1	现实竞争力	456.23	3
C1	旅游需求现实竞争力	115.62	3
D1	旅游接待总人次	48.07	4
D2	旅游总收入	67.55	4
C2	住宿接待业现实竞争力	85.02	6
D3	住宿设施总数	49.67	6
D4	星级饭店总利润	35.35	8
C3	旅游目的地现实竞争力	112.49	4
D5	景区旅游企业数量	90.91	2
D6	景区旅游企业利润	21.58	8
C4	旅行社业现实竞争力	143.09	3
D7	旅行社数量	100.00	1
D8	旅行社利润	43.09	3
B2	潜在竞争力	409.46	6
C5	旅游需求潜在竞争力	212.80	2
D9	旅游接待总人次增长率	90.64	3
D10	旅游总收入增长率	41.75	9
D11	入境游客人均花费	80.41	4
C6	住宿接待业潜在竞争力	90.64	5
D12	住宿接待业发展速度	12.27	5
D13	星级饭店全员劳动生产率	78.38	4
C7	旅游目的地潜在竞争力	29.84	10
D14	旅游目的地发展速度	12.25	11
D15	景区全员劳动生产率	17.59	8
C8	旅行社业潜在竞争力	76.17	10
D16	旅行社业发展速度	34.62	13
D17	旅行社全员劳动生产率	41.55	9
B3	发展环境竞争力	422.99	4
C9	自然环境竞争力	224.99	8
D18	空气质量优良天数	38.82	10
D19	污水集中处理率	86.17	6
D20	生活垃圾无害化处理率	100.00	1
C10	社会经济环境竞争力	83.29	8
D21	经济发展水平	34.08	4
D22	年客运总量	13.26	5
D23	互联网普及率	31.18	4
D24	万人专利授权数	4.77	14
C11	旅游政策环境竞争力	114.71	3

续表

因子层	指标	分值	排名
D25	旅游管理机构设置	100.00	1
D26	政府工作报告提及“旅游”次数	14.71	9

附表 4–7 宁波市城市旅游竞争力评价指标值一览表

因子层	指标	分值	排名
A	综合竞争力	918.44	11
B1	现实竞争力	197.95	11
C1	旅游需求现实竞争力	53.89	7
D1	旅游接待总人次	21.13	6
D2	旅游总收入	32.76	6
C2	住宿接待业现实竞争力	25.96	15
D3	住宿设施总数	2.61	14
D4	星级饭店总利润	23.34	13
C3	旅游目的地现实竞争力	68.13	8
D5	景区旅游企业数量	54.55	5
D6	景区旅游企业利润	13.58	9
C4	旅行社业现实竞争力	49.98	9
D7	旅行社数量	38.23	10
D8	旅行社利润	11.75	10
B2	潜在竞争力	385.68	8
C5	旅游需求潜在竞争力	194.68	4
D9	旅游接待总人次增长率	100.00	1
D10	旅游总收入增长率	74.67	3
D11	入境游客人均花费	20.01	13
C6	住宿接待业潜在竞争力	84.62	6
D12	住宿接待业发展速度	11.17	8
D13	星级饭店全员劳动生产率	73.45	5
C7	旅游目的地潜在竞争力	30.92	7
D14	旅游目的地发展速度	13.33	4
D15	景区全员劳动生产率	17.59	8
C8	旅行社业潜在竞争力	75.46	11
D16	旅行社业发展速度	39.29	12
D17	旅行社全员劳动生产率	36.17	11
B3	发展环境竞争力	334.82	8
C9	自然环境竞争力	225.01	7
D18	空气质量优良天数	68.82	6
D19	污水集中处理率	56.18	13
D20	生活垃圾无害化处理率	100.00	1
C10	社会经济环境竞争力	103.93	3

续表

因子层	指标	分值	排名
D21	经济发展水平	24.98	8
D22	年客运总量	4.31	13
D23	互联网普及率	40.09	3
D24	万人专利授权数	34.54	2
C11	旅游政策环境竞争力	5.88	13
D25	旅游管理机构设置	0.00	4
D26	政府工作报告提及“旅游”次数	5.88	13

附表 4-8　厦门市城市旅游竞争力评价指标值一览表

因子层	指标	分值	排名
A	综合竞争力	1084.34	5
B1	现实竞争力	234.39	10
C1	旅游需求现实竞争力	20.78	13
D1	旅游接待总人次	6.17	10
D2	旅游总收入	14.60	13
C2	住宿接待业现实竞争力	126.35	4
D3	住宿设施总数	61.59	4
D4	星级饭店总利润	64.76	3
C3	旅游目的地现实竞争力	45.33	11
D5	景区旅游企业数量	21.21	11
D6	景区旅游企业利润	24.12	7
C4	旅行社业现实竞争力	41.94	12
D7	旅行社数量	24.74	11
D8	旅行社利润	17.20	8
B2	潜在竞争力	476.27	2
C5	旅游需求潜在竞争力	252.93	1
D9	旅游接待总人次增长率	92.68	2
D10	旅游总收入增长率	100.00	1
D11	入境游客人均花费	60.25	6
C6	住宿接待业潜在竞争力	69.64	9
D12	住宿接待业发展速度	10.52	10
D13	星级饭店全员劳动生产率	59.12	9
C7	旅游目的地潜在竞争力	49.52	4
D14	旅游目的地发展速度	12.32	10
D15	景区全员劳动生产率	37.21	3
C8	旅行社业潜在竞争力	104.17	6
D16	旅行社业发展速度	70.83	2
D17	旅行社全员劳动生产率	33.35	12
B3	发展环境竞争力	373.68	6

续表

因子层	指标	分值	排名
C9	自然环境竞争力	269.05	4
D18	空气质量优良天数	100.00	1
D19	污水集中处理率	84.80	8
D20	生活垃圾无害化处理率	84.25	10
C10	社会经济环境竞争力	86.99	6
D21	经济发展水平	12.17	11
D22	年客运总量	5.79	11
D23	互联网普及率	41.88	2
D24	万人专利授权数	27.15	4
C11	旅游政策环境竞争力	17.65	9
D25	旅游管理机构设置	0.00	4
D26	政府工作报告提及“旅游”次数	17.65	7

附表 4–9　青岛市城市旅游竞争力评价指标值一览表

因子层	指标	分值	排名
A	综合竞争力	1166.89	4
B1	现实竞争力	290.95	8
C1	旅游需求现实竞争力	42.70	8
D1	旅游接待总人次	13.71	7
D2	旅游总收入	28.99	8
C2	住宿接待业现实竞争力	47.44	10
D3	住宿设施总数	15.34	10
D4	星级饭店总利润	32.10	10
C3	旅游目的地现实竞争力	106.32	5
D5	景区旅游企业数量	69.70	4
D6	景区旅游企业利润	36.62	5
C4	旅行社业现实竞争力	94.50	5
D7	旅行社数量	59.39	4
D8	旅行社利润	35.11	4
B2	潜在竞争力	485.87	1
C5	旅游需求潜在竞争力	160.98	7
D9	旅游接待总人次增长率	58.47	8
D10	旅游总收入增长率	46.35	6
D11	入境游客人均花费	56.15	7
C6	住宿接待业潜在竞争力	77.20	7
D12	住宿接待业发展速度	11.32	7
D13	星级饭店全员劳动生产率	65.88	6
C7	旅游目的地潜在竞争力	112.56	2

续表

因子层	指标	分值	排名
D14	旅游目的地发展速度	12.56	7
D15	景区全员劳动生产率	100.00	1
C8	旅行社业潜在竞争力	135.13	3
D16	旅行社业发展速度	57.28	8
D17	旅行社全员劳动生产率	77.86	3
B3	发展环境竞争力	390.07	5
C9	自然环境竞争力	296.47	1
D18	空气质量优良天数	96.47	2
D19	污水集中处理率	100.00	1
D20	生活垃圾无害化处理率	100.00	1
C10	社会经济环境竞争力	61.24	9
D21	经济发展水平	26.88	7
D22	年客运总量	5.38	12
D23	互联网普及率	15.83	11
D24	万人专利授权数	13.15	8
C11	旅游政策环境竞争力	32.35	5
D25	旅游管理机构设置	0.00	4
D26	政府工作报告提及“旅游”次数	32.35	3

附表 4-10　武汉市城市旅游竞争力评价指标值一览表

因子层	指标	分值	排名
A	综合竞争力	1032.98	6
B1	现实竞争力	369.69	4
C1	旅游需求现实竞争力	168.90	1
D1	旅游接待总人次	100.00	1
D2	旅游总收入	68.90	3
C2	住宿接待业现实竞争力	64.18	8
D3	住宿设施总数	31.74	7
D4	星级饭店总利润	32.44	9
C3	旅游目的地现实竞争力	61.92	9
D5	景区旅游企业数量	30.30	9
D6	景区旅游企业利润	31.62	6
C4	旅行社业现实竞争力	74.70	6
D7	旅行社数量	43.34	8
D8	旅行社利润	31.35	5
B2	潜在竞争力	340.32	12
C5	旅游需求潜在竞争力	144.08	9
D9	旅游接待总人次增长率	56.97	9

续表

因子层	指标	分值	排名
D10	旅游总收入增长率	20.90	14
D11	入境游客人均花费	66.21	5
C6	住宿接待业潜在竞争力	66.41	10
D12	住宿接待业发展速度	12.49	3
D13	星级饭店全员劳动生产率	53.92	11
C7	旅游目的地潜在竞争力	30.11	9
D14	旅游目的地发展速度	12.47	8
D15	景区全员劳动生产率	17.64	7
C8	旅行社业潜在竞争力	99.72	8
D16	旅行社业发展速度	55.23	10
D17	旅行社全员劳动生产率	44.49	6
B3	发展环境竞争力	322.97	9
C9	自然环境竞争力	227.79	6
D18	空气质量优良天数	38.21	11
D19	污水集中处理率	89.58	4
D20	生活垃圾无害化处理率	100.00	1
C10	社会经济环境竞争力	89.30	5
D21	经济发展水平	34.75	3
D22	年客运总量	11.51	6
D23	互联网普及率	30.06	5
D24	万人专利授权数	12.98	9
C11	旅游政策环境竞争力	5.88	13
D25	旅游管理机构设置	0.00	4
D26	政府工作报告提及“旅游”次数	5.88	13

附表 4–11 广州市城市旅游竞争力评价指标值一览表

因子层	指标	分值	排名
A	综合竞争力	1493.62	1
B1	现实竞争力	621.36	1
C1	旅游需求现实竞争力	101.41	4
D1	旅游接待总人次	1.41	14
D2	旅游总收入	100.00	1
C2	住宿接待业现实竞争力	188.47	1
D3	住宿设施总数	88.47	2
D4	星级饭店总利润	100.00	1
C3	旅游目的地现实竞争力	181.82	1
D5	景区旅游企业数量	81.82	3
D6	景区旅游企业利润	100.00	1

续表

因子层	指标	分值	排名
C4	旅行社业现实竞争力	149.66	2
D7	旅行社数量	49.66	6
D8	旅行社利润	100.00	1
B2	潜在竞争力	414.62	5
C5	旅游需求潜在竞争力	115.77	13
D9	旅游接待总人次增长率	37.89	14
D10	旅游总收入增长率	46.31	7
D11	入境游客人均花费	31.57	11
C6	住宿接待业潜在竞争力	110.94	2
D12	住宿接待业发展速度	10.94	9
D13	星级饭店全员劳动生产率	100.00	1
C7	旅游目的地潜在竞争力	31.87	6
D14	旅游目的地发展速度	12.37	9
D15	景区全员劳动生产率	19.50	6
C8	旅行社业潜在竞争力	156.03	2
D16	旅行社业发展速度	64.72	5
D17	旅行社全员劳动生产率	91.31	2
B3	发展环境竞争力	457.64	3
C9	自然环境竞争力	224.10	9
D18	空气质量优良天数	69.41	5
D19	污水集中处理率	85.39	7
D20	生活垃圾无害化处理率	69.29	12
C10	社会经济环境竞争力	224.72	2
D21	经济发展水平	68.21	2
D22	年客运总量	100.00	1
D23	互联网普及率	28.98	6
D24	万人专利授权数	27.53	3
C11	旅游政策环境竞争力	8.82	11
D25	旅游管理机构设置	0.00	4
D26	政府工作报告提及“旅游”次数	8.82	11

附表 4-12　深圳市城市旅游竞争力评价指标值一览表

因子层	指标	分值	排名
A	综合竞争力	1447.30	2
B1	现实竞争力	488.70	2
C1	旅游需求现实竞争力	29.81	11
D1	旅游接待总人次	0.00	15
D2	旅游总收入	29.81	7

续表

因子层	指标	分值	排名
C2	住宿接待业现实竞争力	155.12	2
D3	住宿设施总数	63.53	3
D4	星级饭店总利润	91.58	2
C3	旅游目的地现实竞争力	133.21	2
D5	景区旅游企业数量	45.45	6
D6	景区旅游企业利润	87.76	2
C4	旅行社业现实竞争力	170.57	1
D7	旅行社数量	78.67	3
D8	旅行社利润	91.90	2
B2	潜在竞争力	352.67	10
C5	旅游需求潜在竞争力	80.11	15
D9	旅游接待总人次增长率	42.80	13
D10	旅游总收入增长率	0.00	15
D11	入境游客人均花费	37.31	9
C6	住宿接待业潜在竞争力	106.80	3
D12	住宿接待业发展速度	8.35	11
D13	星级饭店全员劳动生产率	98.45	2
C7	旅游目的地潜在竞争力	33.33	5
D14	旅游目的地发展速度	12.73	5
D15	景区全员劳动生产率	20.59	5
C8	旅行社业潜在竞争力	132.43	4
D16	旅行社业发展速度	66.96	4
D17	旅行社全员劳动生产率	65.47	4
B3	发展环境竞争力	605.92	1
C9	自然环境竞争力	288.22	2
D18	空气质量优良天数	95.29	3
D19	污水集中处理率	92.92	2
D20	生活垃圾无害化处理率	100.00	1
C10	社会经济环境竞争力	308.89	1
D21	经济发展水平	99.83	1
D22	年客运总量	9.06	8
D23	互联网普及率	100.00	1
D24	万人专利授权数	100.00	1
C11	旅游政策环境竞争力	8.82	11
D25	旅游管理机构设置	0.00	4
D26	政府工作报告提及“旅游”次数	8.82	11

附表 4–13　成都市城市旅游竞争力评价指标值一览表

因子层	指标	分值	排名
A	综合竞争力	972.03	9
B1	现实竞争力	366.24	5
C1	旅游需求现实竞争力	154.19	2
D1	旅游接待总人次	83.77	2
D2	旅游总收入	70.42	2
C2	住宿接待业现实竞争力	129.41	3
D3	住宿设施总数	100.00	1
D4	星级饭店总利润	29.41	11
C3	旅游目的地现实竞争力	77.76	7
D5	景区旅游企业数量	27.27	10
D6	景区旅游企业利润	50.49	4
C4	旅行社业现实竞争力	4.88	14
D7	旅行社数量	0.00	14
D8	旅行社利润	4.88	12
B2	潜在竞争力	392.74	7
C5	旅游需求潜在竞争力	191.21	6
D9	旅游接待总人次增长率	43.67	12
D10	旅游总收入增长率	50.07	5
D11	入境游客人均花费	97.47	2
C6	住宿接待业潜在竞争力	59.22	11
D12	住宿接待业发展速度	0.00	15
D13	星级饭店全员劳动生产率	59.22	8
C7	旅游目的地潜在竞争力	99.19	3
D14	旅游目的地发展速度	17.89	2
D15	景区全员劳动生产率	81.30	2
C8	旅行社业潜在竞争力	43.13	14
D16	旅行社业发展速度	0.00	14
D17	旅行社全员劳动生产率	43.13	7
B3	发展环境竞争力	213.05	13
C9	自然环境竞争力	95.65	15
D18	空气质量优良天数	12.94	14
D19	污水集中处理率	82.71	9
D20	生活垃圾无害化处理率	—	—
C10	社会经济环境竞争力	85.05	7
D21	经济发展水平	29.26	6
D22	年客运总量	13.44	4
D23	互联网普及率	19.58	8
D24	万人专利授权数	22.78	5

续表

因子层	指标	分值	排名
C11	旅游政策环境竞争力	32.35	5
D25	旅游管理机构设置	0.00	4
D26	政府工作报告提及“旅游”次数	32.35	3

附表 4–14　西安市城市旅游竞争力评价指标值一览表

因子层	指标	分值	排名
A	综合竞争力	967.37	10
B1	现实竞争力	335.62	6
C1	旅游需求现实竞争力	77.47	6
D1	旅游接待总人次	53.54	3
D2	旅游总收入	23.93	10
C2	住宿接待业现实竞争力	98.78	5
D3	住宿设施总数	60.06	5
D4	星级饭店总利润	38.72	6
C3	旅游目的地现实竞争力	100.00	6
D5	景区旅游企业数量	100.00	1
D6	景区旅游企业利润	0.00	14
C4	旅行社业现实竞争力	59.37	8
D7	旅行社数量	48.63	7
D8	旅行社利润	10.74	11
B2	潜在竞争力	319.28	13
C5	旅游需求潜在竞争力	153.17	8
D9	旅游接待总人次增长率	65.20	6
D10	旅游总收入增长率	55.51	4
D11	入境游客人均花费	32.46	10
C6	住宿接待业潜在竞争力	45.08	12
D12	住宿接待业发展速度	11.51	6
D13	星级饭店全员劳动生产率	33.58	13
C7	旅游目的地潜在竞争力	23.20	11
D14	旅游目的地发展速度	11.80	12
D15	景区全员劳动生产率	11.40	11
C8	旅行社业潜在竞争力	97.82	9
D16	旅行社业发展速度	55.36	9
D17	旅行社全员劳动生产率	42.46	8
B3	发展环境竞争力	312.46	10
C9	自然环境竞争力	152.63	12
D18	空气质量优良天数	0.00	15
D19	污水集中处理率	78.61	12

续表

因子层	指标	分值	排名
D20	生活垃圾无害化处理率	74.02	11
C10	社会经济环境竞争力	59.83	10
D21	经济发展水平	9.25	12
D22	年客运总量	18.38	2
D23	互联网普及率	18.19	10
D24	万人专利授权数	14.01	7
C11	旅游政策环境竞争力	100.00	4
D25	旅游管理机构设置	0.00	4
D26	政府工作报告提及“旅游”次数	100.00	1

附表 4–15　济南市城市旅游竞争力评价指标值一览表

因子层	指标	分值	排名
A	综合竞争力	—	—
B1	现实竞争力	—	—
C1	旅游需求现实竞争力	12.18	14
D1	旅游接待总人次	5.30	12
D2	旅游总收入	6.88	14
C2	住宿接待业现实竞争力	44.83	11
D3	住宿设施总数	6.67	13
D4	星级饭店总利润	38.16	7
C3	旅游目的地现实竞争力	—	—
D5	景区旅游企业数量	—	—
D6	景区旅游企业利润	—	—
C4	旅行社业现实竞争力	—	—
D7	旅行社数量	—	—
D8	旅行社利润	—	—
B2	潜在竞争力	—	—
C5	旅游需求潜在竞争力	91.23	14
D9	旅游接待总人次增长率	56.15	10
D10	旅游总收入增长率	35.08	12
D11	入境游客人均花费	0.00	15
C6	住宿接待业潜在竞争力	75.36	8
D12	住宿接待业发展速度	13.68	2
D13	星级饭店全员劳动生产率	61.68	7
C7	旅游目的地潜在竞争力	—	—
D14	旅游目的地发展速度	—	—
D15	景区全员劳动生产率	—	—
C8	旅行社业潜在竞争力	—	—

续表

因子层	指标	分值	排名
D16	旅行社业发展速度	—	—
D17	旅行社全员劳动生产率	—	—
B3	发展环境竞争力	462.64	2
C9	自然环境竞争力	281.76	3
D18	空气质量优良天数	90.00	4
D19	污水集中处理率	91.76	3
D20	生活垃圾无害化处理率	100.00	1
C10	社会经济环境竞争力	45.59	11
D21	经济发展水平	13.23	10
D22	年客运总量	2.38	14
D23	互联网普及率	18.63	9
D24	万人专利授权数	11.35	10
C11	旅游政策环境竞争力	135.29	1
D25	旅游管理机构设置	100.00	1
D26	政府工作报告提及“旅游”次数	35.29	2

责任编辑： 李冉冉
责任印制： 冯冬青
封面设计： 旅教文化

图书在版编目（CIP）数据

2018 中国旅游业发展报告 / 张祥等编著. -- 北京 : 中国旅游出版社, 2018.12

ISBN 978-7-5032-6174-9

Ⅰ. ①2… Ⅱ. ①张… Ⅲ. ①旅游业发展－研究报告－中国－2018 Ⅳ. ①F592.3

中国版本图书馆 CIP 数据核字（2018）第 296193 号

审图号：GS（2018）5889 号

书　　名： 2018中国旅游业发展报告

作　　者： 张祥，胡静等编著
出版发行： 中国旅游出版社
（北京建国门内大街甲9号　邮编：100005）
http://www.cttp.net.cn　E-mail:cttp@mct.gov.cn
营销中心电话：010-85166503
排　　版： 北京旅教文化传播有限公司
经　　销： 全国各地新华书店
印　　刷： 北京工商事务印刷有限公司
版　　次： 2018年12月第1版　2018年12月第1次印刷
开　　本： 787毫米×1092毫米　1/16
印　　张： 24
字　　数： 506千
定　　价： 58.00元
I S B N 978-7-5032-6174-9
